文学で読む日本の歴史

中世社会篇

五味文彦

山川出版社

はじめに

日本の歴史を通覧すると、西暦の六七年・六八年あたりを画期とした百年ごとの変化が窺える。その百年の間には政治・経済のみならず社会や文化の動き、時代に通底する物の考え方や時代とともにある思想の傾向「思潮」が認められる。そこで前著「古典文学篇」では次のような時代区分を設定して考察を加えた。

古代社会の百年ごとの変化の動き

	西暦	事項	時代の動き	時期区分
①	五七	倭奴国、漢に朝貢	弥生時代後期	
②	二六六	倭の女王、晋に使者派遣	古墳時代前期	（古世Ⅰ）
③	三六九	百済、七支刀を倭に送る	古墳時代中期	
④	四七七	倭の武王、宋に朝貢	古墳時代後期	（古世Ⅱ）
⑤	五七二	敏達天皇即位	飛鳥時代	
⑥	六六七	天智天皇称制	律令体制	古代Ⅰ

⑦　七六七　道鏡政権　　　　　　律令体制の変容
⑧　八六六　摂政藤原良房《ふじわらのよしふさ》　　　摂関時代　　　古代Ⅱ
⑨　九六九　摂政藤原実忠《さねただ》　　　後期摂関政治
⑩　一〇六八　後三条天皇即位　　　院政時代　　　中世Ⅰ

この年表に沿って古典文学から時代の「思潮」を抽出して歴史の流れを探り、その思潮が現代といかに関わっているのかを考えたのである。すなわち日本の社会の動きを大きな流れとして捉え、ある時代に形成された思潮がその時代にいかに大きな意味をもっていたのか、また、その後の時代にいかなる影響を与え律してきたのか、そして広く政治経済や社会、文化に通底する物の考え方となっていったかを考察してきた。この結果は次の構成となった（「古典文学篇」目次）。

7　開発の広がり　『古今和歌集』と『今昔物語集』

8　風景を描く、映す　『枕草子』と『源氏物語』

1から3の時期は、文献が少ないので明確には指摘できなかったが、一世紀の弥生時代末期に国が列島に形成され、三世紀から五世紀にかけての時期には、その国が成長するなか各地で前方後円墳が造られ、地域的な統合がはかられ、それとともに統一王権が生まれたことを指摘できた。

この段階になると、朝鮮半島から文字や仏教が伝来して文明化の道を歩むようになり、七世紀にかけての時期には中国に使者を派遣し、文物を輸入するようになった。4以後は、文献も豊かになるので、百年ごとの変化がはっきり見えてくる。

六六七年に天智天皇が実権をにぎって中国の律令制導入をはかり、国郡《こくぐん》里《り》制《せい》、戸籍計帳の作成、班田収授《はんでんしゅうじゅ》など広く制度化が進められた。しかし5（年表⑦）の七六七年の道鏡政権の頃から、神仏習合に認められるような、大陸の制度的思考と列島旧来の風俗・習慣とのすりあわせが行われ、6の作法が形成されて調和がはかられ、その結果、7（年表⑧）の八六六年の摂政藤原良房に始まる摂関の支えによる宮廷政治が確立するに至る。

この社会・文化の展開には、列島を襲った地震や津波・噴火・疫病という大変動に人々が立ち向かったことと関係していた。山野河海に活動する兵や僧・田堵の動きが活発になった。8（年表⑨）の九六九年、摂政に藤原実忠が任じられる後期摂関政治の頃には、宮廷の女房によって人々の自然観や人間観が表現され、その風景が描かれるようになった。

本書はそれに続く第二弾として中世社会についての考察を試みる。日本で古典文学と呼びうるのは『枕草子』と『源氏物語』までで、これ以後は、中国の古典や日本の古典文学を咀嚼するなか独自な歩みを遂げてゆく。そこでは歴史書、軍記物、絵巻、日記、紀行文など実に多くの作品が著わされており、もはや文学作品に限定するわけにはゆかない。

もちろん文学が基本になるが、広く作品群を考察せねばならず、そのため本書では「中世社会篇」と銘打つことにした。ただ百年ごとの時代区分は前著と同様で次のようになる。

中世社会の百年ごとの変化の動き

	西暦	事項	時代の動き	時期区分
⑩	一〇六八	後三条天皇即位	院政時代	中世Ⅰ
⑪	一一六七	平清盛太政大臣	武家政権	
⑫	一二六八	蒙古の国書到来	東アジア世界の流動	中世Ⅱ
⑬	一三六八	応安の半済令《はんぜいれい》	公武一統	
⑭	一四六七	応仁の乱の開始	戦国時代	近世Ⅰ

本書では⑬の時期までを視野におき、中世社会の歴史を見てゆくことにしよう。

文学で読む日本の歴史　中世社会篇——目次

装丁・山﨑　登
編集協力・角谷　剛
系図作成・曽根田栄夫

1 家の社会

『愚管抄』と『古事談』

一　国王の家

後三条天皇の親政

後三条天皇は、治暦《じりゃく》四年（一〇六八）に即位すると、東宮《とうぐう》時代を支援していた故閑院能信《かんいんよしのぶ》の養子能長《よしなが》や村上源氏の源《みなもとの》師房《もろふさ》・源経長《つねなが》、東宮時代の学士であった大江匡房《おおえのまさふさ》・藤原実政《さねまさ》などの文人貴族を登用し、積極的な政治を展開していった。

この後三条天皇の時代の画期的性格を指摘したのが、摂関家出身の慈円《じえん》が承久の乱の直前に著した歴史書『愚管抄《ぐかんしょう》』であり、紙幅を費やしてこの時代の性格を語っている。

後三条ノ聖主ホドニヲハシマス君ハ、ミナ事ノセンノスヱズヱニヲチタタンズル事ヲ、ヒシト結句ヲバシロシメツツ、御サタハアル事ナレバ、

慈円は天皇の摂関への対応に批判的ではあっても、この一文のように天皇が事柄の将来を見極め、しかるべき処置をとったと高く評価した。だが東宮になる前は不遇だった。藤原道長・頼通による長期の摂関政治が行われるなか、後朱雀《ごすざく》天皇の第二皇子（尊仁親王《たかひと》）として成長したものの、兄の親仁《ちかひと》親王（後冷泉《ごれいぜい》天皇）とは違って、生母が藤原氏出身ではない陽明門院《ようめいもんいん》（道長の外孫）であったことも

あり、皇太弟《こうたいてい》にと考えていた父の意向が抑えられていた（二六頁系図参照）。

そのなかで頼通の異母弟の閑院能信が強く薦め、父の遺詔《いしょう》により皇太弟になったものの（『今鏡』）、それでも頼通は、歴代の東宮が伝領する「壺切御剣《つぼきりのみつるぎ》」を「藤氏腹の東宮の宝物」という理由から二十三年もの間、献上しなかったという（『江談抄《ごうだんしょう》』）。頼通の態度は皇統の分裂を心配してのものであったが、やがて後冷泉天皇に皇子が生まれず即位することになった。

こうして新たな政治改革は不遇な時期を過ごした天皇、好悪の感情の激しさを表面に出した天皇によって切り開かれていった。天皇は犬を憎んで内裏にいる犬を蔵人《くろうど》に取り捨てるように命じたり、卑しいと考えられていた鯖の頭に胡椒をぬって炙《あぶ》り常に食べていたともいわれる。これも頼通に嫌われた一因であったろう。

鎌倉時代に成った説話集『古事談《こじだん》』は、「延久《えんきゅう》の善政には先器物を作られけり」と、天皇は枡を召し寄せて寸法を測り、穀倉院から米をとり寄せると、殿上の小庭でそれに入れさせ、計量したという逸話を記している。この延久四年（一〇七二）の宣旨枡《せんじます》の制定を始めとする一連の「延久の善政」の最たるものが延久の荘園整理令であった。

延久元年（一〇六九）二月に荘園整理令を発布すると、記録荘園券契所《けんけいじょ》（記録所）を設置してその審査を命じたが、それは次のような強い意思によるものであった（『愚管抄』）。

延久ノ記録所トテハジメテヲカレタリケルハ、諸国七道ノ所領ノ宣旨・官符モナクテ公

田ヲカスムル事、一天四海ノ巨害《こがい》ナリトキコシメシツメテ

荘園が諸国に満ち、受領《ずりょう》の勤めが耐え難い状況から、これまでの荘園の審査が国ごとに行われていたのを改め、内裏の朝所《あいたんどころ》に審査機関の記録所を置き、国司・荘園領主双方から書類を提出させて審査した。その結果は国には太政官符《かんぷ》で、荘園領主には太政官牒《かんちょう》で伝え、摂関家領の一部も整理対象とするなど（『後二条師通記《ごにじょうもろみちき》』）、その方針は大きな影響を与えた。石清水八幡宮《いわしみずはちまんぐう》寺領では二十一か所の荘園は認められたものの、十三か所が停止されるなど、厳密で公正な審査によって多くの荘園が停廃された。

院政の始まり

中央での荘園整理は、裏返せば太政官符で認められた荘園についてはこれ以後、安定した支配が可能となったことを意味し、受領もまた荘園以外の地を公領としてしっかり把握するようになったから、復古的政策ではあっても新たな方向をもたらすことになった。

受領は土地の調査（検田）を行ってその帳簿（大田文《おおたぶみ》）を作成したので、これが中央政府から課される臨時雑役《りんじぞうやく》の賦課のための基本帳簿とされ、長く国内支配の帳簿として機能した。荘園は停廃されても、再び荘園を形成する道が閉ざされたわけでもなかった。荘園と公領が国王（王権）の直接支配下に位置づけられたこの制度は、これまでの院宮王臣寺社家領《いんぐうおうしんじしゃけりょう》と公領の併存状況の調和的な帰結

であり、ここに成立した荘園公領制は以後の中世の土地制度の基本的枠組みとなった。

後三条天皇は位を去った後には太上《だいじょう》天皇として院政を行うことを考えた、と『愚管抄』は次のように記している。

後三条院、世ノスヱニヒトヱニ臣下ノママニテ、摂籙臣世ヲトリテ、内ハ幽玄ノサカイニテヲハシマサン事、末代ニ人ノ心ハヲダシカラズ、脱屣ノノチ、太上天皇トテ、政ヲセヌナラヒハアシキコトナリトヲボシメシテ、

天皇が末世に「幽玄」の場にあったままではよろしくないとして、譲位後にも政治を行おうとしたという。即位後四年して第一皇子貞仁《さだひと》親王（白河天皇）に譲位しているのだが、院政を目指したかどうかは、翌年に病に倒れ四十歳で亡くなったので明らかでない。ただ、次の皇位には最愛の后（源基子）との間に生まれた実仁《さねひと》親王を皇位に即けるべく皇太弟としており、我が皇統に皇位の継承を考えていたことは疑いない。院政を行おうとしたとあるのは、院政につながる考え方が後三条天皇の時代に生まれたものと後に見られ、そう評価されたからであろう。

『古事談』には、天皇が亡くなった時、宇治にいた藤原頼通が「末代の賢王なり。本朝の運拙きによりて早く以て崩御するなり」と嘆息したという話が載っている。摂関もまた時代の大きな変化を「世ノスヘノ大ナルカハリメ」（『愚管抄』）と認めざるをえなかったのである。

後三条天皇の跡を継いだ白河天皇は父の強い思いに抗し、最愛の賢子《けんし》との間に皇子誕生を求め、三井寺の頼豪《らいごう》に恩賞を約束して祈らせた。待望の皇子は誕生したのだが、三井寺への戒壇設立を望んでいた頼豪に対し、延暦寺の反発を考慮しそれを認めなかったので、生まれた皇子がすぐに亡くなると、頼豪に祈り殺されたと噂されたという（『愚管抄』）。

続いて皇子が生まれたところが（善仁親王《たるひと》）、賢子がその産後の病により亡くなってしまう。すると天皇は側近たちが止めるのも聞かず、その亡骸を抱いていたという。タブーを恐れないその行動から、天皇は善仁にすぐに位を譲ることへと動き、義弟の実仁親王が亡くなると、応徳《おうとく》三年（一〇八六）に善仁を東宮になし、譲位して堀河天皇を立てたのである。これが院政の起点となった。

白河院は父の国家再建の意思を受け継いで、国政を整えることに意を注ぎ、有能な文人官僚や中級貴族を登用した。『古事談』は、白河院が「吾れは文王なり」と自讃したという話を載せている。これを聞いた臣下の訝《いぶか》しげな様子を見て、稽古の大才を必ずしも文王とは言わぬ、匡房を取り立てたのは文道を尊んだからであり、文道を尊ぶのを文王というのだと、語ったという。

その大江匡房は、「高才明敏、文章博覧、当世無比」と称され、学者の家にもかかわらず中納言にまで昇進し、朝廷の儀式の次第を記す『江家次第《ごうけしだい》』など多くの書物を著した。匡房のみならず源俊《とし》明《あき》や藤原為房《ためふさ》、源通俊《みちとし》、源雅兼《まさかね》などの実務に秀でた中級の貴族層を院近臣として組織し、政治を推進したのである。

院政の本格的展開

白河院は「国王の氏寺」として、後三条院が御願寺《ごがんじ》として円宗寺《えんしゅうじ》を創建したことにならい、京の東の白河に法勝寺《ほっしょうじ》を創建したが、その八角九重の塔は従来にない規模と形状をもち、国王の権威を示し、院政を象徴するモニュメントとなった。

院が法勝寺で一切経の供養を行おうとしたのに、雨が甚だ降って三度も延期があり、さらに行ったところがまたも供養の日に雨が降ったことに逆鱗し、雨を器に入れ獄舎に置いた、という話を『古事談』は伝える。

法勝寺に続いて尊勝寺《そんしょうじ》などの勝と名のつく寺（六勝寺）を創建し、国王の布施を広く僧に与えて仏教界に君臨した。後三条院は即位に際し高御座《たかみくら》に臨み、密教の秘印（大日如来の智拳印《ちけんいん》）を結んで真言を唱える即位灌頂《かんじょう》を初めて行い、仏法による護持を期待したというが、白河院はそれをさらに一歩進め、康和《こうわ》元年（一〇九九年）には仁和寺《にんなじ》に入った皇子の覚行《かくぎょう》を法親王《ほっしんのう》となし、皇女の死にあい出家して法皇となるなど、仏教界の掌握へと進んだ。

院は京の南の鳥羽に広大な地を占定して離宮の鳥羽殿を造営し、ここを国王の文化空間となし、武士たちを集めて流鏑馬などの武芸を演じさせた。この鳥羽殿の御所の造営は讃岐守高階泰仲《たかしなやすなか》が行い、池は五畿七道六十余州の課役で造られ、南殿に続いて北殿、馬場殿・泉殿も造られ、南殿に付属して証金剛院《しょうこんごういん》が康和三年（一一〇一）に建立されると、ここに一切経が納められた。

その供養願文には「帝都の南、一の仙洞、林池幽深、風流勝絶、その中に新たに道場を建て、証

鳥羽殿復元図（画　中西立太）

金剛院と号す。丈六弥陀仏を安んず」とあり、丈六の阿弥陀仏が安置され、池が背景にあるので、平等院に倣ったものとわかる。離宮の境域は鳥羽院が鳥羽東殿に建立した安楽寿院《あんらくじゅいん》の四至《しいし》の記事によれば、東と南が鴨川で、西が京からの鳥羽作り道を延長した西大路、北が北大路で、院に仕える「近習の卿相・侍臣・地下《じげ》の雑人《ぞうにん》等」の家地が離宮の西や北に広がり、院に奉仕する侍や庭掃《にわはき》・召次《めしつぎ》・車借《しゃしゃく》・下人《げにん》なども組織されていた。

法勝寺の九重塔は国王の権威を垂直的に示したが、広大な鳥羽離宮は水平的に示したのであって、東国から上洛した人々は、粟田口《あわたぐち》から京に入ると法勝寺の塔を見上げて院の権勢を実感し、西国から上洛した人々は、淀川を遡って鳥羽離宮の広大な様子を見渡して、その富と権勢を実感したことであろう。

院政とはいっても、当初の院は堀河天皇と摂関の藤原師通の政治を見守り、直接に政治にあたることは少なかった。子を天皇となしその行く末を守るために動いていたのであるが、堀河天皇が嘉《か》承《しょう》二年（一一〇七）に若くして亡くなったことから、孫の幼い皇子（宗仁）を位につかせて（鳥羽天皇）、法皇になっていたにもかかわらず政治の実権を握った。『愚管抄』は次のように記している。

ホリカハノ院ウセ給テケル時ハ、重祚《ちょうそ》ノ御心ザシモアリヌベカリケルヲ、御出家ノ後ニテ有リケレバ、鳥羽院ヲツケマイラセテ、陣ノ内ニ仙洞ヲシメテ世ヲバヲコナハセ給ニケリ。光信《みつのぶ》・為義《ためよし》・保清《やすきよ》三人ノケビイシヲ、朝夕ニ内裏ノ宿直ヲバツトメサセラレケルニ、

再び自ら天皇になる重祚も考えたが、孫の皇子を天皇にたて、政治の大事を定める陣に院政の場を占め、政治の実権を行使し、これを守護するために源光信・為義、藤原保清（康清）らの武士に内裏の宿直を勤めさせて警護にあたらせたという。この時から院政は本格的に始まったことになる。後三条から白河院へと続く動きの中から、上皇が天皇家の家長として天皇を守って政治を執り行う院政が生まれたのである。

院政の基盤

天皇が退位して家長権を掌握してゆくなかで院政は成立したのだが、その政治に大きな影響を与えたのが、荘園や公領を基盤とする権門や寺社、武士の動きが活発化したことである。寛治《かんじ》七年（一〇九三）に南都の衆徒《しゅと》が春日社の神木を奉じて入京して以後、南都北嶺《なんとほくれい》（興福寺と比叡山延暦寺）の大衆による強訴《ごうそ》が頻発するようになり、延暦寺や興福寺などの中央の大社寺は、地方の寺院や神社を末寺・末社に組み込んで系列化を図って勢力を伸ばし、大宰府近くにある日本三戒壇の一つ観世音寺《かんぜおんじ》は東大寺の末寺となっている。

院には訴訟の裁断が求められ、これに応えて院は王権を強調していった。保安《ほうあん》四年（一一二三）七月、白河院が石清水八幡に捧げた告文《こうもん》には、「王法は如来の付属により、国王興隆す」と記され、仏法によって授けられた王権、つまり王権仏授説を唱えている。度重なる熊野御幸《くまのごこう》はそのことと関連していた。公卿たちの意見を超える政治的決断を行うためには神仏の支えが必要であった。白河院が保安元年に藤原忠実《ただざね》の摂関を解任するにあたっては、その直前に熊野に赴いて神に報告している。

『源平盛衰記《げんぺいじょうすいき》』は白河院が意のままにならないものを三つあげた話を載せる。その三つとは、双六《すごろく》の賽《さい》の目、鴨川の水と山僧（延暦寺僧）であって、双六の賽の目とは社会風俗、鴨川の水とは治水、山僧とは大衆の強訴であり、それらに立ち向かったところに専制的性格を見たのである。だが、実のところは、それらは思うようにはならなかったものであって、逆にその限界もうかがえる。

摂関時代には摂関が主導する会議（陣定《じんのさだめ》）が政治意思決定の場であったが、院政では陣や院御所で開かれる議定《ぎじょう》が国家の大事を決定した。重要事態や事件が起きると、院は蔵人頭《くろうどのとう》に指示して摂関の考えを聞くとともに、議定を開いて公卿の意見を聴取したうえで最終的決断を下した。その議定には公卿すべてが出席せず、メンバーは院が権門のなかから選んだ上級貴族と、院の意思に沿って動く院近臣とから構成された。

通常の政務は、蔵人頭や弁官《べんかん》などの実務官人が院の指示と摂関の内覧《ないらん》に基づいて進め、律令制の官司による実務については、諸国の場合は受領である国守とその代官の目代《もくだい》が、中央の官庁では長官とその代官の年預《ねんよ》が運営にあたり、それとともに特定の氏の家がその官司を実質的に経営する官司請負の現象が広がった。

院は人事権を握って、乳母夫《めのと》や近習など幼い頃から院に仕えていた下級貴族たちを裕福な受領に任じ、彼らを組織し経済的に奉仕させた。当初は荘園整理に積極的であった白河院であったが、院政が本格化すると、院の所領（院領）の拡大へと転じ、彼らをその経営を行う院庁《いんのちょう》の職員となして専制の手足とした。いわば院庁は国王の家政機関となった。王権が荘園・公領の支配権を確保するなか、天皇家の財産を集積し継承させていったのである。

国王の文化

白河院は積極的に古典文化の復興を企てた。近臣の歌詠みである源通俊に命じ、途絶えていた勅撰和歌集を撰ばせ、応徳三年（一〇八六）に『後拾遺和歌集』が成立している。堀河天皇も百首の歌を歌人から召す『堀河百首』を企画したので和歌の新たな文化が広がった。源俊頼や藤原基俊《もととし》らが頭角を現し、俊頼は勅撰集『金葉《きんよう》和歌集』の撰者となり、歌論書「俊頼髄脳《としよりずいのう》」を著し、基俊は『新《しん》撰朗詠集《せんろうえいしゅう》』を著した。

堀河天皇は和歌のほかにも、管絃に才を発揮した。笛を源政長《まさなが》に、神楽を多資忠《おおのすけただ》に学んで宮中で管絃の会を開いた。後に著された『教訓抄《きょうくんしょう》』や『十訓抄《じっきんしょう》』は、この堀河天皇の時代の逸話を多く伝えている。

白河院が公事《くじ》・行事の整備にあたったことから、廷臣たちは様々な書物を著した。院近臣の藤原為房は故実書『撰集秘記《せんじゅうひき》』『貫首抄《かんじゅしょう》』を著し、大江匡房は故実書『江家次第』、往生伝『本朝往生伝《ほんちょうおうじょうでん》』、説話集『江談抄』などを編んでいる。それとともに以前の宮廷社会や宮廷文化を回顧して、新たな時代に備える動きも広がった。摂関時代の歴史を描く『栄華物語』が書かれ、藤原道長の栄華を描く『大鏡』が著され、『源氏物語絵巻』が描かれている。

時代の転換期にあたって、延暦寺の僧の手になる説話集である『今昔物語集』がまとめられ、三井寺の僧の手になると考えられる仏教史の歴史書『扶桑略記《ふそうりゃくき》』も著された。

摂関時代の文化の中心は摂関にあったが、この時代には国王こと院が中心にあり、その上皇を中心とする宮廷文化圏の形成に大きな役割を果たしていたのは、上皇の娘の内親王や女院である。郁《いく》芳門院《ほうもんいん》は早くに亡くなったが、令子内親王《れいしないしんのう》は鳥羽天皇の准母《じゅんぼ》とされ、待賢門院《たいけんもんいん》は白河院の養女となり、鳥羽天皇の后となるなど、この女院文化圏において『源氏物語』が読まれ、その絵巻が描かれたのである。
田楽《でんがく》が永長元年（一〇九六）に大流行し、内裏や院御所、郁芳門院御所に廷臣たちが挙《こぞ》って押し掛けて演じたことを匡房の『洛陽田楽記』が記しているが、こうした芸能の隆盛に目をつけた白河院は、祇園御霊会《ぎおんごりょうえ》の興行に力を入れ、殿上人や受領に命じて馬長《うまおさ》（童の騎乗行列）や田楽法師・田植女などを調進させた。その行列は院の御所や鳥羽殿にまで招き入れられることもあり、こうして祇園祭は国王家の祭礼の雰囲気を示すようになった。

匡房はほかに『傀儡子記《かいらいしき》』『遊女記』などの芸能に関わる人々に関する書を著しているが、その遊女らの謡う今様《いまよう》が廷臣や遊女との交流により広がっていた。東国の傀儡子《くぐつ》は美濃の墨俣《すのまた》や青墓《あおはか》を、西国の遊女は摂津の神崎・江口を根拠地とし、宿や津などの交通の要衝を往来する人々を相手に今様を謡っていたが、『遊女記』は、淀川から河内国へと南下する人々は江口の遊女を、西国から上る人は神崎の遊女を愛でていたという。

今様は都にも広く流行した。後白河院が編んだ『梁塵秘抄口伝集《りょうじんひしょうくでんしゅう》』は、白河院の近臣の監物《けんもつ》源清《きよ》経《つね》や土佐守藤原盛実《もりざね》、修理大夫《しゅりのだいぶ》藤原顕季《あきすえ》らが遊女らと交流して都に広めた話や、顕季が桂川に沿う樋爪《ひづめ》の地に墨俣や青墓の傀儡子を集めて様々な歌を謡わせた話を特筆している。歌人西行の母は源清経の娘であり、西行の歌には今様の影響がある。

二　家形成の広がり

国王の家から臣下の家へ

天皇の家の形成とともに様々な場で家が成立してきた。藤原道長の流れを引く御堂《みどう》流の藤原氏も家の形成へと動いた。頼通の譲りで関白になった弟の教通《のりみち》が亡くなると、教通の跡は頼通の子師実《もろざね》が養女を白河天皇の中宮となして関白となり、やがて子の師通に関白を譲ったが、師通が急死したため、孫の忠実が関白となった。

しかし鳥羽天皇の践祚《せんそ》に際し、藤原忠実は天皇の外戚ではなかったため、摂政になれないことを恐れていたが、白河院の指名によって摂政となり、この時から娘を天皇の后に据えることなく摂関となる摂関家の形成の道が開かれた。

それとともに忠実は分散していた荘園を集め、子孫に伝えるようはかり、その家政機構として摂関家政所《まんどころ》を整備した。摂関家の年中行事の費用などをどう賄うかを定めた『執政所抄《しっせいじょしょう》』が作られ、摂関を中心とする故実や逸話を忠実が語る『富家語《ふけご》』や『中外抄《ちゅうがいしょう》』が著された。このような摂関家をはじめとする家形成の動きが広がったことを『愚管抄』は次のように記している。

家々ヲタヅヌベキニ、マヅハ摂籙臣ノ身々、次ニハソノ庶子ドモノ末孫、源氏ノ家々、

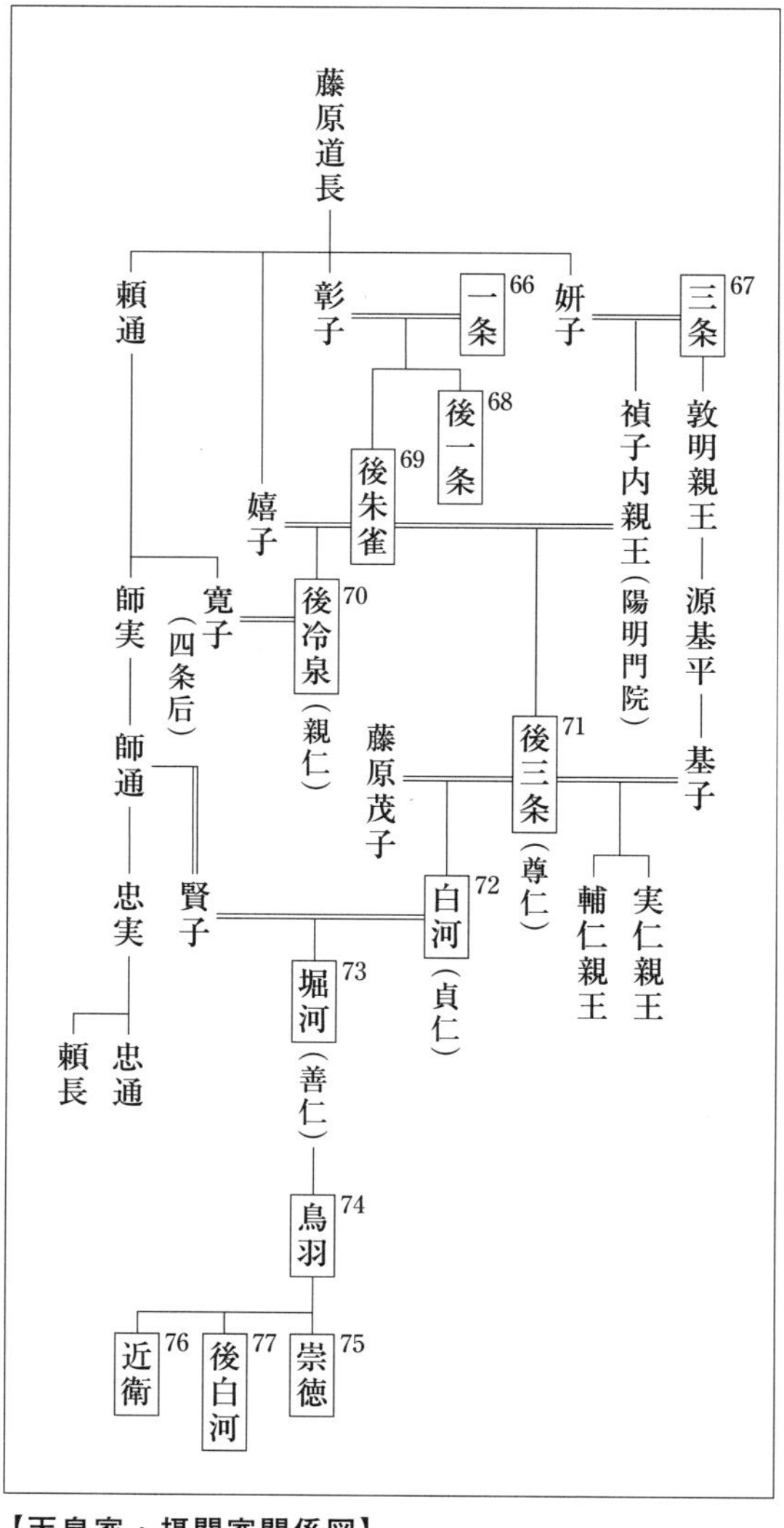

【天皇家・摂関家関係図】

次々ノ諸大夫ドモノ侍ル中ニハ、コノ世ノ人ハ白河院ノ御代ヲ正法《せいほう》ニシタル也。尤可然々々。ヲリ居ノ御門ノ御世ニナリカハルツギ目ナリ。

白河院政期から摂関家や上流貴族の間に家形成の道が広がっていったことを記しているのである。

後三条院が世に出るにあたり大きな役割を果たした閑院能信の流れは、高い家格を誇る閑院流の家を形成するようになり、村上天皇の孫で具平《ともひら》親王の子の源師房は、後三条院の時に大臣にまで昇進し、その流れは村上源氏の家として白河院を支え、藤原師実の次男の家忠に始まる花山院《かざんいん》流などとともに、摂関家に次ぐ清華《せいが》家という家格を誇るようになった。さらにこの下には近衛府の中少将を経て中納言や大納言に至るコースをたどる羽林《うりん》家も成立するようになった。

道長の子頼宗《よりむね》の流れにある藤原宗忠《むねただ》は、弁官や蔵人頭など院の政治を実務的に支え、院と摂関を結ぶ役割を果たしたことで、右大臣にまで昇進し、中御門《なかみかど》に邸宅があったので中御門の家の基礎を築いており、その日記『中右記』はこの時期の政治の動きを詳細に記している。

院の政治を実務的に支えた藤原高藤《たかふじ》を祖とする藤原為房の流れは勧修寺《かじゅうじ》の家を形成した。白河院に仕えてから頭角を現わした為房は弁官を経て公卿に至り、為房が参議になった喜びの挨拶回りをした際にその行列の前駆《ぜんく》を子孫六人が行ったところ、為隆・顕隆が弁官、重隆が兵衛佐という官職にあって、世の人に「子孫繁昌」と言われたといい（『古事談』）、『中右記』は「一家の繁昌、千載勝事」と記している。この子孫は弁から公卿に昇る出世コースをたどり、官僚としての実務や事務を日記に記し、先例や故実に備えたので「日記の家」と称された。為房に『大記《だいき》』、為隆に『永昌記《えいしょうき》』、顕隆に『顕隆卿記』などの日記がある。

下級官人の諸道でも家が形成されてきた。太政官の事務官である外記《げき》では中原・清原《きよはら》氏の流れが、算道では三善《みよし》氏の流れ、陰陽道では安倍《あべ》氏の流れが家を形成した。そのうちの中原氏の流れを見ると、摂関期に制作された『年中行事御障子文』に沿って、中原師遠《なかはらのもろとお》が『師遠年中行事』を著したのに始まり、その子師元《もろもと》が『師元年中行事』を著すなど、この家では代々にわたって年中行事書を著し、朝廷の年中行事の遂行のために資した。

摂関家にも仕えて、摂関家の年中行事に関与し、摂関家の忠実の言談を記した『中外抄』が中原師元の手になっているなど、摂関家の故実の形成にも関与していた。

三善氏の家形成に大きな役割を果たした三善為康《ためやす》は、越中国から都に出て三善為長《ためなが》の門下に入り、算道や紀伝道を学んで為長の養子となり、新たに家を興した。朝廷や諸国、諸家が作成する文書や文章の文例を記す『朝野群載《ちょうやぐんさい》』を編集し、大江匡房の『本朝往生伝』を継承して『拾遺往生伝《しゅういおうじょうでん》』などの往生伝を著したが、この家は鎌倉時代には西園寺《さいおんじ》家の家司《けいし》となって朝幕関係に活躍することになる。

下級官人は院や摂関家に仕え、諸家の荘園や知行国の公領に経営に関わることで、家を形成していった。

家産の形成

院が上皇の立場から政治の実権を握ったように、貴族は官職を退いた後もその地位にはつかずして実務や実権を握る傾向が広がった。子弟や家司を国守・官衙の長に任じ、国や官衙の実権を握る知行国制・官司知行制が進行した。

このため子弟をいくつもの国守に任じ、諸国を知行して経済的に院に奉仕する院近臣が現れ、摂関も家司を国守となして知行国を有し、院も院司《いんじ》や近臣を国守となし知行国を院分国《いんぶんこく》とするようになった。表1は天仁《てんにん》二年（一一〇九）十二月の白河院の院司・近臣の知行国をあげたものである。

参議で修理大夫の藤原顕季は修理職という官衙のほかに三か国を知行し、中納言源雅俊《まさとし》・藤原宗《むね》通《みち》、四位の藤原基隆《もとたか》らは二か国、摂政の藤原忠実も佐渡国を知行していた。さらに宗通の子長実の場合になると、父の死後には知行国を増やしてゆき、保安四年（一一二三）には自身が大宰大弐《だざいだいに》として大宰府を知行したほかに四か国をも知行している。

四位の別当では、藤原為房が因幡《いなば》、藤原基隆が伊予と三（参）河、藤原通季《みちすえ》が美作《みまさか》、藤原家光が伯《ほう》耆《き》を知行し、院の判官代《ほうがんだい》では、高階宗章、院の主典代《しゅてんだい》では、中原宗政《むねまさ》が伊豆を知行している。院北《いんのほく》面《めん》では、平正盛《まさもり》が但馬《たじま》、高階時章《ときあきら》が能登、院近習では、平為俊《ためとし》が駿河、藤原師季《もろすえ》が甲斐を知行するなど、主要な国々は院の関係者の知行国となっている。この趨勢の行き着く先が、右大臣藤原宗忠が白河院が亡くなった時にその事績としてあげた「三十余国定任の事」という『中右記』の記事で、日本国の半分の国々が院に配分されていたという。

受領や知行国主から国の経営のために派遣された目代は、国衙に留守所を設け国衙の役人である在庁官人を指揮して国務の遂行にあたった。「庁宣す」と始まり、国司の署判を文書の奥上に記し、知行国主が袖に花押を捺す国司庁宣《こくしちょうぜん》が出され、それを受けて留守所から在庁官人にその命令の実行が伝えられ、国務が遂行された。院庁からも在庁官人に宛てた院庁下文《くだしぶみ》が出され、院の近臣が院の

表1　白河院院司・近臣知行の国

別　当		知行の国
大納言	源俊明	
権大納言	藤家忠	
〃	藤経実	
権中納言	源雅俊	若狭①・武蔵②
〃	藤宗通	備中③・美濃
〃	藤仲実	
〃	源国信	備前④
参　議	源能俊	
修理大夫	藤顕季	越後⑤・播磨・丹後
参　議	源顕雅	
	藤為房	因幡⑥
	藤長実	（播磨）
	藤経忠	
	藤基隆	伊予・参河⑦
	藤実隆	
	藤家保	（丹後）
	藤通季	美作
	藤信通	
	藤家光	伯耆
	源	
	藤実行	
判官代	藤季通	（美濃）
〃	高宗章	越中
〃	藤顕経	
〃	藤有業	
主典代	中宗政	伊豆
摂　政	藤忠実	佐渡
院北面	平正盛	但馬⑧
〃	高時章	能登⑨
院近習	平為俊	駿河⑩
〃	藤師季	甲斐⑪

出典：『院政期社会の研究』140頁

院司は天仁2年12月22日白河院庁牒案（『平安遺文』1714号）による。
出典
①『中右記』嘉承2.1.16条、『殿暦』永久1.12.17条
②『中右記』嘉承2.7.24条、嘉承1.11.19条
③『公卿補任』保安3年藤伊通条
④『殿暦』天仁2.12.13条
⑤『公卿補任』保延3年藤顕輔条
⑥『殿暦』天仁2.12.21条
⑦『中右記』天仁1.7.19条、『殿暦』永久1.5.21条
⑧『殿暦』天仁1.1.29条、天永1.10.12条
⑨『朝野群載』巻26
⑩『中右記』天仁1.1.24条、『殿暦』天永2.10.17条
⑪『中右記』天永1.1.24条、『殿暦』天永2.10.5条

命令を伝える院宣《いんぜん》が国司や知行国主に出されるなど、院もしばしば諸国の国務に関わった。

こうしたことから受領が任国に下る必要はなくなり、任初あるいは任終にのみ国内の神社への参拝（神拝《じんぱい》）を行って国内支配の遂行を祈るか、感謝するために下るようになった。国内の有力な神社を一宮《いちのみや》・二宮《にのみや》以下の格式を与えて組織し、国内諸社の神を国府近くの神社に勧請《かんじょう》して惣社《そうじゃ》として祀り、これらを参拝して京に帰ったのである。それとともに律令国家によって保護されてきた式内社や国分寺・国分尼寺が衰退していった。

受領が地方に下っていた時には受領が地方文化の中心にあった。『後拾遺往生伝』には嘉保《かほう》三年（一〇九六）に安房《あわ》守として任国に下った源親元《ちかもと》が、寺を建立して阿弥陀仏を安置し、国内の人々に念仏を勧めたとある。説話集『古今著聞集《ここんちょもんじゅう》』には、歌人の能因《のういん》法師が伊予守藤原実綱の供をして下り、伊予一宮の大三島《おおみしま》社に旱魃《かんばつ》に対する雨乞いを祈る歌をささげたところ雨が降った話など、受領が地方に下った話が多く見える。

しかし院政期になると任国に下った受領の話は見えなくなる。九州を知行する大宰府の長官になった大江匡房は嘉保二年、承徳二年（一〇九八）の二回下って多くの富を得たことから、「道理」によって得た富を船一艘に、「非道」によって得た富をもう一艘に積んで運ばせたところ、道理の船のみが海に沈没してしまい、匡房は「世ははやく末になりたり」と語ったという（『古今著聞集』）。そして三回目の任ではついに匡房は赴かなくなる。

受領が在任中に国内の開発所領を権門や寺社に寄進して荘園・私領とすることが広がると、白河院がその荘園寄進を認めるようになって、受領や権門寺社の家産が荘園の形で増えてゆき、公領も私領として家産となった。

こうした家形成の動きはやがて家格の秩序の固定化傾向を促した。摂関家・清華家・羽林家などの公卿クラス、四位・五位の官人クラスの諸大夫層、六位クラスの侍層、それ以下の凡下《ぼんげ》という別が生まれ、あたかも朝廷はこれら家の集合体といった性格を有するようになった。

寺社の動き

高野山や熊野山、春日神社・賀茂社などの有力寺社では院の御幸を迎えて、荘園が寄進され、寺家や社家の形成へと向かった。白河院は寛治三年（一〇八九）十二月に近江の彦根寺に詣でた後、同四年正月には熊野山に参詣し、同五年二月に高野山に参り、同六年七月に金峰山《きんぷせん》に御幸し、翌年三月には春日御幸があった、というように頻繁に寺社に詣でた。『春日権現験記絵《かすがごんげんげんきえ》』は、このうち巻一の四段で金峰山詣を、巻二の一段で春日御幸をとりあげ、興福寺・春日社が天皇家に護られ、天皇家を護っていることの始まりとしている。

院は金峰山で病気になると、それが春日社を素通りしたためであったということから、翌年に春日御幸を行い、康和年中に一切経を書写して寄せ、越前国の河口荘をその料所《りょうしょ》として寄進したことを語っている。次の段では、延暦寺の衆徒と争った興福寺の衆徒に逆鱗し、院が攻めるように命じたところ、近臣の藤原顕季が諫《いさ》め、取り止めになった話を載せている。

絵巻は春日社が朝廷において重要な位置を占めるようになった時期を白河院の時代と見ており、院によって保護される話を載せ、中世の春日社と興福寺の体制が築かれたことを象徴的に表現したのである。長治《ちょうじ》元年（一一〇四）四月二十二日に春日社の宝殿四宇が造られ、神体が仮殿から戻されている。

延暦寺や仁和寺・醍醐《だいご》寺などの有力寺院には院の子弟が、延暦寺や興福寺では摂関家の子弟が長官になって寺家が整えられていった。東大寺では院の近臣の僧が別当に任じられたが、任が終わると寺物を私物として持ち去っていたため経営が苦しくなっていた。そこで白河院の懇請に応えて別当になった永観《えいかん》は、東大寺を再建するにあたり、それまで寺の財源が国家から与えられた封戸中心であったのを、荘園中心へと切り替え、東大寺の関わる文書を保管し、『東大寺要録』を作成して管理体制を整え、東大寺を再興させたのである。

寺院の中には皇族・貴族の庇護を得た院家が広く形成されてゆき、そこに皇族や貴族の子弟、学僧が入って持続的に維持されていった。仁和寺は宇多《うだ》法皇が御室《おむろ》を設け住んで以来、法親王に継承される一方で、広大な境内には多くの院家が形成され、有力貴族の子弟が入るようになった。延暦寺では三千院・青蓮院《しょうれんいん》・妙法院などが天台宗三門跡として高い家格を誇るようになるが、そのうちの青蓮院は関白師実の子行玄《ぎょうげん》が入ってから整備されていった。三井寺では増誉《ぞうよ》が白河院の熊野御幸の先達となり、院家として聖護院《しょうごいん》を建立し、聖護院門跡の基礎を形成した。興福寺では一乗院と大乗院に摂関家から院主が入って、興福寺別当の座を争うようになった。

寺院では華麗な法会が開かれていった。醍醐寺では永久六年（一一一八）に鎮守の清瀧宮で仁王経を講讃する清瀧会（桜会《さくらえ》）が、仁和寺では康治二年（一一四三）に舎利会《しゃりえ》が開かれるようになったが、そこでは童舞《わらわまい》が行われた。高僧たちは童を寵愛し、法会に童を連れて出席し、修二会《しゅにえ》の後に行われた延年《えんねん》の会では童に舞や今様を習わせ楽しんだ。『鳥獣人物戯画《ちょうじゅうじんぶつぎが》』は僧が童の楽しみのために描かせた絵巻である。三井寺の増誉は「田楽・猿楽などひしめき」と称されていたように、芸能者を養成していたが、その弟子の増智《ぞうち》は仕えていた風骨を得た法師を「白河田楽」として組織した。

寺家でその経営を別当の下で支える所司の僧でも家を形成した。東大寺の政所を構成する所司は、上座《じょうざ》・寺主《てらじ》・都維那《ついな》の三綱《さんごう》の役職があり、そのなかの上座が年預となって政所を主管したが、それに長年あった覚仁《かくにん》は妻帯して家を形成し東大寺の荘園関係文書の管理責任者となって荘園経営に携わり、朝廷への訴訟に関わって他の権門と争い「悪僧」と名指しされた（東大寺文書）。

社家の形成も盛んで、鴨社の社司の構成は、嘉保二年（一〇九五）四月十五日に、堀河天皇の賀茂行幸があった際、これに奉仕した神官たちに恩賞があたえられたが（『中右記』）、それによれば、上社は「神主従五位下賀茂県主《あがたぬし》成継　禰宜《ねぎ》従五位下同安成」以下九人で、神主、禰宜、祝、権禰宜、権祝の構成をとり、その摂社片岡社が禰宜・祝、貴船《きぶね》社が禰宜・祝の構成であった。下社は「禰宜正五位下鴨県主惟季」以下五人で禰宜・祝・権禰宜の構成をとり、摂社の河合《かわい》社は禰宜・祝の構成であり、天皇の行幸や摂関の賀茂詣があると、神官の位階が上昇したのである。

武士の進出

白河院は国政を掌握する上で、武士に目をつけて院北面に組織したり、検非違使《けびいし》や受領に任じたりして、身辺を固めていった。早くは我が子孫のライバルとなる異母弟の三宮輔仁《すけひと》親王を警戒し、石清水八幡の行幸では清和源氏の源義家《よしいえ》とその弟義綱《よしつな》に警護をさせ、承徳二年（一〇九八）には義家を院殿上人《いんのてんじょうびと》にしたが（『中右記』）、同年には伊勢平氏の正盛を若狭守に任じている。

正盛は伊賀国の鞆田《ともだ》荘を院に寄進して院北面となり、若狭守を経て因幡・但馬・丹後・備前守と次々に西国の受領を歴任するなか、嘉承二年（一一〇七）に源義親《よしちか》、元永二年（一一一九）に平直澄《なおずみ》などの武士を追討して、順調に西国に勢力を広げ院の側近くにも仕えた。

永久元年（一一一三）四月に院は興福寺・延暦寺の衆徒入洛を阻止するため、丹後守平正盛、出羽守源光国、検非違使の藤原盛重《もりしげ》などの「天下武者の源氏平氏の輩」を派遣している（『中右記』）。地方の武士が十一世紀半ばから活発化してきたのを巧みに利用し、組織していったのであるが、その端緒となったのが前九年の合戦である。

永承六年（一〇五一）に陸奥守藤原登任《なりとう》が、奥州の奥六郡の司に任じられていた豪族の安倍氏に対し、朝廷への貢租を怠ったとして数千の兵で安倍氏の懲罰を試み、秋田城介《じょうすけ》の平繁成の支援を得て戦闘を起こした。この戦いは安倍氏の圧勝に終わったため、朝廷は敗れた登任に代え、源氏の武士・源頼義《よりよし》を陸奥守となし事態の収拾を図った。

そこで頼義は陸奥に赴任し天喜《てんぎ》元年（一〇五三）には鎮守府将軍も兼ねて安倍氏を従えさせると、

任が終わる天喜四年（一〇五六）二月、鎮守府の胆沢《いさわ》城に赴いて、そこから国府に戻ってくる途中で事件が起きた。配下の藤原光貞《みつさだ》と元定とが夜討ちにあって人馬に損害が出たという報告が入ったのである。

これが安倍貞任《あべのさだとう》の所行であると告げられ怒った頼義は、貞任を懲罰しようとして安倍氏との戦が始まった。苦戦を強いられた頼義であったが、出羽の仙北《せんぼく》三郡の豪族清原光頼《みつより》に来援を要請すると、七月に弟の武則《たけのり》が派遣されてきたことから攻勢に転じ、衣川柵《ころもがわのさく》や安倍氏の本拠である鳥海柵《とのみのさく》を落とし、最後の砦である厨川柵《くりやがわのさく》も落として勝利した。

この合戦を記したのが『陸奥話記《むつわき》』であって、そこには安倍氏が「奥六郡の司」と見え、安倍氏側にあった藤原経清《つねきよ》が白符《はくふ》を用いて官物などの徴収にあたったと見える。陸奥の奥六郡の司とは、辺境の地の支配のために威勢のある豪族に管領権があたえられたもので、頼義を支援した清原氏は出羽の仙北三郡の司であったものと考えられる。この後、奥六郡の司は平泉の藤原氏に継承され、さらに源頼朝の「東海道惣官」へと繋がってゆく。

白符とは朝廷の官の文書が朱印の捺された赤符に対して、私的に花押の加えられたところの下文であって、これも後に武士によって用いられるようになり、源頼朝はこれを幕府の正式な文書として採用するに至る。

武士の長者

永保三年（一〇八三）、安倍氏に代わって奥州で勢力を得た豪族清原真衡《きよはらのさねひら》一族に内紛がおきると、頼義の子陸奥守義家が介入し、真衡の義弟清衡《きよひら》を支援して家衡《いえひら》らと戦う後三年の合戦が始まった。清原氏は前九年の合戦時の清原光頼から弟武則《たけのり》の系統へと移っていて、武則の子武貞《たけさだ》が安倍氏に従っていた藤原経清の妻を迎えて家衡を儲け、安倍頼時の娘と経清との間に生まれた子を養子としていた（清原清衡）。

武貞には前妻の子に真衡がおり、武貞の死後はその真衡が継いだものの男子が生まれず、海道《かいどう》小太郎の子を養子に迎え（成衡《なりひら》）、常陸にいた源頼義の娘を成衡の嫁とした。その成衡の婚礼に、出羽の清原一族の長老・吉彦秀武《きみこのひでたけ》（武則の娘婿）が祝いに訪れたところ、真衡が秀武を無視したことから長老の面目を潰された秀武が大いに怒り、二人の争いが始まった。

秀武を討つ軍が起こされると、秀武は家衡・清衡に援軍を依頼し兵を進め、白鳥《しらとり》村を焼き払い真衡の館へと迫ったが、真衡が軍を返したので、家衡・清衡は決戦を避けて本拠地へと退いた。源義家が陸奥守として陸奥国に入ってくるなか、真衡が行軍の途中で急死したため、義家は真衡の所領の奥六郡を三郡ずつ清衡と家衡に分けたのだが、家衡がこの裁定に不満を示し、応徳三年（一〇八六）に清衡の館を攻撃して清衡の妻子らを殺害した。

生き延びた清衡は、義家の助力を得て家衡に対抗し、清衡と義家は沼柵《ぬまのさく》に籠もる家衡を攻撃したが、十分な戦の用意がなかったので敗れてしまう。武貞の弟武衡《たけひら》は家衡勝利の報を聞いて家衡のも

『後三年合戦絵巻』（国立国会図書館蔵）より金沢柵の戦い

とに駆けつけ、義家に勝利したのは武門の誉れであると喜び、難攻不落といわれる金沢柵《かねざわのさく》に移るように勧めた。寛治元年（一〇八七）、苦戦を聞いて都から下ってきた弟義光の援軍を得た義家は、金沢柵に拠る家衡・武衡軍を攻め、その兵糧攻めにより糧食の尽きた家衡・武衡軍は敗走し、戦いは十二月に終わった。この後三年の合戦を描いたのが『後三年合戦絵詞《ごさんねんかっせんえことば》』である。

朝廷はこの戦いを義家の私戦とみなし、恩賞はもとより戦費の支払いを拒否したばかりか、義家が金の貢納を行わずにそれを戦費に回し、官物から兵糧を支給したことで、その間の官物未納があったとして、陸奥守を解任した。このため義家は関東から出征してきた将士に私財をもって恩賞を与えたことで、声望が高まり「武士の長者」と称えられたという。

白河院は恩賞を認めなかったものの、その武力の意義をよく理解していたので、承徳二年（一〇九八）に義家が陸奥守の公事を完了させると、院の殿上人に待遇し自らの武力となしている。嘉承元年（一一〇六）に義家が亡くなった時、「位正下四位に至り、院殿上として、武威天下に満ち、誠に大将軍に足るものなり」と評されている（『中右記』）。

しかし「武士の長者」の義家の家とて順調に発展したわけではなかった。嫡子義親は対馬守になったものの、前肥後守高階基実《もとざね》と結んで九州で濫行《らんぎょう》をなして隠岐に流されたばかりが、さらにそこで白河院の命を受けた平正盛に追討されてしまう。このため義親の子為義《ためよし》は義家の子として源氏の流れを継ぐことになったが、苦労を重ねた。

平泉の清衡

後三年の合戦後の奥州では、勝利した清衡が清原氏の旧領を手に入れ、実父藤原経清の藤原の姓に復したので、清原氏の歴史はここに幕を閉じたが、清衡は勢力を広げて奥六郡を継承したことから、さらに宿館を豊田館《とよだ》から奥六郡を出て平泉に移し根拠地となし、陸奥・出羽両国へと勢力を広げていった。

平泉は奥州への入り口である白川関と、蝦夷地《えぞち》との境界の地である津軽外ヶ浜《そとがはま》を結ぶ奥大道《おくのたいどう》の中央に位置していた。その奥大道の道筋には一町別に金色の阿弥陀仏を描いた笠率都婆《かさそとば》を立て、国の中心となる平泉の山頂に一基の塔を建て、往還の道の左右に釈迦如来と多宝如来像を安置したという。

清衡が入る以前から平泉には仏教文化が入っていた。北には衣川館《ころもがわのたち》とそれに関係する長者原廃寺《ちょうじゃばら》が、西南には西光寺《さいこうじ》が存在していたが、中央の多宝寺の整備をはかり、大長寿院や金色堂などの堂舎を次々に建て、「寺塔四十余宇、禅坊三百余宇」を擁する中尊寺を形成していった。

大長寿院は二階大堂《にかいたいどう》と称される高さ五丈の大建築で、本尊は三丈金色の阿弥陀像、脇士《わきじ》が九体の丈六阿弥陀という規模であって、氏寺の機能を有していたと考えられる。金色堂は「上下四壁・内殿、皆金色也。堂内に構三壇を構へ悉く螺鈿也。阿弥陀三尊、二天、六地蔵、定朝造る」とあって（『吾妻鏡』）、上下四壁や内殿が皆金色で、堂内に三壇が構えられ、その三壇には後に藤原清衡以下の遺体が納められることになる。清衡は亡くなる年に逆修《ぎゃくしゅ》を行い、その百日の結願の時に合掌して仏号を唱えて眠るがごとく閉眼したといわれており、金色堂に籠もって最期を迎えたのであろう。

この金色堂の正方に位置して清衡の館（平泉館）が築かれた。その平泉館こと柳之御所《やなぎのごしょ》遺跡から見ると、金色堂は西北西に位置しているが、それは金色堂からの正面方向にあたっており、平泉館から金色堂を常に正面から拝していたのであろう。平泉館は衣川と北上川の合流地点近くの高館《たかだて》の南、北上川の河岸段丘上にあって、西・北を壕で囲まれ、池が付属した家など多数の家屋の遺構が出土している。

清衡は藤原氏の奥州の王の家を築きあげたのであり、それは京の国王の家に対抗する性格のものである。白河院の近臣の源俊明は仏像を造った時に、清衡がその金箔のため金を送ってきたのに、受け取らなかった。理由を聞かれた俊明は、「清衡は王地を押領せしめて、只今謀反すべき者」と答えたという（『古事談』）。清衡のその繁栄ぶりは延暦・園城・東大・興福寺等の京や奈良の諸大寺、大陸の天台寺の千人の僧に依頼して寺院の供養を行い、経蔵には宋から取り寄せた宋本一切経を納めたことに知られる。領域内の一万余の村ごとに伽藍を建て、仏聖《ぶっしょう》灯油田を寄付したともいう。

東国の武士の家

後三年の合戦で従軍した東国の兵たちは、合戦を経て自らの存在を自覚するようになり、子孫たちは家を形成していった。相模の「聞こえ高き兵」鎌倉権五郎景政《かげまさ》は、合戦の場で右目を射られても突進して奮戦し、同じく「聞こえ高き」三浦為次《ためつぐ》がその矢を抜こうと、景政の顔に足をかけようとすると、怒った景政に下から突き刺されかけた。

これに驚く為次に、景政は「弓矢に当たりて死ぬるは兵の望むところなり。いかでか生きながら足にて面を踏まることはあらむ。しかじ汝を敵として我、ここにて死なむ」と言い放ったという。これに為次は舌を巻いて謝り、丁重に矢を抜いたという(『奥州後三年記』)。この鎌倉景政は合戦後には相模の大庭御厨《おおばのみくりや》に拠点を築き、その子孫は鎌倉党の家を形成していった。これに対し三浦為次の子孫たちは相模の三浦半島に勢力を伸ばし、三浦の家を形成し相模の国衙に権益を築くかたわら、房総半島にまで勢力を広げていった。

武蔵の小代《しょうだい》氏について、鎌倉時代に記された小代伊重《これしげ》の置文が語るところによれば(『小代文書』)、小代の家の先祖は武蔵の児玉《こだま》郡に本拠を置いており、後三年の合戦に従軍した児玉弘行《ひろゆき》がその祖で、「八幡太郎の義家朝臣、大将軍にて屋形に御座せしますに、児玉の有大夫弘行朝臣、副将軍にて同じ屋形に赤革の烏帽子懸《えぼしがけ》して、八幡殿の御対座に書かれ給ひたる」と、その合戦を描いた『後三年合戦絵巻』には八幡殿義家の対座(向かいの座)に描かれている、と記している。東国の武士の家形成の基点が後三年の合戦にあったことがよくわかる。

源義家の嫡子義親は白河院の命を受けた平正盛に追討されたが、義親の子為義が義家の子として源氏の流れを継ぎ、義親の弟義国《よしくに》の流れは、下野の受領源有房《ありふさ》の娘との間にもうけた義康《よしやす》が下野の足利《あしかが》荘を基盤とするようになり、上野の受領藤原敦基の娘との間にもうけた義重《よししげ》が上野の新田《にった》荘を基盤とするようになって、足利・新田などの家を形成していった。源氏は不遇ななかにあって地方に基盤を求めていったのである（次頁の源氏略系図参照）。

白河院と近臣・武士との関係を物語るエピソードが『古事談』に見える。院近臣の藤原顕季《あきすえ》は、義家の弟で後三年の合戦で戦った義光《よしみつ》との間での所領争いを抱えていたが、院が裁許を一向に下さないのを不満に思い、ある日、自分に道理があるのになぜ成敗を下されないのか、と尋ねた。すると院はこう答えたという。

理がそなたにあることは分かっているが、もし勝訴を言い渡せば、子細を弁《わきま》えない武士のこと、何をするかわからない。そなたには他に所領もあり、知行する国もある。しかし義光は、かの土地を一所懸命《いっしょけんめい》の地として知行している。そこで裁許を猶予しているのだ。

これを聞いた顕季は、義光を召してかの所領をあたえる旨を記した避文《さりぶみ》を渡したところ、喜んだ義光は主従関係を示す名簿《みょうぶ》を顕季に捧げ、家人《けにん》となって仕えるようになったという。このように武士の家が生まれるなか、主従関係が形成されていった。

さらに保安年間に白河院が全国に殺生禁断令を命じた時の話を見よう。禁令が発されると、各地では狩猟が禁じられ、漁業の網が焼かれるなど徹底されたが、それにもかかわらず、加藤成家《なりいえ》が鷹を使って狩をしたことがわかって尋問を受けた。

禁制が出されたのに何故に鷹を使ったか、という尋問に、成家は「刑部頭殿」(平忠盛《ただもり》)の命令で

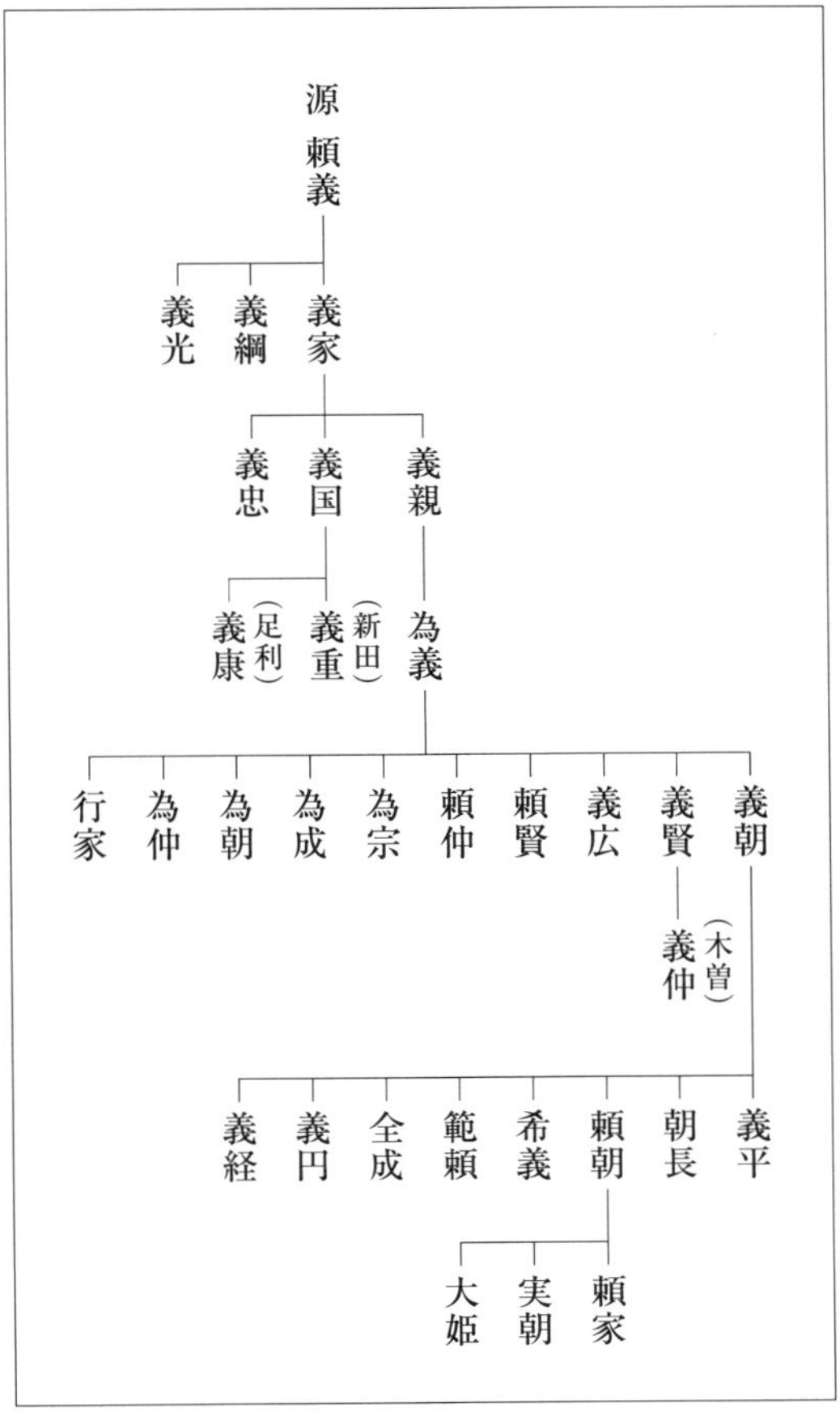

【源氏略系図】

行っただけのことであり、「源氏・平氏の習《ならい》」では重い罪ともなれば首を切られることになるが、宣旨に背いただけでは重くとも禁獄か流罪に過ぎず、命にまでは及ばない、と嘯《うそぶ》いた。この言を聞いた法皇は呆れ、その痴れ者は追放せよ、と命じたという。

三　鳥羽院政と家の社会

国王のコレクション

大治《だいじ》四年（一一二九）七月に白河院が亡くなった。その時、藤原宗忠は日記『中右記』で院について「後三条院の崩後、天下の政をとること五十七年〈在位十四年、位をさるの後、四十三年〉」と、長期にわたって政権を掌握した「聖明の君、長久の主」であり、その政治姿勢は「理非を決断し、賞罰が分明」であったと高く評価した。

しかしいっぽうで「意に任せ、法に拘わらず、除目・叙位を行ひ給ふ」と、その専制的性格を記し、「愛悪掲焉《けちえん》にして貧富は顕然《けんぜん》なり。男女の殊寵《しゅちょう》多きにより、すでに天下の品秩破るなり」と、天下の秩序を破った、とも厳しく指摘した。

だが実は白河院は政治の秩序化を目指してきたのであり、院政の展開とともにやがて反対方向に転じるようになったのである。この跡を継承した鳥羽院は、翌年十一月二十八日に熊野に詣でて院政を行うことを神に告げて、その納受を祈ったが、以後、鳥羽院は事あるごとに熊野御幸を行い、生涯に二十一回も参詣している。

　鳥羽院は祖父とは違い統合に力を注いだ。最初に目をつけたのが鳥羽殿である。白河院が亡くなった直後には、鳥羽・白河・京の御所の倉に封を付けさせて宝物の分散を防ぎ、鳥羽に田中殿御所を造営した時には、長承《ちょうしょう》三年（一一三四）にその一角の勝光明院《しょうこうみょういん》に付属して宝蔵を設け、ここに「顕密の聖教、古今の典籍、道具書法、弓剣管弦の類」といった「皆是れ往代の重宝」を収納している。

　この宝蔵は宇治の平等院の経蔵や比叡山延暦寺の前唐院《ぜんとういん》の蔵に倣って、列島内外のコレクションを納めたもので、そのことにより王権を飾ることに腐心した。弘法大師が大陸で描いた八幡の「御《み》影《えい》」は高雄寺《たかおでら》にあったが、寺が荒廃したことから勝光明院の宝蔵に安置されたと『古事談』が記している。モニュメントで飾った白河の王権に対し、コレクションで王権を飾ったのであり、久安《きゅうあん》二年（一一四六）八月に宝蔵を見て宝物の目録を作成させている（『本朝世紀』）。諸国の荘園が院の周辺に集中するようになったのもこのコレクションと関係があった。

鳥羽院（宮内庁三の丸尚蔵館蔵『天子摂関御影』より）

　白河院とは違い、鳥羽院は一度も荘園整理令を発したことがなく、白河院政後半に諸国の荘園の寄進を認めるようになった傾向のままに、鳥羽院は寄進を受け入れ、荘園には国役の免除や国使不入《こくしふにゅう》などの特権を与えた。院のもとに集った荘園は御願寺の六勝寺や、妃の待賢門院と美福門院《びふくもん》、皇女の八条院などの女院の所領とした。これらの荘園の目録は、国王のコレクションの書き上げの性格を有していた。

こうした院の性格を物語る話が『古事談』の僧行の部に載る。鳥羽院の護持僧であった鳥羽僧正覚猷《かくゆう》が、死に際して弟子たちから遺産の処分をするように求められ、「処分は腕力によるべし」と紙に書いて亡くなったが、これを伝え聞いた院は、覚猷の弟子を自認していたので、弟子を呼び寄せて遺財を書き上げさせるや、それらをすべて自らのものとし、その上で弟子らに分配したという。

この話はすでに時代は腕力が物を言う時代に突入していたことを象徴的に物語るとともに、院のコレクション癖をもよく示しているが、院は宝物や荘園だけでなく武士をも集めた。

台頭する平家

白河院は源氏・平氏の武士たちとの間に主従関係を形成し、御所や京都を守護させていたが、そのなかにあって出世を果たしたのが平氏である。平正盛の子忠盛は京の六波羅《ろくはら》に根拠地を築き、近くにあった白河院の思い人である祇園女御《ぎおんにょうご》の屋敷の警護にあたり、女御の妹との間に清盛を儲けた。

その嫡子の清盛が大治四年（一一二九）正月二十四日に左兵衛佐《さひょうえのすけ》になったことから、藤原宗忠はこの春に五位になったばかりの十歳の若さで左兵衛佐になったことに驚きを示している（『中右記』）。通常の武士は四等官の兵衛尉《ひょうえのじょう》から任官が始まるからである。忠盛は父と同じく伯耆・越前の受領を歴任し、同年三月には山陽・南海道の海賊追討を院宣で命じられるなど西国に勢力を拡大し、平氏は京と西国に確固たる基盤を築いていた。

鳥羽院政においても忠盛は院の恩寵を得て、長承元年（一一三二）に但馬守として得長寿院《とくちょうじゅいん》を造った功により、昇殿を許され内の殿上人となった。これについても宗忠は「未曾有」と評したが、このような貴族の反感をかった忠盛の昇殿の話を扱い、「平家」の栄華の始まりを語ったのが『平家物語』である。

その冒頭の「殿上の闇討ち」の章は、昇殿の際におきた事件を記して、平家の発展を印象的に語っている。殿上人に仲間入りすると、新任者を散々にいたぶる闇討ちが頻発していたことから、忠盛はそれを穏便に切り抜けるため、家人の平家貞《いえさだ》を殿上の小庭に控えさせ、自らは木刀を腰刀にして差し、節会《せちえ》の座に臨み、闇討ちを避けることができた。この忠盛のあるまじき行為に憤慨した殿上人が挙って院に訴えたが、逆に院の質問への答弁で、その用意周到さを褒められたという。

忠盛が貴族たちの反発を上手にかわし、これを契機に平氏は貴族との交わりをもつようになったというのが『平家物語』の意図するところで、事実、この昇殿は平氏の武家政権への階梯の第一歩となったが、その翌年に忠盛は唐船との交易でも訴えられている。

中納言源師時《もろとき》の日記『長秋記《ちょうしゅうき》』長承二年（一一三三）八月十三日条によれば、この日、院近臣の大宰権帥《ごんのそつ》藤原長実《ながざね》に呼び出された師時は、次のことを聞いた。鎮西《ちんぜい》に唐船が来航したので、例によって大宰府の官人が交易をしようとしたところ、備前守平忠盛が下文を成し、院宣であると号し、宋人の周新《しゅうしん》の船が来着したのは神崎荘領であるから、大宰府の府官《ふかん》がこれに関与してはならない、と遮《さえぎ》ったという。宋の商人が来航すると、大宰府の官人が博多に赴いて交易の物資を買い取っていたのだが、これが阻止されたというのである。

神崎荘は院が直接に管轄する後院領《ごいんりょう》で、有明海に臨む大荘園なので、唐船はここに入港したとも考えられるが、博多には後院領である神崎荘の年貢を保管し積み出すための倉が置かれており、ここに到来した宋商と平氏は取引を行ったのであろう。

博多は日宋貿易の富の獲得をめざす寺社勢力のその争いの場になっていた。十一世紀末に古代の鴻臚館《こうろかん》とは入海を隔てた博多浜の埋め立てが行われ、そこに街区が形成され、中世都市博多の原型が生まれており、長治元年（一一〇四）、大宰府の背後にある大山寺《たいざんじ》の別当になった石清水八幡宮の光清《こうせい》は、比叡山延暦寺の大衆が派遣した法薬《ほうやく》禅師らを、宋人の物を借り請けて取引をしていると非難している（『三十五文集』）。

忠盛は博多での貿易の利に目をつけ、本格的に貿易を行うための足掛かりを求めるようになったものと考えられる。貿易の利のみならず院の宝物の収集に応じて大陸から入ってくる宝物を院に進呈して歓心をかうことも考えていたのであろう。実際、神崎荘から得た鯨玉を院に寄せたことが知られている。

飢饉と武士

平家の台頭にとって追い風となったのが、続いて起きた飢饉や海賊の横行である。長承三年（一一三四）に「天下飢饉」がおき、始まったばかりの鳥羽院政を襲った。飢饉は翌年に悲惨を極め、疫疾・飢饉により餓死者が「道路に充満す」という事態となったことから、保延《ほうえん》に改元され、大規模な賑給《しんごう》により貧窮者に食料が施されたのだが、その効果は全くなく、翌二年も「世間多く道路に小児を棄つ、大略天下飢餓」という状況であった（『百練抄《ひゃくれんしょう》』）。

この飢饉はその後に続く中世の飢饉の端緒となったもので、飢饉とともに海賊や山賊が横行したこともあって、徳政・善政を求める動きが広く湧き起こった。これ以後、飢饉が頻発すると徳政が求められてゆくことになるが、対策の意見を求められた式部大輔《しきぶたいふ》の藤原敦光《あつみつ》は、世の変異や飢饉・疾疫・盗賊などの多くの災難が起きていることを指摘し、それへの意見を提出している（『本朝続文《ほんちょうぞくもん》粋《ずい》』）。

しかし具体的な方策を示しておらず、また有効な対策は特にとられなかった。ただ、海賊対策では追捕《ついぶ》がなされていて、長承三年閏十二月に兵衛尉平家貞が海賊追捕の賞により左衛門尉《さえもんのじょう》になっている。家貞は忠盛の昇殿に際し殿上に控えていた第一の家人であった。

保延元年（一一三五）四月には、西海の海賊追討のために派遣する追討使選任の審議があって、備前守平忠盛と検非違使源為義が候補にあがったが、為義では路次の国々が「滅亡」する恐れがあるということから、西海に勢力を広げて「便宜」のある忠盛が望ましいとされ、忠盛に決定している。

その忠盛は早速八月十九日に京に海賊七十人を捕らえて上洛したが、その賊の多くは忠盛の家人ではない者を「賊虜」と称して捕らえてきたものと噂された。八月二十一日に海賊追討の賞として忠盛の譲りによって嫡子の清盛が破格の従四位下となっている。

忠盛は武士の家の経営のために下文という文書を用いており、このことは、忠盛が下文を用いて大宰府の官人の交易を阻止しようとしたことからもうかがえるが、その一例を掲げる。

下す　　左衛門尉家貞

早く停止せしむすべき家実の狼藉の事

右、東大寺御領丸柱村、国司と相論の間、家実よこしまに出来し、非道の沙汰を致して、有限の寺役を勤仕せしめさるの由、右、東大寺より訴へ有り。事実《ことじち》たらば所行の旨、甚だ非常なり。（中略）勘当に処すべきの状、仰する所、件のごとし。宜しく承知し違失する勿れ。以て下す。

保延五年三月廿三日

美作守平朝臣　在判

家実が伊賀の国司との相論で狼藉を働いているので、取り締まって欲しい、という訴えが東大寺からあったので、美作守平忠盛が家実の父平家貞にその取り締まりを命じた下文である。これに応じて家貞は家実に宛てて下文を出しており、家の経営に下文が使われていたことがわかる。

「源氏・平氏の習」

平氏が西国の海賊追捕使に任じられ、西国の裕福な国の受領となって勢力をのばしていったのに対し、源氏の為義は実父の義親が追討されたために、祖父義家の養子として成長するなか、畿内周辺に勢力を広げていた。

長承二年（一一三三）には為義の郎等が丹波国で多くの人を殺したことが耳に入ったので、検非違使別当の源雅定《まささだ》がその対策を院に訴えたのに、院は何も沙汰しなかったことから別当を辞任している。この事件もあって鳥羽院は為義を追討使には任じなかったのであろう。

永治《えいじ》二年（一一四二）二月、京で近江の武士の佐々木友員《ともかず》が殺害される事件が起き、検非違使が友員の叔父行真《ゆきざね》らを呼んで尋問したところ、一族内では血を血で洗う紛争が繰り返されており、犯人は源為義の郎等で従兄弟の道正《みちまさ》であろう、と語った。さらに為義との関係を問われ、為義が近江の佐々木荘にやってきた時、子どもを一人差し出したと答えている（『平安遺文』）。

源氏は様々な手段を講じて地方に勢力を伸ばしていたのであり、為義は自らが出かけるだけでなく、我が子を地方の国々に派遣して主従関係を築く核とする戦略をとった。長子義朝《よしとも》は東国で育ち、義賢《よしかた》や頼賢《よりかた》なども東国に下っていて、末子の八郎為朝は鎮西に下って、それぞれの地域で勢力を伸ばした。

この源氏・平氏の武士は、院に仕えたその地位を利用しつつ、地方の武士との間に広く主従関係を築くなか、「源氏・平氏の習」という武士独自の慣習がつくられ、それぞれに国司の統制から自由な活動を繰り広げたので、武士間の争いは絶えなかった。

諸国では私合戦が絶えず、美作では久米押領使《くめおうりょうし》の漆間時国と稲岡《いなおか》荘の預所の明石定明の争いから、時国が私邸を襲われて討たれる事件が起きた。残された子は敵討《かたきう》ちを考えたものの、争いを避けて出家を遂げ、比叡山に登ることになった。法然《ほうねん》である。当時、平忠盛は美作守であったから、もし法然が敵討ちを考えたならば、その家人となる途を選んだことであろう。

天養《てんよう》元年（一一四四）には、九月と十月の二回にわたって、相模の目代と在庁官人の三浦庄司義継《よしつぐ》・中村庄司宗平《むねひら》らの武士が伊勢神宮領の大庭御厨に乱入し、御厨の停止を告げ、九十五町の田の稲を刈り取り、庄官の私財雑物を奪い取っている。大庭御厨では前任の国司の時に宣旨により特権が認められたばかりであって、この乱入事件の背後には「上総曹司《かずさぞうし》」こと、上総の豪族の上総氏の庇護を得て育った源義朝がいた。

為義の嫡子義朝は東国に下って房総半島で成長し、康治《こうじ》二年（一一四三）には下総《しもうさ》の相馬御厨《そうまみくりや》に介入して千葉常重《ちばつねしげ》から所領を奪い取り、続いて相模の三浦氏に迎えられ鎌倉の亀谷《かめがやつ》に「楯」を築くと、翌天養元年（一一四四）に隣接する伊勢神宮領の大庭御厨に武士を乱入させたのである（『平安遺文』）。

義朝は京都と鎌倉を結ぶ東海道に往来するなか、鎌倉では三浦氏の娘との間に悪源太義平《あくげんたよしひら》を儲け、遠江の池田の遊女との間に蒲冠者範頼《かばのかじゃのりより》を、尾張の熱田神宮の大宮司の娘との間には頼朝を儲けるなどして東海道に勢力を広げていった。

同じ為義の子義賢は保延六年（一一四〇）夏の頃に起きた滝口の源備《そなう》と宮道惟則《みやじのこれのり》との争いで備を殺して、東宮帯刀長《たてはきのおさ》の職を剝奪され、東国に下って上野の多胡《たご》にあったが、武蔵の秩父《ちちぶ》氏に迎えられ武蔵の大蔵館《おおくらのたち》に移ってきていたが、鎌倉で育った三浦氏の擁する義朝の長子義平に攻め滅ぼされ、義賢の子義仲《よしなか》は木曾に逃れて成長することになる。

諸国の武士の動向

諸国ではにわかに武士の動きが活発になっていた。康治元年（一一四二）、文章博士《もんじょうはかせ》の清原信俊《さねとし》が肥後守になると、その翌年四月三日、肥後国内の有力武士の田口新大夫行季《ゆきすえ》が千人余りの軍勢を率い、在庁官人の権介季宗《ごんのすけすえむね》の私領を襲い財物を奪ったばかりか、四十余りの在家を焼き払い、米や稲・粈・大豆・小豆などの穀物・軽物《かるもの》を押し取る事件を起こした。

翌天養元年（一一四四）に嫌気がさして国司を辞めた信俊に代わって、源国能《くによし》が国司になると、大将軍の木原広実《ひろざね》とその養子秀実らが貢御所《くごしょ》の野部山の専当《せんとう》を殺害し、国の二人の目代を弓で射殺そうとする事件を起こし、「国中の濫行はただ広実一人に在り」と指弾された（『高野山文書』）。国衙の目代や在庁官人らと、田口行季・広実など豪族的武士との対立が合戦へと至ったものだが、こうした動きは広く諸国で起きていた。

康治元年八月には紀伊国の目代・在庁官人が大伝法院《だいでんぽういん》領石手荘《いわでのしょう》に数百の軍兵と数千の人夫を引き

連れて乱入し、在家四十を焼き、稲や大豆・米・資材雑物を奪い取ったと訴えられている。鳥羽院の信仰を得た覚鑁《かくばん》が、伝法院（大伝法院）という院家を高野山内に建立し、その経済的基礎とした紀ノ川流域の荘園（石手・岡田・山崎・弘田・山東）の一つが石手荘であって、ここでは国衙の側が実力行使に出たのである。

国司が大嘗会《だいじょうえ》の課役の賦課を狙ったのに対し、荘園側は天下一同の公役や国内の荘園公領に平均に課される役であっても、一切の役は免除される特権を有していると主張していた。荘園の免除特権を否定し国の支配を強めようとする受領・国衙の動きと、朝廷から免除特権を獲得し荘園支配を強めようという荘園側の動きとが、現地において衝突を起こしたのであって、これは摂関家の知行国においても例外ではなかった。

天養元年正月に藤原忠実の子忠通は伊賀・大和・備前の三か国を知行するようになって、そのうちの伊賀・大和の二か国で国内の田地を調査する国検の実施を図った。荘園・所領の田を把握し、年貢免除が認められてきた土地以外の地を加納《かのう》や出作《でさく》などと称して免除特権を否定しようとした。特に大和では興福寺の寺僧の所領が広範に存在しており、これにメスを入れようとしたのだが、これには強い反発が起き、中途半端に終わってしまう。

知行国支配は新たな段階に入っており、諸国では紛争が絶えなかった。荘園領主は国衙の強硬な態度に反発して武力をもって対抗し、朝廷や院庁に訴え宣旨や院庁下文などを得るなど特権の確保に動いた。

東国の武蔵で勢力を広げていた秩父氏は、鎌倉・三浦氏とともに平良文《よしふみ》の流れにあり、武蔵の秩父郡に本拠を置くなかで武蔵の各地に勢力を広げた。南北朝期に成った『源威集《げんいしゅう》』には、前九年の合戦に際して「秩父大夫別当武基子息」の秩父武綱《たけつな》が先陣をつとめていたとあり、系図に武綱の子重綱《しげつな》に「秩父権守《ごんのかみ》」とあるので、この時に武蔵国に権益を有するようになったのであろう。重綱の子重弘《しげひろ》が秩父を、重隆《しげたか》が河越《かわごえ》を、重継《しげつぐ》が江戸を名乗りそれぞれの地を基盤とした家を形成していた。

上野の新田、下野の足利、常陸の佐竹《さたけ》、甲斐の武田など源氏の貴種たちも、東国に勢力を広げていた。常陸の佐竹氏は源義光の流れをくんで常陸北部に、その南部では筑波山を挟んで常陸大掾《だいじょう》氏が勢力を広げていた。甲斐の武田氏も国内に広げていたが、武田の苗字の地が常陸にあることからも明らかなように佐竹氏とは同族であり、甲斐の市川に移ってから甲府盆地の周辺に勢力を伸ばしたのである。

さらに北陸の越後から会津にかけては、平氏の城《じょう》氏の勢力が広がりつつあった。奥州平泉の藤原清衡が大治三年（一一二八）七月十三日に七十三歳で亡くなると（『中右記』）、その跡をめぐって「基《もと》平《ひら》・惟常《これつね》」の二子の間で合戦が起き、清衡の長男の字小館は弟の字御曹司《おんぞうし》に攻められて越後に逃れたものの父子ともに殺害された。このことは上洛し検非違使の源義成《よしなり》に嫁いでいた清衡の妻が語ったというが（『長秋記』）、清衡の子「基平・惟常」のうち「基平」が弟の御曹司基衡であり、平泉の世界を継承することになった。

2　家のかたち

一　家をめぐる葛藤

家を逃れて

貴族や武士に家が生まれ、家産・地位が子孫に継承されてゆく動きが広がるなか、それとは逆に家から逃れる動きが起きていた。その一つが仏道修行に向かう遁世である。三善為康《みよしためやす》の『後拾遺《ごしゅうい》往生伝』によれば、左馬大夫《さまたいふ》藤原貞季《さだすえ》は白河天皇に仕え滝口の武士となり、馬允《うまのじょう》に任じられて五位に叙されたが、その後は後世の事をのみ営むようになると、雲林院《うりんいん》に塔婆を建てて行を積み、長承三年（一一三四）に往生を遂げたという。

浄土への往生を求める動きが人々の心を捉えるようになっていた。その遁世の志向は摂関時代に結社を結んで往生を求めていた文人の子孫にとって、詩文への関心の衰えもあって、ことに強かった。『本朝新修往生伝《ほんちょうしんしゅうおうじょうでん》』によれば、清原信俊《さねとし》は「累代の名儒」で、二度も大外記《だいげき》になったが、出家の願いを抱いて遁世し、阿弥陀を念じて往生を遂げたという。信俊は若くして保安《ほうあん》元年（一一二〇）に京の鞍馬寺《くらまでら》の経塚、天治《てんじ》二年（一一二五）に紀伊の粉河寺《こかわでら》経塚に法華経八巻の経筒を埋めていた。

こうした遁世の志を持つ人々に仏道への結縁《けちえん》を勧める勧進上人《かんじんしょうにん》の動きが顕著になった。信俊の経筒に名が見える勧進僧の良忍《りょうにん》は、大原を中心に活動した融通念仏の祖である。東大寺再建に尽くした永観《えいかん》は、「年来、念仏の志深く、名利を思はず、世捨てたるなりけん」と、京の東山の禅林寺《ぜんりんじ》に籠った後には、人々に念仏を勧めるとともに、病人や囚人の救済活動を行った。

永観とともに弱者救済にあたった瞻西《せんせい》は、東山の雲居寺《うんごじ》を拠点として活動し、勧進により八丈の阿弥陀大仏を造営して雲居寺に安置するとともに、和歌を仏に捧げる「法楽《ほうらく》」を歌人たちに勧め、歌詠みと寄り合っては和歌の会を開き、『和歌曼荼羅《まんだら》』を描き、過去七仏《かこしちぶつ》（釈迦の前世からの七つの段階の仏）を描いて供養したという（『古今著聞集』）。

新たな仏教運動を繰り広げる宗教者も多く生まれた。念仏宗を開いた法然は美作の武士の家に生まれたが、父が討たれて敵討ちを考えたものの、争いを避けて出家を遂げ、比叡山に登った。備中の吉備津宮《きびつのみや》の神主の子として保延《ほうえん》七年（一一四一）四月に生まれた栄西《えいさい》は、近くの安養寺《あんようじ》に入ってから比叡山に登り、天台密教を学んだ。東大寺の大仏の再建を担った重源《ちょうげん》は、京武者から醍醐寺に入って出家を遂げている。同じく武士の家を出て出家したのが西行である。

京武者の武士藤原康清《やすきよ》の子義清《のりきよ》は、武芸や蹴鞠などの故実を父から伝えられ、検非違使別当の藤原実能《さねよし》の家人《けにん》となって仕えるなか、鳥羽院の北面の武士となった。藤原実能の家は閑院流で、仁和寺の境内に徳大寺《とくだいじ》を建て、一門の結集の場としたことから徳大寺家と称したが、義清はその徳大寺家や鳥羽院に仕え、武芸や和歌・蹴鞠にも秀でていたが、しだいに「俗時より心を仏道に入れ」と、仏道に心を染めて、同じ志を有する人々と交流を結ぶなか、保延六年（一一四〇）八月、突然に出家を遂げたのであった。

年は二十三歳、兵衛尉《ひょうえのじょう》になって僅か五年後、その時の心境を詠んだのが次の歌である。

世にあらじと思ひける頃、東山にて人々、霞に寄せて懐《おも》ひを述べけるに

空になる心は春の霞にて世にあらじとも思ひ立つかな（七二三）

もやもやした春霞に漂う空ろな心と、「世にあらじ」というきっぱりした遁世の意思とが、対照的に響いてくる一首である。

西行の遁世

西行のこの遁世への決断の波紋は大きく広がった。周囲はむろん引き止め遁世を惜しんだのだが、決断に変更はなかった。永治二年（一一四二）三月、『法華経』の二十八品を一品毎に書写する一品経書写を依頼するため、西行は左大臣藤原頼長《よりなが》邸を訪れている。これについて頼長は日記『台記』に次のように記している。

西行法師来たりて云く、一品経を行ふに依り、両院以下貴所、皆下し給ふ也。料紙の美悪を嫌はず、只自筆を用ふべし。余、不軽を承諾す。

西行が『法華経』の書写の依頼に来て、鳥羽・崇徳《すとく》両院以下の貴所からも書写を得ていることを

語り、経の料紙は美しくなくともよいが自筆で書いて欲しい、と頼まれたので、『法華経』の「不軽品《ふきょうぼん》」の書写を快諾したという。

頼長は西行について「本は兵衛尉義清也（左衛門大夫康清の子）。重代の勇士を以て法皇に仕へ、俗時より心を仏道に入れ、家富み年若く、心愁《うれ》ひ無きも、遂に以て遁世す」と記している。その遁世を世の人々は嘆美したのである。心に憂いがないとは、官職につけなかったり、名誉が傷つけられたりという憂愁がないことを意味する。西行の家は豊かで、若くして兵衛尉となり、検非違使となることもほぼ約束されていた。西行はそれを弟に譲って遁世したのである。

それだけに西行遁世の影響は大きかった。名誉や地位を放棄して家を出たその行為が、家の形成という時代の流れに衝撃を与え、広く人々の心を捉え、俄然、遁世者の数が多くなった。一端出家して寺院に入ったものの、僧の世界にも家が生まれ、争いが絶えないことからさらに再遁世し、聖《ひじり》として活動する動きも広がった。法然や重源はその道を歩んだのである。

この頃に成った『信貴山縁起絵巻《しぎさんえんぎえまき》』は、そうした聖の物語を描く。信濃から出てきて東大寺で受戒した僧の命蓮《みょうれん》は、寺に入らず、故郷に帰るのでもなく、紫雲に導かれて大和の西の信貴山に籠もって修行するなか、験を修め、やがて天皇の病を治す奇瑞を起こし、尋ねてきた姉の尼と平穏な生活を送ることになった。

出家という形をとることなく、家をめぐる争いから離れる動きも見られる。「花園の左大臣」源有《あり》仁《ひと》はその一人である。有仁は輔仁《すけひと》親王の子で後三条天皇の孫、皇位継承がならなかったなかで父が亡くなると、元永《げんえい》二年（一一一九）に臣籍降下して源氏姓をあたえられ、風雅の世界に生き、保延二年（一一三六）に左大臣となっている。

この時期には、『源氏物語』が広く読まれ、その絵巻が描かれたように、『源氏物語』の世界への憧憬があったので、有仁が容貌にすぐれていたことから、光源氏に称えられるほどであった、と歴史書『今鏡』は記している。

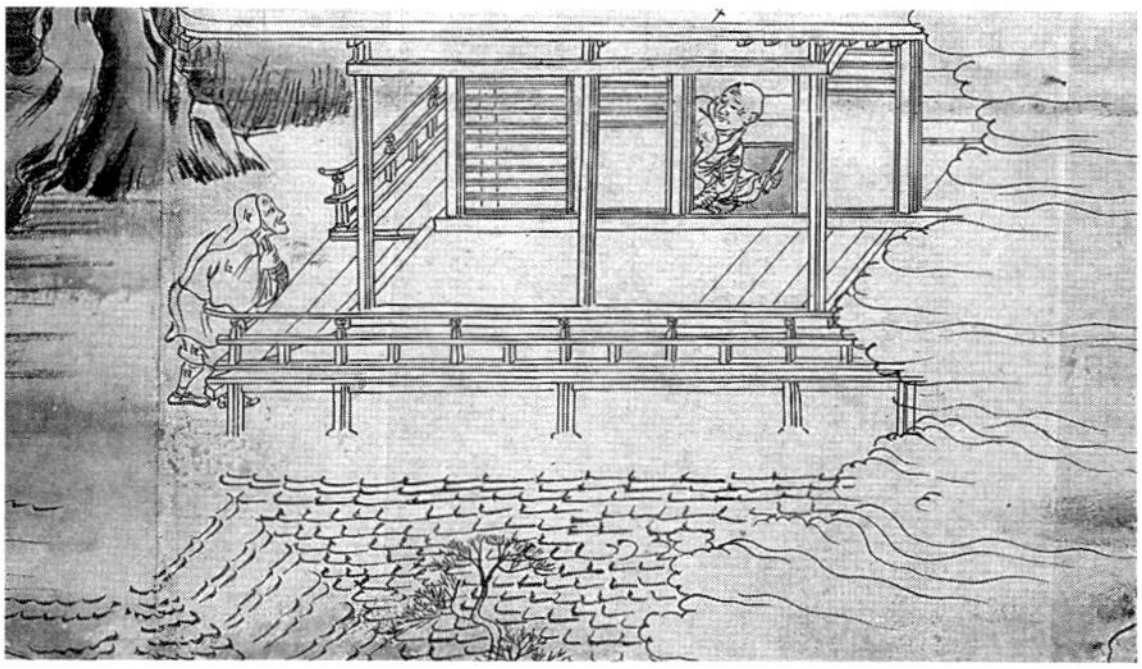

『信貴山縁起絵巻』（国立国会図書館蔵）より命蓮を訪ねる姉の尼

百大夫たち

光源氏に近い生き方をした有仁の周辺には不遇な文化人たちが集まった。『今鏡』が「ことのほかに衣紋を好み給ひて、上の衣などの長さ短さなどのほどなど、細かにしたため給ひて、その道にすぐれ給へりける」と記しているように、有仁は衣紋の道を好んで優れ、鳥羽院と相談して装束を定めたところ、「肩《かた》当《あて》、腰当《こしあて》、烏帽子《えぼし》とどめ、冠《かんむり》止めなどせぬ人はなし」という衣装が流行したという。貴族文化の流行の最先端にいたのである。

肩当・腰当とは、衣類の肩や腰の部分の補強のために裏に入れた装身具、烏帽子止め・冠止めは烏帽子や冠を止めるための紐のことで、その風俗を詠んだのが次の今様である。

この頃都に流行るもの　肩当・腰当・烏帽子止
襟のたつ型　錆《さび》烏帽子　布打の下の袴・四幅の指貫《さしぬき》

萎《なえ》装束から強《こわ》装束へと衣装の流行が変化している様を詠んだもので、「襟のたつ型」は角張った襟、烏帽子の「錆」は烏帽子を強く塗って生じた表面の皺《しわ》、「布打の下の袴」は袴の下の布打ちで補強したもの、「四幅の指貫」は短く細い仕立ての指貫である。

有仁の邸宅には「百大夫《ももたいふ》」と称される芸能に堪能な多くの五位（大夫）の人々が出入りした。琵琶の名手の「伊賀大夫」源信綱《のぶつな》や、笛の名手「六条大夫」基綱《もとつな》らを『今鏡』があげているが、さらに有仁から「汝を見つけ、猶道は絶えざりけり」と思った、と言われた蹴鞠の藤原頼輔《よりすけ》もその一人であろう。

頼輔は『蹴鞠口伝集《けまりくでんしゅう》』を著し蹴鞠の家を起こしたが、この時期はまだ五位（大夫）であった。芸能に秀でていた西行も遁世の道を歩まなかったならば、百大夫の一人となったことであろう。

久安三年（一一四七）に有仁が亡くなると、その跡は鳥羽院が待賢門院璋子との間に儲けた第四皇子の雅仁《まさひと》親王（後白河院）が継承したと考えられる。有仁は雅仁の元服の際には加冠役を勤め、その後見となっていたので、雅仁は有仁邸で百大夫と交流を重ね、芸能の世界に深く関わっていたからである。彼らを引き連れ、時に鳥羽殿や東三条殿などに押し寄せては芸能の会をもったことであろう（『梁塵秘抄口伝集』）。家格の秩序が生まれ、出世の望めない人々の溜り場となったのが有仁や雅仁の邸宅であった。

今様を愛好していた和琴《わごん》の名手である源資賢《すけかた》や、篳篥《ひちりき》（管楽器の一種）の名手である藤原季兼《すえかね》は待賢門院に仕えていたので、雅仁は彼らを呼び出し、神崎の遊女「かね」が待賢門院に出入りしているのも招いて、今様に耽溺していった。『梁塵秘抄口伝集』は「十余歳の時より今に至る迄、今様を好みて怠る事なし」と回顧し、春夏秋冬の四季、「昼はひねもす謡い暮らし、夜はよもすがら謡い明かさぬ」日はなかったといい、番を組んでは競って謡い、雑芸集を広げ一人謡い尽くすなどしたという。

待賢門院の兄藤原通季《みちすえ》は、病気をこじらせたが今様を謡ったところ全快したといわれ、待賢門院に仕える院司《いんし》には今様の謡い手「目井《めい》」の弟子である藤原伊通《これみち》や、「さざなみ」を家に抱えていた中納言藤原家成《いえなり》らがいたという。終生、雅仁が今様に深く関わるようになったのは、母の影響によるところが大きい。

母の御所のなかで、常にいる謡い手らを番に組んでは競って謡い、雑芸集を広げては一人謡い尽くすなどして、「声を破る事は三箇度」に及んだという。喉を潰した時、二度目まではさらに謡って声が出るまで謡い続け、喉が腫れて湯も通らないのに、それでも無理して謡いつくした。

上達部・殿上人はいはず、京の男女、所々のはしたもの、雑仕《ぞうし》、江口・神崎のあそび、

国々のくぐつ、上手はいはず、今様をうたふ者の聞き及び、我れがつけてうたはぬ者は
少なくやあらむ。

上は公卿から下は遊女や傀儡子《くぐつ》に至るまで、広く身分の低い人々とも今様を通じて交流を重ねたのである。今様以外の他の芸能にも関わった。慈円《じえん》の『愚管抄《ぐかんしょう》』は、法華経を読む持経者《じきょうしゃ》となり、舞や猿楽《さるがく》も特に好んだ、と記している。

今様を好む後白河院

今様の面で雅仁に大きな影響をあたえたのが侍従大納言藤原成通《なりみち》である。『今鏡』は、成通は笛・歌・詩・蹴鞠など何事にも優れていたが、「今様うたひ給ふ事、たぐひなき人におはしき」と記し、今様にはことに才を発揮したといい、碁盤に碁石を百置いて、麗しく装束して帯も解かずに「釈迦の御法はしなじなに」の歌を、一夜に百返、百夜にわたり練習したという。

雅仁はこの成通に倣って百日、五十日の歌の修練を積んだことであろう。また後年の雅仁の蹴鞠の腕からするならば、蹴鞠についても成道の影響を受けたと思われる。この時期の雅仁の今様三昧に相応しい歌を『梁塵秘抄』の歌のなかから探せば、それは最も著名な次の歌になろう。

遊びをせんとや生れけむ　戯れせんとや生れけん

遊ぶ子供の声聞けば　我が身さへこそゆるがるれ

歌は遊女の境遇を謡ったものとも、遊女とは限らずに老いた身や聖の身を詠んだものとも解されているが、今様は謡う人によってその響きや内容が異なって聞こえてくるのであって、遊女が謡えば、同じ遊びや戯れでも遊女のそれとしての響きをもち、雅仁が謡えば、全く違った響きをもって聞こえてくるわけである。

大治二年（一一二七）に生まれた雅仁親王の人生は数奇を極めた。保延三年（一一三七）に両親の列席のもとで御書始《ごしょはじめ》が行われ、その後、御遊《ぎょゆう》や作文も行われたことから、近代には稀な「良き例」と評された（『今鏡』）。儒者であり、『続本朝文粋』を編んだ式部大輔藤原敦光《あつみつ》が侍読《じとう》を勤め、出席した関白藤原忠通《ただみち》は、忠実の子で漢詩文詩に才を示して詩文集『法性寺関白御集』があり、雅仁を育てたのは数多の学問を修めていた藤原通憲（信西）であった。

周囲には学問に造詣の深い人物が多く、雅仁には大きな期待が寄せられていたのだが、しかしその心を深くとらえたのは今様であった。長兄の崇徳天皇が健在であったのに出家せず保延五年（一一三九）に元服しているが、これは他の兄二人が病弱だったためである。だがその年に鳥羽院寵愛の藤原得子（後の美福門院）に皇子が生まれ（後の近衛天皇）、翌年に崇徳天皇に皇子重仁が誕生したので皇位継承の可能性は遠のいた。

それでも出家しなかったのは、雅仁を育てた通憲が皇位継承をめざしていたことによる。通憲の父実兼は大江匡房の『江談抄』を筆録し将来を託望されていたところ、早くに亡くなってしまったので、院近臣の高階経敏の養子になり苦労して学問を修め、立身の機会を狙うなか、鳥羽院や待賢門院に仕えて政治への意欲を深めていった。その家を興すにあたり大きな頼みとしたのが雅仁の皇位継承への望みである。少納言を最後の官職として出家すると（少納言入道信西）、鳥羽院の政治顧問となって政治の中枢に入っていった。

鳥羽院の供をしていた信西が通事《つうじ》（通訳）も介さずに唐人と話をしていたのを見て、院がどうしてかと問うたところ、もし唐へ御使に遣わされる時のことを考え習っていたもの、と答えたという（『続古事談《ぞくこじだん》』）。

康治二年（一一四三）に雅仁に最初の子守仁が生まれたが、すぐに妻が亡くなってしまい、二年後の久安元年（一一四五）には母も亡くなるなど、相次ぐ不幸に見舞われた。その少し前のこと、鳥羽院は崇徳天皇に退位をせまり、「ことに最愛におぼしめし」ていた得子（美福門院）との間に生まれた近衛天皇を皇位につけていて（『今鏡』）、母の待賢門院が亡くなると、雅仁は兄の崇徳院の御所に同居するようになった。また近衛が病弱であったこともあって、得子は雅仁の子守仁を引き取って育てることになった。

貴族の家をめぐって

雅仁が同居した崇徳院は『詞花和歌集』の撰集を命じるなど和歌を好んでいて、好みは違っていたが、そうしたなかで雅仁に皇位継承の可能性が出てきた。鳥羽院と得子（美福門院）との間に生まれた近衛天皇が病弱で、子が生まれなかったからである。

皇位継承をめぐり、崇徳上皇は子の重仁親王を立てることを考え、美福門院は養子としていた雅仁の子守仁を立てることを考えるようになったので、雅仁の存在が浮上してきた。雅仁に期待を寄せたのは、通憲のような不遇な人々に多く、その一人に白河院近臣の藤原顕隆《あきたか》の三男顕長《あきなが》がいた。

顕長の出た勧修寺《かじゅうじ》流の家は、白河院に仕えた為房《ためふさ》から頭角を現わし、為房以降、弁官《べんかん》を経て公卿に至る出世コースをたどるようになっていた。なかでも顕長の父顕隆は白河院の信任あつく「夜の関白」と称されたほどに権勢をふるった。

しかし顕長は三男であり、天治二年（一一二五）に紀伊守、大治四年（一一二九）に越中守、保延二年（一一三六）十二月に三河守、久安元年（一一四五）十二月に遠江守、久安五年（一一四九）四月に再び三河守となるなど受領は歴任していても、実務官ではないので日記を記すこともなく、鳥羽院の寵臣であった兄の顕頼《あきより》と比較して目立った業績もなく、このままでは受領の家として院に経済的奉仕をするだけの存在として終わるところであった。

顕長の壺（個人蔵　三島市教育委員会提供）

その顕長が三河守の任の時に造らせたのが「三河守

藤原顕長」銘のある渥美焼の壺で、渥美半島の大アラコ第三号窯から出土し、同様な銘を持つ壺が山梨県南部町の篠井山経塚や、静岡県三島市の三ツ谷新田経塚、神奈川県綾瀬市の宮久保《みやくぼ》遺跡からも出土している。法華経が納められたと考えられるその壺には「正五位下行兵部大輔兼三河守藤原朝臣顕長　藤原氏　比丘尼源氏　道守《ちもり》氏尊霊　従五位下惟宗《これむね》朝臣遠清　藤原氏　惟宗氏　内蔵氏惟宗尊霊　惟宗氏尊霊　藤原尊霊」とあって、何らかの祈りが託されていたものと考えられる。

このうち篠井山経塚は富士山の西に位置していて富士山を一望できる地、三ツ谷新田経塚は富士山の南、宮久保遺跡は富士山の東に位置するなど、富士信仰とのかかわりがあると見られるが、実は富士信仰はこの時期から盛んになっていた。久安五年（一一四九）四月に富士山に数百箇度も登ったという富士上人が上洛し、鳥羽院中に参って如法大般若経《にょほうだいはんにゃきょう》を書写して欲しい、それらを富士山に埋めたい、と訴え出ており、この結果、院を始めとして広く書写がなされて供養され、富士上人に下賜され富士山頂に埋められることになった（『本朝世紀《ほんちょうせいき》』）。

こうした富士信仰の影響を受けた顕長が、渥美焼の壺に経論を納めて埋納することを考えたのであろう。長い受領生活から経済的に恵まれてはいても、その家のあり方からは不遇の時期を過ごしていたといってよい。長兄の顕頼は鳥羽院の近臣中の近臣として長承三年（一一三四）には中納言となっていた。

そうしたところから法華経を埋納したのは新たな出世を祈ってのことと見られる。銘文の顕長の次に見える「藤原氏　比丘尼源氏」は、妻と母の右大臣源顕房の娘であり、続く「惟宗朝臣遠清」

は顕長の後見人で三河の国の実務を担っていたと見てよかろう。

その一家の祈りが通じたのであろう。雅仁の存在が浮上して久寿二年（一一五五）に天皇になると（後白河天皇）、顕長は突然に中宮亮《ちゅうぐうのすけ》に任じられ、急速に未来が開けていった。おそらく不遇な時代の雅仁を経済的に支えていたものと考えられる。やがて蔵人頭《くろうどのとう》を経て参議・中納言となり、子の長方《ながかた》が日記を記すようになり「日記の家」が再興されたのである。

平泉世界の展開

平泉で後継者争いに勝利し、奥州の主となった藤原基衡《もとひら》は毛越寺《もうつうじ》の建立に意を注いだ。「堂塔四十余宇。禅房五百余宇也。基衡建立す。先づ金堂は円隆寺《えんりゅうじ》と号す」（『吾妻鏡』）と、最初に円隆寺を建てると、その際、九条関白忠通に額を、参議藤原教長に堂中の色紙形を書くよう依頼した。

中央貴族に依頼しているところに京の王権への接近がうかがえるもので、円隆寺の寺号の円も後三条天皇の御願寺《ぎょがんじ》である円宗寺《えんしゅうじ》を始めとする四つの御願寺（四円寺《しえんじ》）に因んでおり、続いて嘉勝寺《かしょうじ》を造営するが、これは白河上皇が創建した法勝寺を始めとする六つの御願寺（六勝寺）に因むもので、この二寺は御願寺として造営されたと考えられ、基衡は莫大な富をつぎ込んだ。

円隆寺本尊を造立するにあたっては、仏師雲慶《うんけい》に支度として蝦夷地や奥州特産の円金百両・鷲羽百尻・水豹《あざらし》皮六十余枚・安達絹千疋・希婦《きふ》の細布二千反・糠部《ぬかのぶ》の駿馬五十疋・白布三千反・信夫《しのぶ》の毛地摺《もじずり》千反などの外に山海の珍物を副えて送ったという。

三年かけて仏像を造り終えたので、別禄と称して生美絹《すずし》を船三艘に仏師に積んで送ったところ、仏師が小躍りして喜んだ余り、戯れに「喜びは極りないもののさらに練絹《ねりぎぬ》があったならば」と語ったところ、これを使者から聞いた基衡は練絹も三艘に積んで送ったのであった。

この次第が鳥羽法皇の耳に入ってその仏像を拝すると、その比類なさから洛外に出すなという宣旨が下され、これを聞いた基衡は心神度を失い、持仏堂に籠もって七日にわたり断食した上で、関白忠通に訴えると、その奏聞によってようやくに持ち出しの勅許を蒙ったという。

基衡はさらに毛越寺内に「洛陽《らくよう》補陀洛寺《ふだらくじ》の本尊」を模した吉祥堂を建てるなど、京の寺院に模して次々に寺院を建立しており、明らかに清衡《きよひら》とは違った動きが認められるが、このことは毛越寺の構想にも認められる。

中尊寺が山岳寺院であるのとは異なって、毛越寺は平場に立地し、前面に池が配置されている伽藍配置をとる。南大門は東西三間・南北二間で、その北側の東西に広がる池には中島が築かれ、ここに架かる橋を渡って北岸に出たところに円隆寺の金堂があり、左右対称形に東西両廊が付属している。南大門から大池、中島、そしてその先に楼がある東西両廊をもつ金堂からなるのは、京の法勝寺に倣ったものであろう。

清衡が東方の仏国土の支配者の立場を示したのとは異なり、基衡は京の王権を模した奥州の支配者としての立場を示したのである。それとともにこの噂を聞きつけ、豊かな平泉の世界には多くの勢力が接触を求めてきた。早くは陸奥守藤原師綱《もろつな》が陸奥国の公領の官物の増収を狙って、田地の検《けん》注《ちゅう》を実施しようと動き、その合戦をも辞さない態度に、基衡は折れて検注の実施を認めざるをえなかったという（『古事談』）。

「天下一の大学生《だいがくしょう》」と称され、学問を好んだ摂関家の藤原頼長は、陸奥と出羽の荘園を父忠実から譲られると、基衡と交渉して荘園年貢を引き上げをはかり、ついに高鞍《たかくら》荘や本良《もとよし》荘などで年貢の金の大幅な増徴を実現したのだが（『台記』）、その動機は宋の書物を輸入する資金を求めてのものであった。

西行も平泉に赴いたが、そこで摂政の藤原忠通が源為義《ためよし》に命じて奥州に流した興福寺の「悪僧」と会い、「涙をば衣川《ころもがわ》にぞ流しつる　ふるき都を思ひ出つつ」という歌を詠んでいる（『山家集《さんかしゅう》』）。衣川は中尊寺の直ぐ北を流れ、僧らはこの衣川に涙を流し故京の奈良の都を思っているのであろう、と詠んだのであった。

さらに「とりわきて心もしみて冴えぞわたる　衣河みにきたるけふしも」とも詠んで、「河の岸につきて、衣河の城しまはしたる、ことがらやうかはりて、物を見る心ちしけり」という感想を洩らしている。この西行の旅は後世に大きな影響を与えることになった。

二　武者の世

家の継承をめぐる争い

皇位継承を求めて二つの思いが都の中で競りあうなか、これと密接に絡んできたのが摂関家の内紛である。前関白の藤原忠実は子の関白忠通と不仲になると、摂関を解任された不遇な時期に、手元で育てたことで寵愛する末子の左大臣頼長を後継者と考えるようになり、ここに忠通・頼長兄弟の争いが生まれていた。

頼長は学問に熱心に取り組み、律令を学んでその体制への復活を望むようになるなか、執政への意欲を強め、ついに父を動かして久安六年（一一五〇）に兄の藤原氏の氏長者《うじのちょうじゃ》の地位を奪い取ることに成功すると、ついで院に奏上する前に予め文書を見る内覧の権限を求めて与えられ、ここに摂関と内覧の臣が両立する事態となった。

頼長の日記『台記《たいき》』にはその動きがよく記されている。四天王寺に参詣した時には、執政となることを聖徳太子に誓っており、法皇の寵臣である藤原家成一家の人々や上流貴族たちとも男色関係を結び、その勢力を取り込もうともしていた。

ひとたび生まれた家の実権をめぐる争いは、国王の家はもとより摂関をはじめとする貴族や武士の家でも起きていたのである。源氏では源為義と嫡子の義朝との間で起き、平氏でも忠盛《ただもり》と弟の忠《ただ》正《まさ》との間で起きていた。こうして家々が崇徳院・頼長派と美福門院・忠通派に分裂する様相を帯びるようになった。

仁平《にんぺい》元年（一一五一）九月、忠通は弟頼長が近衛天皇の譲位を企てていると法皇に訴え、翌年九月には天皇の眼病の悪化を理由に雅仁の子守仁への譲位を奏上した。法皇は守仁が仁和寺の覚性《かくしょう》法親《ほっしん》王《のう》のもとに入室していたので、その訴えを取り上げなかったが、それでも忠通が美福門院と結んで守仁擁立に動くなか、雅仁の皇位継承に動いたのが信西である。

とはいえ、雅仁については「イタクサタダシク御アソビナドアリトテ」と遊び狂っているという評判があり、法皇の心象はよくなく（『愚管抄』）、天皇の器ではないと見られていた。こうしたなか久寿《きゅうじゅ》二年（一一五五）七月二十三日、近衛天皇が十七歳の若さで亡くなったので、知らせを受けた法皇は側近を召し、新帝を誰にするかを審議させた。

すぐには決まらず、美福門院の娘八条院を推す意見も出されたが、一日おいて、守仁の父雅仁を立てることと定まり、守仁が皇太子になった。父を差し置いて子を帝位につけるのはよくないという信西らの意見が通ったのである。図らずも雅仁親王は即位したのであるが（後白河天皇）、その中継ぎの立場は歴然としており、次を廻って争いが起きはじめると、やがて聞こえてきたのが、頼長が近衛天皇を呪詛《じゅそ》していたという噂であり、頼長の孤立は明らかになった。

その前年から諸国で損亡が起き、京中の児女が風流で身を飾って鼓笛の音にあわせて「やすらい」の囃子《はやし》で踊りつつ、紫野《むらさきの》の今宮社《いまみやしゃ》に向かうなど、京を中心に不穏な空気が流れた。飢饉とともに武士の活動が再び盛んになり、四月に源氏の武士為朝《ためとも》が鎮西で濫行《らんぎょう》を働いたとして訴えられ、その責任をとって父為義が解官《げかん》され、八月には東国に下っていた為義の子義賢が義朝の子義平に滅ぼされる事件もおきた。

久寿三年（一一五六）四月、鳥羽法皇の病気が重くなり、五月頃から危篤の状態が続くと、それとともに生じた不穏な情勢から、保元元年に改元されたその五月、死を予期した法皇は源義朝・義康《よしやす》らの武士に臣従を誓わせる祭文《さいもん》を書かせ、禁中の警護を命じた。

『保元物語』によれば、法皇の生前の指示により内裏を守る警護の武士の名簿がつくられ、それに忠盛の跡を継承した平清盛の名がなかったところ、美福門院が特別に法皇の遺言であると言ってその名を載せたという。忠盛は崇徳院の乳母夫《めのと》であったという関係にあり、このままでは崇徳方につく可能性があっての措置であった。

保元の乱

保元元年（一一五六）七月二日に鳥羽法皇が亡くなると、生前の指示に沿って葬儀は院の執事別当であった藤原公教《きんのり》と信西により執行された。

その三日後に崇徳院が頼長と同心し軍兵を発し皇位を奪おうとしているという噂が流れたことで、禁中の警護が強化され、検非違使らに京中の武士の動きを警戒するように命じられたが、この情勢に主導権を握って動いたのが信西である。

後白河を皇位につけたものの、あくまでもそれは中継ぎの天皇であったから、その不安定な立場を強固なものにする必要があった。そのためには実力によって存在感を示さねばならず、当面の敵対勢力を実力によって葬るのがよい、と考えたのであろう。

七月八日、忠実・頼長父子が諸国の荘園から軍兵を集めているとして、それを固く停止するという綸旨《りんし》（天皇の命令）を諸国に出し、摂関家の氏長者を象徴する東三条殿を没官《もっかん》する措置をとった。ここに頼長の藤氏長者の権限が否定され、上皇・頼長も対処せざるをえなくなった。とはいえ頼りとなる武力は極めて少なく、実力で現今の情勢を覆そうとまで考えていたのではない。

だが上皇・頼長が鴨川の東の白河殿に入ると、挙兵したと見做され、内裏の高松殿に軍勢が集められて、源義朝・平清盛・源頼政《よりまさ》らの軍勢で膨れ上がった（『兵範記』）。七月十日、朝餉《あさがれい》の間に召された清盛と義朝の二人に、合戦の方策を進言するように命じられたので、翌日に義朝は夜討ちを進言した。兵法に背くという意見もあったが、信西は公の戦であるから、それをよしとし受け入れたという（『愚管抄』）。

こうして都はかつてない戦乱の巷となった。義朝の家人たちは日頃は私合戦のため追捕《ついぶ》の対象となっていて、それだけに晴れて都大路で思う存分に戦った。後三年の合戦で奮戦した鎌倉景政《かまくらかげまさ》の子孫の大庭景義《おおばかげよし》・景親《かげちか》兄弟は、義朝に率いられ合戦の場に臨んで次のように名乗った（『保元物語』）。

昔、八幡殿の後三年の軍に、金沢の城責められしに、鳥海の舘（沼柵の誤り）落とさせ給

ける時、生年十六歳にて、軍の前に立て、右の眼を射られながら答の矢を射て敵を討ち
　取りて、名を後代に留めたる鎌倉権五郎景政が四代の末葉、

先祖の高名を、誇らしく高らかに語って存分に戦った。三つの大路から鴨川を渡って攻め寄せる天皇方の前に、上皇方の源為朝も奮戦したが、それも空しく火を放たれた白河御所は焼け落ち、上皇・頼長は逐電《ちくでん》した。

内裏に清盛以下の大将軍が帰参すると、流れ矢に当たって頼長が死去したという報が入り、崇徳院は仁和寺に逃れたことが判明した。その崇徳院はやがて讃岐に流されており、上皇配流ということれまでにはない措置となった。

九州の地は一人の有つところなり

関白藤原忠通の末子慈円は歴史書『愚管抄』に次のように記している。

保元元年七月二日、鳥羽院ウセサセ給テ後、日本国ノ乱逆ト云コトハヲコリテ後、ムサノ世ニナリニケルナリ（『愚管抄』）

日本国はこれ以後、「武者の世」となったという認識は、貴族層に共通したものであって、この衝

撃は大きく、時代はその方向へと動いていった。白河・鳥羽院政期を通じて王権が諸階層に優越するなか、摂関家や貴族に家が成立し、朝廷は家の集合体としての性格を帯びてゆき、政治と家の主導権をめぐる対立が激化して、これを解決する手段として武力が用いられたのである。

「王臣ミヤコノ内ニテカカル乱ハ鳥羽院ノ御トキマデハナシ。カタジケナクアハレナルコトナリ」(『愚管抄』)という都を舞台とした戦乱を踏まえ、後白河天皇方が勝利して天皇の地位が安定したことから、信西は天皇を前面に立てて政治を推進していった。

すぐに嵯峨《さが》天皇の時から途絶えていた死刑を復活し、清盛には六波羅《ろくはら》辺で叔父の平忠貞《ただざだ》(忠正)らを、義朝には父為義らを洛北の船岡《ふなおか》辺で斬らせた(『百練抄』)。死刑復活は実力で敵対者を葬る考え方を公的に認めたことになる。

天皇家の直轄領である後院《ごいん》領には、日宋貿易の拠点となっていた肥前の神崎荘など重要な荘園があったが、そこに藤原頼長が知行していた金を年貢とする陸奥・出羽の荘園などの乱での没収所領を編入し、鳥羽院から譲られた荘園所領の少なかった後白河天皇の財源の充実を図った。

さらに国政改革の第一弾として荘園整理令を軸とする保元の新制を保元元年(一一五六)閏九月十一日に出した。七か条からなるこの新制の第一条は「九州の地は一人の有《たも》つところなり。王命のほか、何ぞ私威を施さん」と、「九州の地」(全国)が天皇の支配に服すべき王土である(王土思想)と、荘園整理の断行をはかることを宣言した。

鳥羽院政では出されてこなかった全国的な荘園整理令がここで出されたのは、荘園が広く全国に生まれ、多くの争乱がおき、諸国で国務の遂行をめぐって紛争が生じていたからである。その整理の眼目の一つは、天皇が践祚した久寿二年（一一五五）七月二十四日以後に立てられた荘園を停廃止することであり、もう一つはもともと免除されていた土地以外の加納《かのう》や出作《でさく》に基づく荘園を停止することにあった。

これまでの荘園整理令の基準が延久《えんきゅう》の整理令に基づいていたのに対し、現実の動きにあわせ、成立した荘園を天皇支配の下に組み込んだのである。王権の下に諸権門を統合し、その命令に従わせようとしたわけで、このことは第三条以下の、神社に仕える神人《じにん》や寺院の悪僧の取締令、諸山・諸社の荘園・神仏事の保護・統制令にも認められる。院家に門流が生まれ、それが弟子に伝えられるようになっていたことから、悪僧についてはその師主を通じて召喚されるものとされた。

後三条天皇による荘園公領の支配権に始まり、白河・鳥羽両院政期に進行してきた体制の方向性が国制として提示され、その枠組みで以後の政治は推移してゆくことになる。

京の都市的発展

戦乱の場となった都も「都の大路をも鏡のごとく磨きたてて、つゆきたなげなる所もなかりけり」と、整備された。武装して都を横行することも禁じられた（『今鏡』『百練抄』）。東西の大路と大路の間を管轄する保検非違使《ほう》（保官人）が置かれ、保の行政や裁判を担当することになった。検非違使には武士を任じる追捕の官人と、「道志《どうし》」と称される法曹の官人（明法道）で構成されていたが、保官人には法曹の官人が任じられた。

乱の翌年六月に開かれた祇園御霊会《ぎおんごりょうえ》は、戦乱の影響により馬長《うまおさ》が調進されないことから、祭礼の経費負担を京中の有徳人《うとくにん》（富裕者）が担う馬上役《ばじょうやく》の制度を導入して、賑やかさを取り戻した。白河院は祇園御霊会の興行に力を入れていたが、この段階で広く民間の力により華やかさが演出されるようになったのである。

さらに信西は「公事《くじ》は大内こそ本なれ」（『今鏡』）ということから、大内裏（宮城）の復興にも取り組んだ。『愚管抄』が「メデタクメデタク沙汰シテ、諸国七道少シノワヅラヒモナク、サハサハトタダ二年ガ程ニツクリ出シテケリ」と語っているように、信西の寝ずの努力によって諸国の国力に応じて費用が割りあてられ造営が果たされた。

保元二年（一一五七）十月にその大内裏が完成して行幸があったが、これについて『今鏡』は、皇后や中宮、東宮、女房たちが殿舎を与えられ「中ごろかばかりの政なきを、千代に一度澄める水なるべし」と、このような政治を見たことがなかったと讃えたと記している。

殿舎や門の額は関白忠通が書き、宮の造営を担った七十二人には位があたえられたが、そのなかには信西の子成憲《しげのり》（後に成範）と脩憲（後に脩範）のほか、武士では平氏の播磨守清盛（代わりに重盛）、安芸守頼盛《よりもり》、淡路守教盛《のりもり》、常陸介経盛《つねもり》、源氏の下野守源義朝がおり、平氏はここに四か国を知行し経済力は抜群となった。

大内裏の整備とともに、大極殿で新たに仁王会《にんのうえ》が行われ、断絶していた漏刻器《ろうこくき》が置かれ、次々に華麗な行事・公事が行われたが、その最たるものが翌年正月の宮中の内宴《ないえん》の復興である。

内宴は九世紀の弘仁《こうにん》年間に始まった天皇主催の私宴であるが、十一世紀初頭の長元《ちょうげん》年間から途絶えていた。内宴が途絶したのは、貴族の詩文の力が衰え、内教坊《ないきょうぼう》の舞姫が衰退したことによるものであったが、この二つを愛好した信西が復活を図ったのである。

保元三年（一一五八）正月二十二日、「春は聖化の中に生まる」の題で、文人が天皇に漢詩を献呈し、続いて管絃・舞などの御遊が華やかに行われた。舞姫が廃れていてすぐには間に合わなかったので、仁和寺の童による童舞《わらわまい》で急場をしのぎ、翌年正月二十一日の内宴には舞姫を育成して行った。

その華麗で上品な様は「陽台の窈窕」と評され（『百練抄』）、この様子は乱後に整えられた都の風景を描く『年中行事絵巻』に載っている。ただ、信西の失脚とともに内宴は再び途絶えてしまうことになるが、信西が女舞を復活させるために努力した結果、その教えを受けた磯禅師《いそのぜんじ》が芸を娘の静に伝え、この女舞は白拍子《しらびょうし》舞として展開してゆくことになった（『徒然草』）。

三　武家権門と院政

平治の乱

保元の乱を経て二年も過ぎると、抑えられていた諸勢力が頭をもたげてきた。なかでも後白河を中継ぎの天皇として認めた美福門院が、退位を求めてきて、その結果、「仏と仏の沙汰」という美福門院と信西との遁世者同士の談合があって(『兵範記』)、保元三年(一一五八)に二条天皇が即位すると、さらに天皇親政を求める勢力が台頭してきた。

家を興す動きも活発化した。渥美焼の壺に一家の祈りをこめて経筒を埋めた藤原顕長は、後白河が位について中宮亮に任じられ、大内裏の修造では三河・丹波両国を知行して従四位上となり、天皇をしばしば自邸に迎えて接待し、保元三年四月二日には蔵人頭、八月十日の天皇の譲位とともに参議に昇進し、後白河院庁《いんのちょう》が開かれると、院庁別当になっている。

信西は人事権を掌握して子息を要職につけた。長子の俊憲《としのり》は家に弁官や蔵人頭になった人物がいないので、その知識を識者に尋ね聞いて、その成果を『新任弁官抄《しんにんべんかんしょう》』や『貫首秘抄《かんじゅひしょう》』に著すなどして蔵人頭から参議へと昇進し、弟の貞憲《さだのり》は権左中弁《ごんのさちゅうべん》に、是憲《これのり》は少納言に、院の乳母である紀伊との間に生まれた子成範は中将で播磨守に、脩範《ながのり》は左少将で美濃守になった。

信西と争うことになる藤原信隆の子信頼《のぶより》は、保元二年(一一五七)三月に武蔵守から右中将に任じられると、十月に蔵人頭、翌年二月には参議に任じられるという目覚しい出世を遂げ、公卿の仲間入りをしている。『平治物語』は、上皇の寵を得たこの信頼の大将の望みを信西が阻止したことから、信頼が信西を恨むようになり、平治の乱が起きたと指摘している。

信頼から大将の望みを聞いた信西は、唐の玄宗皇帝の物語『長恨歌《ちょうごんか》』を絵巻に描いて上皇に献呈し軽挙を諫《いさ》めたという。その絵巻に付けられていた平治元年(一一五九)十一月十五日の信西自筆の書状には、後代の帝王は必ずこれを見るべきであり、福貴は常ならず、栄楽は夢のごときものと知るべきである、と記されていたという（『玉葉《ぎょくよう》』）。

信西は幼い頃から育ててきた上皇について「和漢の間に比類無き暗主なり。謀反の臣傍らに在るも、一切覚悟の御心無し。人がこれを悟らせ奉ると雖も、猶以て覚えず」と、近臣に謀反をおこすような人物がいても全く気づかず、知らせてもそうは思わない、これ程の愚昧《ぐまい》な君主は古今にいない、と語っていたという（『玉葉』）。

こうして平治の乱は、政治の実権を急速に握った信西に対する院近臣の反発と、二条天皇の親政を求める動きとがあわさって起こされたのであり、その際に信頼は武力を源義朝に頼んだ。義朝は保元の乱での活躍のわりに信西からの評価は低く、平氏一門が朝廷に進出するなかで取り残されていた感があった。

信頼は、信西に頭のあがらない上皇を見て、信西を退けても了解がえられると踏んだのであろう。摂関家とは姻戚関係を結んでいたので、事は首尾よく運ぶものと思ったと見られる。四月二十日に改元されて平治元年の十二月九日、清盛が熊野詣に赴いたその隙を狙って、信頼は義朝を誘って兵を挙げた。三条烏丸《からすま》の院御所を襲って火を放ち、上皇を大内の一本御書所《いっぽんごしょどころ》に移した。信西は宇治の田原《たわら》に逃れたが、観念してそこで自殺を遂げる。

信頼は早速に除目《じもく》を行って義朝を四位に、義朝の子頼朝を右兵衛権佐《うひょうえごんのすけ》になすなど実権を握ったのである。しかし成り上がり者、と信頼に不信感をもち、上皇の政治に危機感を抱いていた旧勢力は

『平治物語絵巻』(国立国会図書館蔵)より三条殿焼討

この行動を支持しなかった。信西とともに鳥羽院に仕え、記録所の運営にあたっていた内大臣の三条公教が中心になって打開策を練った。

二条天皇の側近を取り込み、熊野詣の最中にあった平清盛が六波羅に帰還するのを待って、そこに天皇を迎え入れたところ、摂関家の忠通・基実父子も入ってきた。信頼の孤立は明らかとなり、信頼・義朝追討の宣旨が出されたので、信頼は上皇に助けを求めたが、その途中で捕まって処刑されてしまい、源義朝は平家軍と戦って敗れ、都を落ち行く途中の尾張で家人に討たれ、子の頼朝は捕縛されて後に伊豆に流された。

武家と二頭政治

乱はあっけなく終わって、平治元年(一一五九)十二月二十九日、合戦の恩賞の除目により、平頼盛が尾張守に、平重盛が伊予守に任じられたほか、遠江守の平宗盛《むねもり》、越中守の平教盛、伊賀守の平経盛など、平氏の知行国は乱前の五か国から七か国に増え経済的にも抜きんでた存在となり、清盛の政治的地位は不動なものとなった。

後白河上皇は院政の復活を試み、二条天皇もまた親政を望んだことから、再び両勢力の争いが勃発する。上皇が正月六日に八条堀河の藤原顕長の邸宅に御幸した際に事件が起きた。その邸宅の桟敷から上皇が大路を見ようとした時、天皇側近の藤原経宗《つねむね》・惟方《これかた》が堀川にあった材木で桟敷を外から打ち付けようとしたという。

この所行が院に国政を沙汰させず親政を画策したもの、という噂が上皇に伝わったので、怒った上皇は清盛を召し、「ワガ世ニアリナシハ、コノ惟方・経宗ニアリ、コレヲ思フ程イマシメテマイラセヨ」(『愚管抄』)と、二人を捕縛して戒《いまし》めを加えるように命じたのである。

惟方は二条天皇の乳母子《めのとご》、経宗は上皇の旧妻の兄弟であっただけに、上皇の憎しみは激しく、二月二十日、上皇の命を受けた清盛が二人を搦め取り、内裏に御幸した上皇の前に引き据え責めたてた。その翌日、配流中の信西子息の召還を決定するとともに、代わりに三月十一日に経宗を阿波国に、惟方を長門国に流し、さらに六月には信西の首級をあげた源光保《みつやす》・光宗《みつむね》の二人も謀反の疑いで薩摩国に流してその途中で殺害するなど、天皇の有力な廷臣を相次いで排除していった。

清盛は乳母夫《めのと》として天皇を支えていたが、上皇も支えていた。上皇が後院を形成した時にはその年預《ねんよ》となって後院領の管理にあたり、平治元年には大宰府を知行して上皇の命によって白河に千体阿弥陀堂を造営していた。このため清盛は永暦《えいりゃく》元年(一一六〇)六月に三位になって公卿に昇進し、八月五日に安芸の厳島社《いつくしましゃ》に「年来の宿願」と称して赴き、公卿就任の喜びを伝えている。

保元の乱前、安芸守であった清盛は、高野山の根本大塔《こんぽんだいとう》の造営に関わり、高野山で材木を手にしていたところ、そこに僧が現れて「日本の国の大日如来は伊勢大神宮と安芸の厳島である」と告げた後、伊勢大神宮は「幽玄」で恐れ多い故、「汝は国司でもあるから早く厳島に奉仕するように」と述べて姿を消したという。

大塔の本尊は大日如来であるから、現れた僧は弘法大師の化身と考えられたのであろう。やがて、清盛が神拝のために厳島社に赴くと、巫女が託宣し、清盛は従一位の太政大臣にまで昇り、伴の後藤太能盛も安芸守になる、と予言したという（『古事談』）。清盛は平家が武家として朝廷を守護する存在として欠かすことのできない権門となることを、この時に確信したことであろう。

事実、三位になった六日後には政治に参画する参議に任じられ、政権掌握の道を歩むことになった。『愚管抄』はその清盛について「時ニトリテ、ヨニタノモシカリケレ」と、時勢の動きに沿って、朝廷を支える武家の地位を獲得していったことを語っている。

やがて上皇と天皇の争いも一段落し、両者の関係が波乱含みながら安定したものとなって、「院・内、申シ合ツツ同ジ御心ニテ」と称される共同して国政に関わる二頭政治が行われたが、それを武力の面では清盛が、政治の面では摂関が支えることになった。

清盛の「アナタコナタ」

後白河・二条の両主による二頭政治が行われるなか、上皇は東山の法住寺《ほうじゅうじ》の境内を囲い込んで次々と殿舎を建てたが、この法住寺御所は離宮が意図されていた（『吉記《きっき》』）。かつて白河院が白河に造営した法勝寺を中心とする御所や、鳥羽に造営した広大な鳥羽離宮が念頭にあった。

上皇はその御所の鎮守として、永暦《えいりやく》元年（一一六〇）十月十六日に紀伊の熊野社を勧請《かんじょう》して新熊野社を建てると、その翌日、ここで熊野参詣のための精進《しょうじん》を始め、三井寺の覚讃法印《かくさんほういん》を先達《せんだつ》に、平清盛らを伴として初度の熊野御幸に二十三日に出発した。清盛を取り込んで、熊野詣を無事に行い、国政を掌握する立場を示す狙いである。

その熊野御幸の最中、病の美福門院の容体悪化の報が入り、上皇は急いで熊野から帰還したが、女院は十一月二十六日に死去している。鳥羽院は遺言で鳥羽殿に隣接して築かれた安楽寿院の陵墓に入るように美福門院に求めていたのだが、女院は高野山に遺骨を納めるように命じて生涯を閉じたという。

美福門院の死によって上皇はその重しから解放されたが、女院の養子である二条天皇は支えを失った。ただ『今鏡』に「末の世の賢王におはします」と評され、「愚昧」と称された父とは違い、学問に秀で和歌をよくし、漢詩にも造詣が深かった上に政治的な支えはあった。忠通の引退後に関白になった子の基実がその政治を全面的に補佐し、太政大臣の藤原伊通が政治の意見書『大槐秘抄《たいかいひしょう》』を提出して支え、平清盛が天皇の乳母夫の立場で支えていたからである。『愚管抄』は、清盛が二条天皇に奉仕したのは上皇の治世に危惧を抱き用心していたからである、と指摘している。

その清盛は翌応保《おうほう》元年（一一六一）正月に検非違使別当となって京都の警察行政を掌握し、九月十三日に中納言に昇任した。その後見と武力とを背景に、二条天皇は七月に国王を檀越《だんおつ》とする鎮護国家の寺院である東大寺の興隆を期し、造東大寺長官を任命するなど政治への意欲を示すところとなり、再び二条と後白河との対立が深まった。

『平家物語』の「二代の后」の章が「永暦・応保の比よりして院の近習者をば、内より御いましめあり。内の近習者をば、院よりいましめらるる間、上下おそれをののいて、やすい心もなし。ただ深淵にのぞむで、薄氷をふむに同じ」と記すように、相互に戒め合いがあり、近臣が恐れおののく事態が生じた。

しかし清盛のみはその対立の間にあって地位に揺るぎがなかった。二条の乳母父として、後白河院庁の別当として、二人の君に奉仕していた清盛の動きについて、『愚管抄』は「清盛ハヨクヨクツツシミテ、イミジクハカラヒテ、アナタコナタシケルニコソ」と記している。「アナタコナタ」とは清盛が二君に仕え、盤石《ばんじゃく》の体制を築いたことを意味していた。

二条天皇との対立のなか、上皇は清盛の妻時子《ときこ》の妹で、姉の上西門院《じょうさいもんいん》に仕えていた滋子《しげこ》(小弁局《こべんのつぼね》)を寵愛して応保元年九月三日に皇子を儲けたことから(憲仁《のりひと》)、これを契機に治世への意欲を深めてゆき、それに応じて院近臣が動いた。

院政の停止と熊野御幸

皇子誕生直後の九月十五日、院近臣の平教盛と右少弁平時忠《ときただ》が二条天皇によって解官されたが、

『愚管抄』によれば、「ユユシキ過言」によるものであったという。『源平盛衰記』は、生まれた皇子を皇太子に据えようとはかったことが天皇の逆鱗に触れたと記す。

上皇周辺の動きに危機感をおぼえた天皇は、『愚管抄』が「主上〈二条院〉世ノ事ヲバ一向ニ行ハセマイラセテ」と記しているように、ついに上皇の国政介入を拒否して、院政を停止した。この情勢に清盛は天皇の押小路《おしのこうじ》の内裏に武士を派遣し、宿直して警護する体制を整えた。

押小路東洞院《ひがしのとういん》ニ皇居ツクリテオハシマシテ、清盛ガ一家ノ者サナガラソノ辺ニトノヰ所ドモツクリテ、朝夕ニ候ハセケリ、（『愚管抄』）

関白基実の邸宅を内裏となしたもので、応保元年十一月に上棟し、翌年三月二十八日に行幸があったが、清盛はここに宿直所を設け武士たちが詰め警護する体制をしいた。後々まで続く武家が皇居を守る内裏大番役《だいりおおばん》の成立である。

こうして天皇は政治的基盤を固め、太政大臣藤原伊通が政治の指針として記した『大槐秘抄』に「君は世の事をきこしめさむとおぼしめすべきなり」とある意見に沿って動いた。唐の太宗とその臣下の問答を集めた『貞観政要《じょうがんせいよう》』にも学んで政治に取り組んだ。

失意の後白河上皇は応保二年（一一六二）二月に熊野に赴くと、熊野の本宮・新宮・那智の三山に詣でて、三日ずつ籠り千手経を転読していたが、その十二日、新宮に参って千手経を読んでいると、神体の鏡が輝いて見えたので、「あはれに心澄みて、涙が止まらず」、再び千手経を読んだ。礼殿の前には那智の神が祭られており、その本地仏《ほんじぶつ》が千手観音であったことから千手経を読んだのだが、さらに上皇は千手観音を讃える次の今様も謡った。

よろづのほとけの願よりも　千手の誓ひぞ頼もしき
枯れたる草木もたちまちに　花さき実なると説いたまふ

この歌を何度も繰り返し謡うなか、訴えを神が了解してくれたものと悟った上皇は、院政の復活に手ごたえを覚えたのであろう。都に戻ると、この時の奇瑞から千手観音を本尊とする蓮華王院（三十三間堂）を法住寺殿御所に付属して造営したが、その名の蓮華王とは千手観音の別称である。

『愚管抄』は「後白河院ハ多年ノ御宿願ニテ、千手観音千体ノ御堂ヲツクラントオボシメシケルヲバ、清盛奉リテ備前国ニテツクリテマイラセケレバ」と記しているように、清盛は備前国を知行して造営したのであり、家督の重盛はこの賞によって長寛《ちょうかん》二年（一一六四）に正三位に叙され公卿となっている。

蓮華王院には宝蔵が設けられ、そこに内外から集められた宝物は国王のコレクションとして機能した。鳥羽院の勝光明院の宝蔵に倣ったもので、コレクションは様々に及んだ。琵琶・琴・箏《こと》・笙《しょう》・笛などの楽器、帯などの衣装、仏像や典籍、太刀・剣といった武具、『年中行事絵巻』などの絵巻物、まさに内外の宝物であって、近臣たちはその宝物蒐集のために奔走し、清盛は日宋貿易を推進して唐物の調達に励んだ。

院政の復活と平氏政権

二条天皇の政治を支えていた藤原伊通が長寛三年（一一六五）二月に亡くなると、その頃から天皇は病にとりつかれ、「よき人は時世にもおはせ給はで、久しくもおはしまさざりける」（『今鏡』）と称されたように、六月二十九日に押小路の内裏で亡くなる。

さらに永万《えいまん》二年（一一六六）七月二十六日には摂政の藤原基実も亡くなった。『愚管抄』が「俄ニコノ摂政ノウセラレニケレバ、清盛ノ君、コハイカニトイフバカリナキナゲキニテアル」と記したように、基実を婿にしていた清盛は大いに嘆いたが、これにより後白河院政への障害はなくなった。「世ノ政ハミナ院ノ御サタ」と、院政が完全に復活し、院は単なる「おりゐの帝」（位をおりた帝）から「治天の君」（政治を執る王）となった。すぐ十月十日に憲仁親王が皇太子に立ち、清盛が東宮大夫、他の平氏一門も東宮職を占め、東宮を平氏が支える体制が築かれ、仁安《にんあん》元年（一一六六）十一月に清盛は内大臣に昇進、この清盛の後援を得て本格的に後白河院政が開始した。

仁安二年（一一六七）二月に上皇は清盛を太政大臣に、重盛を大納言に任じ、五月十日に海賊追討の宣旨を重盛に下している。追捕・追討の宣旨はこれまでは受領や検非違使に下されていたのであり、高い地位にある大納言に出されることはなかった。したがってこれは現実の海賊の横行に対処する性格というより、武家の存在を国制として位置づけ、あわせて重盛の武門の長の立場の継承を認めたものといえよう。

その七日後に清盛は太政大臣の辞表を出して受理されており、政界からの形式的引退と家督重盛への自己の地位の継承とが示された。軍制・官制において、武家権門による平氏政権が誕生したのである。

ただ平氏は直接に国政の運営には参加しなかった。政治の大事は公卿の意向を聞いて、摂政の松《まつ》殿基房《どのもとふさ》（基実の弟）の内覧を経て上皇が裁断し、通常の政務は蔵人や弁官などが伝奏を通じて上皇からの指示を受け、摂政の内覧を経て執行されたのであって、その伝奏には院の近臣が任じられた。院政下での武家政権であった。

翌仁安三年（一一六八）二月、清盛が急病に倒れたので、京を留守にしていた上皇は熊野から急いで駆けつけ、その時の二人の談合によって六条天皇（二条の皇子）の退位が決まった。すぐ二月十一日に清盛が出家し、二月十九日に天皇が退位して憲仁が位についた（高倉天皇）。『今鏡』はこのことを次のように評価している。

世の中へだてある事もなく、一院天下をしろしめし、御母盛りにおはしませば、いとめでたき御栄えなるべし。

両主の対立もなくなり、これから繁栄が長く続くことの始まりであると記している。武家によって支えられた院政とその平和が訪れたと見たのである。このように二条天皇親政から後白河院政への動きのなかで武家政権は生まれてきた。

国王の経済と文化

上皇は蓮華王院をはじめとする御願の寺院や神社の費用にあてるために荘園や所領を寄進していった。永暦二年（一一六一）正月に河内・相模・伊予の三つの荘園を後白河院庁下文によって法住寺殿御所のもう一つの鎮守である新日吉社《いまひえしゃ》の所領となし、翌二月には同じく院庁下文で法印昌雲《しょううん》が寄進した長門の荘園を新日吉社領としている。

永万二年（一一六六）正月、院庁下文が出され、平清盛の子重衡の寄進により備後国の大田荘が成立しているが、これは名目的に重衡の名で寄進されたものであり、実際の土地の権利は清盛が握っており、さらにその年貢の積出港として尾道浦《おのみち》も寄進されている（『高野山文書』）。このように平氏や院近臣の仲介により後白河院領は急増

『伴大納言絵詞』（国立国会図書館蔵）より炎上する内裏の応天門

し、上皇の経済的基盤は飛躍的に拡大した。

文化的には後白河院は芸能に関心が深く、その影響を受けて慶《けい》忠《ちゅう》の読経《どきょう》の家や、家寛《かかん》の声明《しょうみょう》の家、澄憲《ちょうけん》の唱導《しょうどう》の家など僧に担われた家がこの時代に起こされたことを、虎関師錬《こかんしれん》の『元亨釈書《げんこうしゃくしょ》』は記している。

多くの絵巻も制作された。高倉天皇の即位にともなって仁安三年（一一六八）十月に行われた御禊《ごけい》を描く『仁安御禊行事絵巻』、承安《しょうあん》元年（一一七一）十一月の五節《ごせち》の様子を描く『承安五節絵』が制作され、大部の『年中行事絵巻』も完成を見た。現存する『年中行事絵巻』には、朝廷の年中行事をはじめ洛中で行われている祭礼や闘鶏などの遊びも描かれており、あわせて世が王化されている姿を絵画で表現しようとしたのである。院は蓮華王院の鎮守として惣社《そうじゃ》を造営すると、畿内近国の主要な神々を勧請して惣社祭を主催している。

『年中行事絵巻』が完成したので、故実に詳しい摂政の松殿基房《まつどのもとふさ》にこれを見せたところ、基房は誤りのある箇所に押紙を貼って、自筆で記して返してきた。これに法皇は絵を描き直させず、基房の字を珍重してこの字があること自体すでに重宝であるとして蓮華王院の宝蔵に納めさせたという。

伴大納言の事件を描いた『伴大納言絵詞』も蓮華王院の宝蔵に納められた。内裏の応天門が焼けたのは左大臣　源　信《みなもとのまこと》の仕業である、と伴大納言善男《よしお》が訴えたのだが、摂政の藤原良房《よしふさ》による天皇への諫言によって信の罪が許されたばかりか、無実を主張する信の天道への訴えから、放火犯は逆に善男と判明し、善男が流罪となったという話で、都市や王権を襲った火事と陰謀を克服する物語として描かれた。

承安四年（一一七四）三月、院近臣の藤原経房《つねふさ》は法皇が信西の子静賢《じょうけん》法印に命じて制作させた『後三年合戦絵巻』を見ているが（『吉記』）、これは静賢が蓮華王院の蔵から借り出し経房に送ってきたもので、そこには「武士の長者」である源義家の奥州での活躍が描かれており、奥州の世界が王化されてゆく次第が語られている。

四　家の思潮

和歌の家、芸能の家

家の形成は和歌や芸能の家にも認められる。崇徳院・二条天皇の時代からはその後の家形成へとつながる動きが顕著であった。

崇徳院は和歌を好んで藤原顕輔《あきすけ》に勅撰和歌集『詞花和歌集』の撰集を命じ、藤原顕成《あきなり》（俊成）の手伝いにより『久安百首《きゅうあんひゃくしゅ》』の編纂にあたったが、このうちの顕輔の子清輔は、保元二年（一一五七）の頃に歌学と説話からなる『袋草紙《ふくろぞうし》』を著すと、その噂が二条天皇の耳に入り、「内裏」から召されたので平治元年（一一五九）十月三日にこれを進覧し、さらに『続詞花和歌集』を編んで天皇に献呈して勅撰集へと動いたが、それのかなわぬうちに天皇は亡くなったものの、六条家という和歌の家を興し、歌学を大成させている。

「末の世の賢王」二条天皇の存在は大きく（『今鏡』）、藤原伊通が「才智あるものには文の御物がたり、和歌このむものには歌のこと、弓馬をこのむものには弓馬、管絃を好むものには管絃のこと」を命じるべきと進言したのに沿って、和歌を藤原清輔や藤原範兼《のりかね》に、管絃を源通能《みちよし》や中原有安《なかはらのありやす》に命じるなどして芸能の興行をはかった。

藤原顕成は藤原俊忠の子で藤原顕頼の養子となって受領を歴任するかたわら、藤原基俊に歌を学び、崇徳院に仕えたが、平治の乱後に歌の家を興すことを図り、名を俊成《としなり》と改め、子の定家《さだいえ》の成長を支援し、御子左《みこひだり》家の歌の家の隆盛の基礎を築くことになった。

源俊頼《としより》の子俊恵《しゅんえ》は家を形成する方向に向かわず歌僧の道を選んで、多くの歌人と交流して和歌文化の発展に尽くした。この俊恵に和歌を学んだ鴨長明が著した『無名抄《むみょうしょう》』に見える「千鳥鶴の毛ころもを着る事」と題する話には、「俊恵法師が家をば歌林苑と名づけて、月ごとに会し侍しに」とあり、俊恵の住む白河に人々が集まり、歌を詠む場として生まれた歌林苑《かりんえん》での歌人たちの交流の様を伝えている。

そこに見える祐盛《ゆうじょう》法師は源俊頼の子で俊恵の弟にあたるが、俊恵には批判的で、俊恵が「歌撰《かせん》合《あわせ》」を編んだところそれを批判する「難歌撰」を編んだという（『八雲抄《やくもしょう》』）。この時期に生まれた仏教教訓集『宝物集《ほうぶつしゅう》』は、仏道と歌の一致を主張し、祐盛の言説に通じており、その他の様々な徴証からして平康頼《やすより》の著作ではなく、この祐盛の著作と見られる。

順徳天皇の『禁秘抄《きんぴしょう》』の「御侍読事」の項には、二条天皇の琵琶の師範は少将源通能であったと記している。『文机談《ぶんきだん》』は、二条天皇の琵琶について、配流地の土佐から戻った藤原師長《もろなが》に学んだことを記した後、「いみじく諸道にすかせをはします御こころ也けり」「なに事もあしからぬ君にてをはしましけり、この道にもふかく御さたありけり、楽所預有安もつねに候き」と記し、二条天皇が諸道を好んで管絃の沙汰を行い、中原有安が伺候したという。『山槐記《さんかいき》』応保元年（一一六一）十二月十日条によれば、この日の御遊で琵琶を「民部丞有安」が担当したと見える。

楽書の『胡琴教録《こきんきょうろく》』にも「故二条院御宇、しきりに御琵琶のさたあり」と見えるが、この書は二条天皇の時代の琵琶の話を中心にして琵琶に関する口伝を記したもので、上下二巻からなる。冒頭から「師説云」と始まるなど、基本的には師説を語ったもので、時に「愚案云」として著者自身の意見を記しているが、その師が中原有安であり、この有安に長明は琵琶を学んだのであった。

家を母体とした作品に華麗な装飾経がある。その一つの『久能寺経《くのうじきょう》』は、駿河の久能寺に伝わったことからの命名で、鳥羽院が『法華経』の『寿量品《じゅりょうぼん》』を、待賢門院が『譬喩品《ひゆほん》』を、「女御殿」得子が『提婆品《だいばほん》』を担当し書写していることから、得子（美福門院）が女御となった保延五年（一一三九）七月から、皇后になる永治元年（一一四一）十二月までの間に製作されたとわかる。

その願主は、待賢門院とそれに仕えた女房の中納言が『安楽行品《あんらくぎょうほん》』を担当するなど、待賢門院関係者が多く書写しているのでその周辺の人物と考えられてきたが、開経の『無量義経《むりょうぎきょう》』を担当した「左大弁実親《さねちか》卿」と見るべきであろう。というのも妻の「左大弁室」が『薬王品《やくおうぼん》』を、娘の「左大弁姫君」が『神力品《じんりきほん》』を、子の弁阿闍梨《べんのあじゃり》心覚《しんかく》が『不軽品《ふきょうほん》』を担当しており、平実親一家が広く関わっているからである。

この経は実親が願主となり、一家や関係者に写経を求めて成ったもので、一家の繁栄が祈られたものとみられる。実親は久安二年（一一四六）に亡くなったが、生前に諸寺諸山や悲田や獄舎を訪れて飲食をあたえるなどの仁慈を施し、往生したことが『本朝新修往生伝』に見える。

もう一つが長寛二年（一一六四）九月に平清盛が厳島社に寄せた『平家納経』である。その願文は、安芸国の「伊都岐島大明神」が四面を「巨海の渺茫《びょうぼう》」に臨んで、その「霊験威神」は「言語道断」なものであると始まって、これを信仰してからは「利生」がはっきりし、「家門の福禄」「子弟の栄華」がもたらされ、「今生の願望」は既に満たされたのだが、「来世の妙果」もまた期されよう、と厳島への信仰の意味を説いて、さらに次のように記す。

当社は「観世音菩薩の化現」で、その報賽《ほうさい》のために浄心を発し、『妙法蓮華経』一部廿八品と『無量義経』『観普賢経《かんふげんきょう》』『阿弥陀経』『般若心経』など各々一巻を書写して金銅の筥《はこ》一合に納め、宝殿に安置するとし、清盛を始め「家督三品武衛将軍」重盛や子息ら、舎弟「将作大匠」頼盛、「能州」教盛、「若州」経盛ら、「門人家僕」などすべて三十二人に一品一巻ずつあてて、善と美を尽くして制作にあたった。

このような一門の繁栄と浄土に往生を求める動きが家の文化において成立し、多くの装飾経がこの時期に制作されたのである。

武士の家の文化

諸国の武士の家の文化の状況を物語っているのが『粉河寺縁起《こかわでら》』の描く河内国の讃良郡《さららぐん》の長者の姿である。この長者の家では門が警護の侍によって固められ、山野河海の産物が次々と運ばれて来て、家の米倉に米が積まれ、蔵には財宝が満ちている。

開発領主の姿を描いているのであるが、その長者の娘が不治の病におかされていたのを救った童形の行者の行方を訪ねて一家が行ったところ、実は粉河の千手観音の化身であったことがわかり、それを機縁に一家は出家を遂げたという、粉河寺の縁起にまつわる話であり、地方の長者や武士の観音信仰がうかがえる。

『粉河寺縁起絵巻』（国立国会図書館蔵）より長者の家の門

長者が住む讃良郷であるが、河内江と称される湖沼が周囲に広がっており、この長者は内蔵寮《くらりょう》が管轄する大江御厨の開発領主という設定であって、朝廷に産物を貢納する供御人《くごにん》となり、土地を開発し富を築いたのであろう。その実像を求めてゆくと、河内の大江御厨の源康忠《やすただ》が源平の争乱で寿永三年（一一八四）に源義経が進駐してきた時、兵士役を勤めるので本宅を安堵してくれるよう訴えた訴状の存在が浮かんでくる。

父の季忠《すえただ》は天養年間（一一四五年頃）に「開発」した水走《みずはい》の土地を国司から認められたことを記し、その訴えを受けた義経から「早く本宅を安堵し、御家人兵士役を勤めるように」と命じられている（水走文書）。

さらにこの時代に多く造られた経塚にも武士の家の文化が認められる。茨城県土浦市東城寺の薬師堂脇の経塚出土の経筒には次のような銘文が記されている。

保安三年大歳〈壬寅〉八月十八日〈甲辰〉
如法経書写供養願主　聖人僧明覚・大檀越平朝臣致幹
為□法界衆生平等利益所奉遂果如右、敬白

常陸の南部で筑波山《つくばさん》を挟んで勢力を広げていた常陸大掾《だいじょうし》氏の平致幹《むねもと》が保安三年（一一二二）に納めたものであり、同様な経塚出土の経筒には久安四年（一一四八）二月の埼玉県比企《ひき》郡の平沢寺《へいたくじ》出土のものもあり、それには「当国大主散位平朝臣茲縄方縁等」とあって、秩父重綱が妻とともに願主となって納めたものとわかる。

氏から家へ

院政時代に氏の中から家が形成されてきたことを語るのが歴史書『今鏡』である。これに先立つ歴史書「世継」（『大鏡』）の記事が終わる万寿二年（一〇二五）から、嘉応二年（一一七〇）にかけての歴史を描いているが、『大鏡』が道長個人を扱うのとは違い、百五十年に及ぶ歴史の流れを、「すべらぎ」「藤波」「村上の源氏」「御子たち」（源氏）の四つ氏の流れに沿って描き、それらから漏れた話を「昔語」「打聞」として載せている。

そのうち「すべらぎ」は国王の氏の流れ、「藤波」は御堂《みどう》流の藤原氏の流れ、「村上の源氏」は村上天皇の皇子具平《ともひら》親王の子師房《もろふさ》に始まる源氏の流れ、「御子たち」は村上源氏以外の源氏の流れについて叙述しているが、主な関心事はこれらの流れから生まれた家の展開にあった。

最初の「すべらぎ」は三つからなり、その一章は、後一条天皇から後三条天皇までの歴史を天皇の代ごとに記し、第二章は、後三条天皇について「この帝〈後三条〉世を知らせ給ひて後、世の中治まりて今に至るまでその名残になむ侍りける」と記し、国王の家の歴史を詳しく語っている。

さらに第三章は、鳥羽院の晩年の動きに始まって『今鏡』が著される時期に及んでおり、後白河法皇の后で高倉天皇母の建春門院《けんしゅんもんいん》について、平氏の国母となって繁栄が到来したと指摘し、もともとは同じ平氏の流れにあったが、一つは日記の家を継承し、もう一つは世を守る武の家を継承し、同じ御代に帝と后を出して栄えるようになった、と指摘する。

ここでの「日記の家」とは、建春門院の父平時信《ときのぶ》が代々の平氏のなかで朝廷の実務に携わり日記を記したことによるもので、同じ平氏の流れからは武の家も生まれていて、それらが朝廷を支えるようになったことを語っているのである。

次の「藤波」を見ると、道長（藤波）・頼通（梅の匂ひ）・師実（薄花桜）・師通（波の上の杯）・忠実（宇治の川瀬）・忠通（御笠の松）・基実（藤の初花）という摂関の流れを中心に据えるが、特に忠実に多くを割いたのは忠実が摂関家を形成したからである。

それに派生して忠実と白河院との対立の原因となった忠実娘泰子《やすこ》の鳥羽天皇への入内の話に続けて、白河院が入内させていた待賢門院を養っていた祇園女御に触れ、さらには平正盛・忠盛の平氏が祇園女御を警護するなか平氏が台頭し、家を形成する基礎を築いた話を載せる。

続いて忠盛が殿上人となって五節の童を献上した話では、いっしょに献上した安芸守藤原為忠《ためただ》の家に触れ、その父知信が白河院の乳母子として白河院の殿上人になったことなどを記しているが、『今鏡』の作者はこの為忠の子為経であった。

乳母の存在が家を形成する上で大きな役割を果たしていたのであって、このことは後白河天皇を育てたのが天皇の乳母の夫である信西であり、清盛も二条天皇の乳母の夫という身分で二条天皇を支えたことからも明らかである。乳母は多くの情報を得て主人を育て家を興すことに励んだのであり、『今鏡』の作者の為経の家にもいろんな情報が蓄積されており、そこから本書がなったのであろう。

家の思潮

氏から家が形成されてくるなか、夫婦は別姓で、財産も別々であったが（夫婦別財制）、子は父の姓を継承した。娘の場合、父が源姓であれば「源氏女《うじのにょ》」と称し、長女であれば「源大子《おおのこ》」、次女であれば「源二子」などと称したのであり、通常は寅や鶴などの愛称で呼ばれ、政子や徳子などの名が与えられるのは位を得た時のことである。

妻は夫の死後はその財源を継承するとともに、「後家」としての家の経営を担いその地位は高かった。このことは鳥羽院が亡くなった後の美福門院や、源頼朝が亡くなった後の北条政子の例を見ればわかる。なお政子は出家後に位が三位になって「平政子」と称されたのである。

こうして家はこの時代以後、社会の基礎的な単位となっていった。次の時代には家の内実が深められてゆき、その過程で平氏政権は、東国の武士の家の連合を基盤とする鎌倉幕府政権にとって代わられ、武士の家の性格が定まる。

朝廷の家についてはどうかというと、治承・寿永の内乱や承久の乱を経て動揺もあったが、それを克服して家の確立を見ることになるが、この時期には、家の継承を教訓として著した書物が多く見えるようになる。

管絃の家では狛近真《こまのちかざね》が『教訓抄』を天福《てんぷく》元年（一二三三）十月に楽の家の継承のために著している。今、自分は六十代に入ろうとしているのに、二人の息子は「道ニスカズシテ徒ニアカシクラス」という有様で、憂いが極まりないことから、「子ヲ思フ道ニハマヨフナル事ナレバ、カタクナハシキ事ドモヲ少々シルシヲキ侍ベシ」と、子を思うが故に後々のために本書を記して備えた、という。同じ頃に著された大神景基《おおみわかげもと》『懐竹抄《かいちくしょう》』は、大神惟季《これすえ》の流れにあって「只我家ノ習ヲ能慥ニ音取ベシ」「此家ニハ不習」と家の習いを習得するように子孫に求めている。

このような教訓に関わる話を載せる説話集には建長四年（一二五二）に編まれた『十訓抄《じっきんしょう》』もあって、「昔今の物語を種」にした教訓話を配列している。全部で二百八十二話ある収録した説話には、才芸に基づく家業が成立し、それが継承されてゆくなかでの心の持ち方や戒めを説話として提示している。跋文《ばつぶん》で菅原文時《ふみとき》の漢詩を引き、漢詩や菅原氏に関わる話が最も多いことや、巻十の九話には菅原為長《ためなが》の嫡子の長貞《ながさだ》の話を載せていることから、早世した長貞の子宗家《むねいえ》が菅原氏の家業の次への継承を考えて著わしたものとみられる。

武家においても『北条重時家訓《ほうじょうしげときかくん》』のような家訓も編まれたが、この家訓に注目すれば、戦国時代に大名の家訓が多く著されていて、これは戦国大名の家の勃興を物語るものであり、江戸時代の中期になって町家で家訓が書かれたのは、町家の勃興を物語っているのである。近代になって企業が勃興すると社訓を書くようになるのもその流れに沿っているのであろう。
家は時代によってその内実を変化させつつも、そのかたちは今日に及んでいる。

3 身体への目覚め

『方丈記』と『吾妻鏡』

一　身体からの思考

王と身体

仁安《にんなん》三年（一一六八）二月十一日、平清盛が出家し、二月十九日に憲仁《のりひと》親王が位についたことで、院政下における武家政権が誕生すると、後白河院は翌仁安四年（一一六九）正月の熊野御幸《くまのごこう》には出家の暇乞いのために赴いた。

今様《いまよう》を介して神仏に通じ、神仏による支えを期待してのもので、院が熊野で今様を謡い尽くすと、麝香《じゃこう》が漂って宝殿から音が響きわたり、御簾の中にある正体の鏡が鳴りあって長く揺れた。これを神が納受したシグナルと感じた院は、帰京して今様集『梁塵秘抄《りょうじんひしょう》』を嘉応《かおう》元年（一一六九）三月中旬に完成させ、今様の遍歴を語る『梁塵秘抄口伝集《くでんしゅう》』を著した。

和歌には「髄脳《ずいのう》」（歌学書）や「打聞《うちぎき》」（撰集）などが数多くあるのに今様にはないので撰んだといい、その六月十七日に出家を遂げている。院はこれまでも親王から天皇・上皇へとその身体を変えてはきたものの、それらは決して自ら望んでのものではなかったのだが、この度は自らが望んで法皇となったのであり、王の身体を強く自覚してのことであった。

この口伝集は院の自伝に相当し、我が身を振り返って考える身体的思考が認められる。それとともに摂津の輪田浦《わだうら》での千僧供養では自らが大阿闍梨《だいあじゃり》として執り行っている。自らが今様を謡い、法華経を読み、猿楽《さるがく》を好むなど、身体を動かすことにより直接に文化に関わっていったのである。

法皇は承安《しょうあん》三年（一一七三）に建春門院《けんしゅんもんいん》発願の最勝光院《さいしょうこういん》を造営したが、その障子絵には法皇の日吉《ひ》御幸《えごこう》などの行事絵を制作させたが、これには実際に供奉した人々の面貌を藤原隆信《たかのぶ》が描いている。隆信は『今鏡』の作者為経《ためつね》の子で、この似絵《にせえ》の画事は子の信実《のぶざね》へと継承されてゆく。

身体への関心は絵画にも及んでいた。蓮華王院には多くの絵巻が納められたが、そのなかに「六道絵《ろくどうえ》」と称される絵巻があったことが知られている。今に伝わる『餓鬼草紙《がきぞうし》』や『病草紙《やまいのそうし》』などがそれに近似する作品であろう。『地獄草紙』に描かれた地獄については、摂関時代に源信《げんしん》が著した『往生要集《おうじょうようしゅう》』に詳しく説かれ、「地獄絵」も描かれてきたが、それは寺院において見られていたところ、それが蓮華王院に納められ、そこから取り出されて広く見られるようになった。

『餓鬼草紙』や『病草紙』は、想像の世界ではなく、現実の世界に向きあって、新たに描かれるようになったものである。それでも『餓鬼草紙』は、『正法念処経』の餓鬼品に依拠しつつ京中を背景に描き、『病草紙』は『大宝積経』に依拠しつつ、京中の人々の病を扱っている。

たとえば『病草紙』に描かれる肥満の女は「七条わたりにかしあげする女あり」と紹介され、歯槽膿漏《そうのうろう》に悩む男は「おとこありけり。もとより口のうちの歯《し》、みなゆるぎて、すこしもこわきものなどは、かみわるにおよばす。なまじゐに、おちぬくることはなくて、ものくふ時は、さはりてたえがたかりけり」と紹介されている。

平氏政権の身体

王が身体を駆使して行動するようになったことから、その王に向けて様々な動きが始まった。なかでも平氏は武家政権を築き、根拠地として六波羅を整備した。かつて平治の乱に際しここに天皇や上皇、摂関を迎えいれて勝利したのであるが、六波羅は山科へと抜けて東国につながる起点に位置し、大和大路《やまとおおじ》を経て南都を結ぶ道の起点でもある交通の要衝であった。『平家物語』は次のように六波羅邸について記している。

> 南門は六条末、賀茂川一丁を隔つ。元、方町なりしを此の相国の時四丁に造作あり。是も屋敷百二十余宇に及べり。是のみならず北の倉町より初て専ら大道を隔て、辰巳の角の小松殿に至るまで、廿余町に及ぶまで造営したり、

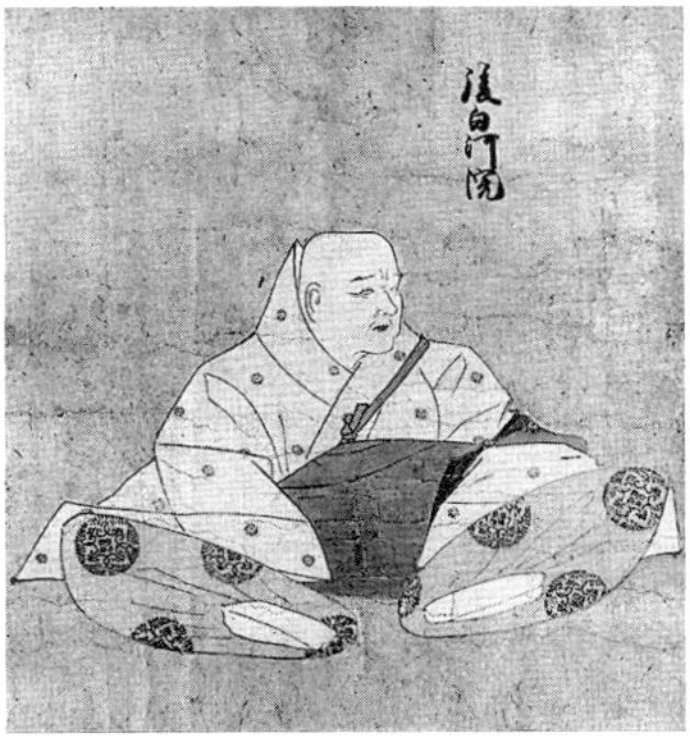

後白河院（宮内庁三の丸尚蔵館蔵『天子摂関御影』より）

清盛は一町四方の邸宅を四町四方に拡大し、そこにある泉殿《いずみどの》を中心に弟頼盛の池殿《いけどの》や、教盛の門脇殿《かどわきどの》、子の重盛の小松殿《こまつどの》など一門の屋敷が立ち並び、周辺には殿原《とのばら》や郎従・眷属《けんぞく》の住居が広がっていたという。さらに平氏が西国に進出してゆくなか、八条大宮周辺の方六町の地を西八条殿と

して根拠地となし、清盛はここに妻時子《ときこ》を住まわせ、京都を東西で挟んで根拠地を占めたのである。もう一つの根拠地が摂津の福原であった。応保二年（一一六二）に清盛は家人の安芸前司藤原能盛《よしもり》を派遣して摂津の八部郡《やたべぐん》の検注を行わせて、小平野《こひらの》・井門《いかど》・兵庫・福原の四つの平家領荘園の領域を拡大させ（『九条家文書』）、近くの荘園を知行する貴族には所領の交換を働き掛け、地主からの寄進も募って領地を獲得していった。

ここは古代からの良港の輪田泊《わだのとまり》があるなど風光明媚な地であることから、出家して「入道大相国」と称された清盛は別荘を造営し、仁安四年（一一六九）三月二十日に院を輪田浦に迎えて千僧供養を行い、九月二十日には福原の別荘で院と宋人との対面を実現させた。これには「我が朝、延喜以来未曾有の事なり。天魔の所為か」と批判されたのであったが（『玉葉』）。

清盛が港湾を整備した次の話が『延慶本平家物語《えんぎょうぼん》』に見える。

入道聞き給て阿波民部成良に仰て、謀を廻て人を勧て、去じ承安三年癸巳の歳、突き始めたりしを、次の年風に打ち失われて、石の面に一切経を書て、船に入れていくらと云事もなく沈められにけり。さてこそ経島とは名づけられけれ。

阿波の豪族・粟田民部大夫成能《あわたみんぶたいふしげよし》に命じて経島《きょうがしま》を築かせ、往来する船ごとに十の石を投入させたという。治承四年（一一八〇）にもこの大輪田泊の本格的整備に乗り出しており（『山槐記《さんかいき》』）、平氏一門はここから瀬戸内海を経て、篤く信仰する厳島《いつくしま》神社に参拝へと赴いたのである。

平氏はこれら三つの根拠地を築き、西国を中心に知行国を十二か国を保持し、皇居の大番役《おおばんやく》を通じて東国の武士を組織して武家政権の身体を固め、さらに安芸の厳島社にその護持を頼む体制をしくなど武家政権の基盤を形成したのである。

勧進の広がり

家を逃れ遁世した武士たちも、この頃から王の身体に向かうことになった。摂津渡辺には源競《きそう》など一字名の源氏や遠藤盛遠《えんどうもりとお》など藤原姓の渡辺党の武士が広がっていたが、ここ出身の「遠藤武者」盛遠こと文覚が、神護寺《じんごじ》の再興勧進のため後白河院中に赴いて乱入し、伊豆に流されている。

歌人の西行は仏道修行をする聖《ひじり》として、月を愛で花を愛する漂泊の旅を繰り返し、高野山や吉野の庵に身をおいて我が身の有り様を歌に詠んでいたが、やがて高野山の蓮華乗院の造営勧進のために法皇や清盛に接近していった。

遁世の聖や別所の聖たちにおいて、勧進上人《かんじんしょうにん》として作善《さぜん》を「民庶」に働きかける動きが急速に広がっていたのである。多くの人の信仰を集める寺院や鐘、仏像などの造営を勧め、橋や道路、港湾の修理・造築などの公共性の高い土木事業に精力的に関わっていった。

その代表的存在が重源《ちょうげん》である。紀姓の京武者であったが、醍醐寺に出家した後、上醍醐を基点に聖として大峰《おおみね》や熊野・御嶽《みたけ》（金峯山）などの修験の場で修行した。その著した『南無阿弥陀仏作善《なむあみだぶつさぜん》

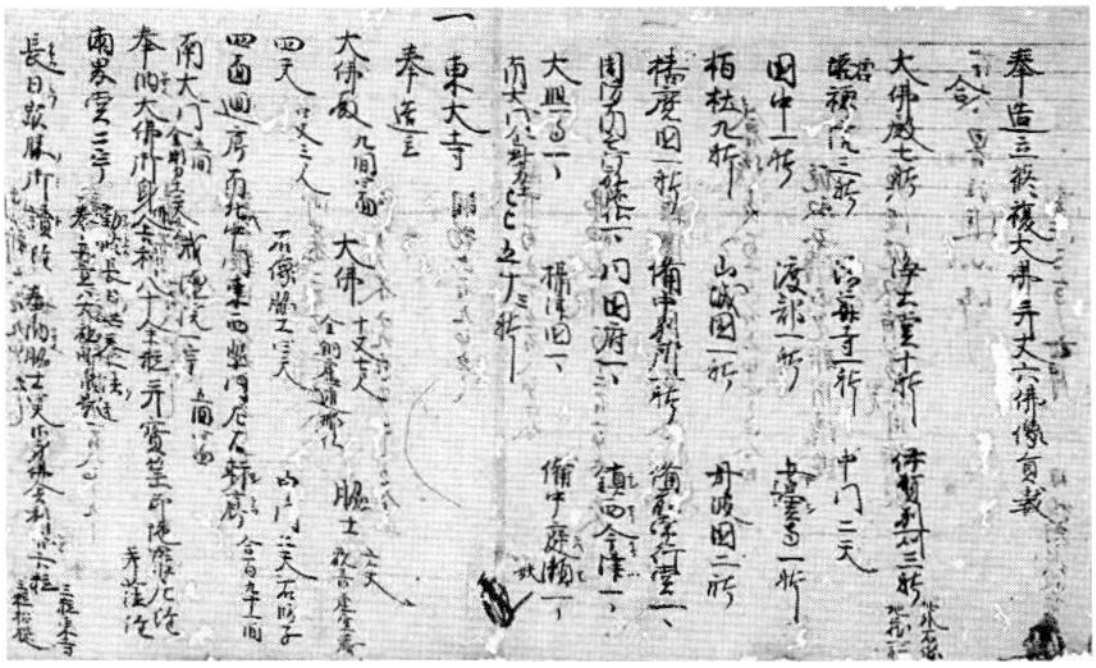

『南無阿弥陀仏作善集』（東京大学史料編纂所蔵）

集《しゅう》』は、重源が自らを南無阿弥陀仏と名乗り、生涯に亘る作善の数々を書き上げた自伝的作品で、それにこう見える。

生年十九にして初めて大峰を修行す。已上五ヶ度。三度は深山にして御紙衣《かみこ》を取りて料紙を調へて如法経〈法華経・大日経〉を書写し奉る。二度は持経者《じきょうしゃ》十人を以て、峯の内して千部の経を転読せしむ。

十九歳から五度もの大峰修行を行い、そのうち三度は深山で紙衣を料紙として経を書写し、二度は法華経読み十人に転読させたという。大陸にも渡ったが、その帰朝後は高野山の別所を中心に勧進活動を始め、やがて東大寺大仏の再建の大勧進に起用されることになる。

重源と同じく大陸に渡ったのが栄西《えいさい》で、仁安二年（一一六七）十二月に鎮西に赴き、阿蘇の神「八大龍王」に渡海の無事を祈り「博多の唐房《とうぼう》」に至ったという（「入唐縁起」『霊松一枝《れいしょういっし》』）。唐房は渡航や貿易の拠点であった。栄西も二度の大陸渡航をして帰国した後には、承元二年（一二〇八）に落雷で焼失した「国王の氏寺」法勝寺の再建の勧進を行っている。

同じ勧進でも念仏勧進へと邁進《まいしん》したのが法然《ほうねん》である。美作《みまさか》の武士の家に生まれ、私合戦で父が討たれて比叡山に登ったが、修行・戒律の衰退が著しく、比叡山の別所の一つである黒谷《くろたに》で叡空《えいくう》に師事して「法然房源空《げんくう》」と名乗り、聖としての修行をするなか、念仏勧進へと進んでいった。承安五年（一一七五）の四十三歳の時に、唐の善導《ぜんどう》の『観経疏《かんぎょうしょ》』によって専修念仏を確信すると、比叡山を下りて東山吉水《よしみず》に住み、念仏の教えを弘めたという。

後白河法皇は自ら身体を動かすことによって直接に文化に関わり、これを武力の面では平氏が、政治の面では摂関が支えていたが、その法皇が直面した大きな課題が延暦寺大衆の強訴《ごうそ》であった。

大衆の蜂起と日宋貿易

嘉応元年（一一六九）十二月、美濃国の平野荘の住人で比叡山の中堂に油を奉仕する日吉神人《じにん》を尾張国の目代《もくだい》が凌礫《りょうれき》したことが発端となって、双方が朝廷に訴えた結果、院近臣の藤原成親《なりちか》が尾張国を知行国としていたこともあって、日吉神人三人が禁獄に処された。

これに怒った比叡山大衆が強く訴え、神人の解放を勝ち取るや、さらに成親の流罪を求めてきた。大衆は僉議《せんぎ》して一揆を結び、十二月二十三日に京極寺《きょうごくじ》に集まり、天台座主《てんだいざす》らを押し立てて大内へと向かい、神輿《みこし》を待賢門辺に据え置き、幼い高倉天皇に訴えた。声を放ち、鼓を叩き、高声するという狼藉に驚いた法皇は、太政大臣らを集めて議定を行った。

平重盛、宗盛、頼盛らの武士を派遣し、追い返すことも検討されたが、賛同が得られず、大衆が神輿を放置してひきあげたため、法皇は翌日に尾張目代の解官《げかん》と成親の備中国への流罪で対応した。喜んだ大衆は山上に帰り、神輿は帰座したが、二十七日になって法皇は大衆の強訴で成親を流罪に処したことを悔いて、天台座主の明雲《みょううん》を護持僧から除いたばかりか、大衆の言い分のままに動いたとして伝奏《でんそう》の平時忠と蔵人頭の平信範を解官・流罪となし、成親を召し返す処置をとった。

そのため山門の大衆が再び動き出したので、翌嘉応二年（一一七〇）正月十七日に清盛を福原から召すと、六波羅辺に武士が群集するなか、二十二日に裁断は再び逆転し、成親の流罪と時忠・信範の召し返しが審議された。二十七日に法皇は今回は要求に沿って裁許するものの、以後の延暦寺の訴訟は取り上げないと言い切って「大衆和平」が実現した。

このような知行国支配と諸山の大衆の対立、南都北嶺《なんとほくれい》の大衆間の紛争が続いて、その都度、法皇の裁断が仰がれることになり、法皇はこれに応じたのであるが、さらに法皇の眼は日本列島の外にも向けられた。

奥州の藤原秀衡《ひでひら》が嘉応二年五月に鎮守府《ちんじゅふ》将軍に任じられているが、これは平泉の富に法皇や平氏が目を付けたことによるもので、日宋貿易を行うためには、奥州産の金が必要だったからである。福原で宋人と対面したのも日宋貿易が念頭にあったからであるが、これより前から博多や筥崎《はこざき》は国際港湾都市として賑わっていた。

仁平元年（一一五一）に大宰府検非違所の別当らが五百余騎を率い、筥崎・博多で「大追捕」を行って、宋人王昇の後家以下の千六百軒もの在家の資財雑物を没収する事件がおきていた（『宮寺縁事《ぐうじえんじ》抄《しょう》』）。平氏は忠盛が神崎荘を知行して貿易に関わるようになり、子の清盛や頼盛は博多を管轄する大宰大弐《だざいのだいに》となって、日宋貿易に一段と深く関わっていた。

日宋貿易の宋側の貿易窓口は明州（寧波《ニンポー》）であったが、その天一閣《てんいちかく》で発見された碑文には、南宋の乾道三年（仁安二）四月日の銘があり、「太宰府博多津居住」の宋商三名によって建てられたものと知られる。この博多居住の宋人で貿易を営んだのが博多綱首《ごうしゅ》である。博多の湊付近の陸揚げされた白磁《はくじ》の廃棄された「白磁だまり」から見つかる皿や碗の底に、「張綱」「丁綱」「李綱」などの文字が見える。「張」や「丁」は荷主の姓、「綱」は海上輸送のため組織された集団、その船長が綱首であって、日本に定住し貿易を業としたのである。

博多経由で多くの産物が列島に入ってきた、治承三年（一一七九）に流行した疫病は折からの銭の流行に因んで「銭の病」と称された（『百練抄』）。土地取引に銭が使われるようになってきたことを示す最初の文書は、嘉応二年（一一七〇）四月三十日に紀季正《すえまさ》が京の櫛笥《くしげ》東の家地と七条猪熊の家地とを交換した相博状《そうはくじょう》（「東寺百合文書」）であって、これ以後、銭を取引とする文書が多数見えるようになる。

列島の身体

日本列島の南、琉球列島からの夜光貝《やこうがい》は、螺鈿《らでん》の材料として珍重され入ってきていたが、この時期の琉球列島は貝塚時代からグスク時代へと入っていた。肥前《ひぜん》の西彼杵《にしそのぎ》半島産の滑石《かっせき》製の石鍋が九州一帯から琉球にまで及ぶようになって、この調理用具に象徴される文化、すなわち水田農耕が琉球に伝わり農耕生活が始まった。

やがて琉球列島から石鍋が消えて石鍋文化圏から離れるが、それとともに独自のカムィ焼という奄美諸島の徳之島の伊仙《いせん》町産の焼き物が広く南島列島に分布するようになり、このカムィ焼とともにグスク時代が本格的に始まった。

人々は海岸の近くの低地から内陸部の台地上に移動して集落（グスク）をつくり、その集落内に神を祀る聖域（御嶽《うたき》）を設け、水稲や麦・粟中心の農業を営み、鉄製の農具も使い始めた。ここから琉球の島々が共通の文化圏を形成するようになり、同時に海外交易も始まり、中国の陶磁器も使われるようになった。グスクの形成とともに指導者層が各地に現れ、十三世紀に入って農耕社会が整うなか、集落間の利害をまとめ、支配的地位に立つ者が台頭し、按司《あじ》やテダ（太陽）と呼ばれた。

列島の北の奥州平泉では、毛越寺周辺に街区が形成されていた。平泉の主要な宗教施設を書き上げた平泉「寺塔已下注文《じとういげのちゅうもん》」（『吾妻鏡』）によれば、毛越寺の東隣りの観自在王院《かんじざいおういん》の南大門の南北路に東西に数十町に及んで倉町《くらまち》が造り並べられ、数十宇の高屋《たかや》が建てられたという。

この一帯からは道路や建物遺構が多く出土している。倉町遺跡には高屋とみられる建物遺構があり、その柱穴は深さ・直径が一メートル半もあり、中から八角形に整形された柱材、周辺から中国産陶磁器の破片が多数出土した。この高屋と観自在王院の間には幅三メートルに及ぶ道路が走っていた。観自在王院は藤原基衡の居所で、そこに出家した後家《ごけ》の基衡妻が寺を建てたものと考えられるが、発掘報告では下層には邸宅らしき遺構があるという。

基衡の跡を継承した秀衡は、北上川の河岸段丘上に立地する平泉館を整備するが、その柳之御所《やなぎのごしょ》遺跡からは宴会用の大量の土器や大陸渡来の白磁、国産陶器、「人々給絹日記」という絹を人々に与えるリストを記した折敷《おしき》（板で作った食器）が出土し、郭内には多くの建物遺構があった。秀衡は一門を館の周囲に配置し、自らは持仏堂の無量光院《むりょうこういん》の東門の伽羅《きゃら》御所を居所となし、その西に小御所《こごしょ》を設けたが、無量光院は宇治の平等院を模して建てられたのであった。

源頼朝が文治五年（一一八九）に奥州に攻め入った時、平泉館の西南角に焼け残っていた「一宇の倉廩《そうりん》」には「沈・紫檀以下の唐木の厨子」が数脚あって、「牛玉《ごおう》・犀角《さいかく》・象牙笛・水牛角・紺瑠璃等の笏《しゃく》・蜀江錦《しょっこうにしき》の直垂《ひたたれ》」などが納められていたという。

その多くは大陸からもたらされたもので、大陸産の白磁も大量に出土、博多出土の荷物運搬用の壺が平泉でも出土しているのは、大陸からの製品が博多から平泉に直行していたことを物語る。東海地方の渥美《あつみ》産や常滑《とこなめ》産の陶器も大量に出土しているが、平泉で出土する陶磁器片の九割は愛知県の知多半島に分布する窯で焼かれた常滑焼と、同じく渥美半島の渥美の壺甕類であるという。

日本列島ではこの時期から広く陶器の生産が行われており、多くの製品が太平洋沿岸の各地に販路を伸ばし、能登産の珠洲焼は日本海方面に流通していた。「日本六古窯（常滑、瀬戸、信楽、丹波、備前、越前）」と呼ばれる中世窯はほぼこの時代に成立し、それらが日本の各地の集落や館跡の遺跡で見られるようになる。

武士の家

源頼朝は永暦元年（一一六〇）に伊豆に流され、その警護には伊東・北条・狩野などの伊豆の在庁官人があたったが、そのうちの北条時政《ほうじょうときまさ》は伊豆平野中央を流れる狩野川に沿う守山の麓に館を占め、仁安の頃から賑わっていたことを発掘調査が伝えている。

この時期の東国の武士の動きや姿を活写しているのが『真名本曾我物語《まなぼんそがものがたり》』で、それによれば武蔵・相模・伊豆・駿河の東海道四か国の武士たちは日頃から狩や武芸の交流を重ねていた。「武蔵・相模・伊豆・駿河、両四箇国の大名たち、伊豆の奥野の狩して遊ばむとて、伊豆の国へ打超えて伊藤（伊東）が館へ入りにけり。助親（祐親）大きに喜て様々に賞しつつ、三日三箇夜の酒宴あり」と、伊東祐親《すけちか》の館に入って酒宴を開き、奥野で狩が行われた時に事件は起きた。

奥野での狩の後に「馬の上、歩立、腕取、躍超物は武士の仕態なり」として始まったその相撲が発端となり、曾我兄弟の仇討事件へとつながるのだが、彼ら東国の武士たちは保元・平治の乱に都に出て、己が家の名乗りを高らかに叫んで存在感を示し、帰郷して所領の中核となる宅を館《たち》となし、館を中心とする独自な社会を築いていた。

相模の東部では三浦氏や鎌倉党の家が勢力を広げ、そのうち三浦氏は三浦半島に衣笠《きぬがさ》城を築いており、保元の乱で源為朝《ためとも》と戦った鎌倉党の大庭景義《おおばかげよし》・景親兄弟は大庭御厨《みくりや》に館を構えたが、その北の渋谷《しぶや》荘には武蔵の秩父《ちちぶ》氏の流れを汲む渋谷氏が館を構えた。

武蔵では秩父氏の子孫が河越・畠山・渋谷・豊島・葛西・小山田・稲毛・榛谷などの家を形成し、このうちの稲毛氏の拠る九条家領の稲毛荘には、承安元年（一一七一）の田数の目録が残されており、それによれば二百六十町の田のうち新田が五十五町あり、この新田が稲毛氏の直営田に次ぐ重要な収入源となっていた。

常陸では北部に源義光《よしみつ》流の佐竹氏が勢力を広げ、南部に筑波山を挟んで常陸大掾《だいじょう》氏が勢力を広げ、甲斐では義光流の武田氏が甲府盆地の周辺に勢力を伸ばし、武田・一条・安田・石和・加賀美・板垣などの家を興した。武田信義《のぶよし》の子有義《ありよし》は都に出て平重盛に仕え、兵衛尉《ひょうえのじょう》に任じられた。

北関東の下野では、「小山と足利とは一流の好《よし》み有りといへども、一国の両虎たるにより、権威を争ふ」と、藤原姓の小山氏と足利氏とが一国の両虎として武威を争う存在であったが（『吾妻鏡』）、彼らは利根川を挟んで武蔵の秩父氏とも争いを繰り返していた。北陸道では越後の城《じょう》氏が会津に勢力を広げ、越中では石黒、加賀では富樫《とがし》、若狭では稲葉などの有力武士たちが、また尾張・美濃・近江では義光流の源氏一門の勢力が広がっていた。

西国に目をやると、山陰の伯耆《ほうき》では海六大夫成盛《かいろくたいふなりもり》が一国の豪族として支配を広げ、安芸厳島社の神主佐伯《さえき》氏は平氏と結んで勢力を広げていた。四国では阿波の有力な在庁官人である粟田《あわた》氏出身の阿波民部大夫成良が清盛に仕えて摂津の大輪田泊の修築に関わり、伊予の河野通信《こうのみちのぶ》は後白河院の北面《ほくめん》となって勢力を広げ、土佐には頼朝の弟希義《まれよし》が流されていた。

九州では大宰府の府官原田種直《はらだたねなお》が治承五年（一一八一）に大宰権少弐に任じられ、平氏政権の大宰府支配の橋頭堡となっており、同じく府官出身の菊池氏は肥後北部に独自の勢力を保持していた。

これら各地の地方の武士たちは、国の一宮《いちのみや》に流鏑馬や相撲の武芸を奉納して結びつきを強めるいっぽう、奥州の白水《しらみず》阿弥陀堂や豊後国東《くにさき》半島の富貴寺《ふきじ》阿弥陀堂などのような阿弥陀信仰や観音信仰に基づく寺院を建立し、それを信仰の支柱としていた。

二　内乱の始まり――合戦の身体

法皇と平氏の対立

安元《あんげん》二年（一一七六）、後白河法皇の六十歳の御賀《おんが》の行事が平穏なうちに行われた。この時まで法皇と平家は協調関係にあったのだが、その平和も七月八日に両者を結んでいた建春門院の死によって終わりを告げる。

翌安元三年（一一七七）三月十四日に法皇は千僧供養のために福原に出かけ、百壇《ひゃくだん》を阿闍梨として勤め、十八日から千人の持経者による建春門院の供養を行って帰京したところ、山門の大衆が加賀の白山の末寺鵜川《うかわ》寺の僧と争っていた加賀守藤原師高《もろたか》の配流を要求し、比叡山から下ってきた。

四月十二日夜、大衆は神輿を担ぎ内裏の陣に参ろうとしたが、官兵に妨げられ、さらにその神輿を矢で射られたので、神輿を放置したままに散り散りになった。前例のないこの事態に大騒動となり、十四日に再び強訴の噂が流れたので、高倉天皇は法住寺殿に行幸し、法皇はやむなく山門の言い分をのまされたのである。

無念の法皇を襲ったのが「太郎焼亡」と称される京都の大火である。四月二十八日の亥の時に樋口富小路辺に起きた火事が、折からの東南の風に煽られ、京中をなめつくした。東は富小路、南は樋口、西は朱雀、北は二条までの百八十町の広範囲に及び、大内でも大極殿以下が、公卿の家では関白以下十三人の邸宅が焼失した。

この大火を目の当たりにした法皇は、五月四日に天台座主の明雲の邸宅に検非違使を派遣し、山門の強訴を主導した悪僧の張本を差し出すよう命じ、翌日には明雲の座主職を解いて、所領を没官した。これに反発した大衆が蜂起し、神輿を山上の講堂に上げて軍陣を張る動きを見せ、延暦寺の僧綱《そうごう》も院に群参して明雲の処分撤回を求めてきたが、法皇は許さず、五月二十一日に明雲を配流に処した。

翌日、伊豆に向かった配流途中の明雲の身柄を大衆が奪い取ったことから、法皇はついに五月二十八日に清盛を福原から呼び寄せ、比叡山の東西の坂を固めて攻めるように命じた。山門との争いを好まない清盛であったが、山門攻撃へと腹を固めた五月末、滞在していた西八条邸に多田源氏の源行綱《ゆきつな》が訪れ、藤原成親らの謀議を密告してきた。

『愚管抄《ぐかんしょう》』は、東山の鹿《しし》が谷《たに》にある静賢《じょうけん》法印の山荘に法皇が御幸した際、近臣の藤原成親や西光《さいこう》、法勝寺執行の俊寛《しゅんかん》らが集って平氏打倒を議し、そこに行綱が召され旗揚げ用の白旗のための宇治布三十反が与えられ、合戦の用意をするように命じられたという（鹿ヶ谷の陰謀）。
この話を聞いた清盛は、行綱持参の旗揚げ用の布を焼き捨てるや、六月一日に西光を呼び出し「ひしひし」問い詰めた結果、すべて白状させると、四日、法皇の近習の人々を搦め取り、俊寛や検非違使の平康頼《やすより》ら六人を流罪に処した。ただ法皇には累は及ぶことなく、事件は何事も無かったかのように終わったが、反平氏の動きは明らかとなった。

鳥羽殿幽閉

鹿が谷事件以後、清盛が高倉天皇の皇子誕生を切に望むなか、中宮徳子《とくし》の懐妊がわかったのは治承二年（一一七八）五月二十四日である。

『愚管抄』は、清盛が帝の外祖父となって世を思う様にとろうと考え、「ワレガ祈ルシルシナシ。今見給ヘ祈出デン」と、自分の力で皇子を祈り出して見せる、とばかりに早船を造って福原から厳島への月詣を始めたところ、六十日ほどして懐妊したという。皇子誕生を喜んだ清盛は皇子の身体を守ることに精力を注いでゆくのだが、その前に立ちふさがることになったのが法皇である。

治承三年になり清盛を嘆かせたのは、六月十七日に娘で東宮准母の盛子《もりこ》が亡くなり、七月二十九日には家督の重盛が亡くなったことである。さらに厄介なことに山門の衆徒と堂衆が争う衆徒・堂衆合戦が起きていた。ともに城郭を構え、堂衆が「悪党」を呼び集め、六月には両者が勝負を決するという噂が流れて、衆徒が朝廷に訴えたので、七月二十五日に法皇は悪僧追捕の宣旨を出し、平氏に追討を命じてきた。

これの実行に移る前に清盛を怒らせたのが十月九日の人事であって、亡くなった重盛の知行国越前が没収され、前摂政基実の子で清盛の娘婿の基通《もとみち》の官職が追い越され、関白基房の子師家《もろいえ》が中納言に任じられた。清盛の面目は丸潰れの状態となり、法皇に裏切られたという思いが湧いたのであろう。清盛は強硬な態度に出た。

十一月十四日に数千人の大軍を擁して福原から上洛し、西八条の邸宅に入った。その時の清盛は「武者ダチテニハカニノボリテ、我身モ腹巻ハヅサズ」という戦さ姿であったと伝える（『愚管抄』）。「天下を恨み、一族を引き連れ鎮西に下る」と、法皇に圧力をかけると、法皇は屈した。院政が止められ、基房の関白も奪われ、基通が関白・内大臣となった。十六日には院近臣が搦め取られ、十七日に大量の院近臣が解官され、十九日には法皇の身柄が鳥羽殿に移された。

この清盛の行動は高倉天皇中心の政治を目指したもので、法皇には多くの皇子がいたので、それを中心とする政治に動くことを阻止するのが目的であったから、特に新たな政治方針があったわけでもなく、大量の知行国を平氏一門の手にすると福原に戻った。

だが、法皇を鳥羽殿に幽閉したことの影響は大きかった。これまで武家は法皇の命令に基づいて動いてきており、実力で治天の君を代えるような動きに出ることはなかったからである。これを契機に武士が積極的に政治に介入する道が開かれたのであり、武士が武力を行使して反乱を起こすことも可能となった。禁は破られたわけである。

以仁王の乱

翌年二月二十一日に安徳天皇が位についた頃、源氏一門の源頼政《よりまさ》が法皇の皇子・以仁王《もちひとおう》の三条高倉御所を訪れ、東国の源氏をはじめとする武士たちに挙兵をよびかける令旨《りょうじ》を出すよう、平氏一族を討って天下を執るように進言したという。

その令旨には「清盛法師」の「悪行」が次のように記されていた。

威勢をもって凶徒を起こし、国家を亡じ、百官万民を悩乱、五畿七道を虜掠《りょりゃく》、皇院を幽閉、公臣を流罪し、命を絶ち身を流し、淵に沈め楼に込め、財を盗みて国を領し、官を奪ひて職を授け、功無くして賞を許し、罪にあらずして過に配す。

クーデタ後の清盛の「悪行」の数々をかぞえあげ、平氏追討への決起を源氏に促したのである。熊野にいた源氏一門の源行家《ゆきいえ》が八条院の蔵人に任じられ、この令旨を東国各地の源氏や武士たちに伝え歩いた。

これが列島全体にわたる内乱の始まりとなって、各地で力を蓄えていた武士たちが動き始めた。ただ以仁王の謀反はすぐに発覚し、五月十四日に鳥羽にいた法皇が京に移されると、その翌日に宮の配流が決まり、検非違使が三条高倉の御所に向かったが、頼政は宮を連れて三井寺に逃げ込んでいた。

この宮と源氏、三井寺大衆の結びつきが戦乱を決定的なものとした。内乱は武士の蜂起だけで勃発したものではなかったのである。しかし宮と頼政は、山門の大衆にも協力を要請して拒まれたことから、五月二十六日に三井寺を出て南都に向かい、興福寺の大衆を頼って赴こうとしたところ、その途中を官軍に攻められ、ともに宇治で討死してしまう。

『平家物語』はこの時の宇治川の合戦を詳しく描く。橋桁がはずされた宇治橋の上を渡って奮戦する悪僧に対し、馬筏《うまいかだ》により川を渡った平家方の関東武士の足利氏の心意気など、日頃の合戦での訓練がここで発揮された。

一件落着した二十六日夕方、清盛は福原から上洛すると、追討にあたった武士たちに恩賞をあたえるとともに、来月三日に天皇・法皇・上皇らを福原に移すことを伝えた。急な知らせを聞いた右大臣九条兼実《かねざね》は「仰天の外他無し」と驚いたが、清盛は早くから決めていたものと見られる。

これまで列島の各地の動きには、法皇が受け止め、柔軟に対応してきたのだが、その法皇を押し込めたことの迂闊さを思い知らされ、事態の深刻さを理解したに違いない。攻められたら弱い京都の地形的条件もよく知っていた。遷都によって事態を切り抜けようとした古代の再現となった。

遷都はすぐに進められ、六月二日に福原遷幸があって、平頼盛の家が内裏、清盛の家が上皇、平教盛の家が法皇にあてられ、都の造営が進められていった。だがこの頃から飢饉の前兆が現れ、高倉上皇が病気になるなど不穏な空気が漂い始め、八月中旬になって熊野の大衆を率いる権別当湛増《たんぞう》が謀反を起こしたという報が入った。

東国からも八月十七日に頼朝が伊豆で兵を挙げ、伊豆目代の山木兼隆《かねたか》を滅ぼしたという報が入ったが、それが福原に届いたのは八月下旬で、頼朝追討宣旨が出たのは遅れて九月五日であった。「伊豆国流人源頼朝」が凶徒を語らい、伊豆や隣国を「虜掠《りょりゃく》」する勢いなので、平維盛《これもり》・忠度《ただのり》・知度《とものり》らを追討使として派遣する故、東海・東山道の武士はこれに加わるように、という内容であった。

清盛の憤死

さらに遅れて九月二十九日に頼朝追討軍が東国に発向したが、その時にはすでに南関東は頼朝の勢力下に入っており、木曾の義仲《よしなか》や甲斐の武田氏などの源氏も相次いで挙兵していた。十月に厳島社に参詣していた清盛の留守中、駿河に下っていった官軍が富士川の合戦で大敗を喫したという報が入り、さらに延暦寺の衆徒からは、遷都を止め都を戻すように奏上があって、もし遷都を止めないならば山城・近江を占領すると告げてきた。

十一月二日、福原に戻ってきた清盛は、都を戻したいという宗盛からの進言を聞き、怒って口論となり周囲の人を驚かせたが、始まった還都の動きには清盛も抗せなかった。十一月十一日に新造の内裏への行幸の後、還都が決まった。都生まれの宗盛以下の平氏一門や貴族たちは京都に戻ることを熱望しており、延暦寺の動きもあって清盛は意を決したのであろう。

福原を出た天皇・上皇・法皇の一行が十一月二十六日に京に戻ると、清盛は畿内一帯の反平氏勢力の掃討作戦を開始した。十二月二日に近江に平知盛《とももり》、伊賀に平資盛《すけもり》、伊勢に藤原清綱《きよつな》を派遣し、十一日には山門の大衆が分裂して源氏の武士と結び付いていた勢力を退け、三井寺の大衆を十五日までにほぼ平定すると、二十三日には重衡《しげひら》に対し、南都に下って悪徒を捕らえて搦め、房舎を焼き払うべし、と命令を下した。

『信貴山縁起絵巻』（国立国会図書館蔵）より東大寺の大仏

延暦寺や三井寺などは京に近く、これまで追捕の対象にはなっていても、南都へは軍勢が直接に攻め入ることはなかった。東大寺が「我が朝第一の伽藍」であり、興福寺が藤原氏の氏寺であることから、朝廷が手厚く保護してきた。だが今回は違った。南都の勢力が京に攻め込むという情報が伝えられ、今を逃せば害をなすと、決断したのである。平氏が最も警戒していたのは大衆の勢力だった。

十二月二十五日、重衡が南都の衆徒攻めに下り、二十八日に南都に攻め入った。その翌日、京に伝わってきたのは、興福寺・東大寺以下の堂宇房舎が地を払って焼失し、春日社だけが免れたという知らせである。朝廷を震撼とさせる成り行きとなった。

続いて駆け巡ったのが高倉上皇の容態悪化の噂で、治承五年（一一八一）正月十二日には余命がないことが判明した。すぐに上皇死後に向けての慌ただしい動きが始まるなか、清盛がとったのは新たな軍制の構築である。奈良時代の天平の例に倣い、畿内近国の惣官《そうかん》の制を定めて、宗盛をその惣官に任じ、武力を畿内近国に結集して反乱勢力に対処することとした。反乱軍との合戦を通じて、武家権門の内実を深めたのであり、軍事政権としての性格が露わとなった。

しかしその清盛もが「頭風」を病んでいるとの噂が二月二十七日に広まって、閏二月一日には清盛の病は十中の九は絶望とされ、四日戌《いぬ》の刻《こく》に九条河原口にある家人の平盛国《もりくに》の家で亡くなった。享年六十四。体の熱は火のごとくで、南都を焼いた報いとの噂が流れた。

朝に死を予感した清盛は、法皇に使者を派遣し、死後のことは万事につけ宗盛に命じておいたので、宗盛とともに天下のことを計らい行って欲しい、と伝えたところ、法皇からの返答が明らかでなく、怨みを抱いた清盛は、天下の事はひとえに宗盛が計らうようにしたので異論はあるまい、と法皇に伝えたという。

清盛は遺言して、遺骨は播磨の山田法華堂に納め、七日ごとに仏事を行えばよく、京都で追善の仏事は行わず、子孫はひとえに東国の謀反が治まるように計らうよう、たとえ生存する者が一人となっても頼朝の骸《むくろ》を曝すまで戦うように、と命じたという。心を現世に残しながら、清盛は死出《しで》の旅に赴いたのである。

大仏勧進と飢饉

清盛の死後、宗盛は法皇の執政を無条件で要請した。安徳天皇一人を擁して平氏が政治の実権を握ることはできなかったのである。院政が完全に復活し、早速、閏二月六日に法皇の御所で関東の乱逆の議定が開かれ、院庁下文を出して頼朝追討をはかることになった。

法皇が院政を行い、平氏が軍事力を畿内近国に集中させて東国軍に対抗してゆくことになったが、対処すべき反乱勢力は東山・北陸道の木曾義仲、東海道の源行家、四国は伊予の河野氏、鎮西は肥後の菊池氏など倍増していた。

義仲は、東国の反乱軍追討の宣旨を得た越後の城氏の軍勢を迎えて、信濃の横田河原《よこたがわら》で破ると、平氏が経済的基盤としている北陸道に入っていった。行家は三河から尾張へと勢力を広げ、三月十日に尾張・美濃の境の墨俣《すのまた》で平重衡の率いる平氏軍と激突している。この合戦で平氏は軍事力を畿内近国に集中させた策が機能し、行家の軍兵三百九十人を討ち取る大勝利をあげた。

院政を再開した後白河法皇は、焼き討ちにあった南都の復興に向けて力を注ぐなど、国王の立場を取り戻した。六月十五日に興福寺造営のための議定を行い、二十六日に近臣の藤原行隆《ゆきたか》を造東大寺長官と修理大仏長官に任命し、天平の東大寺造営の例に基づいて知識《ちしき》の詔書を下し、勧進によって造営することとした。

その詔は、東大寺創建の際の聖武天皇の詔に見えるという「若し我が寺興復せば、天下興復し、我が寺衰弊せば、天下衰弊す」の一節を引いて、東大寺の再興は人々の「一粒半銭」「寸鉄尺木」の寄進によってなるものであり、その施しによる妙力によって、寄進した人々は長寿を保つことができる、と大仏再建の功徳を述べ、法皇が広く天下に勧進して再興にあたると宣言した後、その身に代わって重源が再興を実行するとした（『吾妻鏡』）。

時に重源は六十一歳の高齢であったが、中国に三度も渡った行動力、山林修行で鍛えられた体力と気力、持経者としての宗教心、勧進の組織力などこれに勝る人物は他にいなかった。

院政の再開とともに襲ってきたのが全国的飢饉である。四月には道路に餓死するものが満ち溢れ（『吉記《きっき》』）、七月に養和《ようわ》と改元したものの、しだいに深刻になっていった。この飢饉の惨状を鴨長明が被災者の身に添って『方丈記』に生々しく描いている。

又あはれなること侍りき。さりがたき女男など持ちたるものは、その思ひまさりて、心ざし深きはかならずさきだちて死しぬ。そのゆゑは、我が身をば次になして、男にもあれ女にもあれ、いたはしく思ふかたに、たまたま乞ひ得たる物を、まづゆづるによりてなり。されば父子あるものはさだまれる事にて、親ぞさきだちて死にける。

さりがたい中にある男女同士では、志の深い者のほうが、いとおしく思う相手に食料を譲るので早く亡くなり、親子であれば親がまず亡くなってしまう。母が亡くなっているのを知らずに「いとけなき子のその乳房に吸ひつきつゝ、ふせるなどもありけり」と、赤子がその乳房に吸い付いていている痛ましい情景も描いた。

この時期、頼朝からは密かに法皇に、平氏・源氏が並んで法皇に仕えるという提案があった。頼朝に謀反の意思は全くないと前置きし、今後は関東を頼朝の支配下に置き、西国を平氏の支配とするというものであって、これには平氏が拒否したが、法皇は頼朝と接触をもちはじめていた。

内乱期を生きる

飢饉も終息した寿永《じゅえい》二年（一一八三）春になると、法皇は勅撰和歌集の撰集を藤原俊成《としなり》に命じている。その二年前に俊成に常に参るように語っており、その頃から広く文化・芸能を興すことを考えるようになり、勅撰和歌集の撰集を改めて命じたのである。

いっぽう平氏は、京の米倉である北陸道が義仲の手に落ちそうな情勢から、四月十七日に平維盛を総大将とする十万騎の大軍を北陸道に派遣した。しかし越中の倶利伽羅峠《くりからとうげ》で義仲軍に大敗を喫してしまい、六月六日に帰京した官軍は出陣した時の半数となっていたという。続いて義仲入京の情勢から、平氏は法皇を頼ったが、法皇は鎮西に連れ出されることを察知して、比叡山に逃れたことから、平氏は都落ちせざるをえなくなった。

かつて法皇は清盛の「鎮西に下る」という脅しに屈したが、今回は比叡山に逃れることで平氏を西海に追いやることになったのである。この平家の都落ちにより、京中で始まった内乱は全国に拡大することになった。

多くの武士たちは源平両軍への参加が求められ、いかに合戦により名を挙げるのかが考えられ、生き延びてゆくための方策が求められた。『平家物語』にはそうした武士たちの生き様が鮮やかに描かれているが、物語の作られた時代相を反映し、いささか演劇的ではある。

内乱は武士に活躍の機会を与えたが、都の人々にはどんな影響を与えたであろうか。法皇の皇子で仁和寺に入った守覚法親王《しゅかくほっしんのう》は、王法を護持する仏法の修法の体系化を進め、「今年東夷北狄起こり、一天四塞静まらず」という情勢、病で「蟄居」の状態において著したのが大部の『北院御室拾要集《きたいんおむろしゅうようしゅう》』である。

歌人の西行は都と高野山を往来するなか、伊勢に居を移して伊勢から朝廷の動きを見守るようになった。以仁王の乱の際に宇治川の合戦で平氏軍が馬筏を使って渡河して勝利したことを伊勢で聞き、次の歌を詠んでいる。

武者の限り群れて死出の山越ゆらん、山立《やまだち》（山賊）と申す恐れはあらじかしと、この世ならば頼もしくもや、宇治のいくさかとよ、馬筏とかやにて渡りたりけりと聞こえしこと、思ひ出でられて

沈むなる死出の山川みなぎりて　馬筏もやかなはざるらん

鴨長明は鴨社の祠官《しかん》の家に生まれ、内乱期を迎えた三十歳の頃に京の鴨川の河原の近くに小さな

庵を結んでいたが、その庵は築地・車宿・居屋からなり、「白波」こと盗賊にも襲われかねない粗末なものであった。その庵から京を襲った惨状を目の当たりにして描いたのが『方丈記』である。

ゆく河のながれはたえずして、しかも元の水にあらず。よどみに浮かぶうたかたはかつ消えかつ結びて、ひさしく留まりたるためしなし。世中にある、人と栖《すみか》と又かくのごとし。

川の流れに世の移り変わりを見て、人と住みかの移り変わりを記した『方丈記』は、長明が住んだ家から見た世相や、それを記した場と心境とを綴った自伝に他ならない。

歌人の藤原定家《さだいえ》は日記『明月記《めいげつき》』治承四年（一一八〇）九月条に次にように記している。

世上の乱逆・追討、耳に満つと雖も之を注さず。紅旗・征戎、吾が事に非ず。

同居していた父俊成が重病で気の晴れないなか、源頼朝の追討に向けて平氏軍が京を発する情勢下で、戦乱は自分とは関係がないことだ、と言い放っている。こうした心情を吐露する王朝人はこれまでに生まれてはこなかった。仕えていた高倉上皇が亡くなって力を落とすも、父の勧めにより『養和百首《ようわひゃくしゅ》』など百首歌を詠んだところ、西行らの歌人から褒められ、和歌の道に進んでいった。

三　鎌倉幕府の成立――武家政権の身体

頼朝の挙兵

鎌倉幕府の歴史書『吾妻鏡』によれば、伊豆の北条時政の館に令旨を帯びた源行家がやってきたのは治承四年（一一八〇）四月二十七日のことで、令旨が到来すると、頼朝は時政とともにこれを開いて見たという。

六月には以仁王の乱の情報が頼朝の耳に入り、様子を見守るなか八月についに挙兵に及ぶ。伊豆国目代の山木兼隆を血祭りにあげ、「関東の事、施行の始め」として次の下文を出している。

（花押）

下す　蒲屋御厨住民等の所

早く史大夫知親の奉行を停止すべき事

右、東国に至りては、諸国一同庄公皆御沙汰たるべきの旨、親王宣旨の状、明鏡也てへり。住民等その旨を存じ安堵《あんど》すべき者也。仍仰する所（件の如し）。故《ことさら》に以て下す。

治承四年八月十九日

山木兼隆の親戚の史大夫中原知親《ともちか》が、伊豆の蒲屋御厨《かばやのみくりや》において「土民を」を悩ます非法を働いているとして、その非法を排除し住民を安堵することを伝えた文書である。

下文《くだしぶみ》という簡略な形式の文書を使用し、政策を伝えそれを実行していったところに、新たな動きが認められ、以後、下文は幕府の文書の中核に据えられ、内乱とともに武士たちは「自由の下文」をもって荘園公領に進出していった。

頼朝の標榜した政策は、伊豆に流されて以来、東国の武士や住民と接するなかで打ち出されたものので、安心して土地に生活をする安堵の政策が幕府の基本政策となった。朝廷や平氏が特別な政策を打ち出せないなか、頼朝は素早く徳政として政策を掲げ、諸勢力を糾合していったのである。

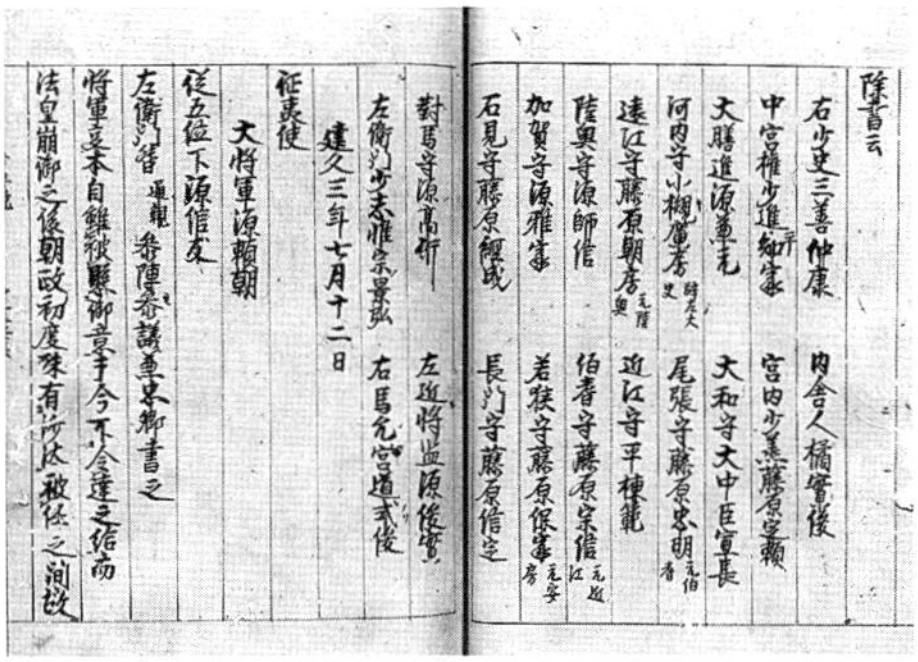
除書云
右少史三善仲康　内舎人橘實俊
中宮権少進知家　宮内少丞藤原定頼
大膳進源兼光　大和守大中臣宣長
河内守小槻廣房　尾張守藤原忠明
遠江守藤原朝房　近江守平棟範
陸奥守源師信　伯耆守藤原宗信
加賀守源雅家　若狭守藤原保家
石見守藤原經成　長門守藤原信定
對馬守源高行　左近将監源能信
左衛門少志惟宗景弘　右馬允宮道式俊
建久三年七月十二日
征夷使
大将軍源頼朝
從五位下源信友
左衛門督通親　参陣参議兼忠卿書之
将軍事本自雖被懸御意于今不令達之處而
法皇崩御之後朝政初度殊有沙汰被任之間故

『吾妻鏡』(国立公文書館蔵)

頼朝は挙兵すると、狭い伊豆を逃れて相模の三浦氏との合流を目指したものの、平氏方の大庭景親らに石橋山の合戦で破れてしまい、海を渡って房総半島に上陸するや、そこから各地の武士に参加をよびかけた。

下総の千葉常胤《つねたね》の勧めで東京湾岸を廻って「要害の地」である鎌倉に根拠地を据え、すぐに東下してきた官軍を迎えるべく出兵した。駿河の富士川で対峙していた甲斐の武田氏が平氏を破って敗走させたことから（富士川の合戦）、これを機に急ぎ上洛を考えたのだが、三浦・上総・千葉氏など有力武士の諫言により諦めると、甲斐源氏の勢力を取り込み、鎌倉に戻る途中の相模国府において、傘下の武士たちの所領を安堵している。国司や荘園領主の下にあって甘んじていた武士たちの所領を安堵する武家政権の柱を据えたのである。

上洛する代わりに常陸の佐竹氏を奥州に追いやり、南関東一帯を支配下に置いたことから、父義《よし》朝《とも》以来の東国の根拠地であった鎌倉を本格的な拠点として定め、由比浜《ゆいがはま》にあった鶴岡若宮を山側に遷し、その東に大倉御所を設け、鎌倉の街路整備を行った。「鎌倉殿」の誕生である。

こうして各地で生まれていた武士の家の求めに応じて、頼朝勢力は平氏との合戦を通じて彼らを組織化して鎌倉幕府へと成長してゆく。

都では寿永二年（一一八三）に平氏が都落ちし、七月二十八日に木曾義仲・源行家が南北から入京すると、法皇は二人を蓮華王院の御所に召して、平氏追討と京中の狼藉停止を命じたのだが、その際、このたびの「義兵」は頼朝に始まり、その成功は義仲・行家にあったとして、勲功については「第一が頼朝、第二が義仲、第三が行家」と見ていた。

新たに天皇を立てることとなり、法皇の女房丹後が「四宮（藤原信隆卿の外孫）の行幸があって、松の枝を持って行く」様子を夢で見た、と法皇に奏したことから、占いでは三宮と出ていたのを覆し、四宮を位につけた。ここに三種の神器なしの天皇が誕生したのである（後鳥羽天皇）。

東海道の惣官

東国一帯を着実に支配下においていた頼朝は、情勢を見計らって法皇と連絡をとり、木曾義仲が平家と西海で戦っている最中の十月に、宣旨によって東海・東山・北陸三道の東国の支配権を正式に認められた（寿永二年十月宣旨）。

頼朝は以仁王の令旨を根拠に合戦で奪った土地を実力で支配してきたが、その支配権が宣旨で認められ、ここに武家政権としての領域支配が確実なものとなり、東国は武家政権の固有の支配領域となった。後に頼朝は自らの地位を「東海道の惣官《そうかん》」と称したが、これは清盛が置いた宗盛の畿内近国惣官を踏まえてのものであり、遡れば奥州安倍氏の「奥六郡の司」にまで行き着く。

だがこの措置は義仲が基盤としていた東山・北陸道をも含むのであったから、怒った義仲は西海から戻るや、法皇の法住寺殿《ほうじゅうじどの》を攻めて実権を掌握し（法住寺殿合戦）、平氏の所領を没収してその支配権を掌中におさめ、征夷大将軍に任じられ、武家政権への道を歩もうとした。

だが寄せ集めからなる義仲軍は、慣れない西海での戦いや飢饉からの回復がいまだしの京中での生活に疲れ切っていた。翌年正月、頼朝が派遣した弟の範頼《のりより》・義経との合戦に敗れてしまい、義仲が手に入れた諸権限はそのまま頼朝が掌中にして、武家政権の資産となってゆく。

義仲を合戦で破って入洛した義経が、法皇の六条殿御所にかけつけ、義仲の首を獲ったことを奏聞すると、この時から法皇は義経に目をつけて多くを頼むようになった。同日に平氏追討の宣旨が出され、二十九日に範頼・義経は平氏を討つために京を発っている。

東国にあって惣官として地域に根ざした支配を着実に進めた頼朝は、義仲を倒したことから二月二十五日に法皇に「朝務の事」と題する四か条の奏請を行っている。その第一条の朝務等の事では、「先規を守り、殊に徳政を施さるべく候」と始まって、「東国北国両道の国々、謀叛を追討の間、土民無きがごとし。今春より、浪人等旧里に帰住し、安堵せしむべく候」と、徳政により東国の民を安堵させることを表明し、それを朝廷にも求めた。

さらに平家没収所領は頼朝が掌握するものと要求し、合戦を通じて武士たちが「自由の下文」を帯びて荘園公領に入り濫行している事態については、頼朝が調査して違反を停止する権限を与えるように求め、それらが付与されると、この権限を行使するために武士を各地に派遣していった。

東国の統治では、独立性の強い上総《かずさ》の豪族の平広常《ひろつね》や甲斐源氏の一条忠頼《いちじょうただより》などを殺害し、京下りの官人である三善康信《みよしやすのぶ》や中原(大江)広元《ひろもと》などの能吏を行政にあたらせて支配を固めた。康信は太政官の史《し》、広元は外記《げき》という事務官であって、その他にも京下りの文士を起用したのである。

平氏追討と義経

西海に逃れ讃岐国の屋島にあった平家は、山陽・山陰両道の軍士を従えて城郭を摂津・播磨の境の一の谷に構え、寿永三年(一一八四)二月に清盛三年忌の仏事を行っていた。

そこに法皇から、和平交渉を行うので、平氏に軍勢を進めないように、関東の武士にはその旨を命じておいた、という院宣が到来した。宗盛がこれを守って院使の到来を待っていたところに、関東の武士らが突然に襲い懸った（『吾妻鏡』）。一の谷の合戦である。たまらずに平氏は敗走し、船に棹差し四国の地へと逃れていった。

翌元暦二年（一一八五）、義経は平氏追討のために西海へと向かった。二月十六日、平氏を攻めるため摂津の渡辺津から船出しようとすると、義経が不在しては京中が無用心になると、法皇から出陣の制止があったが（『玉葉』）、義経は出発に踏み切り、阿波国の桂浦に渡り、そこで平氏の水軍の中核である阿波水軍を討ち破ると、その足で北上し讃岐の屋島を攻めて勝利を収めた。

この合戦で阿波水軍を味方に引き入れた義経は、伊予水軍や熊野水軍をも傘下におさめ、ついに瀬戸内海の制海権を握り、三月二十一日に平氏を攻めるために長門《ながと》へと向かった。三月二十四日、赤間関《あかまがせき》の壇ノ浦の海上に平氏・義経両軍が三町を隔てて向かいあい、合戦が始まったが、午《うま》の刻《こく》には勝敗が決し、平氏は敗れ去った。

義経からの平氏滅亡の報は四月三日に京に届き、翌日には、建礼門院《けんれいもんいん》や平宗盛の身柄を確保したものの、安徳天皇をはじめ多くの人が海に没し、神器の宝剣は見つからないという報告があった。法皇はすぐに勅使を派遣して義経の大功を讃えるとともに、神器の無事回収を命じている。

四月二十四日に三種の神器のうち回収された内侍所《ないしどころ》・神璽《しんじ》が摂津の今津に到着し、太政官の朝所《あいたんどころ》に安置され、四月二十六日には平宗盛を引き連れた義経が凱旋将軍として都に帰還した。しかし法皇と義経が手を結ぶことを頼朝は最も恐れていたから、義経の恩賞を朝廷に求めず、義経に認めていた畿内近国の支配権を没収した。慌てて義経は鎌倉に下ったが、弁明は受け入れられずに終わった。

七月九日、京都を直下型の大地震が襲った。「スコシモヨハキ家ノヤブレヌモナシ。山ノ根本中堂以下ユガマヌ所ナシ。事モナノメナラズ龍王動トゾ申シ」（『愚管抄』）と、大内裏や閑院内裏・法勝寺なども被害を受け、余震は一か月も続いた。この地震についても『方丈記』は弱者の立場に添って描いている。清盛が龍になって振動させたとか、平家の御霊の祟《たた》りであるなどの噂が流れるなか、法皇は再建が進んでいた大仏の開眼へと突き進み、八月二十八日に南都に下ると、自らの筆をとって大仏開眼供養を行っている。

これに協力していた頼朝は、大仏開眼が済むのを待って、義経暗殺の刺客として土佐房昌俊《とさのぼうしょうしゅん》を京に派遣すると、十月十七日に昌俊は義経の六条室町亭を襲った。この難を退けた義経は、院御所に参って無事を伝えるとともに、頼朝追討の勅許をせまり、ついに法皇に認めさせ宣旨を出させた。

しかし軍兵は集まらず義経は西海に没落することになる。

鎌倉幕府の成立

法皇は頼朝が差し向けた北条時政率いる大軍を前にして、十一月二十五日に義経追討を頼朝に命じる宣旨を出し、十一月二十九日には守護地頭の設置と兵粮米の徴収を認めた。この勅許で朝廷から大幅な権限を獲得したことにより、幕府の基本的権限が定まり、武家政権としての幕府の体制は名実ともに整った。実力で東国を支配してきた実権を基礎に、内乱時の謀反人の追捕を名目にして朝廷から権限を獲得し築きあげたものである。

治承四年(一一八〇)に挙兵して幕府の核が生まれ、朝廷との折衝によって寿永二年(一一八三)十月にその骨格が定まり、その翌年には政治的・経済的基盤が整い、そしてこの年に幕府の体制が定まったわけである。

頼朝はさらに十二月六日に法皇に政治改革を求めた。法皇による独裁ではなく、議奏公卿《ぎそうくぎょう》を設置し、彼らが神祇から仏道に及ぶ朝務を審議し、その議奏に基づいて法皇が政治を行うという廟堂《びょうどう》改革である。これにともない九条兼実に内覧の宣旨を下すことを要求し、兼実中心の改革に期待した。実は頼朝は前年の初めから内乱後の政治体制について兼実と連絡をとっていた。

頼朝の強い意思を感じた法皇はその要求をのんで、ここに朝廷の体制は幕府との連携により歩むことになった。文治二年(一一八六)二月に兼実は摂政となったが、三月の兼実の摂政拝賀の夜、法皇は兼実に対して「ワレハカクナニトモナキヤウナル身ナレド、世ヲバ久クミタリ、ハバカラズタダヨカランサマニ、ヲコナハルベキ也」と、自分はこれまで政治をとってきたが、汝も政治がうまくゆくようにしてほしい、と要請したという(『愚管抄』)。

こうして兼実は幕府の後援をえながら政治運営を担った。弛緩した朝廷の政治を顧みて、律令に基づく綱紀粛正をはかり、適材適所に人材を登用した。政治形態は天皇が幼いこともあって院政の形態はとっても、摂関が主導する公卿の議定を中心にした摂関政治を基本に据えた。そのために公卿からの意見を聴取して政治に反映させた。訴訟関係については記録所を復活させ、十分に審議することとし、弁官の藤原定長《さだなか》・親経《ちかつね》の二人を執権とし、十二人の寄人《よりうど》による記録所を発足させた。この記録所はこれまでの荘園の整理と訴訟を扱うのに加え、朝廷の財務機構の役割も担った。

法皇も兼実に任せていただけではない。兵乱がおさまっても兵粮米が徴収され、地頭が置かれてゆく状況から、上洛中の北条時政にこれらの撤回を迫り、頼朝に善処を要請した。これに頼朝は六月に尾張・美濃以西の西国三十七国を院の管轄範囲となし、そこでの紛争の審理は朝廷に委ねることとし、幕府は朝廷の命令を受けてはじめて違乱の停止などの行動に出るものとした。

この対応に気をよくした法皇は、次々と幕府に地頭による押領の停止や地頭そのものの停止・廃止の要求を寄せ、ついに地頭の権利の具体的な内容が、十月八日の太政官符で謀反人跡の権利に限定されることになった。地頭は謀反人が有してきた権利や得分などを引き継ぐものとされ、それ以外に加徴米《かちょうまい》や課役などを徴収してはならないとされた。

このように十月の太政官符をもって、地頭のあり方、ひいては幕府のあり方が定められたことで、朝廷の体制において幕府は朝廷を守護する「武家」として明確に位置づけられたのである。

公武の協調

法皇は文治二年（一一八六）から熱心に東大寺再建にあたるようになり、その期待に応え、重源は奥州の藤原秀衡や鎌倉の源頼朝などの協力を取りつけ、民衆から喜捨を募る精力的な勧進活動を展開した。

各地に「別所」という宗教施設を設け、勧進集団を組織・動員し、信仰を共にする同朋には法華経の経文から一字をとって「安阿弥陀仏」のように命名し、重源こと南無阿弥陀仏とその同朋である持戒の集団を核に、それらの外縁部に多くの協力者を組織していった。大仏殿の造営を始めるにあたっては、周防国《すおう》が造営のために重源に与える措置がとられ、頼朝もこれに協力して御家人を材木運搬に動員し、周防の公領に置かれた地頭の濫行を排除した。

こうした公武両政権の協力が進んだ。皇居の大番役を幕府の御家人が担い、閑院の内裏の造営を幕府が担当し、群盗の鎮圧のために幕府から御家人が派遣され、公武の連絡役として京都守護に頼朝の妹婿である一条能保《よしやす》が任じられた。

文治三年(一一八七)九月二十日には、院宣で藤原俊成に命じていた『千載和歌集』が奏覧されている。序に「過ぎにける方も年久しく、今行く先もはるかにとどまらんため、この集を名づけて千載和歌集といふ」と記され、保元の時から三十三年に及ぶ法皇の治世や歴史をふりかえり、未来を見据えて法皇の千載を寿《ことほ》いでいる。法皇の治世により、その慈しみが日本の外にまで及び、その恵みが春の花園よりも香ばしいものとなったと讃え、この治世にあって和歌の道も栄えていることから、この和歌集を編んだという。

翌文治四年四月二十二日に正式に奏覧されたが、注目すべきは法皇の千載を祈り、その治世を寿いでいる点である。それもあって賀の部の最初に法皇の歌が置かれている。これまでの勅撰集では院(国王)の存在は表面に出ていなかったが、ここに正面から謳われたのである。

東国では頼朝が文治三年八月に石清水八幡宮の放生会《ほうじょうえ》にならって鶴岡八幡宮で放生会を開き、その祭礼に流鏑馬や相撲などの武芸を取り入れ、治承三年（一一七九）に焼失した信濃の善光寺《ぜんこうじ》を阿弥陀信仰の霊場として再建するのを援助している。法皇の熊野御幸にならって箱根・伊豆権現に参詣する二所詣《にしょもうで》を企画して赴くなど、東国の王としての立場を固めていった。

文治三年九月二十二日には、宇都宮信房《うつのみやのぶふさ》を鎮西に派遣して鎮西守護人の天野藤内遠景《とおかげ》とともに貴《き》海島《かいがしま》の海賊を追討するように命じた。ここには平家在世時に薩摩国住人阿多《あた》平権守忠景《たいらのごんのかみただかげ》が勅勘を蒙って逃れたことがあり、前年には河辺平太通綱が渡ったことがあることに基づく措置という。十一月五日に天野遠景から、九州の住人らへの恩賞を下文で与えたという報告があり、翌年二月には貴海島の形勢についての報告もあって、日本国の西の境界にまで頼朝の目は及んだ。

その頼朝にとって残る大きな脅威は東北の奥州藤原氏であった。何度か上洛を考えても駿河の黄瀬川宿で引き返したのは、その脅威の故である（『玉葉』）。文治二年に頼朝は秀衡に書状を送り、奥州から朝廷に送る貢馬《くめ》や貢金《こうきん》は頼朝が取り次ぐので、今年からは鎌倉に送るようにと促し、それに「御館《みたち》は奥六郡の主、予は東海道の惣官なり。尤も魚水の思を成すべきなり」と記している。自らを「東海道の惣官」と名乗って、その東国支配権を根拠として、秀衡を管領下にある奥六郡の主と位置づけていた。

奥州合戦と頼朝上洛

文治三年（一一八七）二月に吉野周辺に潜伏していた源義経が伊勢・美濃を経て奥州に赴いたという情報が伝わってきた。そこで頼朝が奥州に圧力をかけてゆくと、九月に重病に陥った秀衡は、後事を心配し義経を大将軍に立てて国務を行うよう子の泰衡《やすひら》に遺言し、十月二十九日に平泉館で亡くなった。

その死を受けて頼朝は義経・泰衡追討の宣旨を要請し、さらに泰衡に揺さぶりをかけた結果、翌年五月二十二日に奥州の飛脚が鎌倉に到着し、泰衡が義経を衣川《ころもがわ》の館で誅したので、その頸は追っ付け送る、と伝えてきた。頼朝は到来した義経の頸を実検するなか、すぐに泰衡を攻めるべく広く全国的に軍事動員をかけた。

法皇からは追討の宣旨を得られなかったが、続々と集まって士気あがる軍勢を見て、武家の古老である大庭景義が、「軍中、将軍の令を聞き、天子の詔を聞かず」という詞を引き、泰衡は累代の御家人の遺跡を継ぐ者であるから、綸旨が無くとも治罰を加えるべきである、と進言したので、ついに追討の宣旨なくして出陣することを決意する。

こうして頼朝は大手・東海道・北陸道軍の三手から、自らは七月十九日に大手軍を率いて奥州に進軍した。八月九日に奥州軍の防衛ラインである陸奥国伊達郡の阿津賀志山《あつかしやま》を突破、八月十四日に次の防衛ラインである玉造郡の多加波々城を攻略、二十二日に平泉に到着した。しかし、すでに泰衡は平泉館を焼いて逃れていたので、さらに追撃すると、九月二日に肥内《ひない》郡の贄柵《にえのさく》で郎等の河田二郎の手にかかり泰衡は殺害された。

この勝利の報告を頼朝が九月八日に記して、京に使者を派遣したところ、すでに情勢を知った朝廷が急ぎ泰衡追討の宣旨を出しており、翌日にその七月十九日付の泰衡追討の宣旨が頼朝にもたらされた。宣旨は、辺境に「雄飛」する陸奥国住人泰衡らを討つよう「正二位源頼朝」に命じていた。

奥州合戦は東国の王の覇権をめぐる戦であったから、ここに名実ともに頼朝は東国の王となったばかりか、宣旨なくして追討したことで、東国における幕府の正統性を認めさせることになり、この戦いに向けて九州にまで武士を動員したことで、全国的な軍事権の掌握の事実を明らかにした。経済的にもこれまで手の出せなかった陸奥・出羽二か国を得た成果も大きい。

その翌建久元年(一一九〇)の藤原泰衡の郎等大河兼任《おおかわかねとう》が主人の敵を討つと兵をあげたのを鎮めると、頼朝は十月三日に鎌倉を立ち、大量の贈り物を携えて十一月七日に入京している。法皇が河原で見物するなか、先陣の随兵一八〇騎、後陣の随兵一三八騎を従えて、平頼盛の居所があった六波羅に入った。

十一月九日に頼朝は法皇に面会し、「理世の沙汰」について語り合った。法皇に向かって「ワガ朝家ノタメ、君ノ御事ヲ私ナク身ニカヘテ思候」と、私心なく身に代えて朝家に仕えてきたと語り、その証しとして「朝家ノ事」を考える頼朝に批判的発言を繰り返していた上総広常を「君ノ御敵」として成敗したと述べたという(『愚管抄』)。

法皇の死

法皇が頼朝の勲功を讃えて大納言に任じようとしたところ、辞退して頼朝の権限が官職に伴うものではないことを示したが、法皇は押して任じ、さらに二十四日に右近衛大将にも任じたので、頼朝はやむなく十二月一日にその拝賀を行って、すぐに職を辞退して鎌倉に帰った。

約一か月間の滞在は、これまでに築かれてきた幕府と朝廷の関係維持にあり、頼朝の狙いは戦時に獲得してきた多くの権限を、平時においても確保することにあった。兼実は頼朝と会談をもった際、頼朝から次のことを言われたという。

> 今は法皇が天下を執られて政治は法皇に帰しているが、法皇の死後は政治は天皇に帰することになり、貴殿を疎略には扱わない。外向けには疎遠を装っていても、内実は全くそうではなく、法皇への聞こえを鑑みて、疎略なようにしているだけである。天下を正しく直してほしい。長生きをされ、運があれば政治はきっと正しくなる。今は法皇に任されているので万事に叶わない。

鎌倉に帰った頼朝は政治制度を整えていった。建久二年正月十五日に政所《まんどころ》の吉書始《きっしょはじめ》を行って、御家人への恩賞が頼朝の花押を載せた下文で出されていたのを改め、政所下文で出す方針を打ち出した。政所のメンバーは別当が前因幡守中原朝臣広元、政所令が主計允藤原朝臣行政《ゆきまさ》で、問注所《もんちゅうじょ》執事には三善康信法師（法名善信）、侍所《さむらいどころ》の別当には和田義盛《わだよしもり》、所司には梶原景時《かじわらかげとき》らを改めて任じた。

この年に起きた鎌倉の大火で御所と鶴岡若宮が炎上したことから、鶴岡八幡宮に改めて八幡神を石清水八幡宮から勧請して上宮を造営し、幕府御所も再建し、御所の東北に平泉中尊寺の大長寿院にならって二階大堂の永福寺を武家の寺として造営した。

京では頼朝の支えを確信した兼実が新体制にむけて法の制定に意欲を燃やし、建久二年には新制を二度に分けて出したが、ともに徳政に関する法令であって、頼朝には諸国を家人を引率して守護するように命じた。

翌建久三年三月十三日、法皇は六条殿御所で生涯を閉じた。その三十六年に及ぶ執政において、列島内外における諸階層の身体をかけての動きに、しなやかに対応し、難局をくぐり抜けてきたのであり、死に臨んでは多くの所領を後鳥羽天皇に譲って跡を託した。

法皇の死後には、『愚管抄』が「殿下、鎌倉ノ将軍仰セ合ツツ、世ノ御政ハアリケリ」と記すように、「殿下」こと兼実が頼朝と協調しながら政治を進めた。建久三年七月十二日に頼朝を征夷大将軍に任じてその後援を頼みとしつつ、建久の新制に沿って朝廷の公事や行事の再興に力を注いでいった。

頼朝も諸国の守護制度を整え、御家人が皇居を守護する大番役の制度を整備し、諸国の在庁官人に国内の田数を記した大田文を作成させて地頭職を把握し、政所下文によって地頭を補任し、御家人の課役を定めるなど幕府の体制を整備していった。

建久四年（一一九三）五月、頼朝は富士野の巻狩りを行って、子の頼家を後継者として披露するとともに、武芸を山の神に捧げて武士たちに東国の王としての立場を示した。

四　公武の政権

後鳥羽上皇の自立と頼朝の死

建久六年（一一九五）三月四日の再度の頼朝上洛の主な目的は、東大寺の大仏殿の供養に結縁《けちえん》することにあったが、妻政子と子の大姫・頼家らを帯同しており、武家の後継者に関わる問題も抱えていた。

三月十二日の大仏殿の供養に出席したところ、武士たちが雨の降りしきるなかをものともせずに警固していたことに慈円《じえん》は驚嘆している（『愚管抄』）。供養が終わると、頼朝は娘の入内に影響力をもつ後白河法皇の寵妃の丹後局（高階栄子《たかしなのえいし》）を六波羅に招いて贈り物を渡し、丹後の娘の宣陽門院《せんようもんいん》の荘園を復活させるなど、その要望に沿う行動をとった。

これには丹後局を嫌い、娘の中宮の皇子誕生を求めていた兼実が強い不信感を抱いた。『愚管抄』は「内裏ニテ又タビタビ殿下見参シツツアリケリ。コノタビハ万ヲボツカナクヤアリケム」と記し、頼朝とは度々会っていたものの二人の間に懸隔が生じていたという。

頼朝が六月二十五日に鎌倉に帰った後、中宮が八月十三日に皇女を産んだのに対し、兼実の政敵である内大臣源通親《みちちか》の養女源在子《ざいし》が産んだのが皇子（為仁《ためひと》）と明暗を分けた。後鳥羽天皇が皇子誕生を背景に政治への意欲を強めてゆくと、禁中を掌握していた通親が為仁を早く位につけることを望んで、即位に向けて動き始めた結果、建久七年十一月二十五日に兼実は関白辞任へと追い込まれ、兼実の弟慈円は天台座主と護持僧を辞退させられ、近衛基通《このえもとみち》が関白となった。

さらに建久九年（一一九八）正月に後鳥羽天皇は頼朝の意見を無視し、土御門《つちみかど》天皇に譲位して院政を行うことになる。頼朝は京におけるこの早い事態の展開に驚き、大姫入内を期待して手をこまねいているうち、建久九年の年末に相模川の橋供養に赴いた帰路、落馬したのが遠因となり翌年正月に亡くなってしまう。享年五十三。

伊豆に流される身体的・政治的危機を克服し、新たな時代を切り開いた頼朝にとっての気がかりは後継者問題であったろう。正月二十日に子の頼家が左中将に任じられ、二十六日に「前征夷将軍源朝臣の遺跡を続き、宜しく彼の家人郎従らをして旧の如く諸国の守護を奉行せしめよ」という宣旨が出されて、二月六日に鎌倉に到着している。

宣旨は頼朝の跡の継承と諸国守護の奉行を託すことを頼家に命じたものであって、征夷大将軍に任じていない波乱含みの出発であった。中原広元が頼家を補佐し、頼家親裁の体制がとられたが、この体制強化をはかろうとする比企能員《ひきよしかず》や梶原景時らに対し、頼家の治世に危うさを見ていた北条時政や三浦義澄《よしずみ》らの有力御家人の間で、政治の運営をめぐって争いが生まれた。

その確執をへて四月十二日に諸訴論の事を頼家が直接に裁断することが停止された。政治の大小事は、北条時政・義時、中原広元・三善善信・中原親能《ちかよし》・三浦義澄・八田知家《はったともいえ》・和田義盛・比企能員・安達蓮西《あだちれんせい》・足立遠元《あだちとおもと》・梶原景時・二階堂行政らの有力御家人が談合して成敗を加えることとされ、彼ら以外の人物が訴訟を頼家に取り次いではならないとされた。おそらくこの措置は頼朝の後家として遺跡を継承した「尼御台所《あまみだいどころ》」政子の計らいによるものであろう。

後鳥羽と頼家

京では後鳥羽上皇が意欲を燃やしていた。父高倉天皇が福原にいた時に京で生まれ、生まれてすぐに父が亡くなって孤児の境遇となったが、図らずも兄の安徳天皇が都落ちしたことから位に即いた。しかし位を象徴する三種の神器はなく、東国は源氏に、西国は平家に奪われてしまっての天皇であったから、天皇としての資格が欠如しているのではないかという眼にさらされてきた。

後鳥羽院（宮内庁三の丸尚蔵館蔵『天子摂関御影』より）

そこでこれらを身体的に克服すべく、蹴鞠や武芸など様々な芸能を自らが実践して身につけていったのであり、それは後白河法皇の身体の動きを継承しつつもより積極的であった。多くの芸能を身につけたが、なかでも王朝文化の精髄である和歌に力を注いだ。初めて歌を詠んだのは正治《しょうじ》元年（一一九九）三月の大内の花見であって、その場にいた源通親と歌人の寂蓮《じゃくれん》に詠んだ歌を与えている。二人を通じて和歌の面白さを痛感したのであろう。そしてひとたび和歌にうちこんだその上達は早く、翌正治二年には早くも百首歌を詠むように歌人たちに命じ自らも詠んだが、この時の『正治初度百首歌《しょうじしょどひゃくしゅうた》』で上皇に認められたのが藤原定家である。

九条兼実の子良経《よしつね》を中心とした歌会で、寂蓮や慈円、藤原家隆《いえたか》らの歌人と研鑽を積み、兼実の失脚で不遇を嘆くなか、詠んだ歌を提出したところ、上皇は八月二十六日に定家の内の昇殿を認めた。すぐに昇殿を認められたのは、「道の面目、後代に美談」として人々に語り伝えられよう、と定家は『明月記』に記し、「自愛極り無く、道の中興の最前にすでにこの事に預かった」と喜んだ。この昇殿は上皇の百首歌の意義を世に告げるものとなり、この時から和歌の世界を牽引する使命感を抱いた上皇と昇殿した定家との間に密なる交流が始まった。

いっぽう頼朝の後継者となった頼家は、武芸に優れ、富士野の巻狩りで獲物を射止めて以来、狩猟を好んでいた。『六代勝事記《ろくだいしょうじき》』には「百度百中の芸に長じて、武器武具を先に越えたり」と記されるほどの力量であった。蹴鞠も好み、建仁元年（一二〇一）七月六日から、御所で百日の鞠を始めると、後鳥羽上皇に院北面の中から鞠足《まりあし》を一人鎌倉に下すように申請した。九月七日に紀行景《きのゆきかげ》が下ってくると、九日に行景が頼家の蹴鞠師範となって、十一日からは連日のように蹴鞠が行われた。九月二十日の御所の鞠について、「この間、政務を抛り、連日この芸を専らにせらる。人皆当道に赴く」（『吾妻鏡』）とあるように、政務に支障さえ生まれたという。

正治二年（一二〇〇）十月二十六日に従三位となって左衛門督《さえもんのかみ》に任じられた頼家は、建仁二年（一二〇二）八月二日にようやく征夷大将軍に任じられた。しかし御家人間の対立は、頼家が安達景盛《かげもり》の誅罰を試みた事件や、梶原景時の追放を御家人が訴えた事件などを経て、ついに頼家を支えていた比企氏の乱が起きたことから、頼家は出家させられて伊豆に流され、弟の実朝が擁立されると、頼家はやがて殺害されてしまう。対照的な二人の境遇であった。

和歌所と勅撰和歌集

建仁元年（一二〇一）六月、三度目の百首歌を後鳥羽上皇は企画した。これは三十人に及ぶ大掛かりなもので、九条良経が建久四年（一一九三）秋の『六百番歌合』に倣いつつ、この三倍の千八百番の歌合を構想したものと見られる。

その七月二十六日、定家のもとに院宣が到来し、和歌所《わかどころ》の寄人《よりうど》として参仕するように告げられた。この寄人には左大臣良経、内大臣通親、座主慈円、俊成、頭中将《とうのちゅうじょう》源通具《みちとも》、藤原有家《ありいえ》・定家・家隆朝臣、藤原雅経《まさつね》、源具親《ともちか》、寂蓮の十一人が任じられ、さらに追加されていった。和歌所の先蹤《せんしょう》は『古今和歌集』の撰集にあって、梨壺《なしつぼ》に置かれたのであるが、今回の和歌所は二条殿の殿上に置かれ、二人の大臣など貴顕がメンバーとされ、和歌の叡智を結集する和歌の文化機構に位置づけられ、国家機構の一つとして設置されたのである。

上皇は歌人の発掘に意を注いだ。女房の宮内卿《くないきょう》は「かまへて、まろが面起こすばかり、良き歌つかうまつれ」と上皇から言われ一生懸命に詠んだという（『増鏡』）。三度目の百首歌で「薄く濃き野辺のみどりの若草にあとまで見ゆる雪のむら消え」と、若草の歌を詠んで評判をとり、「若草の宮内卿」と称された。『無名抄《むみょうしょう》』には、宮内卿は詠む段になると、初めから終わりまで草紙・巻物などを広げて火を灯しつつ、書き付ける作業を夜昼なく怠らずに案じる努力をして、そのために早死にすることになったという。上皇の期待に応じて歌人たちは骨身を削ったのである。

正治三年（一二〇一）十月に定家を連れて熊野参詣に赴いた上皇は、道中で歌会を頻繁に開き、和歌撰集の成功を熊野の神に祈った後、十一月三日に勅撰集の撰者として和歌所寄人の中から六人を選んだ。上皇の和歌の詠みに関わってきた寂蓮と、通親の代わりの子通具、上皇が実績を認めた有家・定家・家隆・雅経らである。建仁二年（一二〇二）三月十六日の「影供歌合《えいぐうたあわせ》」で定家は、「愚詠《ぐえい》、今度多く御意に叶ふと云々、面目身に過《す》ぐる者也」「生れてこの時に遇ふ、吾が道の幸ひ何事かこれに過ぎんか」と、多くの歌が選ばれ上皇に讃えられた喜びを記している。

定家は『万葉集』や『古今和歌集』『源氏物語』などの古典文学に学んでそれを咀嚼し、和歌に詠んで和歌を芸術の境地にまで至らしめ、家集『拾遺愚草』、歌論『近代秀歌』をまとめたが、上皇はその芸術家定家のパトロン的存在であった。自尊心に溢れ、熱い魂をもつ芸術家に対し、批評家としての審美眼があり、自身も芸術家魂を有するパトロンという関係である。

このような関係は日本の社会に生まれてこなかったが、和歌という領域で身分の境界を突破して生まれたのであり、定家の『明月記』と上皇の『後鳥羽院御口伝《ごくでん》』には、和歌をめぐる二人の間の緊張感に溢れた交渉が記されている。

そうしたなか源通親が建仁二年十月二十日に突如亡くなった。治承・寿永の戦乱を経て平和な時代が到来するまで、禁裏・院中で常に諸事を沙汰し、一貫して後鳥羽上皇を支え、政治を切り盛りしてきた通親の存在はすこぶる大きかった。兼実の九条家が幕府との協調関係を築いて、政治の安泰をもたらそうとする政治姿勢をとったのに対し、通親は朝廷の政治の独立性を志向してきた。上皇が和歌を詠むようになったのも、その和歌を詠む上での様々な便宜を提供してきたのも通親である。通親の死によって「和歌の道」が廃れる、とさえ思われたという。

しかしその死によって通親に抑えられていた九条家周辺の動きが活発になった。定家もこれにともなって閏十月二十四日に待望の中将となり、九条家は摂関の地位の奪還へと動き、十一月二十七日に良経が氏長者になり、十二月に摂政となった。

『新古今和歌集』の成立

建仁三年(一二〇三)、上皇は熊野御幸に出かけ四月十一日に都に帰ると、定家に勅撰集の撰歌を二十日までに提出するように命じた。いよいよ撰集が最終段階に入ったのである。

八月六日に上皇は俊成の九十歳の賀を祝う屛風歌を詠むよう定家に命じている。『古今和歌集』の時代に紀貫之《きのつらゆき》らによって詠まれた屛風歌が勅撰集に撰ばれたことから、上皇は屛風歌を企画するなか、目をつけたのがこの年に九十歳になった俊成の存在であり、その賀の行事を開催した。行事は上皇の文化的存在を天下に示し、摂関家にとっては上皇に奉仕することにより、上皇との政治の連携を示すものとなった。

この賀を契機に俊成は一線を退き、翌年十一月二十九日に息をひきとったことから、撰集が急がれ、翌元久二年（一二〇五）に最終段階に入った。藤原親経の手になる真名序《まなじょ》がまずでき、三月二十日に定家に対し『新古今和歌集』完成の竟宴を行うので、風情の歌一首を詠んで参るように、と伝えられた。しかし定家は撰集の出来が今一つであり、仮名序《かなじょ》もまだ出来ていないことから竟宴には出席しなかった。

上皇が急いだのは、延喜《えんぎ》五年（九〇五）四月十八日に『古今和歌集』が撰進されていて、この年がちょうど三百年後にあたっていたからである。竟宴も終わった三月二十九日に良経の手になる仮名の序の草稿ができあがった。その仮名序は和歌が「その道さかりに興り、その流れいまに絶ゆることなくして、色にふけり心をのぶるなかだちとし、世をおさめ、民をやはらぐる道とせり」と、世をおさめ民を和らげる道である、と記している。和歌は人民統治の手段であることが述べられており、上皇が和歌の文化を通じて統治の実をあげようとしていた意図がうかがえる。

『後鳥羽院御口伝』で上皇が「生得の歌人」「不可説の上手」と称え、『新古今集』に最も多くの歌を採録したのが西行であり、上皇が和歌を詠むにあたって最初に指導を受けたのが寂蓮、若い上皇に大きな影響を与えたのが伯母の式子内親王《しきしないしんのう》、上皇が最も信頼を寄せそれに応えて上皇を助けたのが九条良経、そして『新古今集』を「みづからさだめ、てづからみがける」と、自身も撰集にあたったと表明したのが上皇、それらの歌を次に掲げる。

願はくは花の下にて春死なん　そのきさらぎの望月のころ　西行
村雨の露もまだひぬまきの葉に　霧たちのぼる秋の夕暮　寂蓮
玉の緒よ絶えなば絶えね長らへば　忍ぶることの弱りもぞする　式子内親王
きりぎりす鳴くや霜夜のさむしろに　衣片しき独りかも寝む　九条良経
人もをし人も恨めしあぢきなく　世を思ふゆゑに物思ふ身は　後鳥羽上皇

脱落する人々

勅撰和歌集の撰集をめぐっては鎬《しのぎ》を削る研鑽がなされたが、それに加われず、また耐え切れずに脱落していった人々もいた。正治三年二月に行われた和歌試に落ちて加われなかった源顕兼《あきかね》・藤原信実《のぶざね》の二人は、後にそれぞれ説話集の『古事談《こじだん》』『今物語《いまものがたり》』を編んでいる。

鴨長明は鴨の氏人の出自や院の北面の身分で、途中から和歌所寄人《わかどころよりうど》になってからは、「よるひる奉公をこたらず」と和歌の研鑽に励んだ一人で、『方丈記』にその体験を記している。

御所の会に出るようになって恐ろしい体験をした、それまでの会では「わが思ひいたらぬ風情」は少なく、「心のめぐらぬ事」はなく、思っていたように詠めていたが、ここでは違っていた。御所の歌会に出席するなか、思いもよらない歌が詠まれていたことから、よく学び、皆に追いつこうと努力したという。

建仁二年（一二〇二）三月二十日には三体でもって詠進する上皇の企画に、家隆、定家、寂蓮、慈円、良経らとともに選ばれて感激していたところが、その年に突然に出奔してしまう。日頃から、折々の違い目を実感していたところに、自らの短い運を悟るところとなり、妻子や捨てがたい縁もないことから、執心を止めるべく大原に籠ったという。その時の事情を上皇の側近くに仕えた源家《いえ》長《なが》の記す『源家長日記』は次のように伝える。

上皇は「夜昼おこたらず」という長明の働きに報いようと、下鴨社の摂社河合社の禰宜が空席になったのでこれにあてることを考えており、そのことが長明の耳に内々に伝わった。しかしこれに鴨社の惣官の鴨祐兼《すけかね》が反対した。長明は社司の務めもしていないので不適任であり、子の祐頼《すけより》は若いながら正五位下と位が上だけでなく、勤めもしっかり行ってきたので適任である、と強く訴えたのである。この祐兼の訴えがあったので、上皇は長明には他の恩を与えようとしたところ、長明はそれを辞し「かきこもり侍」ることになったという。

家長は長明の態度を、「こはごはしき心」と評したが、長明と同じ「みなし児」という境遇にあって、上皇にひたすら仕えて立身をはかってきた人物である。その家長にしてみれば、長明の行動は信じがたいものに映ったのであろう。だが長明の胸の内はどうだったのか。『方丈記』には次の一文がある。

すべてあられぬ世を念じ過ぐしつゝ心を悩ませる事、三十余年なり。その間をりをりのたがひめに、おのづから短き運をさとりぬ。すなはち五十の春を迎へて、家をいで世を背けり。もとより妻子なければ、捨てがたきよすがもなし。身に官禄あらず。何につけてか執をとゞめむ。むなしく大原山の雲にふして、

日頃から折々の違い目を実感していたところに、自らの短い運を悟るところとなり、妻子やよすがもないことから、執心を止めるべく大原に籠ったという。長明は上皇の厚恩をうれしく期待もした。ところが、禰宜から大反対を受けて期待は裏切られ、他の恩が与えられようとされた。これにいたたまれぬ思いがし、それが出奔へと駆り立てたのであろう。

方丈の庵にて

長明はやがて大原から都の南の日野に移って方丈の庵を建てたが、それは以前に建てた家に比較して、百分の一にも及ばぬ狭さで、年をとるとともにいよいよ住処は狭くなってきたと自嘲しながらも、広さは一丈四方で高さは七尺にも満たないが、もし心に適わないことがあれば移動できるような移動式の住宅で、土居を組んで建てたという。

方丈の庵としたのは仏典にある維摩居士《ゆいまこじ》に倣ったもので、庵には阿弥陀や普賢、『法華経』のみな

らず、和歌や管絃・『往生要集』に関する抄物《しょうもつ》を皮籠《かわご》に入れ、琵琶などを置いており、そこにこの庵で何を求めていたのかがうかがえる。

すべて、世の人の、すみかを作るならひ、必ずしも身のためにはせず。或は、妻子・眷属のために作り、或は、親昵《しんじつ》朋友のために作る。或は、主君・師匠および財宝・馬牛のためにさへこれをつくる。我今、身のために結べり。人のために作らず。

鴨長明の方丈庵（復元　京都市・河合神社）

我が身のために家を造った、と力説している。この自伝の登場からは方丈の住宅論に共通する身体性がうかがえ、この時代の身体の思潮、遁世者の内面の動きをよく伝えている。

ところが、自由を謳歌していたにもかかわらず、『方丈記』は最後に、仏道を求めてきたのに、これでよいのかと自問した上で、「南無阿弥陀仏」ではなく「不請阿弥陀仏」と三遍唱えて終えている。これを書き上げたことで新たな修行に向かう決意を示したのであり、その長明が修行先として選んだのは鎌倉であった。長明の著した『発心集』には「東の方、修行し侍りし時、さやの中山のふもとに」とはじまる、長明が東国修行に赴いた時の話が見える。駿河国の小夜《さよ》の中山にある「ことのさきの社」で六十ばかりの盲目の琵琶法師が小法師を連れているのに出会い、長明が話を聞いたものである。

尋ねると、鎌倉に赴くのは他の人が行うように訴訟や恩顧のためではなく、「ただ世の過ぎがたさ」の故であると語り、道中の難儀はたいへんと察してほしい、と語ったという。長明は、「我が身の上の様に覚」えて、懇ろに同情するとともに、「我等が盲のかたばかり、彼が類ひにて、しかも志はうすき事の、とにかくに取るところなく」と、自分はこの琵琶法師と同様なのに、それに比べて志が薄いことよと「心憂く覚え」たという。

『吾妻鏡』建暦《けんりゃく》元年（一二一一）十月十三日条には、鴨社の氏人である菊大夫の長明入道蓮胤《れんいん》が飛鳥井雅経の推挙によって鎌倉に下ってきて実朝とたびたび会い、十月十三日には、頼朝の忌日であることから法華堂に参って読経をし、懐旧の涙を催して歌を詠み、堂の柱にその歌を記しつけた、と記されている。

しかしこれは時期に誤りがあって、長明の歌論集『無名抄』など様々な徴証から建暦二年（一二一二）三月に『方丈記』を書上げ、その年の後半に下ったと見るべきである。では長明を迎えた鎌倉はどのような状況にあったのだろうか。

鎌倉の実朝

建仁三年（一二〇三）九月十五日に実朝を征夷大将軍に任じる宣旨が鎌倉に到着し、それには実朝を「関東の長者」として任じるとあって、頼家とは異なり、実朝は将軍の遺跡を継承してではなく、御家人に「関東の長者」に推戴されて将軍に任じられたのである。

実朝は母の政子の方針により文治政治を行うための教育を受けた。元久元年（一二〇四）正月の読《どく》書始《しょはじめ》では侍読《じとう》に後鳥羽上皇の近臣源仲章《なかあきら》が招かれ、儒者の菅原為長《すがわらのためなが》は政子の依頼で唐の太宗と臣下との政治問答書『貞観政要《じょうがんせいよう》』の仮名文を作って献上している。

実朝の最初の和歌の師は源光行《みつゆき》と考えられ、元久元年七月十二日に『蒙求和歌《もうぎゅうわか》』を、十月には『百詠和歌』を著していて、ともに「幼童」のために著したとあり、幼い実朝が将軍になった直後のことであれば、実朝に贈られたとみられる。

政治的には北条時政を退けた子の義時《よしとき》が政子とはかって補佐にあたり、実朝は父にならって撫民の徳政政策を推進し、二所詣を復活させるなど東国の王として動いた。承元三年（一二〇九）に従三位になって公卿になると、将軍家政所を開設して政所を整備し、幕府の訴訟制度や政治を充実させていった。御所に持仏堂を設け、その本尊に文珠菩薩を安置し、聖徳太子の御影を掲げて供養を行い、『十七条憲法』を求めて学んでいる。

実朝が妻を京都の坊門《ぼうもん》家から迎えたこともあって、京の文化が幕府御所を席巻した。藤原定家の弟子となった内藤朝親《ないとうともちか》を通じて『新古今和歌集』を入手して、定家から和歌の指導を受けるようになり、和歌に心を入れていった。そのため実朝の和歌を編んだ『金槐《きんかい》和歌集』には、実朝が王として民を慈しんだ撫民の歌や、東国の海を見て育ったその身体から発する歌が多く見える。

時によりすぐれば民のなげきなり　八大龍王雨やめたまへ

建暦元年七月、洪水天に漫《はび》こり、土民愁嘆せむことを思ひて、ひとり本尊に向ひたてまつり、いささか祈念を致して曰く

大海の磯もとどろによする波　われてくだけて裂けて散るかも

荒磯に波のよるを見てよめる

世の中はつねにもがもな渚こぐ　あまの小舟の綱手かなしも

舟

「時により」の歌は建暦元年（一二一一）六月に『貞観政要』を読んで統治者のあるべき道を学ぶようになった時に詠んだもので、止雨を祈った八大龍王は栄西が渡海の無事を祈った龍王であり、本尊とは持仏堂の本尊の慈悲を庶民にもたらす文珠菩薩である。

翌年になると、実朝は京の文化を積極的に摂取した。御所の北面三間所に近習の壮士たちを詰めさせ「古物語」などを語らせ、八月十八日に伊賀前司藤原朝光《ともみつ》と和田義盛などの古老が祗候してお

り、九月二日に藤原定家の消息と和歌文書が御所に到着している。そこに長明がやって来たのであり、実朝は長明が仏道修行について語るのを聞いたことであろう。

建保《けんぽう》元年（一二一三）にも「芸能の輩」に「和漢の古事」を語らせる学問所番を設けたが、この年に起きたのが、北条義時の挑発に乗って侍所別当の和田義盛の挙兵した和田合戦であって、義時はこれを退け、幕府の実権を完全に握った。

なお実朝に会った後に京に帰った長明は、発心を求めた人々の伝記を心の内面に立ち入って観察した『発心集』を著わした。従来の往生伝とは違い、自らの体験を踏まえた書物であって、その編集途中の建保四年（一二一六）に生涯を閉じている。

禅の身体

義盛が一族を引き連れて庭中から訴えたのを、実朝が退けたため挙兵に至ったという経緯から、実朝には眠れぬ日々が続いた。「君恩」と「父徳」、つまり後鳥羽上皇の恩と頼朝の徳とを祈念する大慈寺《だいじじ》の創建を進めていたが、その悩む実朝を慰めたのが栄西である。

栄西は大陸に渡った後、博多周辺で座禅の行を通じて悟りを体得する教えを広め、禅宗こそ護国の仏教で鎮護国家にふさわしいと説く『興禅護国論《こうぜんごこくろん》』を著した。正しい仏法を知らしめようという強い意欲に溢れていたが、禅宗は「達磨宗」と批判を浴びており、京の世界に受け入れられないことから鎌倉に活路を求めた。

鎌倉では北条政子や源実朝の信頼と帰依を受け、政子によって整備された寿福寺《じゅふくじ》の長老となり、幕府の援助を得て「武家の寺」建仁寺《けんにんじ》を京都に建立していった。この建仁という年号を寺号としているところに栄西の目指した方向性がうかがえる。

やがて上洛して法勝寺の九重塔造営の勧進にあたり、その造営の功によって大師号を要求して認められなかったが、権僧正となり、和田合戦の一か月後の六月二日に鎌倉に下ってきた。十二月三日、和田義盛以下の和田合戦で亡くなった人々の得脱を祈る仏事を修し、実朝に自筆で円覚経《えんがくきょう》の書写を行うように勧めると、実朝は書写した経巻を三十日に、夢によって三浦義村に命じて三浦の海底に沈ませている。

翌建保二年正月二十八日に実朝は二所詣に赴き、二十九日に箱根と三島社、二月一日には伊豆山に奉幣し、三日の晩に鎌倉に戻って、酒宴が開かれた。盃が何度も巡り「終夜、諸人淵酔」の状態になった。その二日酔いで翌朝の実朝の体調がすぐれないのを見た栄西は、「良薬」と称し、茶を勧め、「茶徳」について坐禅の余暇に書き出した一巻の書『喫茶養生記《きっさようじょうき》』を献上した。

人一期を保つに命を守るを賢となす。その一期を保つの源は養生に在り。その養生の術を示すに五臓を安んずべし。是れ妙術なり。

栄西は養生の重要性を強調し、「茶は養生の仙薬なり。延命の妙術なり」と、茶が養生には最適であって、「多く痩を病む人有り。是れ茶を喫せざるの致す所なり。若し人、心神快からざれば、その時、必ず茶を喫すべし。心臓を調へて万病を除愈すべし」と、心身の健康のために広く人々に茶を勧めており、今に続く喫茶の習慣はここに始まった。

4　身体を窮める

一　仏教の革新――宗教者の身体

貞慶と慈円

治承・寿永の乱が契機になって、仏教界では新たな動きが始まった。法然・栄西・重源らを鎌倉仏教の第一世代とすれば、新たな仏教の担い手となる第二世代には保元の乱前後に生まれた人が多く、貞慶《じょうけい》と慈円《じえん》が久寿二年（一一五五）に生まれている。

貞慶は藤原通憲《みちのり》（信西）の孫で、信西の右腕として実務官の弁官を勤めた貞憲《さだのり》の子であって、平治の乱で祖父が殺され、父が連座して出家の道を選んだので、応保《おうほう》二年（一一六二）に南都に下って興福寺菩提院の蔵俊《ぞうしゅん》のもとに入室し、永万元年（一一六五）に出家した。その貞慶の法名は母が夢に見たことによるという（『解脱上人《げだつしょうにん》御形状記《ごけいじょうき》』）。

伯父の覚憲《かくけん》に仕えて学ぶなか、承安二年（一一七二）の十八歳の時に醍醐寺の実運《じつうん》から虚空蔵《こくうぞう》求聞《ぐもん》持法《じほう》を学んで、勉学に勤しむようになった（『虚空蔵要文』）。寿永元年（一一八二）には興福寺の重要な法会である維摩会《ゆいまえ》の竪義《りゅうぎ》を、文治二年（一一八六）にはその講師を勤めるなど南都の逸材として将来を期待された。

建久二年（一一九一）から関白の九条兼実《かねざね》との親交が深まり、同年二月二十一日の法華八講の講師を勤めた時には、兼実から「説法珍重」「談と云ひ、弁説と云ひ、末代の智徳也。感ずべし」と賞賛

解脱上人貞慶像（海住山寺蔵）

され、「感涙、実に神明三宝と雖も、争《いかで》かこの理に伏せしめ給はざらんや。殆ど神と謂ひつべきか。尊ぶべし尊ぶべし。この感応必らず空しからざるべき者也」とも称えられている（『玉葉《ぎょくよう》』）。

ところがその翌年二月、兼実は貞慶から籠居《ろうきょ》の意思を聞いた。それは弥勒菩薩を始めとする冥《めい》の仏たちや春日大明神の告知・神託によるもので、笠置《かさぎ》に籠居するという。止めたが、意思は堅く、建久四年（一一九三）秋に笠置に移住すると（解脱上人）、以後、般若台《はんにゃだい》や十三重塔を建立して笠置寺を整備し、龍香会を創始し『弥勒講式《みろくこうしき》』を作り、弥勒信仰を深めていった。

兼実の弟慈円は、仁安二年（一一六七）十月に覚快法親王の白川房で出家し、当初は道快と称し、嘉応二年（一一七〇）十二月に法眼に叙され、治承元年（一一七七）に法性寺座主となった。これらは兼実が運動して実現させたものである。しかし山門の騒動が起きるなか、兼実亭に来た慈円は千日入堂を終えた報告をするかたわら、「大略世間の事、無益」と語って、「隠居」の思いを伝えた。

兼実が制止を加えて隠遁騒動はひとまず収まったが、治承四年（一一八〇）八月十四日にも「籠居」を伝えてきた。兼実の制止にもかかわらず、頗《すこぶ》る承引せずに「生涯無益」のことを述べたといい、治承四年十一月七日には十一日から西山の善峰寺《ぜんぽうじ》辺に籠居すると伝えている。

この二度の籠居の騒ぎが収まったのは、養和元年（一一八一）十一月六日に法印《ほういん》に叙されたことによるものらしく、以後、兼実の意に沿いつつ仏法興隆に邁進していった。兼実が摂政になると、その推挙で天台座主となり、さらに後鳥羽天皇の護持僧となって仏法界の頂点に上り詰めた。

貞慶もまた籠居のままでは終わらなかった。建久九年（一一九八）に興福寺が鎌倉幕府に訴えた牒《ちょう》状《じょう》の執筆の労をとっている。和泉《いずみ》の国司の使者が春日社の神人《じにん》に乱暴を加えた事件についてのもので、興福寺と春日社の一体性に基づいて、王法がそれをないがしろにし一人の臣下を流罪にするのを惜しむのは不当である、と指摘した。

正治元年（一一九九）六月には、笠置の般若台での霊山会《りょうぜんえ》の用途として伊賀国の荘園を後鳥羽上皇が寄進し、翌年に貞慶を水無瀬殿《みなせどの》御所に招いて、法相宗《ほっそうしゅう》の宗旨を尋ねている。

浄土宗をめぐる動き

貞慶が積極的に上皇との関係を持つようになったのは、重源が東大寺の大仏殿の供養を遂げ、栄西が大陸から帰朝して鎌倉に下って幕府の援助を得、法然がしばしば授戒のために兼実亭を訪れて念仏専修を訴えるなど、宗教運動が活発になっていたからである。

元久《げんきゅう》二年（一二〇五）、貞慶はその法然の専修念仏を批判して、停止を求める興福寺奏状の起草にあたるとともに、戒律の重要性を痛感し山城の海住山寺《かいじゅうせんじ》を道場として再興した。貞慶の教えは法相宗・弥勒信仰・律からなり、そのうちの法相宗を担ったのが興福寺、弥勒信仰を担ったのが笠置寺、律を担ったのが山城の海住山寺であった。

慈円もまた法然の活動に危機感を覚えていた。「九条殿ハ念仏ノ事ヲ法然上人スヽメ申シヲバ信ジテ、ソレヲ戒師ニテ出家ナドセラレ」と、兼実が法然を戒師として建仁二年（一二〇二）に出家する傾倒ぶりから、天台教学の興隆を思い立ち、元久二年（一二〇五）に仏教興隆の道場（大懺法院《だいせんぼういん》）を建てた。器量のある僧の能力を開花させようとしたものであったのだが、皮肉なことにここの供僧《ぐそう》のなかから法然の門下に入ったものが多く生まれている。

法然は承安五年（一一七五）の四十三歳の時に比叡山を下りて東山吉水《よしみず》に住んで念仏の教えを弘めたとされるが、その前年に生まれたのが親鸞《しんらん》である。親鸞の父は「弼の宰相有国卿の五世の孫、皇太后宮大進有範の息なり」とあり、儒者の家の日野有範《ありのり》であって、治承五年（一一八一）に養父である後白河院近臣の藤原範綱《のりつな》に連れられ慈円に入室したという。

当初は慈円に童として仕えたが、十三歳の頃に出家して、この時に朝廷に仕える道を絶ち、僧の道を歩むことになった。法名の範宴《はんえん》の「範」は父有範から一字をとったものである。出家後は比叡山延暦寺で「堂僧」として奉仕した、と親鸞の妻・恵信尼《えしんに》の書状に見え、「楞厳《りょうごん》横川の余流を湛えて」と伝記の『親鸞上人伝記絵』に見えるので、比叡山延暦寺の三塔の一つである横川《よかわ》の首楞厳院《しゅりょうごんいん》の堂僧として修行をしたのであろう。

そこで修行するうちに、京の六角堂《ろっかくどう》に籠もると、聖徳太子の夢を見てその示験から、意を決し法然の吉水の房を訪ねたが、これは「隠遁の志にひかれて」のものであったという。伝記はそれを建仁元年（一二〇一）の春のこととし、親鸞の主著『教行信証《きょうぎょうしんしょう》』も「建仁辛酉の暦、雑行を棄てて本願に帰す」と建仁元年のこととしている。

その少し前の建久九年（一一九八）に法然は本格的な著作『選択本願念仏集《せんちゃくほんがんねんぶつしゅう》』を著しているので、これも切っ掛けとなったのであろう。『教行信証』や伝記によれば、親鸞は元久二年（一二〇五）四月に『選択本願念仏集』の書写を、同年には法然の肖像画の制作も許され、六角堂で聖徳太子から呼びかけられた「善信《ぜんしん》」という名乗りを法然に認められていたという。親鸞は一心不乱の勉学を志し、法然に認められたのである。

だが、法然と門下の活動には南都北嶺が大いに危機感を抱いていて、なかでも比叡山の大衆が黙っていなかった。かつて栄西らの禅宗停止を要求したように、専修念仏の停止を朝廷に迫って、蜂起したのである。

そこで法然は『七箇条制誡《しちかじょうせいかい》』を草して門弟に自粛を示し、それを誓った門弟百九十名の署名を添え延暦寺に送った。この時に親鸞は綽空《しゃくくう》と署名しているので、法然房源空《げんくう》から一字を得て名乗るようになっていたことがわかる。しかし『七箇条制誡』では事態はおさまらなかった。法然の門弟たちには一向に反省する意思がなく、「上人の詞には皆表裏有り、中心を知らず、外聞に拘る勿れ」とさえいう始末であったという。

建永の法難

続いて南都の興福寺が元久二年十月に九箇条の奏状を提出したが、これを執筆したのも貞慶である。法然とその門下の九つの「失」（誤り）を指摘し、宗旨を論破しようとした。それらは、第一に「新宗を立つるの失」、第二に「新像を図するの失」、第三に「釈尊を軽んずるの失」、第四に「万善を妨ぐるの失」、第五に「霊神に背くの失」、第六に「浄土に暗きの失」、第七に「念仏を誤るの失」、第八に「釈衆を損ずるの失」、第九に「国土を乱るの失」である。

浄土宗の布教の方法に始まり、教義の内容や門弟の活動などについての問題点を指摘した、貞慶の釈迦信仰と興福寺の法相宗の核心をなす唯識《ゆいしき》思想に基づく批判であった。

朝廷はこの争いに関与するのに消極的だったが、興福寺衆徒からの強い要請があるなか、後鳥羽上皇の熊野詣の留守中、日ごろの行動を問題視されていた法然の門弟の遵西《じゅんせい》や住蓮《じゅうれん》が行う別時念仏《べつじねんぶつ》に、小御所の女房たちが出掛けて外泊したのが発覚し、ついに建永《けんえい》二年（一二〇七）に念仏停止の宣旨が出され、法然・行空《ぎょうくう》・幸西《こうせい》・親鸞ら八名が流罪となり、遵西や住蓮・善綽《ぜんしゃく》ら四名が斬罪に処せられた（建永の法難）。法然は還俗《げんぞく》させられ、「藤井元彦」として土佐への流罪となったが、後に讃岐に変更された。

だがこれまで京を足場に浄土宗の布教をしてきたのが、この配流を契機に地方に広がることになった。法然は十か月の間に塩飽《しあく》諸島や西念寺《さいねんじ》を拠点として、讃岐国内を布教したという。

やがて後鳥羽上皇建立の最勝四天王院《さいしょうしてんのういん》の供養の恩赦によって、帰京を赦され、その翌建暦《けんりゃく》二年

（一二一二）に遺言として『一枚起請文《いちまいきしょうもん》』を著すと、直後に亡くなっている。

観念の念にもあらず、又学文をして念の心を悟りて申す念仏にもあらず。ただ極楽往生のためには、南無阿弥陀仏と申して、疑なくて往生するぞと思とりて申すほかには、別の子細候はず。

「阿弥陀仏」と唱えてその救いを一途に求めること、直接に阿弥陀仏への結縁を勧める作善を求めて一生を終えた法然であった。

その弟子の親鸞は僧籍を剥奪されて、藤井善信という名乗りで越後の国府に配流され、「非僧非俗」の生活を送ることになったが、この「非僧非俗」の立場において妻帯が可能となり、配流中に子を儲けた。建暦元年（一二一一）三月三日生まれの信《しん》蓮房《れんぼう》である。

源空（法然坊・円空大師　東京大学史料編纂所蔵）

その年十一月には罪をゆるされたが、京都には帰らず越後にとどまった。子どもを儲けたことと大いに関係があろう。法然の死に立ち会わなかったことや、その後の東国での布教が親鸞の宗教人生にとっての大きな転機となった。法然の正統な継承者の地位からはずれるなか、浄土真宗を求める旅として関東に向かったのである。

夢と身体

建暦二年（一二一二）に『摧邪輪《ざいじゃりん》』を著した明恵も、法然が菩提心を捨て去っているとして思想的に批判した。承安三年（一一七三）に院武者所《いんむしゃどころ》の武士平重国《しげくに》と紀伊国の湯浅宗重《むねしげ》女の子として生まれた明恵は、治承四年（一一八〇）に親を亡くしたことから、高雄神護寺《じんごじ》に文覚《もんがく》の弟子で叔父の上覚《じょうがく》に師事し、文治四年（一一八八）に出家、東大寺で具足戒《ぐそくかい》を受けた。

仁和寺で真言密教を、東大寺尊勝院《そんしょういん》で華厳宗・倶舎宗《くしゃしゅう》の教学を学ぶなか、俗縁を絶って紀伊の有田郡白上《しらかみ》に遁世し、修行を重ねた後、高雄山の文覚の勧めで山城国栂尾《とがのお》に住み、華厳の教学を講じた。その年の秋、再び白上に移った後、紀伊国を転々としながら修行と学問の生活を送ったが、その間、捨身《しゃしん》という我が身を狼に食べさせようと試み、母とも慕う仏眼仏母《ぶつげんぶつも》菩薩の前で我が耳を切るという自傷行為により、己が宗教的確信を得ようと努力した。

釈迦への思慕の念深く、建仁二年（一二〇二）にはインドに渡ろうとしたが、病気のために断念すると、元久元年（一二〇四）に『大唐天竺里程書』を作成し、再びインドに渡って仏跡を巡礼しようとしたところ、夢に春日明神からの神託を得て断念する。

建永元年（一二〇六）、後鳥羽上皇から栂尾の地を下賜されて高山寺《こうざんじ》を開くと、華厳教学の研究や坐禅修行などの観行に励み、戒律を重んじて顕密諸宗の復興に尽力し、華厳の教えと密教との統一・融合をはかった。

法然・親鸞らが天台教学から発しているのに対し、明恵・貞慶は南都の教学から発し、新たな宗教運動に入ったのだが、彼らは共通して夢を契機に信心を深め、かつ身体を動かしていった。

『春日権現験記絵巻』第十八巻（国立国会図書館蔵）より 地に伏して明恵を迎える鹿たち

法然は夢に善導の『観経疏《かんぎょうしょ》』を見て、親鸞は聖徳太子の夢を見て、貞慶や明恵は春日の神を夢に見て新たな動きに向かうなど、夢見を契機に信仰を深めていった。明恵の著した『夢記《ゆめのき》』はその見た夢の記録であり、見た夢がどのような意味をもっていたのかを記している。

明恵・貞慶の戒律重視の系譜を引く叡尊《えいぞん》も、出家の意思を固めた契機は下醍醐の清瀧宮《せいりゅうぐう》に籠っていた時に見た霊夢にあった。夢の中に現れた巫女が、「金剛王院《こんごうおういん》に行き沐浴すべし」と語ったので真言を学ぶことになったという（『金《こん》剛仏子叡尊感身学正記《ごうぶっしえいぞんかんじんがくしょうき》』）。

中世人にとって夢は神仏からのメッセージで

あったのである。宗教者のみならず夢が行動への大きな契機となっていたことは、多くの日記から知られる。例えば承安四年（一一七四）九月に熊野詣を行った後白河上皇の近臣・藤原経房《つねふさ》の旅は、夢の連続であった（『吉記《きっき》』）。

九月九日の夜の夢では阿弥陀三尊の来迎像を見て「二世の願望」の成就を実感して感涙しており、二十一日に熊野詣に向かっているが、その日記は日々見た夢と、その解釈とを記している。

二十一日　公卿三人（前大納言・新大納言・源中納言）が現れ、源中納言が小児を抱いていた。↓この小児は熊野の若王子《にゃくおうじ》の神であろう。

二十二日　兼壕《けんごう》・実慶《じっけい》の南山の行者が現れ、松茸を送ってきた。↓権現が現れ、長寿を保つということを示すものであろう。

二十三日　女院（建春門院）の命令で常夏の花を入手して庭に植えた。出車《いだしぐるま》の出衣五両の奉仕など出衣の奉行をした夢をまた見た。↓吉夢という。

このようにほぼ毎日のように吉夢を見ることを望んでは見て、自分の信心による祈願を神が納受してくれることを期待していたのである。

生身の仏

九条兼実の『玉葉』や藤原定家の『明月記』を見ても、夢に明日への希望を見出していた。兼実が摂政になることを確信したのは治承三年（一一七九）の清盛のクーデタが起きた時に見た夢にあったと『愚管抄』は記している。中世人は夢で動いていたことが知られる。

治承元年（一一七七）の頃、多くの人が見た夢に、奝然《ちょうねん》が永観元年（九八三）に宋から将来した嵯峨《さが》の清凉寺《せいりょうじ》の釈迦如来が西に帰るという告げがあり、上下万民が雲霞のごとく群集して名残を惜しんだところ、日本に留まるという告げがあり、この生身《しょうじん》の如来の霊験を得ようとする多くの参詣・参籠者で賑わうようになったという（『清凉寺縁起』）。

ここから三国伝来の霊像で、「生身の如来」という信仰が広まり、建保六年（一二一八）十一月に嵯峨の釈迦堂が焼失した際には、釈迦像を仁雅《にんが》法眼が抱いて持ち出して難を逃れたことから、釈迦堂は栂尾の明恵の勧進により再建されたが、その時に明恵が説法を行うと、多くの神々がやってきてそれを聞いていたという。

この清凉寺の釈迦如来が生身の仏ということから、それを模刻した清凉寺式釈迦如来像が叡尊により奈良の西大寺に安置されるようになってからというもの、各地の律宗寺院に本尊として安置されていった。源頼朝が再興に尽くした信濃の善光寺の本尊の阿弥陀仏も、生身の阿弥陀と称されて信仰を集めてゆき、その摸刻の阿弥陀三尊が各地の新善光寺に安置されていった。

仏像といえば、東大寺南大門の高さ八メートルに及ぶ仁王像は、運慶、快慶、定覚《じょうがく》、湛慶《たんけい》（運慶の子）らの大仏師が小仏師多数を率いて約二か月で造られた。

この東大寺再建は巨大建造物である大仏と大仏殿や南大門の造営のためには新たな技術が必要とされ、大仏様と称される建築技術が大陸から導入され、多くの技術者が勧進集団に組織して再建され、建仁三年（一二〇三）に惣供養が行われたが、その再建と並行して行われた興福寺の再建にも多くの建築・美術に関わる職人が動員され、これらによって美術の世界が大きく開かれていった。

承元二年（一二〇八）から建暦二年（一二一二）にかけて、運慶は一門の仏師を率いて興福寺北円堂の本尊弥勒仏坐像と無著《むちゃく》・世親《せしん》像を造っている。快慶が重源から「安阿弥陀仏」の名をあたえられ、重源と信仰心をともにして優美な作品を制作したのに対し、運慶は東国の武士の注文に基づいて力強い仏像を造った。伊豆の北条館の願成就院《がんじょうじゅいん》の阿弥陀如来像、不動明王像、毘沙門天像は、北条時政の発願によって文治二年（一一八六）に制作され、三浦半島の浄楽寺《じょうらくじ》の阿弥陀三尊像、不動明王像、毘沙門天像は和田義盛の発願によって文治五年に制作されている。

運慶が造った仏像は生身の仏と考えられ、崇《あが》められてゆき、実朝の持仏堂の本尊となった釈迦如来や、実朝の無事を祈って造られた大威徳明王像《だいいとくみょうおうぞう》は運慶の作品である。運慶の仏像が生身の仏と考えられたように、この時期の仏像にはそれまでとは違った傾向が認められる。

奈良の新薬師寺の地蔵菩薩像は、その胎内文書から嘉禎二年（一二三六）に尊遍《そんぺん》が師の実尊《じっそん》の「形像」を作って、「聖霊の御質に凝らし、昼夜親近し、常に奉仕」するようにしたものという。同じく奈良の伝香寺《でんこうじ》の地蔵菩薩像は裸形に衣服を着せてあり、着せ替え人形のようにして拝していたのであろう。

後白河法皇像や平清盛像などの肖像彫刻が造られるようになったのも、生身の仏と関連するもので、この時代の身体への目覚めと大いに関係がある。

二　承久の乱――身体をかけて

政治的統合へ

後鳥羽上皇は承元元年（一二〇七）の後半から詩や蹴鞠・今様へと関心を移していった。十二月二十九日に「仙洞、偏へに詩の御沙汰」、翌年二月五日に「近日、毎日郢曲《えいきょく》・御遊有り」（『明月記』）とあって、四月十三日の「院の御鞠勝負」の記録は、絵巻（『承元御鞠記』）に制作されて鎌倉にもたらされた。上皇は飛鳥井雅経《まさつね》や難波宗長《むねなが》に「蹴鞠の長者」の称号をあたえられるほどの身体能力を示したのである。

だが和歌への意欲を全く失ったわけではなく、『新古今和歌集』の歌の切継ぎは承元四年（一二一〇）まで行われている。文化・芸能の空間として水無瀬や鳥羽の離宮、二条殿御所などを整備し、院御所の厩御所や小御所が近臣・女房との交流の場となっていた。建永二年（一二〇七）に最勝四天王院を造営すると、和歌の名所を定家に命じて選定させ、その絵画と和歌とを障子に描かせている。

和歌の名所は富士山や遠く陸奥国の「幽玄」の名所にまで及んでいて、そこには全国の文化的統合を図ろうとする意図があった。

　こうした上皇の統合の動きに沿って、様々な領域において文事や芸能が整えられ、それが家業として後世に伝えられる体制が生まれていった。儒者では菅原為長が幕府の政子の委嘱で『貞観政要』の仮名文を著したが、『文鳳抄《ぶんぽうしょう》』や『管蠡抄《かんれいしょう》』などの類書も著して高辻家の、藤原孝範は『明文抄《めいぶんしょう》』『秀句抄《しゅうくしょう》』『柱史抄《ちゅうししょう》』の三部作を著し、順徳天皇に捧げて藤原南家の、飛鳥井雅経も蹴鞠の書『蹴鞠略記』を著して飛鳥井家のそれぞれの家の基礎を築いた。藤原定家は家集『拾遺愚草』や歌論書『近代秀歌』を著し、御子左家の継承を考えたのである。

　鎌倉末期になった『元亨釈書《げんこうしゃくしょ》』は、音の芸能の歴史を記すが、唱導《しょうどう》では「治承・養和之間」に澄憲《ちょうけん》が「家学」として確立し、それが子の聖覚《せいかく》・隆承《りゅうしょう》に「家業」として伝えられたと語り、念仏では「元暦・文治之間」に源空（法然）が「専念之宗」を立てて以来広まったと指摘している。

　上皇の政治への意欲が高まるなか、承元四年九月に彗星が出現すると、十一月二十五日に俄かに譲位へと動いた。『愚管抄』によれば、「彗星イデテ、夜ヲ重ネテ久ク消エザリケリ。ヨノ人イカナル事カトヲソレタリケリ」と、彗星出現に世人が騒ぎ出して祈禱などが行われ、一旦は消えたものの、再出現したことから譲位を断行したという。

　土御門《つちみかど》天皇から順徳《じゅんとく》天皇への代替わりにともなって、徳政を実施して政治の刷新をはかり、新たな政治へと進んでいったのである。代替わり改元で建暦元年（一二一一）になると、四月に最勝四天王院で一日一切経書写供養を行い、五月に朝廷の公事を整えるために、西園寺実氏《さいおんじさねうじ》や藤原光親《みつちか》などの近臣による「公事の沙汰」を行い、七月一日には公事の竪義《りゅうぎ》を行う企画を立て、二十日から二十四日までの五日間行った。

九月二十四日には大嘗会《だいじょうえ》の論議も行い、公事・行事に関わる番《ばん》論議や節会《せちえ》・行事の予行練習である「習礼」なども必ず行うようになった。こうした上皇の公事勉学の成果が、二百八十五か条からなる『世俗浅深秘抄《せぞくせんじんひしょう》』である。これまで院政は展開してきても、院の行動や衣装などについての故実は整えられておらず、きちんと整理したのである。

上皇の政治改革

建暦二年（一二一二）には訴訟のあり方や風俗の統制に関わる建暦の新制を出している。建久の新制以後、久しく制定されていなかった新制だけに上皇の意欲がみてとれよう。

建暦新制は全部で二十一か条からなり、寺社の保護・統制についての八か条と、祭礼などの華美を戒める過差停止の七か条、六斎日での殺生禁断や僧侶の兵杖、私出挙《しすいこ》、巷での群飲、京中での中媒の停止など、習俗に関わる統制の六か条で、多くは天皇の政治の在り方に関わるものである。

神社や寺院の神事・仏事や修造を行い、風俗の美麗・贅沢などの過差を禁じるとともに、伊勢神宮以下の神社が訴える場合は、正式のルートである官に付け、官から蔵人を通じて奏聞するように命じている。

上皇は順徳天皇の成長に心を砕いて、行事の習礼に熱心に取り組み、内裏において和歌や詩の会を開いてその学習を促すことに力を注いだが、これに応じて順徳天皇は天皇のとるべき行動に関わる先例や規範を記す『禁秘抄《きんぴしょう》』を著した。これは宇多《うだ》天皇が記した『寛平御遺誡《かんぴょうのごゆいかい》』とともに、天皇の作法や故実において後世に大きな影響を与えた。

こうして新たな政治へと舵を切った上皇は、さらに幕府の実朝を取り込むことへと進み、実朝の後継者に皇子を据え幕府を包含することに動いたことで、上皇を後見する卿二位《きょうのにい》藤原兼子と鎌倉から上洛した二位尼《にいのあま》政子との会談が設定された。

経済的には、後白河法皇から継承した長講堂領《ちょうこうどうりょう》など多くの所領を得ていたが、その上に鳥羽法皇が八条院に譲与した八条院領も上皇の娘春華門院《しゅんかもんいん》が継承したことから管理するようになり、主要な天皇家領のほとんどが上皇の管轄下に置かれるようになった。諸国の主要な知行国も掌握し、これらを近臣に分配し院に奉仕させ、北面の武士のほかに西面の武士の制も設け、彼らにも所領をあたえて武力の充実をはかり、源氏の大内惟義《これよし》を近臣として畿内近国の守護に任じた。

しかし実際の政治は太政大臣藤原頼実《よりざね》と卿二位夫妻に相談により決められることが多く、上皇が頼みとしていた九条兼実の末子左大臣良輔《よしすけ》が早世したため有能な公卿の意見が退けられる傾向にあり、上皇の政治には危ういものがあった。公卿の数は大幅に増えたものの、上皇から離れてゆく人々も増えていた。

『古事談』を著した源顕兼《あきかね》はその一人で、村上源氏の顕房《あきふさ》の流れにあったが、上皇に重用されず、承元二年（一二〇八）正月に三位になったものの、同年十二月に刑部卿《ぎょうぶきょう》を辞して、建暦元年（一二一一）三月に出家している。その著した『古事談』は王権に関わる話を多く載せてはいても、王権に秩序化されない人々の話が中心となっており、顕兼の立場をよく反映している。

実朝の身体

関東では上皇の影響を受けた実朝の動きが関心の的となっていた。建保四年（一二一六）六月八日には、東大寺大仏の鋳物師であった陳和卿《ちんなけい》が鎌倉に下って来て面会を求めた。

和卿は重源に協力して大仏の鋳造にあたり、建久七年（一一九六）の東大寺供養の日には、頼朝から対面を求められたが、「多く人命を断ぜしめ給ふの間、罪業これ重く、値遇し奉るにその憚り有り」と、多くの人命を絶った頼朝の罪は重く、会うのには憚りがあると、面会を断ったという。

その和卿が実朝が「権化の再誕」であるという噂を聞き、「恩顔」を拝するために来たという。実朝が六月十五日に対面すると、和卿は三回拝してすこぶる涙を流し、「貴客は宋朝医王山《いおうさん》の長老たり。時に吾れその門弟に列す」と、実朝を医王山の長老の生まれかわりであると語った。聞いた実朝には思い当たる夢を見たことがあって、信じるようになったという。医王山とは中国の阿育王寺《あいくおうじ》で、仏舎利《ぶっしゃり》出現の霊地として信仰が高まり、入宋僧たちから霊場として崇められていた。

和田合戦によって信頼していた和田義盛が滅ぼされたことで心が傷ついていた実朝は、鴨長明の影響もあって遁世への願望が芽生えており、大陸への渡航熱や仏教信仰の深まりから、大陸への渡航を考えるようになった。その願いから陳和卿に唐船を建造させたが、建保五年（一二一七）四月に完成した船は由比ヶ浜に浮かばず、渡航を断念したことから、新たな遁世の道を求めることになった。

朝廷から次期将軍を迎えて兄頼家の娘と結婚させ、自身はこれを補佐しつつ出家するという構想であって、そのために官位の上昇を上皇に求めた。これに応じ上皇は実朝を権中納言から権大納言に、さらに建保六年（一二一八）三月には左大将、同十二月には内大臣と急速に昇進させ、ついに十二月に右大臣に任じた。上皇も実朝の後継者として皇子を関東に下し、実朝がそれを後見する形で幕府を従えさせようと考えたのである。

だが、政治的にも経済的にも、上皇の実力が高まるなかでの動きであったから、幕府内部に危機感が走り、すぐに起きたのが建保七年（一二一九）正月の雪の夜の惨劇である。二十七日、夜陰に及んで大臣拝賀の神拝を済ませた実朝の退出時に事件は起きた。鶴岡八幡宮別当になっていた甥の公暁《くぎょう》が実朝を親の仇と狙い、石階の際《きわ》にうかがって実朝を殺害に及んだのである。『愚管抄』はその模様を次のように語っている。

奉幣終テ宝前ノ石橋ヲクダリテ、扈従《こしょう》ノ公卿列立シタル前ヲ揖《ゆう》シテ、下襲尻引《したがさねしりひき》テ笏《しゃく》モテユキケルヲ、法師ノケウソウトキント云物シタル、馳カカリテ下ガサネノ尻ノ上ニノボリテ、カシラヲ一ノカタナニハ切テ、タフレケレバ、頸ヲウチヲトシテ取テケリ。

上宮の軒下にいた公暁が一刀で実朝を討った時、「ヲヤノ敵《かたき》ハカクウツゾ」と叫んだことを「公卿ドモアザヤカニ皆聞ケリ」と記している。公卿が列立している近くで「親の敵はこう討つのだ」と叫び殺害に及んだという。極めて臨場感のある表現であれば、実際にその場にいた人の目撃談であったろう。

こうして幕府は実朝の「右大臣家」から、出家した政子の「禅定《ぜんじょう》二位家」へと代わった。『愚管抄』は「サテ鎌倉ハ将軍ガアトヲバ母堂ノ尼二位総領シテ、猶セウト義時右京権大夫サタシテアルベシ、ト議定シタル」と、政子が幕府の中心にあってそれを義時が支える体制となったと記している。

承久の乱

実朝が殺害されたことで上皇は政治的に幕府を従属させるための受皿を失ったので、幕府からの皇子の下向要請を拒否した。実朝のいない幕府に皇子を下すことは、皇統の分裂を招きかねず、政治的統合とは異なる道であった。皇子下向を要請する幕府の使者に対して、遊女亀菊《かめぎく》の所領の地頭職停止を求め、実朝後継者には九条道家《みちいえ》の子三寅《みとら》(頼経《よりいえ》)が下ることになった。

上皇は鎌倉幕府の混乱を見ながら挙兵の機会をうかがい、承久二年(一二二〇)に焼失した宮城の造営を行うなかで挙兵の意思を固めたが、これを察知し強い危機感をつのらせたのが上皇の護持僧の慈円と上皇に仕えたものの失脚していた中納言藤原長兼《ながかね》であって、長兼はあるべき王権の姿を説話の形で『続古事談《ぞくこじだん》』に著して上皇を諫めた。

慈円は日本の歴史を道理という視点から記し、幕府の存在が道理に基づくものと見る歴史書『愚管抄』を上皇に献呈して諫めた。そのなかで女性が政治を助けて我が国の政治が完成するという「女人入眼《にょうにんじゅがん》」を主張し、京の卿二位藤原兼子や鎌倉の政子に期待を寄せた。慈円の甥道家の子が鎌倉に下り、武家として朝廷を支えることに期待してのものであった。

だが上皇は彗星の出現により翌年四月に順徳天皇を退位させ、新帝（仲恭）を立てると、承久三年（一二二一）五月十五日に院中に官軍を集め、これに応じなかった京都守護の伊賀光季《いがみつすえ》を討ち、親幕府勢力の西園寺公経《きんつね》・実氏父子を尊長《そんちょう》法印に命じて弓場殿に押し込め、北条義時以下の追討の宣旨を発した。その宣旨は追討使の将軍を記さず、武家を追討の対象としてはいない。上皇の目論見は、追討の宣旨を出せば幕府は内紛をおこし瓦解するというもので、そうなれば武家を鎌倉から京に移し、朝廷を護持させようと考えたのである。

京方の主な軍事力は院の北面や、西面の武士である能登守藤原秀康《ひでやす》、山田重忠《しげただ》、仁科盛朝《にしなもりとも》など、それに京都守護の源（大江）親広《ちかひろ》や在京御家人の大内惟信《これのぶ》・三浦胤義《たねよし》、西国守護の佐々木広綱《ひろつな》など、さらに西国の有力御家人であり、ほかに尊長・長厳《ちょうごん》などの近習の僧もいた。幕府に連なる勢力が多く含まれており、宣旨によって幕府が内部分裂を引き起こし、北条氏は孤立するかに思われた。

しかし追討の宣旨が鎌倉に到来すると、京下りの大江広元《ひろもと》が軍勢の上洛を主張し、北条政子は頼朝以来の将軍の恩顧を強調する次の檄を発した。

皆、心を一にしてうけたまわるべし。これ最期の詞なり。故右大将軍、朝敵を征伐し関東を草創してよりこのかた、官位といい、俸禄といい、その恩は山岳より高く、溟渤より深し。報謝の志、浅く有らんか。しかるに今、逆臣の讒により、非義の綸旨を下さる。名を惜しむ族、早く秀康・胤義らを討ち取り、三代将軍遺跡を全うすべし。但し院中に参らんと欲さば、ただ今申し切るべし。

頼朝以来の恩顧を強調し、追討の宣旨が逆臣の讒言《ざんげん》によって下されたものであるとし、そのいずれを取るかと武士たちに迫り、京方との戦端を開くことに決した。それでも軍勢を上洛させるべきか、軍勢が来るのを待つかで意見は分かれたが、二つの意見に政子はためらうことなく上洛しなければ官軍を破るのは困難と指摘すると、幕府はその固有の基盤である東国十五か国の家々の長に軍事動員をかけて、軍勢を京に進めたのである。

東海道から北条泰時《やすとき》・時房《ときふさ》を大将軍にして十万余騎が、東山道から武田信光《のぶみつ》・小笠原長清《ながきよ》以下有力御家人を中心とする五万余騎が、北陸道からは北条朝時《ともとき》以下の四万余騎の大軍が上った。そのうち東海道軍が尾張・美濃の国境の墨俣《すのまた》などの京方の防衛ラインを突破すると、ほとんど抵抗もないままに幕府軍は六月十四日には宇治川を越して入洛し、十五日に京方は全面降伏した。

乱後の体制

京方と関東方の身体をかけての戦乱の結果、後鳥羽上皇は武力放棄の院宣を発し、進駐軍の大将軍である義時の子泰時と弟時房が京都の六波羅に入って、戦後の処理にあたった。

義時の指示に基づいて乱直前に即位した仲恭天皇を廃し、後鳥羽の兄の守貞《もりさだ》親王を後高倉《ごたかくら》上皇となし、その子の後堀河《ごほりかわ》を天皇に据えて後高倉院政が始まり、後鳥羽・土御門・順徳三上皇は配流に処された。六月二十四日に合戦の議定に関わった公卿らが幕府の申請により関東に下され、後鳥羽上皇は七月八日に鳥羽殿で出家し、十三日に隠岐に配流となった。

泰時・弟時房に始まる六波羅探題は、西国の経営と京都の守護、朝廷の監視を主な任務とし、乱前の京都守護とは異なり、幕府の指示に基づいて動き、自立した動きは厳しく制限された。以後、その探題には北条一門が任じられ、北方・南方の二人制で「武家」と称され、幕府は「関東」と称された。

京方の人々の所領が没収されて、その跡に地頭として多くの東国の御家人が任命されたので、東国御家人の地頭職が西国に広がり、それとともに本所・領家との間で紛争が多発するようになり、乱後の朝幕関係における大きな課題となった。

地頭の得分や権利は、文治二年（一一八六）の太政官符以来の原則で、謀叛人の跡を継承するものであったが、その地頭の得分が著しく少ないとして東国の慣例を持ち出す地頭と、先例を主張する本所・領家との間に争いが起き、本所側から地頭非法の訴えが続発したのである。そこで貞応《じょうおう》二年（一二二三）六月に宣旨が出され、地頭の得分は十町別に免田が一町、反別に加徴米五升という率法（新補率法）が定められた。

これに基づいて幕府は七月六日に法令を出し、没収された本司跡のうち得分が尋常の地の場合には旧来通りとし、得分が少ない土地では新補率法を適用するものと定めた。地頭の新補率法が宣旨で示されたのは、官符を修正するには宣旨が必要だったからであり、以後の地頭制度はこの貞応の宣旨が基準となった。

荘園公領制は延久《えんきゅう》元年（一〇六九）の荘園整理令によって成立し、保元元年（一一五六）の新制によって確立をみ、治承寿永の内乱後に地頭制度を組み込む文治二年（一一八六）の太政官符によって再編され、この承久の乱後の貞応二年の宣旨により完成をみたことになる。

守護の職務も定められた。東国の守護は恩賞として与えられた場合が多く、国衙の検断に関わっていたことからそのままに任じられていたが、西国の守護では院の直接の命令で動くことが多かったところから、ともに幕府の指示の下で動くこととされ、職務の面が強調された。

守護の権限は頼朝の時に定められた御家人への大番役《おおばんやく》の催促と、謀叛・殺害人の追捕の三か条であったが、それでは乱後の治安がおさまらないことから、守護の職務として上記のほかに、夜討ち・強盗・山海賊の追捕なども加えられた。これらはもともと地頭にあたえられていた職権であったが、守護にもあたえることで全国の治安維持に責任を負う体制が整えられた。ここに守護の職務と幕府・

六波羅・西国守護の命令系統が定まって、守護制度は地頭制度と並んで確立をみた。

鎌倉幕府の新体制

貞応三年（一二二四）六月、幕府の屋台骨を支えていた北条義時が急死し、子の泰時が鎌倉に戻ったところ、継母の伊賀方《いがのかた》が実子政村《まさむら》を次期執権に擁立する事件が起きた。これに対し北条政子は泰時・時房を執権・連署に任命し、伊賀方らの勢力を排除した。

執権となった泰時は自身の政治基盤の脆弱さを知って、慎重な行動をとった。父義時の遺領配分では弟妹に多くを与えたので、政子が取り分を多くさせようとしたが、辞退しつつも、北条氏嫡流家の家政を司る「家令《かれい》」を置き、信任の厚い家臣の尾藤景綱を任じ、北条氏嫡流の家督の家としての得宗《とくそう》家の基礎を整えた。

承久の乱の勝利によって幕府は武家政権としての自信と自覚とを抱くようになって、泰時は以前にも増して京の政治と文化を積極的に摂取していった。元仁元年（一二二四）十二月には「政道興行の志」を抱いて「明法道《みょうぼうどう》の目安」に目を通すようになり、嘉禄元年（一二二五）七月十二日の政子の死を契機に有力御家人による政治を目指した。

幕府を形成し発展させてきた有力御家人を政治機構の中心に据える体制の構築である。十月三日の評定で御所を鶴岡八幡宮の前の若宮大路近くの宇都宮辻子《うつのみやずし》の地に移転することと定め、十二月二十日に三寅（頼経）が新御所に移り、翌日に新御所に執権の泰時・時房と評定衆《ひょうじょうしゅう》が集まって「評議始」が行われた。この場には鎌倉殿こと頼経が排除され、執権を中心として有力御家人から選ばれた評定衆の合議によって政治運営をする体制（執権体制）が成立した。

最初の評定では御所の東西の侍の簡衆《ふだしゅう》のことが審議され、御家人が東の小侍《こさむらい》にのみ詰めていたこれまでの体制を改め、西の侍を充実させ、遠江以東の十五か国の東国の御家人が番を組んで門々の警護を行うこととした。京都の皇居大番に倣った鎌倉大番の成立である。

すべてが整った上で翌嘉禄二年（一二二六）正月に頼経が元服し、その将軍宣下を要請する使者が京都に派遣され、将軍に任じられた。実権を執権主導の評定に奪われた将軍の誕生である。その新御所での評定所の様子は、嘉禄二年十月九日の評定がよく物語っている。

この日は訴訟に関する評定があったので、成り行きを心配した訴訟人が評定所の背後を徘徊して内容を窺っていたところ、敵方の人物が評定所の中にいるのを見たことから、堪らずに口を出したために敖々《ごうごう》の口論となり、以後、訴訟人が評定所の近くに参るのが禁じられる措置がとられた。これの実行を命じられたのは尾藤景綱・平盛綱《もりつな》・南条七郎・安東《あんどう》左衛門尉など執権（得宗）の御内人《みうちびと》であり、評定は執権に取り仕切られていたことがわかる。

寛喜三年（一二三一）十月二十七日には評定所に執権・連署が参り、評定衆が出仕して法華堂の火災について評定が行われ、その結果は事書《ことがき》に記され、執権が将軍に持参して御覧に入れて施行されている。

評定衆と評定所

歴代の評定衆をあげる『関東評定衆伝』は嘉禄元年（一二二五）から始まっていて、この時期が画期だったことがよくわかる。それには執権・連署の二人のほか、泰時の相談相手であった二階堂行《にかいどうゆき》村《むら》、問注所執事の三善（町野）康俊《やすとし》とその弟太田康連《やすつら》、政所執事の二階堂行盛《ゆきもり》のほか、矢野倫重《みちしげ》、助教中原師員《もろかず》、明法道の佐藤業時《なりとき》・斎藤長定《ながさだ》（浄円）などの文士と、有力御家人の三浦義村《よしむら》・中条家《いえ》長《なが》・後藤基綱《もとつな》が名を連ねていた。

当初、有力御家人には評定衆になることを強く意識されていなかった。『関東評定衆伝』の記事も嘉禄元年以後、寛喜三年（一二三一）までは記事を欠いている。しかし評定の機能が高まるとともに評定衆になることが強く望まれるようになった。

嘉禎元年（一二三五）五月に評定衆に選ばれた結城朝光《ゆうきともみつ》は、閏六月に自分は意見を述べるのに是非を弁えていないので、辞退すると語ったので、ならばどうして評定衆を引き受けたのかを泰時に問われ、子孫にこの栄誉を残すためであると語ったという。翌年に選ばれて、初参《ういざん》を遂げた後に辞退した北条一門の名越朝時《なごえともとき》も同様な例であろう。

この泰時の時代に定まった評定衆の家が、その後の幕府を運営する家として定着することになる。頼朝の時代に幕府の形成に参画し、侍に詰めた御家人の家を第一期の家とすれば、頼家の親裁権を制限すべく選ばれた御家人の家が第二期の家で、ここに第三期の家が形成されたことになる。

評定所がクローズアップされてきたことから、幕府の逸話もそれまでの侍や寝殿の場から評定の場へと移っていった。寛喜三年（一二三一）九月二十七日、名越朝時亭に敵が打ち入ったという噂を耳にした泰時は、評定の座から飛び出して助勢に駆けつけた。帰って来た泰時に向かって、御内人の平盛綱が、「重職」を帯びた人物がすることではない、とその軽挙を諌めると、眼前で兄弟が殺害されようという時に、それを見過ごすのは人の誹《そし》りを招くばかりである、と泰時が答えたので、二人の問答が多くの関心をよんだという。

天福《てんぷく》元年（一二三三）十一月十日、評定が終わった泰時は、前日から評定所に詰めて多くの訴訟の処理にあたっていた矢野倫重・太田康連・佐藤業時らを招き、その勤務ぶりを称えている。仁治《にんじ》二年（一二四一）十一月二十七日には評定が行われたついでに、幕府の射手の名人の似絵《にせえ》を京都から求められたことを審議している。

評定での逸話は無住《むじゅう》の著した仏教説話集『沙石集《しゃせきしゅう》』にも見え、下総国の御家人が領家の代官と争い、領家の言い分を率直に認めて、泰時に向かい「アラ負ケヤ」と言ったので、「席ノ人々、一同ニ、ハ、ト咲ヒケル」ことになったという。

鎮西の地頭の嫡子が、親に孝を尽くしたのに所領が譲られず、次男にすべて譲られたことから訴えたので、泰時のもとで対決があって、明法家の勘状が出された結果、兄の敗訴となってしまい、不憫に思った泰時が召し抱えたという話も載る。この話は得宗家に仕える御内人がいかに形成されたのかも伝えている。

泰時は行政の面でも意を尽くし、鎌倉には中央の行政機関として政所・問注所を整え、京都には西国の行政・裁判を担う六波羅探題、諸国には守護などの地方の支配機関を整えていった。

王朝社会の変動

承久の敗戦は王朝社会に大きな影響を与え、朝廷は統合から一転して自己反省へと進むことになった。藤原長兼は『六代勝事記《ろくだいしょうじき》』を著して、保元以来の歴史を探り、乱を招いた上皇の行動を厳しく批判するとともに、朝廷のあるべき姿を模索した。

朝廷の体制は維持はされはしたが、その自律性が著しく失われた。天皇を経ずに「治天の君」となった後高倉上皇には、もともと遁世の意思があったので、指導力を発揮する力がなく、乱による貴族の自信の喪失もあって政治は停滞した。そうしたなかにあって幕府に子頼経を送っていた九条道家が、朝廷の実権を握るようになり、乱前から幕府と関係が深かった藤原公経は北山に豪壮な別荘西園寺を建てて権威を振るうところとなった。

しかし乱後の社会混乱により盗賊の頻発など社会不安が起きていた。この時代の世相をよく伝えているのが歌人藤原定家の日記『明月記』である。定家は子為家《ためいえ》が後堀河天皇の蔵人頭《くろうどのとう》となり、娘民部卿典侍《みんぶきょうのてんし》が後堀河天皇の中宮に仕え、自身は中宮の父九条道家の側近であったので、様々な情報が集まってきて、それを記している。

嘉禄元年（一二二五）秋には次の小事件が起きた。吉祥院の前の河で鮎を取る人がいたので、近辺の神人らが神社の境内は殺生禁制であると触れたところ、我は貴人である、と称して聞き入れなかった。制止すると、かえって刃傷に及ぶ有様。やがて調べたところ、その貴人が源大納言定通とわかったので、改めて事情を尋ねると、このように訴えられるのは不本意だとつっぱね、武士がそこで漁をした時には咎めがなかったのに、どうして我を咎めるのか、その謂れはない、とも発し、揚げ句の果てに、「武士の威を恐れ、我を軽んじるのであろう。ならば我も又武士である。早くその場に赴き、神人らを悉く斬首して見せようか」と、嘯《うそぶ》いたという（『明月記』）。

大納言になった貴族に「我は武士なり」と言わしめたのが承久の乱であって、それは武力を目の前にして圧倒された朝廷と貴族の無力さを自覚した姿であった。嘉禄二年（一二二六）五月には、宋朝の鳥獣が京に充満しているが、これは唐船の往来により人々が面々に渡来させたもので、富豪の貴族が競って養っている、と記している。京では大陸渡来の鳥のペットブームが起きていたのだが、『吾妻鏡』には六波羅探題の北条時氏《ときうじ》が唐鳥を幕府に献上したことが見える。

嘉禄二年十月十七日に対馬《つしま》と高麗《こうらい》との間で合戦が起こったという報に接すると、「我が朝の渡唐の船、西に向かふの時、必らず彼の国に到着す。帰朝の時、多く風に随《したが》ひ高麗に寄るは流例なり。彼の国、已に怨敵とならば、宋朝の往反たやすかるべからず」と記し、この合戦によって中国との唐船の往来が途絶することに危惧している。大陸の書物が大いに求められていたのである。

時に極秘情報も飛び込んできた。定家のかかりつけの医師である心寂房《しんじゃくぼう》が六波羅に出入りしていて、そこで得た情報が伝えられたもので、安貞元年（一二二七）六月に、承久の乱の張本の一人である尊長が捕まった事件の一部始終を記している。

尊長は熊野にあったが、京や鎮西を回っていて、この三年ほどは在京し、和田合戦で滅んだ和田茂盛の子の兵衛入道や山門の伯耆房《ほうきぼう》らと交わりを持っていた。ところが兵衛入道が裏切り北条泰時に使者を派遣して密告したため、尊長が六波羅に連行された。探題らが居並ぶなかを進んだ尊長は、「ただ早く頸をきれ。若し然らざれば、また義時が妻が義時にくれけむ薬、われに是食わせてはよ殺せ」と叫んだという。

北条義時の妻（伊賀方）が夫を毒殺するために使った薬を自分に盛れ、と尊長が語ったのであるから、「衆中頗るこの詞に驚く」と、聞いた人々は皆驚嘆したという。真偽のほどは定かでないが、時代の雰囲気をよく伝える話である。

三　混沌からの脱却

嘉禄の法難と芸能

世情の混沌から人々は心の拠り所を求めた。金峰山衆徒と高野山衆徒とが境界をめぐって争い、延暦寺と興福寺とが荘園の帰属をめぐって争うなど、大衆の蜂起が続くなか、天台僧の定照《じょうしょう》が『弾《だん》選択《せんちゃく》』を著して法然の『選択本願念集』を非難したので、法然の弟子隆寛《りゅうかん》が『顕選択』を著し反論した。

これを契機に、嘉禄三年（一二二七）六月に延暦寺が専修念仏の停止を訴え、法然の墓所を破却する挙に出たことから、朝廷は専修念仏の隆寛や空阿弥陀仏《くう》を配流する嘉禄の法難が起きた。しかし先の建永の法難と同じく、この嘉禄の法難を経て貴族の家でも念仏が盛んに行われてゆき、法事讃や六時礼讃など念仏の芸能も広まった。『徒然草』は念仏の六時礼讃の歴史について、法然の弟子安《あん》楽《らく》が作り、その後、太秦《うずまさ》の善観房《ぜんかんぼう》が節博士《ふしはかせ》を定めて声明《しょうみょう》にしたことを記すが、念仏や読経などの芸能が定着したのはこの頃である。

京都で信仰を広げた浄土宗の僧たちは、続々と鎌倉に入って信仰を勧めた。文暦《ぶんりゃく》二年（一二三五）の幕府法が、濫行をなす念仏者の家の破却を命じ、鎌倉中から追放するとしたのは、そのことをよく物語っている。紀行文の『海道記《かいどうき》』が「東国はこれ仏法の初道なれば、発心沙弥の故《ことさら》に修行すべき方なり」と語っているように、新たな動きをはじめた仏教の教えはこぞって武家政権の地である鎌倉をめざした。鎌倉を布教の試金石として競って入ったのである。

石見《いわみ》出身の良忠《りょうちゅう》は法然の弟子弁長《べんちょう》に筑後の善導寺《ぜんどうじ》で教えを受け（鎮西義）、鎌倉に入って盛んに活動した。「なごへの一門、善光寺、長楽寺、大仏殿立てさせ給て」（『日蓮遺文』）とあるように、北条氏一門の名越《なごえ》氏をバックにして善光寺や長楽寺、悟真《ごしん》寺、蓮華《れんげ》寺などの寺院が鎌倉に建てられた。殺生を業とする武士にとって、念仏で浄土に往生すると説く浄土宗の信仰は理解しやすく、その信仰を獲得して多くの浄土宗寺院が鎌倉に建てられたのである。

同じ念仏宗でも、親鸞は流罪が解けた後に関東に赴いて、常陸の笠間《かさま》の稲田郷に居住することになると、この地で主著『教行心証』の執筆にあたり、弥陀の信心を唯一の仏法とする絶対他力の教えを確立させていった。親鸞の布教に親しく面接し、教えを授けた「面授口決」の人々が道場を作り、その主となって信者を集めたが、この信者は門徒と称された。

その道場は「道場をばすこし人屋に差別あらせて小棟をあけてつくるべきよしまで御諷諫ありけり」というほどに小規模で、弟子の唯円《ゆいえん》が著した『歎異抄《たんにしょう》』に「道場にはりぶみをして、なむなむのことしたらんものをば道場へいるべからず」とあり、張文をして禁じてはならないとした。

社会の混沌から語りの芸能も広まった。なかでも琵琶法師の語りは『平家物語』の成立とともに各地に広まり、『徒然草』二二六段はその琵琶法師が語る『平家物語』誕生の秘話を記す。

後鳥羽院の時、信濃前司行長は稽古の誉れがあったが、『楽府《がふ》』の論議の場で武の七徳のうちの二つを忘れる失態を犯し、「五徳の冠者」というあだ名をつけられたのを恥じて遁世したのを、慈円が憐れに思い扶持するなかで、『平家物語』を著すに至り、その際に生仏《しょうぶつ》という盲目の琵琶法師に語らせ世に広まった。生仏は東国の者で、その生まれつきの声が今に伝わっているという。

雑談の場

語りの場の一つに連歌会があった。定家は嘉禄二年（一二二六）頃から連歌に興じて連歌会を毎月開いている。そこには子の為家や仁和寺の覚寛《かくかん》、歌人の藤原知家《ともいえ》・家長《いえなが》・信実、橘長政《ながまさ》、日吉社禰宜の祝部成茂《はふりべのなりしげ》、住吉社神主の津守経国《つもりのつねくに》らが集ったが、「連歌の禅尼」という連歌に達者な女性もいて、その禅尼が亡くなった時には定家が発起人となって経供養を行っている。

そのメンバーの一人である藤原信実は、隠岐配流前の後鳥羽上皇の姿を描いた似絵の名手で、歌物語の『今物語』を著しているが、それには定家の連歌会の一員であった橘長政や津守経国の話も載っている。その話の「ある所にて、この世の連歌の上手と聞こゆる人々、寄り合ひて連歌しけるに」と始まる話によれば、連歌を興じていると、家の門下にいた「あやしげな」法師が見事に連歌を付けたので、このことを「京極中納言」（定家）に告げたところ、定家は当世でこれほどの句を付ける人はいない、と語ったという。『今物語』は延応元年（一二三九）頃の成立で、この話は定家主催の連歌会での出来事であろう。

後鳥羽上皇の時代から連歌は流行するようになり、有心《うしん》・無心《むしん》に分かれて競われていたが、承久の乱後には花の下《もと》連歌が流行した。無住の『沙石集』には「花の下連歌に侍従《じじゅう》隆祐忍びて聞き給ひけるが」「毘沙門堂に、花の比、連歌ありけるが（中略）花下の十念《じゅうねん》、その座にありけるが」などの話が載るが、侍従隆祐とは定家とともに和歌を並び称された歌人の藤原家隆《いえたか》の子である。連歌会は参加者が平等で、共通の意思が形成される場であり、その会では多くの噂話が出たことから、定家はそうした話を『明月記』に、信実は説話集に記したのである。

このように各所に雑談《ぞうたん》の場が生まれ、そこで語られた話が説話集に収録されたが、建長《けんちょう》六年（一二五四）成立の『古今著聞集《ここんちょもんじゅう》』もその一つ。著者の橘成季《なりすえ》は和歌や管絃に関わる話を集めてゆくうちに「諸事」にわたり、「街談巷説」にまで及び「興言利口」も集めることになったという。

六二〇段に及ぶ多くの説話が「神祇」から「魚虫禽獣」までの三十部に分類され、年代順に配列された体系的な説話集で、序に「宇県亜相巧語の遺類、江家都督清談の余波」とあり、『宇治大納言物語』や『江談抄《ごうだんしょう》』に倣ったとあるが、「余は芳橋の種胤をうけ」と記しており、跋文《ばつぶん》で子孫に他見を許さぬことと語り、もし背いたならば氏の明神が罰を加えることを記すなど、自らの橘氏の流れを強調している。

話から成季が説話を集めた場を探ってゆくと、和歌については藤原家隆とその子の隆祐、管絃については藤原孝道《たかみち》・孝行《たかゆき》父子関係の話が多く、それらの話には成季自身も登場している。和歌を家隆に学んで、その話を家隆周辺から、管絃を孝道から学んでその話を孝道周辺から入手した結果であって、西園寺家に関わる話や橘氏の話も多く、成季の主人の家である西園寺家や同族の橘氏一門からも多くの話を入手したことがわかる。

作者が訪ね採集した話は、家隆の二条の家や、孝道の仁和寺の家、西園寺の北山の家などで話題となった街説や巷談であって、そこには洛中の都市的世界の広がりがうかがえる。

成季の関心は広く、巻一から巻五までの神祇から和歌にいたる基本的な話に始まり、巻六の管絃歌舞から巻十一の蹴鞠までは身体に関わる芸能の話、巻十二の博奕《ばくえき》から巻十七の変化《へんげ》までは世相の断片を印象的に語り、巻十八の飲食から巻二十の魚虫禽獣までは人々の交流を、モノを通じて語っている。話に自身が登場しているものが多く、身をもって話を仕入れ、身近な橘の氏の家の話や父母の話を載せるなど、身体の時代の思潮がよくうかがえる。

同じ説話集でも『宇治拾遺物語《うじしゅういものがたり》』の場合には、同時代の話をほとんど載せていないのであるが、そこに載る説話は雑談の場で鍛え上げられ、洗練されたものとなっている。

寛喜の大飢饉

寛喜二年（一二三〇）七月十四日にあった盂蘭盆会《うらぼんえ》の魂祭《たままつり》の習俗を『明月記』が記している。近年になって民家では今日の夜に長い竿を立て、その矛先に張紙で張った燈楼《とうろう》のような物を付けて、灯をかざすことが広く行われるようになり、年をおうごとにその数が多くなっているという。民間の盆行事の始まりを語っている。

その年は諸国から損亡の情報が入り始め、京の食料倉である北陸道がまず壊滅し、頼みの綱であった鎮西からも「滅亡」の知らせが入った。飢饉とともに疫病が流行し、餓死者が京に溢れ、諸国の荘園の人口が激減したといわれる。

飢饉に備えて定家は家の北庭の前栽を掘り捨てて、麦を植えるなどの自衛措置をとっていたが、翌年正月十五日に四条大路と町小路が交差する四条町で起きた火事は、北は六角町まで、南は西洞院室町まで延焼し、そこにあった「商賈の輩」の家をことごとく焼いたという。七月一日には、死骸が道に満ち、東北院の境内にはその数知らずという有様で、三日には死骸の死臭が家の中にまで入ってくるようになり、死人を抱いて通る人は数えきれないほどであったという。

この飢饉に関白九条道家は徳政へと動いた。寛喜三年（一二三一）五月三日に飢饉対策の評定を主催し、「去年異損、今年飢饉、死骸充満」への対策を諮問し、改元・賑給《しんごう》・衣服過差(倹約)・祈りなどについて審議を命じている。その七月に道家は関白を子の教実に譲って後堀河天皇から四条天皇への譲位に備え、十一月三日に四十一か条の寛喜の新制を出したが、その内容は基本的には過差こと贅沢を禁じる法令である。

道家はさらに天福元年(一二三三)に後堀河天皇の退位をはかり、外孫にあたる四条天皇を位につけると、代替りの徳政によって強力な政策を打ち出した。有能な廷臣を顧問《こもん》の輩として改めて組織し、『新勅撰和歌集《しんちょくせんわかしゅう》』の撰集を藤原定家に命じるなど、その政治は軌道に乗ったが、それを可能としたのは将軍の父という立場であり、幕府と朝廷の交渉もほとんど道家が管轄していた。

朝廷と幕府との間の交渉は、乱前は両者と縁の深い藤原(西園寺)公経が当たっていたが、道家はこの公経と姻戚関係を結んで、朝幕交渉の重要な事項を道家が掌握したのであるが(関東申次《かんとうもうしつぎ》)、その政治は必ずしも安定したものではなかった。配流された三上皇の帰京運動が常に繰り返され、幕府の意向も顧慮せざるをえない状況が続いており、群盗や悪党・海賊の蜂起が起きるなど、社会が混乱していたからである。

幕府によって隠岐に配流された後鳥羽上皇は復帰を夢みつつも、隠岐にあって『新古今和歌集』の歌の出し入れを続けて隠岐本『新古今和歌集』を編んでいた。佐渡に流された順徳上皇は歌論書『八雲抄《やくもしょう》』の執筆を続けていたが、結局、帰京はかなわなかった。

管絃の家の継承

後鳥羽上皇という強力な磁力がなくなるなかで、その磁場で成長してきた貴族や官人たちは家の自立と継承に心を注ぐようになり、多くの著作が現れた。その一つに狛近真《こまのちかざね》が天福元年（一二三三）十月に著した『教訓抄』がある。前篇の五巻に歌舞の口伝、後篇五巻には伶楽の口伝をあて、楽の家の継承のために著された書で、序で次のように述べている。

自生年廿六歳、始テ加舞道一烈、朝廷ニ仕間、当座ノ名誉ハホドコストイヘドモ、面目ニアラズト云事ハナク、二道ヲカヘリミレバ、秘曲ミニアマリテ、傍輩ムネヲヤスメズ、官職ヲ思バ、同輩ノカウベヲフミテ、祖父ノアトヲヒタリ、曾祖父ガ記録を伝得テ、尤モ嫡家ノ流タリ、

今、自分は六十代に入ろうとしているのに、二人の息子は「道ニスカズシテ、徒ニアカシクラス」という有様で憂いが極まりないので、「子ヲ思フ道ニハマヨフナル事ナレバ、カタクナハシキ事ドモヲ少々シルシヲキ侍ベシ」と、子を思うが故に後々のために本書を記して備えた、と記す。

近真の長男光継《みつつぐ》は道を捨ててしまい、次男の光葛《みつかつ》に相伝の器量がなく、家を継承して本書を伝えられたのは孫の近葛《ちかかつ》であるが、まだ二歳に過ぎなかった（『舞楽符合鈔《ぶがくふごうしょう》』）。こうした家継承の危機意識から本書は著わされたのである。

作者の近真は建暦元年（一二一一）正月に左兵衛尉、建保六年（一二一八）に左近将監となり、『教訓抄』を著した天福元年には左の四者で、年齢は五十七歳、延応元年（一二三九）に一者に任じられて翌年に五位に叙され、仁治三年（一二四二）に六十六歳で亡くなっている（『楽所補任《がくしょぶにん》』）。

同じ頃に大神景賢《おおみわかげすけ》の子景基《かげもと》が著した『懐竹抄《かいちくしょう》』は、管絃について「夫絃者、引バ自有声、管者、吹バ更ニ作曲、誠管絃之道、何モ雖無勝劣、以笛為大楽之博士」と記し、笛が「大楽の博士」であると語ってその特徴を記し、院政期に出た大神惟季《これすえ》の流れに沿って「只我家ノ習ヲ能慥ニ音取ベシ」「此家ニハ不習」と、家の習いを習得するよう求めている。

景基は『楽所補任』によれば建暦二年（一二一二）に十三歳で右兵衛尉に任じられ、建長二年（一二五〇）に五十一歳で亡くなっている。父景賢の不慮の死への危機感と、寛喜元年（一二二九）に訴訟を起こし、大神式賢《のりかた》の子景道を勅勘に追い込んだ経緯から（『楽所補任』）、子の景定（景貞）への継承を考えて著したのであろう。

琵琶の書『胡琴教録《こきんきょうろく》』も、中原景康《かげやす》が琵琶の芸の由緒を子孫に伝えるために著した。景康は九条兼実に仕えた中原有安の弟子で、教えを受けてきた有安が亡くなり、その後には頼みとする人がおらず、家も貧しく蓄えもないので鎌倉に下って生きてゆくことを考え、それを契機に著わされた。『楽所補任』嘉禄元年（一二二五）条には、「中原景康〈下向関東、為鎌倉一者、後任左近将監〉」とあって、鎌倉の世界で一者となっている。『胡琴教録』の奥書には「左近大夫将監中原光氏の秘本を以て書写」とあり、この本を所持していたのは景康の子光氏《みつうじ》である。

『文机談《ぶんきだん》』に「順徳院の御代には諸道を賞せらる」と語られたように、承久の乱前には歌舞管絃が称揚されていたが、乱後になってから王権の保護が失われたため、家としての存在を強調する必要が生まれていた。我が家の流れを強調し、関東に下って新たな道を模索するなど、こうした動きのなかから多数の著作が生まれたのである。後鳥羽上皇の時代に隆盛した蹴鞠も四十六か条からなる『蹴鞠簡要抄《けまりかんようしょう》』が著わされており、宝治《ほうじ》二年（一二四八）に鎌倉に下るに際し、難波宗教《むねのり》が『鞠譜《きくふ》』（『一巻書』）を著わしている。

洛中と六波羅探題

乱後の混沌を脱して、京の住人は盛んな活動を繰り広げるようになると、四条・七条大路と町小路・室町小路が交差する辻に立ち並ぶ町屋の人々の動きが目立つようになった。

文暦元年（一二三四）八月の大火は、東西が烏丸《からすま》小路から油小路まで、南北が八条坊門から七条坊門までの地を払ったが、そこには土倉が数知れずあり、商賈が充満し、「海内の財貨、ただその所にあり」という盛況を示していたという。大火にもかかわらず翌日には造作が始まり、大路を隔てて幕が引かれ飲酒や肴が運び込まれるなど、その復興は早かった（『明月記』）。

こうした富裕な人々こと「有徳人《うとくにん》」の台頭によって華美に祭られたのが祇園祭や稲荷祭であった。祇園祭は三条・四条の町の人々の費用によって担われ、稲荷祭も六条以南の町の人々によって担われていたが、寛喜三年（一二三一）の新制は、そうした祭礼を洛中の富裕な人々が華美に行っていると指摘して自粛を命じたほどである。

京都の都市としての整備は六波羅探題の協力によって可能となった。群盗の横行の禁圧のために篝屋《かがりや》が設けられ、六波羅の指揮下にあった在京人が篝屋守護人としてその警固にあたるようになるが、それは暦仁《りゃくにん》元年（一二三八）に将軍藤原頼経が上洛して検非違使別当になった時のことである。

その少し前に起きた興福寺と石清水八幡の紛争は、幕府が最終的には大和国に守護を置き、衆徒の所領を没収し地頭を補任するという強硬手段をとることで収拾し、頼経の上洛が可能となった。頼朝の最初の上洛に匹敵する意味をもつもので、これを契機に幕府は諸国の守護権を背景として朝廷の支配権の内部にさらに深く入ってゆく。

六波羅の武力を構成していたのは探題に直属する家人と、在京人と称される西国の有力御家人、及び大番役を勤める御家人らであって、幕府は次々に六波羅に指令して京都の守護の体制を整えていった。延応元年（一二三九）四月十三日には、四一半という博打の徒党の処置について、京中では検非違使の別当の下で「保官人《ほう》」がその家の破却を行うようにと六波羅に指令している。

保は保元の新制が「保検非違使」（保官人）による寄宿人の調査を命じたのが画期となり、行政・裁判の制度として定着するようになっていた。保検非違使と並んで、寺社権門には寄《よせ》検非違使が検非違使庁への窓口として置かれ、洛中に土地を所有する寺社権門の訴訟・行政に関与していった。

京の住人の経済活動に目をつけたのが朝廷の官衙である。仁治元年（一二四〇）に造酒司《みきのつかさ》は諸国から納物が入ってこないので、京中の酒屋から「上分《じょうぶん》」を徴収することを認めて欲しい、と訴えたが、その際に諸官衙が京で商いをする人々から「上分」をとっている例をあげている。内蔵寮の内膳司《ないぜんし》は市辺で魚鳥を売買する人から上分を取り、左右の京職《きょうしき》は保の人々から染藍《そめあい》や人夫を召しているという。造酒司の訴えは認められなかったが、京を活動の場とする人々を供御人《くごにん》に組織し、その経済活動を保護するとともに、課役を徴集する体制はほぼこの時期から始まっている。

四　武家政権の骨格

『御成敗式目』の制定

寛喜の大飢饉にともない、鎌倉では寛喜三年（一二三一）正月二十九日に「関東祗候の諸人、過差を止むべし」という、幕府伺候の人々の贅沢を止めさせる倹約令を出したが、朝廷が寛喜の新制を出すや、北条泰時は武家の法典『御成敗式目』（貞永式目）の制定へと動いた。

翌貞永元年（一二三二）五月十四日に「御成敗の式条」を本格的に定めることとなった。「関東の諸人訴論の事」はこれまで法を定めても見解が分かれることが多く、裁断に一致をみていないので、法文を固めることにより「濫訴」を絶つことにしたという。七月十日に「政道の私無し」を表すため十一人の評定衆の連署する起請文を提出させ、評定衆に政治や裁判を式目に基づいて公平に行うように、梵天や帝釈天などの仏教の守護神や鶴岡八幡の八幡神、荏柄天神の天満天神などに誓わせると、その起請文に北条時房と泰時が「理非決断」の職として署判を加えた。

泰時が六波羅探題の北条重時《しげとき》に式目の趣旨を語る書状を送ったのが八月八日、式目本文の多くが八月十日付けなので、さらに整えて正式に八月十日に制定されたのであろう。この式目は将軍頼朝以来の法と慣例を集大成し、幕府の裁判制度の指針として制定されたのであり、全五十一箇条からなるのは聖徳太子の定めた十七条の憲法の三倍の数を考えてのものであって、これにより京の律令とは異なる基本法を定めることができたのである。

最初の一・二条では神社・寺塔の修理や神事・仏事の保護を謳って、統治法の側面を打ち出したが、その対象は広く諸国が保護する寺社で全国の寺社に及んでいた。次の三～五条では諸国の守護・地頭の職権に関するもので、国司や領家との関わりと、本所や「土民」との関係について規定している。これも統治の枠組みに関する法である。

六～八条では裁判の一般原則を示し、国司・領家の成敗に幕府が介入しないこと、頼朝からの三代や政子の代の訴訟の裁判の結果を不易《ふえき》の法として改めないこと、当知行《とうちぎょう》によって二十年を過ぎた所領は改替しないことなどを規定する。続く九条の「謀叛人の事」から三十六条の「旧き境を改めて相論を致す事」までは、地頭御家人の検断や所務・雑務に関わる規定を示したもので、式目の中心部分をなすが、残りの箇条はその後の追加を加えて再編成されたと考えられる。

泰時は六波羅探題に宛てた書状で、法を明確に定めおくことによって、事の理非ではなく人の強弱により裁許に差別があったり、裁許が出たのを忘れて訴訟を起こしたりすることをなくそうと考えたと記し、公平な裁判が行われることを意図し、仮名を知らない御家人も損をしないように定めたともいう。

式目は基本的には地頭御家人への徳政を意図したもので、効力の及ぶ範囲は武家に限るとして、「武家の人の計らひのためにばかりに候。これによりて京都の御沙汰、律令のおきて聊《いささか》も改まるべきにあらず候」と述べ、律令に基づく公家法と違う性格のものであることが強調されているが、一般原則の規定があるばかりか、律令の法意とは違った規定も載せるなど、明らかに武家のみに限定されてはいなかった。武家政権の理念を明確に打ち出したものであり、以後の武家政権はこの法令が基準とされてゆく。

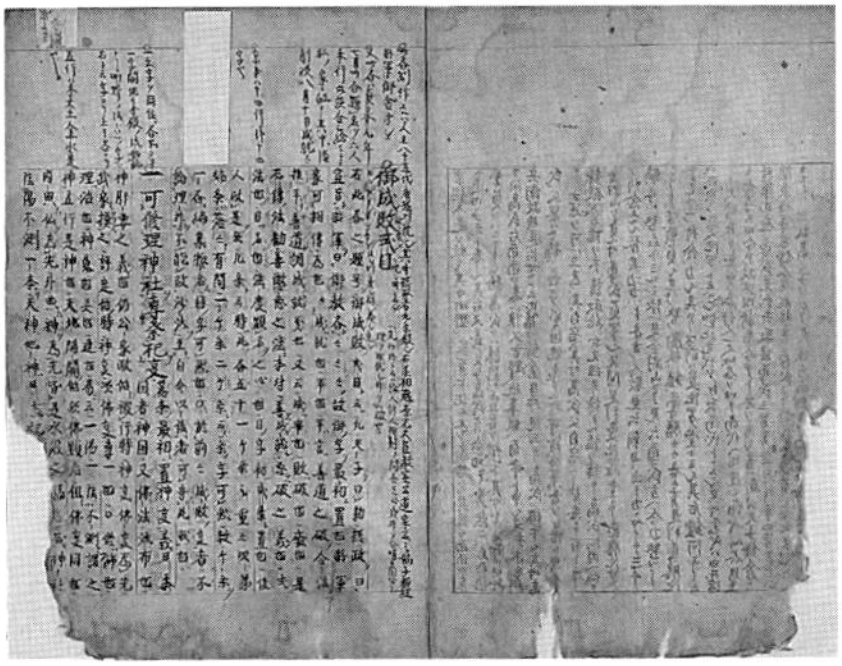
『貞永式目』(京都大学法学部図書室蔵)

武家政権が京の政治と文化を積極的に取り入れたことで幕府の骨格は整えられ、武家文化は豊かなものになった。鎌倉を場とした政治的訓練と、京文化の受容によって武士たちは教養を身につけるようになり、仁義や礼節を重んじ、親に孝を尽くす儒教的な徳目も備わっていった。

泰時の徳政はさらに撫民と御家人保護政策を軸として、広く西国や朝廷の領域に入っていった。天福元年(一二三三)四月に幕府は西国の「窮民を救う」法を定めると、奉行人を派遣し、朝廷の支配下の西国にまで統治権を行使している。同年五月には従来の御家人保護政策を大きく一歩踏み出し、積極的に保護する法令を出し、評定衆のみならず奉行人にも「正義」に基づく政務と訴訟の取り扱いを誓わせている（『吾妻鏡』）。

鎌倉中の整備

全国政権の政庁が置かれた鎌倉中《かまくらちゅう》の整備も泰時は図った。頼朝の時代には鶴岡八幡宮、勝長寿院《しょうちょうじゅいん》、永福寺《ようふくじ》などの社寺が御所を囲んで街区が形成されるようになり、実朝の時代の建保三年（一二一五）には「町人以下の鎌倉中の諸商人」の員数が定められ、町の発展が見られるようになっていたところにさらに発展を見ることになった。

東国の王を護持するために実朝の時から護持僧や陰陽師が京から招かれていたが、貞応三年（一二二四）六月には、雨乞いのために鎌倉の霊所で七瀬《ななせ》の祓《はらえ》が行われている。この七瀬とは由比浜《ゆいがはま》、金《かね》洗沢《あらいさわ》、固瀬河《かたせがわ》、六浦《むつら》、鼬河《いたちがわ》、杜戸《もりと》、江島の龍穴であり、十二月には疫病が蔓延して「四角四境」の鬼気祭《ききさい》が、東の六浦、南の小壺《こつぼ》、西の稲村、北の山内の四境で行われている。

これら七瀬・四隅に囲まれた地域、すなわち南が相模湾、東が東京湾の浜辺、北が山内庄の鼬河、西が山内庄の鼬河と合流して南に下る柏尾川《かしおがわ》・堺川で囲まれた区域が、狭義の鎌倉中に対する広義の鎌倉である。京都の制度にならい丈尺の宅地制度や、篝の制度も設けられた。

鎌倉中の行政区として洛中の「保」の制度が導入され、保奉行人が保の行政を担当した。この保の制度は文暦二年（一二三五）の追加法に見えるが、そこでは僧徒が裹頭《かとう》で鎌倉中を横行することを保奉行に命じて停止させている。保奉行には検非違使を経験した検断や法に明るい奉行人が選ばれ、大倉・亀谷《かめがやつ》・甘縄《あまなわ》・大町・小町・由比など六つか七つほどの保が設定されて、その地域行政や検断を担当させたものと見られる。

延応二年（一二四〇）二月には鎌倉中の検断・売買・芸能・土地に関する都市法が定められて以後、町屋の規制や道路の扱いなどの都市法がしばしば出された。都市住民の活動が盛んになったことを物語るもので、寛元《かんげん》三年（一二四五）の法令では、「道を作らざるの事」、「宅檐《たくえん》を路に差し出すの事」、「町屋を作り、漸々路を狭むるの事」、「小家を溝上に造り懸くの事」、「夜行せざるの事」の五箇条について禁制を定めている。第一条の「道を作らざるの事」とは、道路の清掃などの整備を命じ、第二から四条にかけては庶民の家が道路に進出することを禁じたものである。

建長三年（一二五一）には鎌倉中の町屋御免の場所として大町・小町・米町・亀谷辻・和賀江《わかえ》・大倉辻・気和飛坂山上《けわひさかやまうえ》など七か所に限定し、これ以外での小町屋や売買施設を禁じている。

鎌倉中の整備事業は鶴岡八幡宮を中軸にして行われ、三方が山に囲まれた鎌倉の内と外とを結ぶ境界については、仁治元年（一二四〇）に鶴岡八幡宮と得宗邸がある山内とを結ぶ「山内道路」を造って巨袋坂《こぶくろざか》を整備し、八幡宮から東の六浦を結ぶ朝比奈坂《あさひなさか》は御家人に命じて整備しており、鎌倉の西の境界の地には勧進上人の浄光《じょうこう》を援助して大仏殿を建てた。

鎌倉大仏は、暦仁元年（一二三八）に深沢の地で造営が始められ、大仏殿は仁治二年（一二四一）三月に上棟し、寛元元年（一二四三）六月に供養が行われている。阿弥陀仏を本地仏とする鶴岡八幡宮と阿弥陀の大仏は両者あいまって篤い信仰の対象となった。紀行文『東関紀行《とうかんきこう》』は「鶴が岡の若宮は、松柏のみどりいよいよしげく、頻繁のそなへかくることなし」と、鶴岡八幡の繁栄を謳っている。

鎌倉中の賑わい

『海道記』は由比浜の風景を「数百艘の船ども縄にくさりて大津の浦に似たり」とその賑わいを記しているが、近くの和賀江には勧進上人の往阿弥陀仏を支援して突堤（和賀江島）が築かれた。幕府の知行する武蔵国からの物資は、武蔵の府中から東京湾へと運ばれ、鎌倉の浜の御倉に納められた。寛元三年（一二四五）五月に浜の倉の中に小蛇が現れたので卜筮《ぼくぜい》や祈禱を行ったが、ここは武蔵守の管領する「庫倉」であったという。

こうして鎌倉は当初の自然の要害の地という性格を脱し、開かれた都市へと成長していったのである。そのことを最もよく象徴しているのが大仏であって、この造営費用は東日本の民衆から集められた。阿弥陀仏は来世への救済をもたらす仏であって、民衆はその救済を求めて鎌倉にやってきた。さらに幕府が全国支配を完成させたことから、繁栄を誇る鎌倉には多くの人々が京都から訴訟のためや、幕府に仕えるために下ってきた。そうした人たちによって著されたのが紀行文『海道記』『東関紀行』であり、そこには鎌倉の繁栄振りが記されている。

諸国では国府の近傍に府中が、南都では「奈良中」が都市領域として生まれた。この時期の都市は洛中や鎌倉中など「中」と称されていた。南都は治承四年（一一八〇）末の焼き討ちにより被害を蒙ったものの、その復興の過程で興福寺七郷、東大寺七郷などの郷町が発展し、「奈良中」という都市領域が形成され、これが新たな南都仏教の隆盛をもたらした。奈良中の都市の祭礼となったのが春日神社の若宮の祭（春日若宮おん祭）であり、南都の大衆を中心に実施された。

府中の由来は古代の国府の所在地に発するが、摂関時代から院政時代にかけては、国庁がしばしば移動を繰り返していたので、都市を形成するに至らなかったのだが、この鎌倉時代にほぼ定着し、ついに府中という都市領域が生まれることになった。

その府中に出された法令が仁治三年（一二四二）正月の「新御成敗状」である。豊後府中の支配者である守護の大友氏により出された法令であるが、この法は豊後府中のみならず、広く諸国の府中においても出されたものと考えられ、そこには府中の土地や大路、墓所、産屋、町に関する規定があり、府中が都市領域を形成していたことがわかる。

百九十条には「府中の地」を賜った輩が役を怠ったならば、その屋地を召すことと規定され、百九十一条では「府の住人」が「道祖神社」を「府中」に立て置くことを禁じている。さらに百九十二条は「町の押買の事」、百九十三条は「府中での笠指しの事」、百九十四条は「大路の事」、百九十五条「保々産屋の事」、百九十六条「府中の墓所の事」など詳細な規定からなる。

府中でも保を行政単位として支配が行われ、さらに住人の風俗統制や生活統制を行っていたことがわかるが、府中を支配したのは守護や国衙の在庁官人であって、国内の主要な神を勧請した惣社や国衙に隣接して祀られた八幡社の祭礼を府中の祭として営んだ。

武蔵府中や常陸府中（石岡市）など各地の府中の地名はこの時からのものであって、他にも断片的な史料だが、安芸府中、尾張府中、上野府中、播磨府中、丹波府中、長門府中などが見える。鎌倉・京・奈良の都市領域と行政単位とが確立した段階において、諸国でも「府中」と称される都市領域が成立し、独自の都市法を定め、統制を行うようになったのであり、その法に違反した場合には屋地が没収され、また府中を追放されたのであった。

宮騒動と宝治合戦

仁治三年（一二四二）に四条天皇が十一歳で急死したので、九条道家は順徳天皇の皇子忠成王《ただなりおう》の擁立を図ったが、泰時はこれを阻止し、土御門上皇の皇子を位につけた（後嵯峨天皇）。ここに皇位の継承には幕府が常に関わる道が開かれた。

しかし泰時には後継者の問題が生じていた。六波羅探題であった嫡子の時氏が早く亡くなり、他方で、将軍の頼経が成長したことで、次第に将軍に連なる勢力が幕府内で力を持ち始めていたのである。実権を失ったとはいえ、将軍は御家人との間に主従関係を有し、御家人は将軍から御恩を与えられていたから、御家人が人格的に尽くすべきは将軍であった。執権政治は御家人制の枠組みに基づくもので、頼朝の時代に形成された御家人制が幕府の根幹をなすものとして定着していた。

病にあった執権泰時が六月に亡くなると、その跡を孫の経時《つねとき》が継いだが、それとともに変化が現れた。将軍家の政所下文《まんどころくだしぶみ》は執権と連署が署判を加えるだけものだったところに、この時期から多くの御家人が別当と署判を加える形式に変わったのである。将軍頼経の成長により将軍派の御家人が台頭したことを意味していた。

これに対し、経時は訴訟・裁判の振興を謳い、執権に直訴する庭中《ていちゅう》の制度を設けるなど執権中心の体制を目指したのだが、寛元二年（一二四四）四月に頼経が子の頼嗣に将軍位を譲るなか、将軍派と執権派との対立は抜き差しならないものとなっていった。

翌年三月、病の経時亭で「深秘《しんぴ》の御沙汰《ごさた》」があって、執権が弟の時頼《ときより》に譲られるなか、鎌倉中は物騒な雰囲気に包まれ、五月二十六日、時頼亭で北条一門の北条政村《まさむら》・金沢実時《かねさわさねとき》、外戚の安達義景《あだちよしかげ》らによって内々の会合が開かれると、六月七日に将軍派の後藤基綱、藤原為佐《ためすけ》、町《まち》野《の》康持《やすもち》らが評定衆から除かれた。

十日には有力御家人の三浦泰村《やすむら》も入って内々の会合「寄合」がもたれると、それには諏訪・尾藤などの時頼の御内人も参候し、その審議によって北条氏の有力一門である名越光時《みつとき》や有力御家人の千葉秀胤《ひでたね》などが評定衆から除かれ、次いで前将軍頼経を京に送り返すことに決した（宮騒動）。

翌宝治元年（一二四七）になると、外戚の安達氏が策動して、寄合の構成員になったばかりの三浦泰村を除くために動き始めた。四月に幕府は後鳥羽上皇の御霊を宥めるべく鶴岡の乾《いぬい》の地に新宮を建立すると、その直後の五月に鶴岡宮の鳥居の前に、三浦泰村を誅すべしという札が立てられ、それとともに北条時頼が三浦氏を攻める宝治合戦が勃発した。

安達氏が鶴岡の境内に陣を張るなか、近国の御家人が時頼亭に次々駆け付けたので、六月四日に三浦一族も集結したことから、安達氏が軍勢を繰り出し三浦方との交戦になった。泰村の弟光村《みつむら》は鎌倉の東の永福寺に立て籠って決戦を迎えようとしたが、泰村は光村を頼朝の墓所である法華堂に呼び寄せて籠り、頼朝の御影の前で往時を語りあって、総勢五百余人が自尽《じじん》した(宝治合戦)。

頼朝挙兵時の二つの強力な武士団、頼朝とともに鎌倉を先祖の由緒の地として鎌倉に入ってきた北条氏、鎌倉に勢力を築いて頼朝を鎌倉に迎え入れた三浦氏、その一方の雄が滅び去ったわけで、北条氏は専制の道へと進むことになった。

後嵯峨院の評定制

宮騒動で前将軍を退けた時頼は、使者を京に派遣し、前将軍の父である道家の関東申次の更迭を伝え、徳政の興行を求めた。頼朝が後白河院政の改革を求めて廟堂刷新を奏聞したのを前例とした措置であり、これを受けて朝廷は改革を進めていった。

幕府の要請に沿って摂関主導の運営体制を改め、院政下に評定衆を設け、評定衆を中心にした政治の運営を行うことになった。その評定衆は幕府の意向を受けて選ばれ、幕府との連絡役である関東申次の太政大臣西園寺実氏、前内大臣で後嵯峨の後見の土御門定通《さだみち》、内大臣の徳大寺《とくだいじ》実基《さねもと》など上流の廷臣と、勧修寺流の中納言吉田為経《ためつね》、参議葉室定嗣《さだつぐ》など有能な廷臣とからなった。

さらに院と評定衆との間を結ぶ伝奏には日野・平氏・勧修寺の流れに属する能吏が任じられ、評定の諮問機関として記録所や文殿《ふどの》が整備され、院政は制度的完成をみたことになる。白河院政に始まる院政は鳥羽院政を経て保元の乱の直後に国制として定着したのが第一段階であり、後白河院政に始まって後鳥羽院政で整備されたのが第二段階、そしてこの後嵯峨院政において治天の君である院を頂点にして西国という限定された領域における統治権を行使する第三段階により確立をみたのである。

それとともに後鳥羽の王権の下で整えられていた家も体制として確立していった。藤原定家による御子左の和歌の家は子の為家に継承され、和歌の頂点を極めることになった。唱導の家である安居院《あぐい》の流れも確立し、摂関家では九条家に代わって近衛家が巻き返した。

この後嵯峨院の時代を特筆するのが歴史書『五代帝王物語《ごだいていおうものがたり》』である。「承久兵乱の後、世も漸《ようや》く謐《しずま》りて、後堀河院（御母北白河院）位に即せ給」と書き始め、亀山天皇までの五代の天皇の時代の歴史を描くが、その実は後嵯峨の物語となっている。

というのも記事が後嵯峨については即位に至る事情に始まり、その死をもって終っているばかりか、後嵯峨の時代を高く評価しているからである。後嵯峨院が「檀林寺《だんりんじ》の跡に浄金剛寺《じょうこんごうじ》を建て」て、道観《どうかん》上人を長老に据え「浄土宗を興行」したことや、止観《しかん》の談義を春秋の二季に行い、経海《きょうかい》僧正を師範にして「止観玄文」の稽古に励んだこと、さらに如法写経や宸筆《しんぴつ》の法華経供養などの仏教行事を行ったことについても詳しく触れている。さらに閑院殿、亀山殿、五条殿などの御所の造営や熊野・高野山、天王寺への御幸がいかになされたのかを詳述している。

『徒然草』もこの時代を高く評価しており、評定衆の一人である徳大寺実基の識見に関わる逸話を多く載せている。

武家の王権

幕府では宮騒動と宝治合戦の最中に寄合という場が設けられ、幕府の実質的審議は評定から寄合へと移ってゆき、寄合で大枠が決まった後に、評定が開かれるようになった。評定が執権が主導し有力御家人から選んだ評定衆で構成されるのに対し、寄合は北条氏の家督である得宗が主催し、得宗の外戚や得宗に近い北条一門、奉行人、御内人から選ばれた数人で構成された。

さらに建長元年（一二四九）十二月に御家人訴訟を扱う機関として引付《ひきつけ》が評定の下に置かれ、北条政村・朝直《ともなお》・資時《すけとき》らの北条一門が引付頭人に任じられ、二階堂行方《ゆきかた》らの御家人が引付衆にあてられた。弱小御家人を救済する意味をもつ徳政の一環であったが、引付は幕府の所領関係の訴訟である所務沙汰を扱う機関として成長し、幕府の行政・裁判機構を支える奉行人の結集の場となってゆく。

得宗の時頼はさらに動いた。鶴岡八幡宮の別当隆弁《りゅうべん》に後継者の生誕を祈らせると、隆弁は鶴岡八幡の宝前で建長二年（一二五〇）の元旦から祈禱を開始したところ、八月に妊娠するとの夢告があり、翌年二月に境内の三島社で祈ったところ、十二日の夢に白髪の老翁から五月十五日の酉《とり》の刻《こく》に男子を平産すると告げられ、その通りに出産したという。この時に生まれたのが時宗《ときむね》である。

建長三年（一二五一）になると、唯一残る有力御家人で源氏一門の足利泰氏《やすうじ》が自由出家をし、了行《りょうぎょう》法師の謀反の企てが発覚するなど、鎌倉が不穏な空気に包まれると、時頼は翌年二月二十日に後嵯峨の皇子の下向を要請する使者を派遣し、将軍頼嗣を京に送り返した。幕府は京の王権を廃立し、鎌倉の王権をのみ擁立することも可能になったのである。それとともに鶴岡八幡宮の大修理を行い、夷三郎《えびすさぶろう》大明神や大黒天社などの御霊《ごりょう》神系の神社を勧請するなど、新たな信仰を受け入れたので、八幡宮は得宗中心の政治を支える存在として展開してゆくことになった。

さらに禅院の建立を企画し、同五年（一二五三）十一月に「建長興国禅寺」の供養を行っているが、その趣意は「皇帝万歳、将軍家及重臣千秋、天下太平、下訪三代上将、二位家幷御一門」の没後を祈るという、王の寺として建立されたものとわかる。その建長寺という寺号は年号に因んでおり、幕府はここに完成形を示したことになる。鎌倉も首都として本格的に整備されていった。

建長三年に鎌倉中の町屋の場所を七か所に限定し、建長五年には新制を定め、関東御家人と鎌倉居住の人々の過差（贅沢）を停止している。朝廷の新制に倣ったこの武家新制は、武家の王の名の下で出されたのである。弘長《こうちょう》元年（一二六一）には鎌倉の都市法の集大成ともいうべき弘長の新制を出し、鎌倉の行政区である保の奉行人を通じて各種法令の実行を命じた。

その体制の完成を見届けた時頼は若くして出家すると、一門の長時《ながとき》に執権職を譲って、家督に幼い時宗を立てた。ここにおいてもはや幕府の実権は執権ではなく、北条氏の家督である得宗に帰すことになったのであり、その権力の基盤は得宗亭で行われる側近との会議（寄合）であった。寄合で重要事項を審議し、その結果が評定に上程され、そこで認められた内容が得宗に伝えられて、さらに将軍の名前で各所に命令として伝えられたのである。

評定が幕府の公式の会議として整備されるなかで、寄合という内々の会議が生まれてゆく運営のあり方は、まさに現代につながるものがある。寄合自体が公式の制度となってゆき、北条氏一門には引付↓評定↓寄合という出世コースが生まれた。

五　身体の思潮

身体を顧みる自伝

十二世紀後半から、自らの身体を見つめ、身体に沿って考え、身体を駆使する人々の著作が多く生まれるようになった。『梁塵秘抄口伝集』や『方丈記』に始まり、『愚管抄』など、これらは保元の乱以降の生を受けて時期について詳しく記す回顧録の色彩を有している。

なかでも本格的な自伝と言えるのが、律宗の叡尊が建仁元年（一二〇一）五月の誕生から弘安九年（一二八六）にいたるまでを著した『金剛仏子叡尊感身学正記《こんごうぶっしえいぞんかんじんがくしょうき》』である。そこで叡尊は自らの一生を三つに時期区分して語っている。

最初が「生育肉身章第一」で、建仁元年の出生に始まる時期、次が「修成法身章第二」で、建保五年（一二一七）の十七歳の時に醍醐山叡賢《えいけん》を師に出家し、嘉禎二年（一二三六）の三十六歳の時に東大寺で覚盛《かくじょう》らと自誓受戒を行うまでの時期、最後がそれ以後の「興法利生章第三」の時期でここから本格的な叡尊の真言律宗の活動が始まったとする。

出生について「五月、大和国添上郡箕田《みのだ》の里（近年敬田院と号す）に託生す、父は興福寺の学侶慶《けい》玄《げん》（源氏より出づ）、母は藤原氏なり」と書き出し、ほぼ再建のなった興福寺の学侶の慶玄の子として生まれたという。このままゆけば興福寺僧として歩むことになるのだが、七歳のときに母が亡くなって歩む道が変わり、山城の醍醐寺近くの小坂の巫女に育てられたという。この時の体験が叡尊の一生に大きな影響をあたえた。

叡尊（西大寺蔵）

醍醐寺の叡賢を師として出家を遂げたが、承久の乱が起きて西国の社会に流動化が進むなか、信仰の世界では模索が続いた。宋に渡って戒律の勉学をしてきた俊芿《しゅんじょう》は建保六年（一二一八）に泉涌《せんにゅう》寺《じ》を再興し、『閑居友《かんきょのとも》』の著者の慶政《けいせい》や禅宗の明全《みょうぜん》・道《どう》元《げん》・弁円《べんえん》らも次々と宋に渡った。しかし「資縁の乏欠」に悩まされていた叡尊にはそれはかなわぬことであって、醍醐・南都・高野山各地を訪れた。

そのなかで未曾有の寛喜の大飢饉の惨状を見聞するなか、戒律を保つことができずに地獄や、魔道に堕ちる僧の姿を近くに見て、戒律の重要性を強く意識していたところ、出会ったのが東大寺の尊円《そんえん》である。尊円は貞慶《じょうけい》の弟子の良遍《りょうへん》に戒律を学ぶなか、東大寺・西大寺・大安寺・海龍王寺《かいりゅうおうじ》に持斎僧《じさいしゅう》を置き、戒律の復興を志していた。

叡尊はこれを伝え聞いて、西大寺の持斎僧の一人となることを求め、それが契機となって戒律の復興を志す人々と知り合うなか、強い絆で結ばれていった。その一人の覚盛《かくじょう》は貞慶に師事して興福寺常喜院《じょうきいん》に住み、高山寺の明恵から華厳を、西大寺の戒如《かいにょ》からは戒律を学んでいた。嘉禎二年（一二三六）にこの覚盛や円晴《えんせい》・有厳《ゆうごん》らとともに、叡尊は自誓受戒という方法によって受戒を遂げた。

戒師から戒律を授けられるのではなく、自誓により仏から直に戒を受けるというこの方法には批判もあったが、叡尊は勉学と同志的な結合を通じてこれの達成をはかったもので、そこには一揆的な強い意思と結びつきが認められる。

正法の興行に向け

叡尊は奈良の西大寺を拠点に民衆の教化に意を注ぎ、寛元三年（一二四五）に和泉の家原寺《やはらでら》で授戒して以来、畿内各地に赴いて宿の非人たちの救済にあたるなど活動の幅を広げていった。その弟子忍性《にんしょう》は東国に下って布教を試みて、北条氏の一門の北条重時や金沢実時の帰依を受けると、師の叡尊の鎌倉下向へと動いた。叡尊は時頼に招かれて鎌倉に下り、その帰依を受けて厚い保護があたえられたのである。

叡尊が戒律の復興を広く勧めた同じ時期に、新たな信仰の運動を展開したのが道元である。叡尊

承陽大師（道元　東京大学史料編纂所蔵）

の一年前に生れ、当初は三井寺で天台教学を修めたが、承久の乱後に建仁寺の明全とともに博多から宋に渡って諸山を巡った。日本では教学が尊ばれて禅や律は廃れていたが、大陸では禅・教・律の三つを遍《あまね》く学ぶことが求められていたので、道元は教学からさらに進んで禅を学び、曹洞宗《そうとうしゅう》の天《てん》童如浄《どうにょじょう》から印可《いんか》を受けると、安貞二年（一二二八）に帰国して『正法眼蔵《しょうぼうげんぞう》』を執筆し始め、深草に興《こう》聖寺《しょうじ》を開いた。

座禅を通じて正法の興行を志したもので、戒律を通じて正法の再興を訴えた叡尊とは共通したところがある。しかしその徹底した座禅をひたすらとする教えは、比叡山からの弾圧を受け、寛元元年（一二四三）に在京人の波多野義重《はたのよししげ》の招きによって越前の志比《しび》荘に移ると、寛元二年（一二四四）に大仏寺を開き同四年にそれを永平寺に改めて信仰の拠点とした。

こうして曹洞宗発展の基礎が北陸に築かれた。道元が語るところを弟子孤雲懐奘《こうんえじょう》が記録したのが『正法眼蔵随聞記《ずいもんき》』であるが、それには身心を放下し、身命を惜しまずに只管打坐《しかんだざ》を求めたことが次のように記されている。

心の念慮・知見を一向捨てて、只管打坐すれば、道は親しみ得るなり。然れば道を得ることは正しく身を以て得るなり。これに依つて坐禅を専らにすべしと覚ゆるなり。

禅修行の上で問題になるのが病や養生の問題であるが、それについては身体を整える養生は大事でも、行道が先であり養生を先としてはならないと説く。身と心の関係については「ただ学道の用心、本執を放下すべし。身の威儀を改むれば、心も随つて改まるなり。先づ律儀戒行を守れば、心も随つて改まるなり」と語り、身心を持《たも》つとともに身心を放下することが重要であると力説した。

念仏宗と法華宗の動き

東国にあって念仏を勧めた親鸞は、道場の主を中核として信者を増やし、鎌倉に入ることなく京に戻ったが、東国の門弟のなかに一念・多念の論争が起きたので、息子の善鸞《ぜんらん》を派遣したところ、混乱がおさまらずに善鸞を義絶し、弘長二年（一二六二）に亡くなって東山の大谷に埋葬された。

持経者の流れを引いて法華経への信心を強く勧めたのが日蓮である。貞応元年（一二二二）に安房の東条郷に生まれ、天台宗の清澄寺で出家した後、鎌倉や比叡山で学ぶなか、建長五年（一二五三）に安房の清澄寺で立教開宗して、小湊《こみなと》から鎌倉に入った。

文応元年（一二六〇）に『立正安国論《りっしょうあんこくろん》』を著すと、執権北条時頼に進めた。近年の天変地異や飢饉、疫病の根源は、人々が仏教の正しい教えに背いているからであり、対策をすみやかに立てるように、さもないと「他国侵逼《しんぴつ》の難、自界叛逆《じかいはんぎゃく》の難」（他国から侵略され、国内に反逆）がおきるであろう、と警鐘を鳴らし、『法華経』への帰依を訴えた。

しかしその「念仏無間」「真言亡国」などの他宗攻撃が、幕府や諸宗の反発を招き、鎌倉の名越で法華宗の布教を行っていた時に、浄土宗の信者に襲われる「松葉《まつば》ケ谷《がやつ》の法難」が起き、弘長元年（一二六一）には伊豆に配流となった。

宝治合戦を経てしばらく政争が鎮静化するなか、日蓮は真っ向から幕府に政治の在り方を突きつけたのであって、時代は新たな方向へと向かっていた。その後の龍口《たつのくち》法難や佐渡配流へとつながってゆく。

鎌倉入りを試み拒否されたのが一遍《いっぺん》である。延応元年（一二三九）に伊予国の武士・河野通広《みちひろ》の子として誕生。宝治二年（一二四八）に母の死にあって出家の志を持つと、建長三年（一二五一）に父に連れられて鎮西に渡り、すぐに帰郷し建長五年に継教《けいきょ》寺《うじ》の教縁《きょうえん》を師として出家し随縁《ずいえん》と号した。

弘長三年（一二六三）に父が亡くなったことから、鎮西に渡って浄土宗西山義に属する大宰府弘西寺の聖達《しょうたつ》上人の門を叩き、天台宗を捨てて浄土門に入り、智真《ちしん》と法名を改めたが、その一遍が他力本願と賦算《ふさん》の意義を確信したのは、熊野本宮の証誠殿《しょうじょうでん》の前で祈っていた時のことである。

日蓮上人（東京大学史料編纂所蔵）

熊野権現の化身である山伏が現われ、「御房の勧めにより衆生初めて往生すべきにあらず。阿弥陀仏の十劫正覚《じゅうごうしょうかく》に、一切衆生の往生は南無阿弥陀仏と決定《けつじょう》する所也、信・不信を選ばず、浄・不浄を嫌ばず、その札を配るべし」と、一遍が勧めることで往生するのではないのであり、衆生の往生は南無阿弥陀仏と唱えることで定まってくる故、その札を配るように、と告げたのである。

これにより熊野の本地《ほんじ》である阿弥陀仏から信仰の確信を得て、「南無阿弥陀仏　決定往生六十万人」と記した念仏の形木《かたぎ》を渡す賦算による布教方法を編み出し、同行と別れを告げ、恩愛の情を断ち切り「捨聖《すてひじり》」としての念仏勧進をめざす遊行《ゆぎょう》へと一遍は進んでゆき、やがて踊り念仏により信仰を広めていった。

このように日本人の身体性に見合う仏教の教えがこの時代に広がった。これ以前は大陸の文化を取り入れ必死に学んできたことから、その頭は教学で占められていたが、この時代になって自らの身体に発して、祈禱や教学優先の仏教世界に飽きたらずに行動を開始するようになった。念仏や座禅、読経を一向に邁進すべきことを主張した仏教者が次々に現れたのである。

この時期に生まれた浄土宗や禅宗、日蓮宗など新たな仏教運動は、日本人の身体に則していたことから今に連綿と繋がっている。現代の日本人の信仰の大多数を占め、今日の仏教の主要な宗派にはこの時代に淵源をもつものが多いことは、それが日本人の身体性に見合うものだったからである。

身体論の展開

前代に形成されてきた家も身体性を獲得していった。武家政権が安堵政策を通じてしっかりした骨格を築くようになったばかりか、それに応じて京の公家政権も骨格を整えるようになって、公武の協調体制が整い、後世に引き継がれていった。

家が形成され、その継承のために編まれた『教訓抄』などのように、家の教訓が語られるようになったのも大きな特徴である。建長四年（一二五二）に編まれた『十訓抄』は、十巻の編に分類し「昔今の物語を種」にした教訓話を配列している。全部で二百八十二話からなり、仮名の序に「建長四年の冬、神無月のなかばのころ」になったと記し、巻十の序に「能は必ずあるべきなり。なかにも氏をうけたる者、芸おろかにして氏をつがぬたぐひあり。道にあらざるたぐひ、能によりて道にいたる徳もあれば、氏をつがむがため、道にいたらむがために、かれもこれもともにはげむべし」と、氏の家を継ぐ重要性を強調している。収録した説話には才芸に基づく家業が成立し、それが継承されてゆくなかでの心の持ち方や戒める話を提示している。

武家では『北条重時家訓』のような家訓が編まれるようになったが、そのうちの一つ『六波羅殿家訓』にはこう見える。

○酒宴の座席にては、上にもあれ、下にもあれ、ことばを懸て、坐の下にもあらんをば、是へ〳〵と請すべし。

○親の言む事をば、何に僻事《ひがごと》と思とも、一度も違うべからす。
○親かたより、馬なんどを得ては、降りて轡《くつわ》に手をかけて、人にとらすべし。

上下の人々への気遣い、親や「親かた」(主人である北条氏)への身体の処し方などを詳しく記している。日本人の身体の処し方はこのような家訓の形で伝えられてきたのである。

身体への関心は歌人の藤原定家にも認められる。定家は病弱だったせいもあり、日頃から自分の身体に関心を抱いていて、『明月記』にはその病状が記されている。なかでも寛喜二年(一二三〇)八月二十七日条の次の記事はこの点をよく示している。

夜に入り寝に付くの後、夜半許り例の事に依りて陰所に向かふの間、痢忽ち矢を射るが如くに下る。奇しく思ふの処、心神迷乱し、前後不覚。青女等を召し寄すの間、来らざる以前に絶入ると云々。両三人来り扶《たす》くの後、僅かに蘇生し反吐《へど》す。帰り来るあたはず、路板に平臥す、心迷て東西を失ふ。蟻の如く寝所に帰る。

訳してみよう。「夜になって寝入った後、夜半になっていつものように便所に向かったところ、たちまち矢を射るような下痢に襲われ、驚いているうちに前後不覚の体となり、下女らを呼んだのだが、来る前に意識を失ってしまった。二・三人が来て助け起こされ、やっと気がつき、嘔吐を催した。戻ることも出来ずに路板に臥せってしまい、狼狽してわけもわからぬままに、這い蹲《つくば》って寝所に戻った」。これほどにまで記すものかと思うほどに、リアルに自らの症状を語っている。

翌日、定家の家にやってきた心寂房は、蝿を飲み込んだのが腹の中に入ったためと診断している。このように病状を詳しく記しているところにも身体への多大な関心がうかがえる。

神奈川県鎌倉の大仏（古写真　国立国会図書館蔵）

大仏の身体

身体の時代を象徴する作品を一つあげるならば、鎌倉の大仏ということになろう。当初、大仏は木造であったが、やがて金銅の大仏が鋳造された。『吾妻鏡』建長四年（一二五二）八月十七日に「今日、当彼岸第七日に当たって深沢里に金銅八丈釈迦如来像を鋳始め奉る」とあって、釈迦の大仏が鋳造され始めたとある。

阿弥陀如来であったのを釈迦如来に変えたのかという問題は残るものの、これが今の鎌倉の大仏であることは疑いなかろう。生身の仏像が崇拝の対象となっていたことからすれば、これにも身体性が深く刻みこまれている。特にこの大仏の胎内には当初から入ることができるようになっているばかりか、さらに大仏の後背には窓があり、その窓から光が差し込む仕組みとなっていて、人と大仏とが一体化できるのである。この大仏の特徴をよく言い表したのが、与謝野晶子の次の和歌である。

鎌倉や御仏なれど釈迦牟尼は　美男におはす夏木立かな

大仏を美男と表現したところに、この大仏が帯びる身体性がよく示されていよう。

5　職能の自覚

『徒然草』と『太平記』

一　モンゴル襲来と交流する世界

モンゴルの国書到来

文永《ぶんえい》三年（一二六六）六月二十日、北条時頼《ほうじょうときより》の後継者となった得宗《とくそう》の時宗亭《ときむね》で行われた「深秘《しんぴ》の御沙汰《ごさた》」（寄合）が開かれ、左京大夫北条政村《まさむら》、越後守金沢実時《かねさわさねとき》、秋田城介安達泰盛《あきたじょうのすけあだちやすもり》らが話し合い、七月二十日に皇族将軍の宗尊親王《むねたか》を京に追い帰した。将軍の成長にともなって京へと追放し、得宗中心の体制を築いたのである。

以仁王《もちひとおう》の令旨《りょうじ》の到来に始まる鎌倉幕府の歴史を記してきた『吾妻鏡《あずまかがみ》』は、この将軍上洛記事をもって終えている。まことに象徴的な終わり方で一時代の終わりを告げるが、その二年後の文永五年（一二六八）、モンゴルの国書が日本列島に到来した。

十二世紀後半、大陸のモンゴル高原に遊牧民族モンゴル族が興起し、チンギス・ハンが部族の統一を一二〇六年に達成すると、その侵攻は西はヨーロッパにまで及び、東では一二三四年に女真族《じょしん》の金《きん》を滅ぼすに至ったのだが、直接に日本に通交を求めてくるまでには多くの時間を要した。南宋《なんそう》や高麗《こうらい》の抵抗などがあってのことで、その高麗を一二六〇年にやっと服属させ、即位したクビライが日本に国書を送ってきたのである。

以前から大陸文化の影響は日本列島に直接に及んできていた。北宋《ほくそう》の太宗《たいそう》の命で編まれた『太平《たいへい》御覧《ぎょらん》』は、平清盛が十二世紀末に初めて入手し、高倉天皇に献上されていたが、その後、次々と輸入され、十三世紀半ばを過ぎた頃には数十部に及んでいる（『妙槐記《みょうかいき》』）。

大量に唐物が流入したことから鎌倉では物価の上昇が著しく、幕府は物価安定をはかって唐船の制限を行ったが、唐物流入は止まなかった。日本商人が特に求めたのは銭であり、その流通に消極的な朝廷に対し、幕府は流通を容認したばかりか、御家人役《ごけにんやく》を銭で賦課し、年貢も銭で納めることを認めた。

承久の乱後に新補地頭《しんぽじとう》が西国の各地に置かれ、鎌倉の御所を警護する番役《ばんやく》が整備されたこともあって、地頭御家人の列島往来は頻繁となり、京都や奈良などの本所・領家の荘園領主は荘園年貢のほかに、商工業の生産や販売にも目を向け、日本列島に新たな流通の波が広がった。湊が各地に生まれ、湊と湊を結ぶ交通路が成立し、陸路にも多くの旅人を運ぶ宿《しゅく》が形成された。

大陸からは禅僧たちが渡ってきた。九条道家《くじょうみちいえ》は嘉禎《かてい》二年（一二三六）に東大寺と興福寺の二寺を凌《しの》ぐ寺院を構想し、各一字ずつとって東福寺《とうふくじ》を京の東南に造営するにあたり、中国の径山《きんざん》で無準師範《ぶじゅんしはん》に学んで帰朝した円爾弁円《えんにべんえん》を開山にあて、道家が失脚すると、これを越える伽藍の造営を目論んだのが北条時頼で、建長寺を径山に模して整え、宋からきた蘭渓道隆《らんけいどうりゅう》を招いて開山となした。

大陸から逃れてきた禅僧たちにはモンゴルへの敵愾心《てきがいしん》が強く、その影響もあって北条時宗はモンゴル襲来に強硬に対応した。最初の使者は引き返すことになったが、文永五年（一二六八）にクビライの厳命を受けた高麗の潘阜《はんぷ》が国書を大宰府にもたらしたのである。とはいえ幕府は往来を認めても国交を結ぶ意図はなく、正式の通商にも関心はなく、国書を朝廷に送ってその対処を委ねるのみであった。

幕府と朝廷の動向

幕府の求めに応じ始まった後嵯峨《ごさが》院政は、評定制を導入して政治体制を整え、皇子を鎌倉に送って将軍となすなど、幕府との協調路線をとっていたが、正元《しょうげん》元年（一二五九）に病弱の後深草《ごふかくさ》天皇に代えて亀山《かめやま》天皇を立てた。

その翌年、「年始凶事アリ、国土災難アリ」「武家過差《かさ》アリ、聖運ステニスヱニアリ」という院政批判の落書《らくしょ》（『正元二年院落書』）が御所に置かれ、その後を暗示させる動きが始まるなか、即位した亀山天皇は上皇の期待に応え、早くから評定の場に臨席し、政治への関心を深めていった。

後深草院は父が亀山に愛情を注ぐなか、皇子を文永二年（一二六五）に儲けたことから、これへの皇位継承に望みをつないだが、親王宣旨が下されないうちに文永四年に亀山天皇にも皇子が生まれ、その皇子が翌年に皇太子に立てられた（後宇多《ごうだ》天皇）。

後嵯峨院は亀山天皇の子孫に皇統を伝えようと考えていたことがわかるが、後深草院はあきらめなかった。後鳥羽上皇が琵琶を天皇の楽器として位置づけて王権を象徴する楽器としていたことから、琵琶を習って秘曲の伝授をこの時期に受けている。

モンゴルの蒙古の国書が到来した文永五年（一二六八）のその四月二十三日、後嵯峨院は意見封事《いけんふうじ》の宣旨を出し、識者に政治の意見を求めると、これに前右大臣徳大寺《とくだいじ》実基《さねもと》は宋の書物を引用し、仏法の衰微や王権の危機意識を強調し、王権の主導性を強く主張した（『徳大寺実基意見状』）。その合理的なものの考え方は『徒然草』に紹介されているが、この時期には儒学が大いに学ばれるようになり、王朝の古典文化の学習も盛んになっていたのである。

提出された意見は後嵯峨・亀山両主が評定の場に臨んで審議がされたが（『吉続記《きちぞくき》』）、幕府が明確な意思を示さなかったために審議は難航し、国書到来への結論は従来通りに返書を送らぬものとされ、「異国降伏」の祈禱が寺社に命じられている。それでも翌文永六年にはモンゴルへの返牒を作成し、翌年正月に幕府に送付したが、幕府はモンゴルに送らなかった。

モンゴル帝国の世祖クビライは文永八年（一二七一）に国号を大元《だいげん》と改めると、高麗で反乱を起こして抵抗する三別抄《さんべつしょう》の追討を忻都《きんと》・洪茶丘《こうさきゅう》らに命じ、進展のない交渉にあった日本には、日本国信使趙良弼《ちょうりょうひつ》を派遣した。その趙良弼が渡来した文永八年九月、幕府は危機に応じた体制の引き締めを図った。九州に所領がある御家人にモンゴル襲来に備えさせ、国難に逢うと予言した日蓮《にちれん》を佐渡に配流し、翌年には六波羅探題の北条時輔《ときすけ》、鎌倉の北条氏一門の名越時章《なごえときあきら》を誅殺する二月騒動が起きている。

こうしたなか後嵯峨院は文永九年（一二七二）正月に死を予期して亀山殿に移ると、譲状を認めて後深草上皇・亀山天皇らに所領配分をして二月に亡くなったが、次の政治を担う治天の君については何も記さなかった。指名しても、幕府によって覆されると考えたのであろう。このため嫡系を主張する後深草院と、皇統の継承は今までの流れから明らかとする亀山天皇の争いが生じ、二人の母大宮院《おおみやいん》の裁定によって、後嵯峨院の真意は亀山天皇にあるとされ、亀山天皇の政治が続行した。文永十一年(一二七四)正月に亀山は位を子に譲って後宇多天皇を立て、院政を開始した。

幕府は文永九年(一二七二)に九州諸国の御家人に筑前・肥前両国を防衛するよう命じ、翌年に御家人の質地《しちち》の無償返却を認め、諸国御家人の質券売買地の注進を命じるなど御家人優遇策に努め、文永十一年二月に日蓮を赦免するなど国内の鎮静化にあたった。

モンゴルの襲来

クビライは二度にわたり派遣した趙良弼が追い返されたことから、ついに軍勢を派遣することに決した。文永十一年(一二七四)十月、元・高麗連合軍は朝鮮半島南端の合浦《がっぽ》を出て対馬《つしま》・壱岐《いき》を侵攻し、十月二十日に博多湾の鳥飼《とりかい》辺に上陸、一時は大宰府にまで至り、集団戦法と「てつはう」という武器で日本軍を苦しめたが、大宰府を攻め落とせないまま、御家人の戦いや蒙古軍の内部対立もあって七日ほどして退いている。

様子見の侵攻と考えられるが、この文永の役での武士の奮戦を描いたのが永仁元年(一二九三)制作の『蒙古襲来絵詞《もうこしゅうらいえことば》』である。幕府は再来に備え、襲来の翌年に九州の御家人に異国警固番役《いこくけいごばんやく》を課したところ、元が杜世忠《とせいちゅう》を派遣して服属を求めてきたので、この使者を鎌倉の入口の龍口《たつのくち》で処刑したばかりか、高麗に出兵する計画さえ立てた。

その十月、幕府の使節が突然に上洛し、後深草上皇の皇子熙仁《ひろひと》を皇太子に立て、摂政に鷹司兼平《たかつかさかねひら》を就任させるよう要請してきた。後深草上皇から「このままでは出家して呪う」という強い意思が寄せられ、それが幕府を動かしたもので、ここに次の天皇には皇太子熙仁がつき（伏見《ふしみ》天皇）、その父後深草上皇が院政を行うことが定まった。

朝廷と幕府との窓口となっていた関東申次《もうしつぎ》の西園寺実兼《さいおんじさねかね》が、後深草上皇と結んで動いた結果であって、実兼は皇太子熙仁の東宮大夫となり、摂政には後深草上皇の天皇時の摂政であった鷹司兼平がついた。これには亀山院が黙っているはずもなく、こうして天皇家の分立、皇統の分裂という事態が生じることになった。

建治《けんじ》二年（一二七六）、幕府は博多湾への上陸阻止のための防塁（石築地《いしついじ》）を築かせたが、この年、一遍《いっぺん》は九州を回り念仏勧進を行っており、『一遍聖絵《ひじりえ》』にはその様子が描かれている。熊野で信仰の確信を得た一遍が筑前の武士の館を訪れる場面で、館の門を侍が固め、門の上の櫓には盾や弓矢が備えられ、館の内には厩と馬場があるという、文永の役後の警備の厳しい風景となっている。

クビライ（世祖）は弘安《こうあん》二年（一二七九）に南宋を滅ぼすと、次に日本を再び攻めることを決意し、翌年に征日本行省《せいにほんこうしょう》を置き、弘安四年（一二八一）に遠征軍を整えた。東路軍と江南軍の二手から攻めることに定め、その東路軍は五月三日に高麗の合浦を出発し、五月下旬に博多湾の志賀島《しかのしま》を占領したが、石築地の防御の効果と御家人の奮戦もあって上陸できなかった。

そこに遅れていた江南軍が肥前の鷹島《たかしま》に到着し、両軍が合体して上陸を目指したところ、そこを

『蒙古襲来絵詞』（宮内庁三の丸尚蔵館蔵）より

襲った暴風雨により、壊滅的な被害を受けて退却した。今にその時の残骸が海底にあって、海底考古学により発掘がなされている。

このモンゴル襲来は日本列島を一体のものとみなす考えを促した。奇蹟ともいうべき暴風雨は「神風」と見做され、「神国日本」の意識を強め（『八幡愚童訓《はちまんぐどうくん》』）、その言説は後世に大きな影響を与えることになった。

時宗は蒙古合戦で亡くなった人々の霊を敵味方なく慰めるため、禅宗寺院として鎌倉に円覚寺《えんがくじ》を弘安五年（一二八二）に建立し、その開山には弘安二年に時宗の招きで来日し建長寺の住持となっていた無学祖元《むがくそげん》をあてている。

徳政の政策

弘安七年（一二八四）に時宗が三十四歳の若さで急死したことから、子の貞時《さだとき》が跡を継ぐことになるなか、出されたのが「新御式目《しんごしきもく》」という三十八か条の法令である。それとともに「弘安の徳政」と称される政策が得宗の外戚である安達泰盛を中心に推進されていった。モンゴル襲来に大量の御家人が動員されたので、戦後に恩賞を求めて多くの訴訟が提起された。異国合戦の祈禱を行った寺社からも恩賞が求められており、それらへの対応である。

ここでの徳政は、訴訟を受理して速やかに裁判を行うことに眼目があった。裁判機関である評定《ひょうじょう》や引付《ひきつけ》を改革し、引付には判決原案を一つのみ作成するように命じ、判決の迅速化をはかった。西国諸国へは使者（「四方発遣人《しほうはっけんにん》」）を派遣し、守護とともに大犯や悪党らの取り締まりにあたらせた。合戦の舞台となった鎮西には三人の使者を派遣して、神領《じんりょう》の興行や御家人の名主職安堵を実行させたので、彼らは「徳政の使者」と称された。神領興行では、神々が戦って蒙古を退散させたということで、神職以外の人が知行する神社領を神職に返却させたのである。

この幕府の弘安の徳政に呼応して、亀山上皇も弘安八年（一二八五）に訴訟に関わる二十か条の法を定め、翌九年には評定制度の改革を行った。評定を徳政評定と雑訴評定の二つに分け、一般の政務は徳政評定で、訴訟関係は雑訴評定で審議することとし、伝奏《でんそう》・職事《しきじ》・弁官《べんかん》・文殿衆《ふどのしゅう》には、身分の尊卑にかかわらず訴訟をすぐに取り次がせ、権勢におもねる行動をとらないよう、賄賂に耽《ふけ》らないように誓わせた。こうして徳政は幕府・朝廷共通の政策として広がってゆく。

そうしたなか弘安八年十一月、時宗の子貞時を補佐する外戚と御内人《みうちびと》との対立から、外戚で有力御家人の安達泰盛が滅ぼされる霜月《しもつき》騒動が起きた。泰盛の子宗景《むねかげ》が源氏に改姓したことを捉え、これが将軍になろうとしたもの、と御内人の内管領《うちかんれい》平頼綱《たいらのよりつな》が貞時に訴えたことから、泰盛とそれに連なる御家人が粛清されたのである。「弘安八年、鎌倉合戦において人々自害す」と多くの御家人が滅ぼされ、鎮西でも泰盛の子盛宗《もりむね》が殺害され、さらに筑前の岩門《いわと》で合戦が起き、泰盛派の少弐《しょうに》景資《かげすけ》が滅ぼされた（『鎌倉遺文』）。

先例のない異国との合戦であったから、恩賞の土地をいかにひねり出すか、久しくなかった実戦で恩賞の認定をどうすべきかなど難問山積みであったが、霜月騒動にともなって泰盛派の人々の没収所領がモンゴル合戦の恩賞に宛てられるという、何とも皮肉な結果となった。

弘安十年（一二八七）、関東の使者が上洛して申し入れたことから、伏見天皇の即位と後深草院政が開始され、正応《しょうおう》二年（一二八九）に幕府の奏請によって伏見天皇の皇子胤仁《たねひと》が皇太子になった。これに満足したのか後深草院は出家を遂げたが、翌年に不満の著しい亀山院も出家を遂げると、その直後、甲斐源氏の浅原為頼《あさはらためより》が禁中に乱入し、天皇の殺害をはかって自害する事件が起きた。

その自刃に用いたのが亀山院側近の三条実盛《さんじょうさねもり》の秘蔵の刀だったことから、嫌疑は亀山院に及んだが、院が幕府に関係はないことを伝え、一件は有耶無耶のうちに終わるなか、亀山院は次の機会を窺って新たな動きに出てゆくことになる。

徳政の新展開と日元貿易

正応二年（一二八九）三月、肥前の神崎《かんざき》荘の地頭職が合戦の恩賞として御家人たちに籤によって配分された。この荘園はかつて平忠盛《ただもり》や藤原信西《しんぜい》も知行したことのある天皇家の直轄領であったが、その広大な荘園が恩賞の地とされたのである。配分の田は十町・五町・三町の三つにランクされ、九州の四百人もの御家人にあたえられた。恩賞地不足に悩む幕府の窮余の一策であり、御家人たちはその土地からの収入を博多で受け取り、異国警固番役を勤める費用としたことであろう。

徳政の基調に沿って伏見天皇も徳政に力を注いだ。訴訟手続に関する法を定め、大臣以下の公卿を三番に分け、番ごとに記録所の弁《べん》や史《し》・外記《げき》などを寄人《よりうど》として付け、月六回の評定を行うこととし、記録所庭中《きろくしょていちゅう》という直訴を扱う機関も設けた。その治世への意欲から永仁《えいにん》元年（一二九三）には勅撰集の撰集を二条為世《ためよ》や京極為兼《きょうごくためかね》らに命じている。

幕府は、永仁元年に九州に北条兼時《かねとき》らを派遣し、九州統治の強化をはかったが、そこに起きたのが鎌倉で死者二万三千人に及ぶ大地震であり、これとともに貞時は御内人の中心人物である内管領平頼綱や飯沼資宗《いいぬますけむね》を討った（平禅門《へいぜんもん》の乱《らん》）。御内人の勢力の強大化を警戒してのもので、引付を廃止して貞時が直接に訴訟を裁断する執奏《しっそう》の制をしくと、これにより訴訟が「雲霞《うんか》の如く」鎌倉にもたらされたので、裁ききれなくなりすぐに元に戻された。

永仁四年（一二九六）に北条一門の金沢実政《さねまさ》を鎮西探題に任じ、探題に確定判決権を与え、多くの訴訟を受理させたので、ここに東国は幕府が、西国は六波羅探題が、九州は鎮西探題がそれぞれの地域の裁判や行政を分担して行うことになり、地域に密着した政治・訴訟制度が整えられた。

翌永仁五年二月に彗星が出現すると、三月六日に「関東御徳政」（永仁の徳政令）が出された。御家人が土地を売り、質に入れたりなどして借金に苦しんでいることから、土地の取り戻しを「徳政」

として命じたものだが、これには御家人のみならず、聞きつけた庶民も土地取り戻しに動いた。以後、徳政といえば土地の取り戻しを意味するものとなるが、それだけ金融経済が深く日本の社会をとらえていたのである。なかでも大量の銭が流通していた。朝廷も幕府も銭貨を造ろうとはしなかった。それは銭が小額貨幣でコストが割にあわなかったからであり、日本で流通した銭は一文銭、大陸では五文や十文銭などが流通していた。元が銭の流通を停止したため大量の銭が入ってきたことも大きい。

元は文永・弘安の役の後も何度か日本への再征を計画したものの、その都度、不調に終わる。一二七六年に泉州《せんしゅう》・慶元《けいげん》などの港に市舶司《しはくし》を置いて貿易の管理に乗り出し、翌年には金と銅銭の交換を希望する日本の商人に貿易を許可し、その翌年には日本商船の受け入れを命じるなど、元は閉鎖的政策はとらず、日本も渡航を禁止しなかった。

大陸との交易は国交こそ結ばれなかったものの、人の往来や物資の流れは前にも増して頻繁になっていた。永仁六年（一二九八）四月、「藤太郎忍恵《にんえ》」の唐船が肥前の五島《ごとう》で難破し、積んでいた物資が運び取られる事件が起きたが、その荷主は「葛西《かさい》殿」「右馬権頭《うまごんのかみ》殿」「大方殿」などの北条氏一門で、積荷は金四八〇両、水銀・銀・剣などの輸出品であった。

韓国の新安《しんあん》沖で発見された沈没船には、「至治《しじ》三年」の中国年号の木簡、「東福寺」と書かれた荷札、「慶元路」と記された秤《はかり》、銅銭二十八トン、陶磁器二万余点などが積まれていたことから、至治三年（一三二三）に慶元（明州）を出て日本に向かった船とわかった。東福寺の修造に関わり、多くの輸入品が唐物として輸入されてきたことをよく示している。

こうした唐物流入の様子を語っているのが『徒然草』一二〇段である。


唐の物は、薬の外は、みななくとも事欠くまじ。書《ふみ》どもは、この国に多くひろまりぬれば、書きも写してん。唐土舟《もろこしぶね》の、たやすからぬ道に、無用の物どものみ取り積みて、所狭《せ》く渡しもて来る、いと愚かなり。

兼好がこのように唐物珍重を苦々しく批判したほどに唐物は大きな影響をあたえていた。

禅僧と律僧

鎌倉で建長寺・円覚寺などが創建されるなか、京都でも亀山上皇が禅宗に帰依し、正応四年(一二九一)に離宮を寺に改め、東福寺の入宋僧の無関普門《むかんふもん》を開山とし、七堂伽藍を整備すると、住持には法流を問わないで器量により選ぶ「十方住持制」を取り入れ、南禅寺《なんぜんじ》と号した。

鎌倉の北条貞時は祖父や父同様に禅を学び、よく理解したこともあって、多くの禅僧が大陸からやってきた。一山一寧《いっさんいちねい》は元朝から派遣され、一時は伊豆の修善寺《しゅぜんじ》に幽閉されたが、貞時の信頼を得て、武士への禅宗普及に力を注ぎ、門下からは優秀な禅僧が多く育った。

幕府は大陸の五山の制度に倣って鎌倉に五山の制度を設けて禅宗寺院を手厚く保護したので、大陸に渡る僧が激増した。南浦紹明《なんぽしょうみょう》、桃渓徳悟《とうけいとくご》、約翁徳倹《やくおうとっけん》らの禅僧たちはいずれも建長寺で蘭渓道隆に学んで大陸に渡っている。渡海僧の多くは幼く天台・真言系の寺院に入って、鎌倉の禅院で修行するなか、渡来・渡海僧に接し大陸に渡るようになった者たちであり、また東福寺や大仏の造営料を名目とした船が大陸と日本とを往来していた。

だが僧のなかには、虎関師錬《こかんしれん》が『元亨釈書《げんこうしゃくしょ》』に記す「我が国の凡庸な僧が熱に浮かされるごとく元土におしかけており、我が国の恥辱を遺す」といった存在も多く、彼らは様々な名目をつけて商船に乗り込んで大陸に渡り、問題を起こすこともあった。

そのいっぽうで、大陸に渡ったことのない僧が建長寺や円覚寺の住持になるなど、禅宗は大陸とは違った独自の性格を帯びていく。鎌倉の谷奥に建てられた寺院を道場とする叢林《そうりん》の禅が広がり、『仮名法語《かなほうご》』によって禅宗を伝える工夫もなされ、禅は武士に着実に根をおろすことになった。

渡来僧たちは禅宗のみならず宋文化を直接にもたらしたので、その生活文化や学問が大きな影響をあたえた。鎌倉幕府の奉行人の中原政連《まさつら》は延慶《えんけい》元年(一三〇八)に『政連諫草《かんそう》』を提出し、執権を退いた北条貞時が僧侶を招いて供養し、仏の道を尋ねるのを結構なことだとしつつも、それが一日おきに行われ、美々な膳が設けられ、「薬種を唐様の膳」に加えられるのが日々倍増の勢いでなされていることを諫めたが、この傾向を加速化させたのが大陸貿易の広がりである。

禅僧とともに幕府の厚い保護を得たのが律僧《りっそう》である。奈良西大寺の叡尊《えいぞん》の弟子忍性《にんしょう》は常陸の三村極楽寺や東城寺《とうじょうじ》・般若寺《はんにゃじ》を拠点として活動するなか、幕府の要人に働きかけて師の叡尊を鎌倉に迎えることに奔走して、その結果、北条時頼や北条一門の金沢実時の招請で、叡尊が弘長《こうちょう》二年（一二六二）に鎌倉に下ってきた。

幕府は撫民政策を推進するにあたり、戒律再興と民衆救済をはかる律宗の活動を高く評価していて、全国的飢饉が起きていたこともあって、幕府首脳の帰依を獲得した。北条一門の重時《しげとき》は鎌倉西の邸宅内に設けていた極楽寺を律宗寺院になすと、その開山となった忍性は病院や馬の治療院を極楽寺境内に設け、社会活動や救済活動を進めた。

幕府の保護と帰依を獲得した忍性の生涯の事業を記した『忍性菩薩略行記』は、伽藍の草創が八十三か所、堂供養が百五十四か所、塔婆建立が二十基にのぼるほかに、馬衣《うまぎぬ》を与えた非人が三万三千人、殺生を禁じたのが六十三か所、浴室や病屋・非人所を建てたのが五か所であったという。その活動は叡尊をして「慈悲に過ぎる」と言わしめたほどである。

金沢実時は母の菩提を弔うために鎌倉の東、六浦《むつら》庄の金沢郷に称名寺《しょうみょうじ》を設けていたが、文永四年（一二六七）に忍性の推薦で下野の薬師寺の審海《しんかい》を開山に招いて律宗の寺となし、本尊として弥勒菩薩像を建治二年（一二七六）に安置した。境内の金沢文庫《かねさわぶんこ》に幅広い書籍を納め、孫貞顕《さだあき》の時に文庫の管理を称名寺長老の釼阿《けんあ》にゆだねたこともあって、今に伝えられている。嘉元四年（一三〇六）、称名寺の造営費用を得るため元に唐船を派遣して、称名寺の俊如房快誉《しゅんにょぼうかいよ》が唐物を将来している。

金沢文庫は、正倉院や鳥羽の勝光明院経蔵、京東山の蓮華王院経蔵の系譜を引く、武家のコレクションとなった。後世の武家はこの文庫のコレクションを持ち出し新たなコレクションの手がかりとした。下野の足利学校《あしかががっこう》や徳川幕府の文庫の蔵書などにも役立てられた。

二　列島の町の繁栄

一遍の信仰の広がり

禅律僧が鎌倉に迎えられたところから、一遍も弘安五年（一二八二）に鎌倉入りを果たし布教の成否を試そうとした。

聖《ひじり》、宣《のたま》はく、鎌倉入りの作法にて化益《けやく》の有無を定むべし。利益たゆべきならば、是を最後と思ふべき由、時衆に示して、三月一日、小袋坂《こぶくろざか》より入り給ふ、

幕府に直接に信仰を訴えることに目的があって、当日は「今日は太守《たいしゅ》山内へいで給事あり、この道よりは悪しかるべき」と、北条時宗が別荘を構える山内庄の巨袋坂《こぶくろざか》を通るから、やめるようにという忠告を受けていたが、強行をはかって阻止されてしまう。しかしこれを契機に鎌倉の西の片瀬《かたせ》宿《じゅく》に板屋の舞台をあつらえて踊り念仏を行うと、多くの人々が集まって成功をおさめ、一遍の活動は新たな発展を迎えることとなった。

浜の地蔵堂に移りゐて数日をくり給けるに、貴賤あめのごとくに参詣し、道俗雲のごとくに群集す。同道場にて三月の末に紫雲たちて花ふりはじめけり。

片瀬の館の御堂近くの地蔵堂に設けた板屋での踊り念仏の場面である。絵は多くの人々が群集するなか、一遍と時衆《じしゅう》が板屋の上で円をつくって踊り回っている様子を描く（次頁の図参照）。板屋の舞台では時衆が集団をなし、鉦《かね》をたたき、板を踏み鳴らしており、その音は極めて効果的であったろう。それとともに紫雲が立ち、花が降る奇瑞が起きたという。以後、板屋の舞台を各地の堂に造り、そこでの踊念仏で信仰を広めていったのである。

一遍の遊行《ゆぎょう》の旅を描いた『一遍聖絵』には、列島の町や村、山や湊の風景が描かれているので、ここからは一遍とともに列島の各地を訪れてみることとする。一遍がモンゴル襲来後の九州に赴いたことを見たが、その時には豊後で他《た》阿弥陀仏などの帰依を得て、その時衆とともに九州を出ると、故郷の伊予に渡り、そこから東の地へと向かった。

備前国の藤井で吉備津宮《きびつのみや》神主の子息の家を訪ねたところ、たまたま留守中であったが、妻女に念仏を勧めたところ、妻女は一遍に帰依して出家を遂げた。そのまま一遍が近くの備前の福岡市《ふくおかのいち》で念仏を勧めていると、妻を出家させられたことに怒った亭主が追いかけてきた。

『一遍聖絵』（清浄光寺〈遊行寺〉蔵）より片瀬の踊り念仏

　件《くだん》の法師原《ほうしばら》、いづくにてもたづねいだして、せめころさむとて出けるが、福岡の市にて聖にたづねあひたてまつりぬ。大太刀わきにはさみて聖のまへにちかづき侍りける、

大太刀を腋に挟んで殺そうとしたところ、一遍に「汝は吉備津の宮の子息か」と問われたその一言に、一瞬にして怒りが消え、害心も失せてしまったといい、一遍を尊く思う心が湧いて、出家を遂げることになった。絵はその神主子息との対決と出家の場面を描く。

そのなかで周囲の市の賑わいが描かれている。備前焼の瓶《かめ》が並び、米や衣類・魚類の販売の風景が展開する。後に近くの福岡宿を通った今川了《いまがわりょう》俊《しゅん》は、紀行文『道ゆきぶり』に「其日はふく岡につきぬ。家ども軒をならべて民のかまどにぎはひつつ、まことに名にしおひたり」と、福岡宿や市の賑わいを記している。

博多と京を結ぶ瀬戸内海の沿岸や山陽道に沿ってはこうした湊や宿が繁栄していた。唐物の代表は陶磁器であったが、博多や備後の尾道《おのみち》などからも多くの陶磁器が出土している。尾道での発掘調査では中国製の青磁や白磁のほか、備前焼の陶器も出土している。尾道は平清盛によって内陸部に設けられた太田荘の倉敷の津（年貢の積出港）に設定された後、高野山に寄進され、発展をみた港湾であり、この時期には瀬戸内海交通と流通の拠点となっていた。

嘉元四年（一三〇六）に尾道「浦の檀那」（有徳人《うとくにん》）の力で、浄土寺が律院として再興されたが、再興にあたった太田荘預所《あずかりどころ》の法眼淵信《えんしん》は、伊予・長門などの荘園の年貢を請負い、高野山からは尾道浦の浄土寺別当職などを与えられていた（「浄土寺文書」）。尾道は「船津その便を得るにより民烟《みんえん》富有」と言われたほどに賑わい、元応《げんのう》元年（一三一九）には備後守護の長井貞重《さだしげ》の代官が数百人を率いて襲い、寺社数か所や民屋千余戸を焼き払い、大船数十艘によって仏聖供《ぶっしょうぐ》などを略奪する事件を起こしている（『高野山文書』）。

宿と湊

一遍は福岡の市で弥阿弥陀仏など二百八十人もの出家信者を得ると、その時衆を引き連れ、山陽道を京に赴いた。そこで因幡堂《いなばどう》の執行《しぎょう》から厚い待遇を受けた後、信濃の善光寺に参りそこから南に下って、伴野《ともの》の佐久市《さくのいち》で別時念仏を行った。

『一遍聖絵』の描くこの市の風景は、市日ではないために閑散としているが、そこに一遍のことを聞きつけた武士から食事が提供され、招かれて館の庭先で始まったのが踊念仏である。以後、踊り念仏により信仰を広めてゆくのだが、その新たな決意を固めるべく訪れたのが、奥州の江刺《えさし》にある祖父河野通信《こうのみちのぶ》の墓であった。

弘安三年（一二八〇）にその祖父の墓に向かうが、道筋の奥大道《おくのたいどう》に沿っては多くの宿が存在していた。その宿跡と考えられるのが栃木県国分寺町の下古館《しもふるだて》遺跡で、堀が道を囲繞《いにょう》して堀で区画されたなかに、方形の竪穴建物や井戸が密集する。同じく福島県郡山市の荒井猫田《あらいねこだ》遺跡でも、南北の道に面して、溝で区画された、奥行きが二〇～二五メートル、間口が二〇～四〇メートルの屋地が密集し、南北に木戸が設けられ、堀で区画された宿跡の景観である。ともに道をはさんで宿の集落が形成され、この道は鎌倉と奥州を結ぶ奥大道と考えられるが、この奥大道の地の地頭に対して、幕府は建長八年（一二五六）に宿直屋を設けて群盗の警固をするよう命じていた。

一遍は祖父の墓参りを終えると、平泉・松島を経て常陸の府中から「武蔵の石浜」に赴き、そこで滞在していたところ、「時衆四・五人」が病んだので、彼らを励ます歌を詠んでいる。この石浜の近くの南西に位置するのが浅草寺《せんそうじ》であって、その縁起絵巻『武蔵国浅草寺縁起』によれば、創建は推古天皇三十六年に檜前の浜成《はまなり》・竹成兄弟らが江戸浦《えどうら》で観音像を網にかけて安置したことに始まるという。

天慶《てんぎょう》五年（九四二）に安房守平公雅《きみまさ》が祈願して武蔵守に任じられて造営した記事があるので、それからが史料として信頼でき、以後、国司や武家などの政治権力者の庇護を得て浅草寺は修造されてきたが、鎌倉後期になって正応二年（一二八九）に大輔聖《たいふ》という勧進上人が「無縁の群類」に勧めて再興をはかり、正安《しょうあん》二年（一三〇〇）に修造を遂げた。

この時から勧進により浅草寺の造営がなされるようになったことがわかるが、その再建を担ったのは石浜の有徳人（富裕な人）であったろう。正和《しょうわ》元年（一三一二）には、浅草寺の創建に関わったという浜成ら三人の化現《けげん》である三所権現《さんしょごんげん》の神託がおり、「我、昔海浜に孤《ひとり》漁夫のわざを業として年久し。然《しかれども》共海中に出、万の鱗をたすけ、見聞の随喜をます」と語り始め、我を祀り神威を増すように求めたことから、人々はその神託に基づいて神輿を飾っての船遊《ふなあそび》の祭礼を営んだという。

この船遊の祭礼が今に浅草の三社権現の祭礼へと続いているのであり、鎌倉後期から石浜は湊町として成長を遂げ、持続的な町場を形成し、町の有徳人が祭を執り行うようになった。

石浜を出た一遍は武蔵のながさこで鎌倉入りを考えて、そこで実行に及ぶが、すでに見たようにこれを阻止され、片瀬での踊り念仏による成功に力を得て、上洛を目指したのである。東海道の沿道でも鎌倉初期から宿が発展していた。伊豆の一宮である三島神社は一遍の生まれ故郷である伊予の大三島神社との関係が深く、ここに一遍は参詣しており、絵はその神社と門前の三島宿を描いている。

宿と京の有徳人

一遍が尾張の甚目寺《じもくじ》にまで来て七日間の行法を始めたところ、食事が尽きてしまい、時衆たちが憂いたので、「断食によりて法命つくることなし。かならず宿願をはたすべし」と、一遍が断食によって命が尽きることはない、と諭したところ、その夜、近くの萱津《かやづ》宿の「徳人」の夢に甚目寺の毘沙門天が現れ、「大事な客人に供養（食事の提供）をするように」と告げたので、徳人らが甚目寺に赴き、一遍らに食事を提供すると、鎮座していた毘沙門天が歩み出したという。

この話からは萱津宿に有徳人が成長し、甚目寺がその信仰の対象となっていたことがわかる。『東《とう》関紀行《かんきこう》』にはその萱津宿の市の風景が次のように記されている。

萱津の東、宿の前を過れば、そこらの人集まりて、里もひびくばかりにののしりあへり、けふは市の日になむあたりたるとぞいふなる、往還のたぐひ手ごとにむなしからぬ家づとも、

萱津の市に近隣の人々が集まったその賑わう様や、買い求めた土産を家に持ち帰る風景が生き生きと描かれているが、これに近接する尾張の富田《とみた》荘を描く絵図が円覚寺に残されていて、その絵図の東北隅に萱津宿が見える。

道に沿って在家や寺があって、集落が形成されており、近くを川が流れている。この川は庄内《しょうない》川

で、萱津宿はその西岸に開け、市は宿の東の庄内川の河原に立てられたものと考えられ、この萱津宿の有徳人の存在を記したのが『一遍聖絵』なのである。宿が有徳人らにより成長するなか、有徳人の信仰を得た寺院や堂が建てられ、再興されていった様相がよくうかがえる。

こうして一遍は近江の大津、逢坂《おうさか》、関寺《せきでら》などを経て、弘安七年（一二八四）閏四月に上洛を遂げることになった。洛中では四条の釈迦堂を手始めに因幡堂や三条悲田院《ひでんいん》、蓮光院《れんこういん》など、京の人々の信仰を集めていた堂を回って念仏を勧進し、四条釈迦堂の踊念仏では「貴賤上下群をなして、人はかへり見る事あたはず、車はめぐらすことをえざりき」という盛況であった。

絵は釈迦堂での賑わいを中心にして、祇園社へ参詣するために鴨川に掛かる四条橋や、都の治安を守るために辻々に置かれた京極面の篝屋《かがりや》も描かれており、その篝屋では六波羅に奉仕する在京人が警固にあたっていた。

因幡堂には土御門入道内大臣が結縁のために訪れて、歌や手紙のやりとりをし、蓮光院の住持からも歌が送られている。鎌倉では武家の保護が得られなかったが、京では貴顕・民衆に大いに迎えられたのである。その後、雲居寺《うんごじ》や六波羅密寺《ろくはらみつじ》などの東山の寺を巡礼した後、空也《くうや》上人の遺跡である市屋《いちや》に道場をつくって滞在することになった。

絵には四十八日間も滞在した市屋の道場での踊念仏の風景が描かれ、牛車や桟敷が舞台の周囲を取り巻いて見物する貴顕が押し掛け、まさに演劇興行の様相を示している。近くの堀川では材木が引き上げられており、その材木が舞台の製作に利用されていたことを示している。

京の賑わい

『一遍聖絵』は京の風景に最も多くの紙幅をさいて描いている。絵が鴨川に始まって堀川で終える趣向となっているのも興味深い。京の祭礼といえば祇園祭があるが、これは六月七日に祇園社を出た神輿が鴨川の四条大橋に沿って設けられた浮橋を渡って旅所に遷り（神輿迎）、堀川の材木商人の奉仕があって、六月十四日の御霊会《ごりょうえ》の日に還御するのが恒例であった。

その祇園祭に新たに鉾衆《ほこしゅう》が現れるようになっていた。『花園天皇日記』元亨三年（一三二三）六月十四日条には、「鉾衆」が御所に群参し乱舞したと見え、翌日も「鉾衆」が参入、乱舞しており、鉾衆が祇園祭の主役として躍り出てきたことがうかがえる。山と鉾からなる祇園祭の原型が生まれたのである。

弘長元年五月（一二六一）に出された新制は「京畿諸社の祭、過差・狼藉を停止すべき事」を規定し、「諸社祭供奉人」が綾羅錦繍《りょうらきんしゅう》の装束を着て、金銀珠玉の風流を凝らすことを停止している。とりわけ「道祖神《さえ》已下の辻祭」などで「白河薬院田《やくいんでん》の辺の印地《いんじ》（石打ち）」が結党して悪徒の活動をすることを禁じているが、そうした祭りにおける風流と結党の動きとの延長上に、祇園祭における新たな動きが始まったのである。

これらに象徴されるように、この時期の京の世界は大きく変化しており、特に商工業者の活動が広がっていた。朝廷の官衙である内膳司《ないぜんし》に組織された魚鳥を交易する人々は、六角町や姉小路町《あねがこうじまち》に屋を構えて六角町供御人《くごにん》・姉小路町供御人と称され、商いをするようになっていた。このように蔵人所《くろうどどころ》に編成された商工業者も多かった。

京都の大工は修理職《すりしき》や木工寮《もくりょう》の課役を勤めていたが、この課役から逃れるために諸寺諸山や権門勢家、武家の権勢を頼って奉仕するようになっていたので、内裏の修築が進まなかったことから、永仁四年(一二九六)十一月に修理職は朝廷に訴え、もし勤めないならば大工を洛中から追放するよう求めている。堀川の材木商人や四条の綿商人が祇園社に座として編成されていったように、商工業者は権門と結んで座を形成し、その権益を主張するようになった。

金融業者である土倉《どそう》は十四世紀初頭の京都には数百軒もあり、その多くは「山門気風の土蔵」といわれ、延暦寺に結びついて特権を有していたが、院庁《いんのちょう》支配下の土倉もあった。朝廷は固有の領域として洛中の商工業を保護するとともに、そこに財源を求めるようになったが、その洛中の商工業の実態を示しているのが八条院町《はちじょういんまち》の遺跡である。

鳥羽法皇の皇女で多くの荘園を有していた八条院の御所の周辺には倉や院庁が置かれ、八条院に仕える人々の屋敷があった。しかし正治二年(一二〇〇)十二月一日の火事で八条院の御所や「庁ならびに伺候の人々」の家が焼けてしまい(『明月記《めいげつき》』)、さらに八条院が亡くなると、この地は急速に寂れてしまっていたが、鎌倉後期には大きく発展していた。

正和二年(一三一三)十二月に八条院領を伝領した後宇多上皇が、これを東寺に寄進したことで東寺領八条院町が成立したが、その八条院町の地子《じし》注文によれば、かつての御所の東の東洞院《ひがしのとういん》面には蓮阿弥・藤三郎など合わせて十二人の住人の屋地が存在し、その周辺の地も宅地化されていた。

一九九四年の京都駅ビル改築時のこの地の調査により、鎌倉時代の刀装具の鋳型や室町時代の銭の鋳型など鋳造関係の遺構が発掘され、さらに建物の柱穴・井戸・ゴミ捨て場や土師器《はじき》なども確認され、漆器類二百点も出土したが、これらは鎌倉時代から室町時代にかけて製造されたものである。鎌倉末期には京の南端にも市街地が広がり、町が形成されていたことがわかる。

博多の繁栄

京や鎌倉の賑わいは広く日本列島の町や湊の賑わいとともにあったのだが、対外貿易の拠点である博多の繁栄はことに著しかった。博多一帯には「張」姓の宋人綱首（船主）たちが数多く住んでおり、彼ら綱首は活発な商業活動とともに文化・技術の流入に尽力した。

栄西《えいさい》が二度目の入宋から帰国すると、博多津の宋人の張国安《ちょうこくあん》が訪ねて来たので、杭州《こうしゅう》の禅師からの言葉を伝えている。栄西はこの張一族の支援を得て建久六年（一一九五）に博多に本邦初の禅寺聖福寺《しょうふくじ》を建立している。

この寺は「洛陽ノ建仁寺、関東寿福寺、彼創草ノ禅院ノ始め」（『沙石集《しゃせきしゅう》』）と称され、天福元年（一二三三）には入宋前の円爾、寛元四年（一二四六）には蘭渓道隆が滞在していた。仁治三年（一二四二年）になると、博多の承天寺《しょうてんじ》が宋商の謝国明《しゃこくめい》の支援によって円爾を開山に建てられた。謝国明は中国・臨安府《りんあんふ》に生まれ、日本に渡り日中貿易で富を築いた「博多綱首」であった。

こうして聖福寺や承天寺、蘭渓道隆が博多に開いた円覚寺などを核として、博多は本格的に整備されていったのだが、その事情は発掘からもうかがえる。十二世紀後半に溝が開削され、それに直行ならびに平行する道路が十四世紀初頭には造られ街区が形成された。道幅は四・五メートルと狭く、路地があり共同井戸が施設された町屋の性格が認められるという。鎌倉後期には巨大な寺院が存在して宗教都市の一面をも有し、共同の井戸を有する町の共同体的結びつきが生まれた。

その都市の境界の役割を果たしたのが息浜《おきのはま》に築かれた元寇防塁《げんこうぼうるい》であり、博多小学校の敷地から見つかった東西に延びる防塁の北側には、町屋や街区は認められず、街区は南側に展開していたことが明らかとなった。

その博多の町の人々が担った祭礼が櫛田《くしだ》神社の祇園祭である。櫛田神社は肥前国神崎荘から勧請されたもので、これは神崎荘の年貢積出の倉敷が櫛田神社のある博多中州《なかす》にあったからであろう。承久の乱前の建保六年（一二一八）に筥崎宮《はこざきぐう》の行遍《ぎょうへん》らが、大宰府の大山寺《たいざんじ》の寄人で神人の通事、船頭の宋人張光安《ちょうこうあん》を殺害したことから、大山寺の本寺延暦寺が朝廷に博多津・筥崎を山門（延暦寺）領にすることを求めたところ、翌承久元年（一二一九）には神崎荘の荘官らが張光安の亡くなった土地（死所）を神崎荘の土地とするように求めている。

櫛田神社にはやがて京と同じく祇園の神が勧請され、祭礼が整えられていったのであり、これが今に続く博多の夏祭りである祇園山笠の原型であり、以後、博多の発展は祇園山笠とともにあった。

博多には唐人の居留地である唐房《とうぼう》があり、九州の各地にも大陸から渡来した唐人の交易の場として唐房が生まれていた。薩摩の持躰松遺跡はその典型であるが、さらに交易と流通は南西諸島から琉球諸島に及んでいた。琉球では集落間の利害をまとめ、支配的地位に立つ者が台頭して、按司《あじ》やテダ（太陽）と呼ばれたが、按司たちは各地との交易を行って力をつけた。その結果、浦添《うらぞえ》、読谷《よみたん》、中城《なかぐすく》、勝連《かつれん》、佐敷《さしき》、今帰仁《なきじん》などの良港を有する勢力が台頭した。

日本海沿岸の湊

博多の発展と軌を一にしているのが山陰の石見益田《いわみますだ》である。益田川河口部で発掘された沖手《おきて》遺跡からは十二・十三世紀の集落遺跡が見つかっている。東西および南北に走る溝と、その溝に囲まれた中に無数の柱穴と井戸が分布し、中国製品が多く出土するが、遺跡は十四世紀には衰退する。

その益田川をはさんで西側の中須東原・西原遺跡からは、十三世紀~十五世紀にかけての遺構・遺物が発掘されている。大陸産やベトナム産の陶磁器が出土し湊の遺構も認められ、大陸や南アジアとの交易も盛んだったことがわかる。背後の中須の福王寺《ふくおうじ》には鎌倉末期と推定される石造十三重塔や元徳《げんとく》二年（一三三〇）銘の五輪塔が存在している。

益田のみならず日本海に沿っては潟（ラグーン）を利用した湊町が形成されていた。津軽の十三湊《とさみなと》はその典型で、発掘によって湊を支配する安藤氏は岩木川《いわきがわ》河口部の潟の砂州に館を築き、周囲に家人の屋敷を置き、短冊形の町並みを形成していたことが明らかとなっており、湊跡と考えられる場所からは船を止める乱杭《らんぐい》も出土している。

この十三湊の繁栄とともに勢力を広げたのが安藤氏であって、北条義時の代に今の青森県・岩手県北部の得宗領の代官になり、蝦夷地《えぞち》との交易も盛んに行うようになっていた。十三湊を発した船は日本海を南下し、越後の直江津《なおえつ》、越中の放生津《ほうじょうのつ》、加賀の今湊《いまみなと》を経て、越前の三国湊《みくにみなと》などに停泊するが、嘉元四年（一三〇六）、その三国湊に停泊していた「関東御免の津軽船二十艘」の一艘が、鮭や小袖を押し取られる事件が起きた（「大乗院文書」）。

正和五年（一三一六）には越中放生津の本阿弥陀仏が越前の坪江《つぼえ》郷の住人により「関東御免津軽船二十艘」の「大船」に物資を押し取られたと訴えている。これらの船は幕府から津料（港湾料）免除の特権を認められて日本海を運航し、十三湊で東北地方北部や蝦夷地からの交易品を積み、日本海沿岸の湊町を経て物資を京にもたらしていたのであろう。

一遍は北陸には入らなかったが、一遍死後に解散した時衆を他阿弥陀仏が正応二年（一二八九）に再結成し、翌年から北陸に赴いた。正応四年八月には「加賀今湊といふ所にて、小山律師なにがしとかいへる人、僮僕《どうぼく》あまた引具して道場へまうでぬ」と今湊の小山律師を「一向専修の行者」となしている。今湊は加賀国の手取川《てどりがわ》の分流の今湊川の河口にある湊町で、他阿はさらに永仁六年（一二九八）には越中の放生津で南条九郎の帰依を受けている。

三国湊から京に向かった船は越前の敦賀《つるが》や若狭の小浜《おばま》に到着してそこで陸揚げされたが、これら北や西の日本海の湊町を結んでいたのが、若狭湾の浦に根拠地を置く廻船人《かいせんにん》である。文永九年（一二七二）、多烏浦《たがらす》の大船「徳勝」は諸国の津・泊・関々を自由に通行できる特権が認められた船旗を鎌倉幕府の北条氏の家督・得宗から得ている。志積《しずみ》浦の廻船は、越前の三国湊で足羽神宮寺《あすわじんぐうじ》の勧進聖から関料米六石を課徴され、矢代《やしろ》浦の廻船も三国湊に出入りしていた。御賀尾《みかお》浦の船は越前の足羽郡北庄《きたのしょう》で塩・銭を奪われたこともあった。

永仁七年（一二九九）には多烏浦の泉太郎の船が出雲国の「王尾津」と往来していたが、この王尾津とは出雲の美保津《みほのつ》のことと見られている。日本海の東西の海路の結節点である小浜には富裕な借上《かしあげ》の「浜の女房」などの有徳人が成長しており、小浜は鎌倉時代後期から日本海の流通に積極的に関わってきた北条氏の管轄下に入り、その保護を得て湊町として成長していたのである。

三　職人群像

職人の歌合と芸能

列島の町や湊の活性化の担い手は、商工業者や芸能者など「道々のもの」と称された職能の人々であった。彼らはすでに摂関期の『新猿楽記《しんさるがくき》』や『二中暦《にちゅうれき》』『今昔物語集《こんじゃくものがたりしゅう》』に登場するが、この時代になるとその存在は大きく広がり、文献や絵画などに広く記され、描かれるようになった。

その作品の一つが職人歌合《しょくにんうたあわせ》として編まれた『東北院《とうほくいん》職人歌合』と『鶴岡八幡宮放生会《つるがおかはちまんぐうほうじょうえ》職人歌合』である。このうちの『東北院職人歌合』は、「東北院の念仏に」集まった多くの貴賤男女のなか、

「道々のものども」が月・恋を題にして十二番の歌合を行って編まれたという。その道々のものとは以下の通りである。

①医師・陰陽師　②仏師・経師　③鍛冶・番匠　④刀磨・鋳物師　⑤巫女・盲目　⑥草・壁塗　⑦紺掻・筵打　⑧塗師・檜物師　⑨博打・船人　⑩針磨・数珠引　⑪桂女・大原人　⑫商人・海人

十二組二十四の職種からなり、建保二年（一二一四）制作とあるが、これは和歌や連歌の隆盛した後鳥羽上皇の時代に仮託してのものであろう。法成寺《ほうじょうじ》境内の東北院には多くの人が集まるようになっていたことは、定家の『明月記』が、毎年八月十五日の盂蘭盆会《うらぼんえ》にこの寺に集まる「雑人」によって相撲がしばしば行われたことを記していることでわかる。寛喜《かんぎ》の大飢饉の際には餓死者がここに集められるなど、鴨川に近く、都人が集まる広場であった。

もう一つの『鶴岡八幡宮放生会職人歌合』は、鶴岡八幡宮の放生会を場とした歌合で、同じく月・恋を題にしての十二番からなり、八幡宮の神主が判者とされている。ここの放生会は幕府が主催して相撲や流鏑馬など武士を中心に芸能奉仕がなされていたのだが、それ以外にも様々な芸能の奉仕があったのであり、その職能の人々をあげておこう。

①楽人・舞人　②宿曜師・算道　③持経・念仏者　④遊君・白拍子　⑤絵師・綾織　⑥細工・蒔絵師　⑦畳差・御簾編　⑧鏡磨・筆生　⑨相撲・博労　⑩猿楽・田楽　⑪相人・持者　⑫樵夫・漁父

鎌倉でも職人の台頭が著しかったことがわかるが、こうした職人の回向《えこう》のために仏陀に申し述べる表白文《ひょうびゃくぶん》の文例を載せた作品が、永仁五年（一二九七）の良季《りょうき》著『普通唱導集《ふつうしょうどうしゅう》』である。職人を「世間」と「出世間」の二つに分類し、その出世間部の音芸に関わる職人には持経者・説経師・念仏者・声明師らがおり、持経者《じきょうしゃ》には次の決まり文句が載る。

持経者　伏して惟《おも》ふ、伏して惟ふ
一乗八軸　暗夜の読誦《どくじゅ》滞り無し　慶忠《けいちゅう》・能顕《のうけん》　嚢代《のうだい》の音声趣き有り

法華経の読誦を業とする持経者が、暗闇でもよどみなく経をあげることを語り、彼らが慶忠や能顕といった先達の芸を受け継いだと讃えている。本書は仏事供養の場に迎えられる導師のための実用書で、このような書物が著されているところにも、様々な職能の人々の成長がうかがえる。

なお読経の系譜について『元亨釈書』は、摂関時代の道命《どうみょう》法師から盛んとなり整えられ、慶忠、能顕と伝えられてその流れを継いでいると語っている。さらに弘安七年（一二八四）三月に能誉《のうよ》が著した『読経口伝明鏡集《どきょうくでんめいきょうしゅう》』も詳しく記している。

琵琶法師の語り

琵琶法師の表白文については『普通唱導集』の世間部に次のように載る。

平治・保元・平家の物語　何も皆暗《そら》じて滞り無し
音声・気色・容儀の体骨　共に是れ麗して興有り

琵琶法師の芸能は、早くは『新猿楽記』に見え、十一世紀には生まれており、院政期の源俊頼《としより》の『散木奇歌集《さんぼくきかしゅう》』の和歌にも見えている。それが大きく成長したのは、この表白文のように『平治物語』『保元物語』『平家物語』などの軍記物語を語ったことによるもので、特に「祇園精舎の鐘の声、諸行無常の響あり。沙羅双樹の花の色、盛者必衰の理をあらわす」と始まる『平家物語』が広く人々の心をとらえた。

『徒然草』二三二段は「琵琶法師の物語を聞かんとて琵琶を召し寄せたるに」とあって、琵琶法師を召して物語を聞くことは、広く行われていたことがわかる。二二六段は琵琶法師が語る『平家物語』誕生秘話を記している。信濃前司行長《しなののぜんじゆきなが》が遁世して『平家物語』を著すに至った事情を述べた後、それを琵琶法師が語るようになった事情について詳しく記している。

『一遍聖絵』（清浄光寺〈遊行寺〉蔵）より琵琶法師

この行長入道、平家物語を作りて、生仏《しょうぶつ》といひける盲目に教へて語らせけり。さて山門のことをことにゆゆしく書けり。（中略）武士の事、弓馬のわざは、生仏、東国のものにて、武士に問ひ聞きて、書かせけり。かの生仏が生れつきの声を、今の琵琶法師は学びたるなり。

慈円《じえん》に扶持された信濃前司行長入道が、盲目の琵琶法師の生仏に語らせたのが『平家物語』であったといい、武士の弓馬の技については、生仏が東国の者であったことから武士に聞いて書き記し、その生仏の生れつきの声を今の琵琶法師は学んでいるという。『平家物語』が「弓馬の業」という武芸の描き方をどう獲得したのか、琵琶法師の語る声が何によるのかという疑問への答えをそこに記したのである。

『一遍聖絵』は、琵琶法師が小坊主を連れている姿を信濃の善光寺の近くや片瀬の板屋の舞台の近くで描くなど、琵琶法師は各地を遍歴しており、『太平記』は、高師直《こうのもろなお》が病気の時に真一《しんいち》(真都)検校と覚一《かくいち》(覚都)検校の二人が語る「連《つ》れ平家」を聞いた話を載せている。

女の職人

女の職人の成長も目覚ましかった。『東北院職人歌合』『鶴岡八幡宮放生会職人歌合』では、女の職人は巫女・盲目・紺掻《こんかき》・桂女・大原人・遊君・白拍子・綾織《あやおり》などで、四十八人のうち八人を占め、そのうちの紺掻・綾織は物づくり、桂女・大原人は物売りである。

『普通唱導集』世間部には、女の芸能者として「巫女・鈴巫・口寄巫(中略)遊女・海人(中略)好色・仲人・白拍子・鼓打」の表白文が載るが、そのうちの白拍子《しらびょうし》の芸を「初の舞に出タル容儀して目を悦ばせ、徒らに踏むに至って曲を施すに妙にして耳を驚かす」と記して、その芸を称えている。

白拍子の起源は『徒然草』二二五段が次のように語る。

> 通憲《みちのり》入道、舞の手の中に、興ある事どもをえらびて、磯《いそ》の禅師《ぜんじ》といひける女に教へて舞はせけり。白き水干《すいかん》に、鞘巻を差させ、烏帽子をひき入れたりければ、男舞《おとこまい》とぞいひける。禅師が娘、静といひける、この芸を継げり。これ、白拍子の根元なり。仏神の本縁をうたふ。その後、源光行《みつゆき》、多くの事を作れり。後鳥羽院の御作もあり。

通憲入道こと藤原信西が幾つかの舞の手の中から創作して磯禅師に伝えたものが、静に継承されたといい、源光行や後鳥羽院の作もあったという。ここに見える磯禅師の娘静は、源義経に従って吉野に逃れたところを捕まって鎌倉に下り、「天下の名仁」ということから鶴岡八幡宮の回廊で頼朝夫妻に乞われて舞を披露している(『吾妻鏡』)。

遊女は各地の宿にあって今様を芸としていた。東海道では尾張の萱津、遠江の池田や府中(磐田)、駿河の宇都谷《うつのや》、黄瀬川、相模の大磯宿などの遊女が知られており、その宿の長者である「遊君長者」は宿に住みつき、貴族や武士に召されていた。『一遍聖絵』の筑前の武士の館には宴に招かれた遊女が描かれている。

熊野比丘尼が熊野を拠点として遍歴していたように、遍歴する尼は多かった。一遍は時衆を僧衆・尼衆の男女の別なく平等に扱ったので、『野守鏡《のもりかがみ》』に婦女の別なく街巷に喧騒していると指摘され、『天狗草紙《てんぐぞうし》』では僧尼が手掴みで食事を取る不作法が批判されている。一遍は尼と僧との間に十二光箱を置いて区別し批判に対応していった。

分割相続により女子分が保障されており、夫が亡くなると妻は後家として家を経営したので、女地頭の存在も珍しくはなかった。女房が旅に出る機会も多く、しばしば京の近郊の石山寺や長谷寺などの観音霊場を巡礼・参籠した。阿仏尼《あぶつに》は冷泉家の和歌の家の継承を求めて鎌倉行きの道すがらの旅日記を『十六夜日記《いざよいにっき》』に記し、後深草院の女房の二条は、出家後に鎌倉・伊勢・奈良・厳島・坂出など各地に赴いた旅を『問はず語り』に記している。出家した後は奈良の法華寺や京の嵯峨野、高野山の天野に住むことも多かった。

被差別者への視線と救済

男女の差といえば、『一遍聖絵』の所々には差別された人々が描かれている。町場や寺の門前などに暮らして差別された人々は、「非人」や「乞食」と称されたが、『一遍聖絵』では摂津の四天王寺の門近くや相模の片瀬浜の近くに小屋掛けして住む存在として描かれている。この時代、身分差別が可視化され、描かれるようになったのである。

嘉元二年（一三〇四）七月に亡くなった後深草院の葬儀において、洛中の非人に布施や温室《ゆや》の施行がなされたが、それらは蓮台野《れんだいの》や東悲田院、獄舎、清水坂などの非人について行われ、「大籠《たいろう》」や「散在非人」「散所」などには布施のみが与えられた。文保《ぶんぽう》二年（一三一八）、東寺の寺辺にいる散所法師が掃除《きよめ》のために後宇多法皇から東寺に寄進されているが、以前から行っていた法勝寺の池堀役も勤めるように命じられている。

差別された人々は前代においては癩病（ハンセン病）などの身体に基づく差別が中心にあったのだが、この時代には掃除（キヨメ）や穢多（エタ）、つるめそ（犬神人）、放下《ほうか》の禅師など職能に基づく差別が生じるようになっており、彼らも職人に他ならなかった。

一遍につき従っていた集団には、時衆のほかに飲食の提供を受ける結縁衆《けちえんしゅう》や飲食の施行を受ける差別された徒衆《としゅう》がいた。一遍が弘安五年（一二八二）に鎌倉入りを果たそうとした時、坂の境界から小舎人《ことねり》に追われる人々は「徒衆」と表現されている。

社会的弱者である非人の救済を積極的に行ったのが、律宗の叡尊や忍性であり、叡尊は畿内近国の宿々で非人に戒を授けており、忍性は非人救済により積極的に関わった。忍性の活動を記した『忍性菩薩略行記』はその活動を「常施院ヲ建テ病客ヲ扶ケ、悲田院ヲ修シテ乞丐《こつがい》ヲ済フ。行歩ニ堪ヘザル疥癩人、自ラ負テ奈良ノ市ニ送迎ス」と記している。病院を建てて病人を助け、悲田院を修理して乞食を救い、歩けない疥癩《かいらい》の人を背負って奈良の市に送迎したという。これは文殊菩薩の功徳を非人に及ぼそうという願いによるもので、諸国の非人の救済に尽くす活動に先鞭をつけた。

時衆・律宗はともに非人などの救済にあたったが、禅宗系の芸能の職人が放下の禅師である。絵巻の『天狗草紙』は、「朝露」「蓑虫」「電光」「自然居士」などの芸能者について、「放下の禅師と号して、髪を剃らずして烏帽子をき、坐禅の床を忘れて南北の巷にささらすり、工夫の窓をいでて東西の路に狂言す」として描いている。

彼らは『徒然草』一一五段の「宿河原《しゅくがわら》」に集まった「ぼろぼろ」と同様な存在である。その「ぼろぼろ」が宿河原で九品《くぼん》念仏をしていたところ、訪ねてきた同じ「ぼろぼろ」との間での決闘が行われたとして、その様子を「放逸無慙の有様なれども、死を軽くして、少しもなづまざる方」を、いさぎよく覚えたと兼好は語る。

しかし差別の根は深かった。『徒然草』一五四段は、後醍醐天皇の近臣日野資朝《ひのすけとも》が東寺の門前にいる「肩居《かたい》」の手足が捻じ曲がっているのを見て、当初は「とりどりに類なき曲者」と愛でて、見守っていたが、興が醒めてしまうと、植木の曲がったのも同じようなものだとして木を捨ててしまった話を載せている。

働く人の姿を描く

働く職人の姿を詳細に描くのが近江の石山寺《いしやまでら》の縁起絵巻『石山寺縁起』である。紫式部がこの寺で『源氏物語』を創作したという話を始め、摂関期の文化人による石山寺の如意輪《にょいりん》観音への信仰に関わる説話を多く載せるとともに、近くの大津や逢坂関周辺の風景を描いており、そこからは山野河海などの現場で働く人々の生き生きとした姿がうかがえる。

巻一の三段の石山寺建立の場面には、山野を切り開く樵《きこり》や牛の荷車で土や材木を運ぶ車力《しゃりき》、材木を整形する大工などの姿が描かれている。同じような図は『天狗草紙』にも見え、大工の活動に人々の目が注がれるようになっていた。その『天狗草紙』に載る、堂舎塔廟建立の建築現場では、絵の中に今日の漫画の吹き出しに相当する次のような画中詞《がちゅうし》が書かれている。

少年A「我こそ先におきたる主よ」
少年B「何とて人の木をば取るぞ」
棟　梁「あれらが逃れて、ものもせぬに、よくよく下知してものせさせたまへ」

少年たちが槍鉋《やりがんな》で削られた木の切れ端を奪い合って争い、大工の棟梁が仕事をせずに遊ぶ天狗たちを働かせるよう指示している。『春日権現験記絵《かすがごんげんげんきえ》』巻一の大和の竹林殿の造営の場面はより詳しくて、大工たちが礎石を据え、鑿《のみ》や槍鉋、手斧《ちょうな》による作業の風景を描くなか、童が手伝いをし、木鼻《きばな》を持ち帰る場面、食事の残りを得ようとして待ち構える乞食の姿なども描いている。

石山寺の近くは琵琶湖や東海道の往来道があって、漁師や交通労働者の姿も自ずと描かれている。東国の武士が拝領した文書を瀬田の唐橋で落としてしまったものの、その文書が宇治川の下流で漁をしていた漁師の獲った魚から出てきたという風景、漁師が釣竿・魚を手にして馬を操って行く姿、魚を販売する女の姿などもある。逢坂の関を越えて石山寺の参詣に赴く風景のなかには、交通労働者の馬借《ばしゃく》や車力がおり、逢坂の関で通行する人々から関料を徴収する勧進聖の姿もあるが、この勧進聖や、逢坂を通行する馬・牛を曳く車力などは『一遍聖絵』にも描かれている。

こうした絵巻を描いた絵師も職人であって、『鶴岡八幡宮放生会職人歌合』では絵師は綾織と番《つが》われている。絵師は同じ職人の姿を絵巻に克明に描いたのである。前代になった『北野天神縁起』の承久本は天神(菅原道真)の身体を中心に描いているが、鎌倉後期の正嘉本以後は天神を信仰する職人の説話を載せ、京西七条の銅細工師の姿を描いている。

絵師自身も絵巻に登場する。絵師の一家の生活と泣き笑いを描く『絵師草紙』は、綸旨で伊予国に所領を与えられたのに、そこを知行できないことがわかった絵師自身の窮状の訴えを記し、拝領した綸旨や、絵師の母や妻、子どもたちの姿も描いている。本願寺《ほんがんじ》の覚如《かくにょ》の伝記絵巻『慕帰絵』には、注文主の指示に沿って絵師が絵巻を描く様子が描かれている（次頁の図参照）。

絵師と絵巻

絵巻は様々な情報の伝達手段としても用いられ、多く制作された。訴訟制度が整えられ、それに向けて訴訟を有利に運ぼうとする工夫が凝らされたことから、絵巻の制作にもその動きが認められる。絵師の訴えを描いた『絵師草紙』はその典型で、『蒙古襲来絵詞』は肥後の御家人竹崎季長《たけざきすえなが》が蒙古襲来時の合戦とその恩賞を求めた訴訟について描いている。さらに歴史的に遡って様々な訴訟の在り方を描いたのが『春日権現験記絵』である。

『法然上人絵伝』『親鸞聖人伝絵』のような、成長を遂げた教団の祖師の伝記を描くことで、広く信仰を訴える祖師伝絵巻が制作され、寺社の由緒と発展を記す縁起絵巻も広く描かれるようになったが、それは貴族・武士から民衆にいたるまで広く信心を募り、寺社の造営への勧進を促し、その達成を祈念する目的があった。

絵巻の制作にあたって絵には工夫が凝らされた。『一遍聖絵』は各地の名所絵を挿入し、『伊勢新名所絵』は伊勢の名所を描いて朝廷の保護を求め、『春日権現験記絵』は同時代の事件をリアルに描き、『蒙古襲来絵詞』もモンゴル襲来の現実を描いて鑑賞者の関心を惹いた。

宗教界を覆っている混乱が天狗道に陥ったことによるものとして描かれた『天狗草紙』には、先に見たように画中詞が記されており、一遍の踊り念仏の場面では「や、ろはい、ろはい」といった

『慕帰絵』（国立国会図書館蔵）より絵巻を描く絵師

掛け声、「念仏の札、こちへもたびさぶらへ」といった要求、「あれ見よ、尿乞う者の多さよ」といった非難の詞を描くなど、身体表現をリアルに描く工夫がなされている。

絵師の成長があったことから絵師の名がしっかりと記されるようにもなった。『一遍聖絵』には正安元年（一二九九）八月二十三日に聖戒《しょうかい》が詞書を、法眼円伊《えんい》が絵を描き、世尊寺経尹《せそんじつねただ》が外題を書いたと記されており、『春日権現験記絵』は延慶二年（一三〇九）に絵所預の高階隆兼《たかしなのたかかね》、『東征伝絵《とうせいでんえ》』は「六郎兵衛入道蓮行《れんぎょう》」が描いたとある。身分の低い絵師がその存在を主張し、認められるようになったことによる。

鎌倉では禅や律の教えを伝え広めるため肖像画や絵巻が制作されるようになった。禅宗では法の教えが師から弟子へと継承されてゆくのが基本とされていて、蘭渓道隆らの頂相《ちんぞう》が描かれるようになり、その影響もあって金沢実時や顕時《あきとき》らの似絵も制作された。

職人の作品として今に伝わる絵画には図師《ずし》の描いた絵図もある。円覚寺領の尾張富田荘の絵図、九条家領の和泉国日根野荘絵園、大和の西大寺秋篠寺相論絵図のほか、因幡の東郷荘や薩摩日置荘の下地中分絵図《したじちゅうぶんえず》などが作成され、今に伝わっている。地頭が置かれた荘園公領では、荘園領主（本所）と地頭の争いが頻繁に起きていて、幕府は下地中分という土地を分割して領有する方法で決着をはかったので、下地中分の絵図が描かれた。

日本列島を描く日本図もこの時期から多く残る。「行基図《ぎょうきず》」と称される、日本列島と諸国を曲線で囲み、山城国を起点に諸国への経路を示した地図で、仁和寺蔵の写本は行基が作成した図を嘉元三年（一三〇五）十二月に写したものとあり、行基に仮託された図である。

この行基図とはやや異なる日本図が金沢文庫に所蔵されている。東半分が失われ西国部分しか残されていないが、鱗のある動物の胴体が列島をとり囲み、その外側の異国に「高麗ヨリ蒙古国」といった記載があるので、蒙古襲来以降の時期に作成されたものとわかる。国土への観念が強まり、日本図が様々な形で描かれるようになったのである。

職人の工芸品

武蔵金沢の称名寺境内の結界絵図のように、寺社の境内を描く絵図も描かれるようになった。もともと称名寺の境内は浄土式庭園であったのだが、元応二年（一三二〇）に金沢貞顕の代に整備されて新たな風景となった。

元亨三年（一三二三）の『称名寺境内幷結界図』に描かれた図によれば、浄土庭園に律宗寺院の性

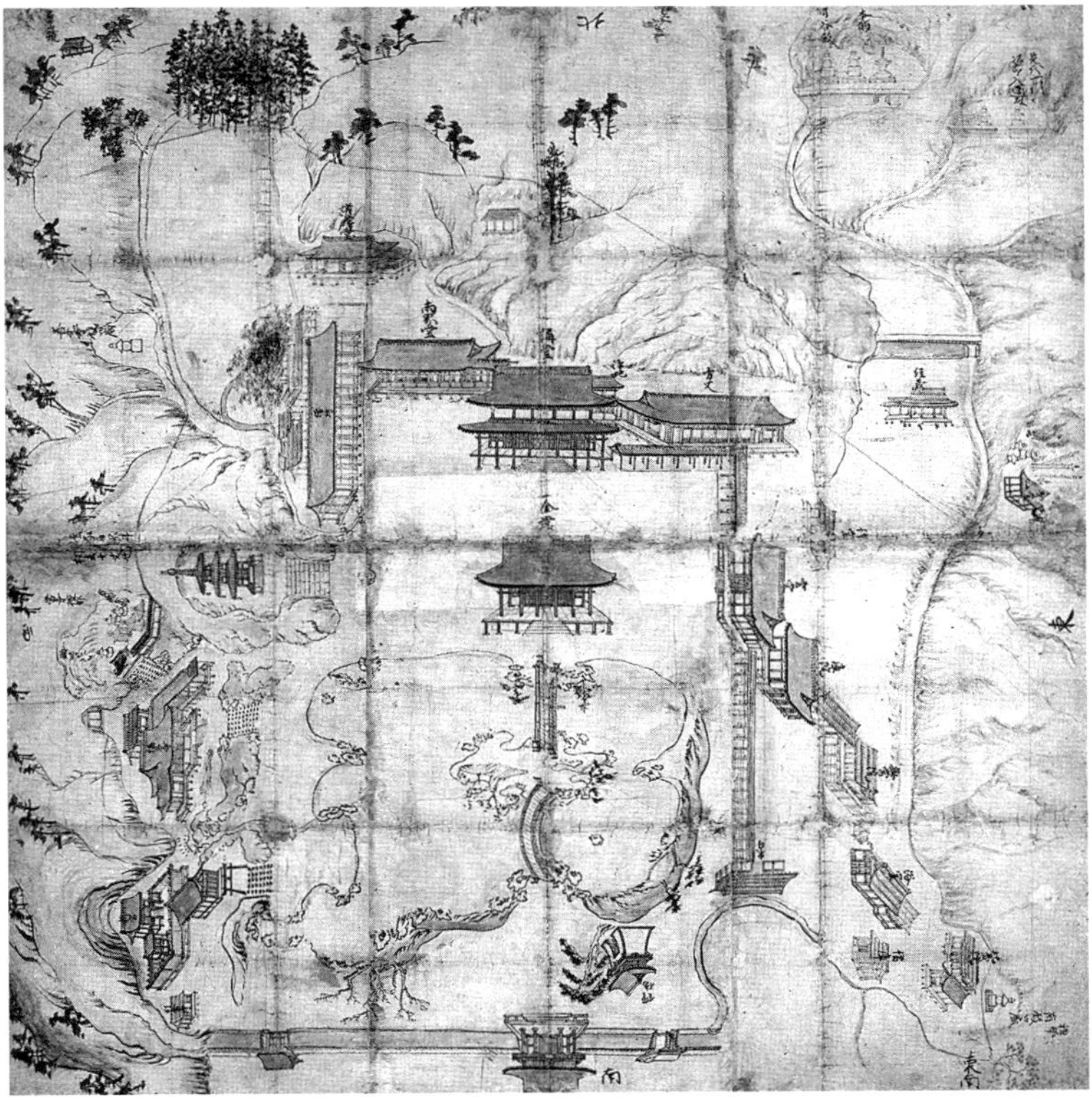

「称名寺絵図」(称名寺蔵　神奈川県立金沢文庫保管)

「慈光寺碑　元亨四年銘阿弥陀種子板碑」
（慈光寺蔵　ときわ町教育委員会提供）

格が付加された様子がうかがえる。中央の北側に配置された金堂・三重塔・講堂は寺院としての規範が示され、東側には律院の施設が建ち並び、西側には邸宅と八幡新宮など浄土宗寺院の名残が認められる。

その境内には文永六年（一二六九）の物部国光《もののべのくにみつ》鋳造の梵鐘が現存するが、鋳物師の手になる梵鐘もこの時期から多く制作された。横浜杉田の東漸寺《とうぜんじ》の物部依光《よりみつ》の鋳た永仁六年（一二九八）銘の鐘など物部姓の鋳物師の作品が関東の各地に多くある。津軽の長勝寺《ちょうしょうじ》の嘉元四年（一三〇六）の梵鐘は、鎌倉の円覚寺のそれと同じ銘文で、北条貞時の名が見える。

石工の彫った石造品では、秩父産の緑泥石片岩《りょくでいせきへんがん》を用いた青石塔婆《あおいしとうば》が武蔵北部中心に多く分布しており、なかでも武蔵の慈光寺《じこうじ》では参道の途中に高さ一メートル半から二メートルをこえる七基の板碑が林立している。板碑とは死者の供養のために造られた石の卒塔婆であり、他地域でも石材の違いはあっても多く造られた。

五輪塔は地・水・火・風・空の五種類の形の石の組み合わせからなる卒塔婆で、称名寺には金沢実時の子顕時・孫貞顕らの墓が東北隅にあり、顕時の墓とされる五輪塔の下からは中国の竜泉窯《りゅうせんよう》産の青磁壺が出土している。

西大寺律宗の布教の地には巨大作品が多い。大和の西大寺には正応三年（一二九〇）に亡くなった叡尊供養の五輪塔がある。忍性の関係する五輪塔は多く、忍性が常陸の筑波山の麓に建てた三村山《みむらさん》極楽寺の寺跡には三メートルを超える五輪塔が残る。箱根の湯坂道《ゆさかみち》に沿っては、永仁三年銘を有する大型五輪塔のほか、永仁四年銘と「大工大和国所生左衛門大夫大蔵安氏」「供養導師良観上人」の銘文のある宝篋印塔があるが、これらは良観上人こと忍性が関係した作品とわかる。鎌倉の極楽寺や大和の額安寺《がくあんじ》の忍性の遺骨を納めた忍性塔は、高さが三メートル半に及ぶ。

そうした石塔など石工の作品は、『一遍聖絵』にも描かれており、高野山奥院や京の市跡道場、一遍の遺骨を納めた兵庫の真光寺《しんこうじ》などで見える。

四　職人の言説

『徒然草』の兼好

鎌倉後期に広く活動を広げ、頭角を現してきた職人たちの言動を伝えているのが『徒然草』であり、その兼好が仕えたのは後二条天皇と見られる。

亀山院は胤仁の即位（後伏見天皇）後には、後宇多の皇子邦治《くにはる》を皇太子にするよう幕府にしきりに働きかけてゆき、永仁六年（一二九八）にそれが実現して、正安三年（一三〇一）に後二条天皇が即位し、後宇多院政がはじまるが、その後二条天皇に兼好は滝口として仕えたと見られる。

これまで兼好は蔵人《くろうど》として仕えたと考えられてきており、その根拠は卜部氏の系図と『徒然草』二三段に、内裏の建物の呼称に始まって、交わされる言葉や奉仕する人々の風情がめでたく優であると語っていることなどによる。しかし系図の信憑性が疑わしくなり、『徒然草』の記事が建物の呼称や言葉、鈴の音などの音声に向けられており、これは地下《じげ》で奉仕する身分でも聞こえてくる。

室町時代に歌人の正徹《しょうてつ》が著した『正徹物語』が「兼好は俗にての名也」「官が滝口にてありければ、内裏の宿直に参りて常に玉体を拝し奉りける」と、滝口であったと記していることからすれば、滝口と見るべきであろう。

順徳天皇の『禁秘抄《きんぴしょう》』は、天皇には殿上人《でんじょうびと》、蔵人、蔵人所雑色《ぞうしき》などに続いて、滝口や出納《すいのう》、小舎人、地下者、医道、陰陽道の輩が奉仕していたと記している。殿上で奉仕するのではなく、低い身分の滝口は地下において雑役を奉仕していたのである。

滝口には天皇の関係者の推挙で任じられることが多く、『平家物語』には横笛《よこぶえ》との恋で著名な「滝口入道」斎藤時頼《ときより》が登場するが、この時頼を推挙したのは安徳天皇の乳母の帥《そち》であり、その時の滝口は十七人いて、摂政や大臣などの推挙による（『山槐記』）。

兼好は後二条天皇の乳母季子の出た洞院家《とういんけ》と関係があった。季子の夫洞院実泰《さねやす》が『徒然草』八三段に見え、実泰の子公賢《きんかた》との親交は多くの話や和歌・日記から知られている。兼好の出自は不明だが、洞院家との関わりで滝口として後二条天皇に仕え、天皇が亡くなったので遁世し、後二条の父後宇多院に遁世者として仕えるようになったのであろう。そうしたなかで兼好は関心の赴くまま『徒然草』に職人の活動を書き記したのである。

水車づくりの「宇治の里人」（五一段）や、「連歌しける法師」（八九段）、「商人」（一〇八段）、「高名の木登り」（一〇九段）、「高名の賽王丸」という牛飼童（一一四段）、「ある大福長者」（二一七段）、「陰陽師」（二二四段）、「よき細工」（二二九段）、「琵琶法師」（二三二段）など多くの職人の話が見えるのは、兼好が彼らと近いところに生きていたからである。

兼好は職人たちの言動を生き生きと伝える。一〇九段の高名の木登りの話。木の高いところで弟子が作業していた時には何もいわなかったのに、降りてきてもうすぐ地面に降りようという段になって、「誤ちすな。心して降りよ」と注意するように発した植木職人に、兼好がどうしてそう言ったのか尋ねたところ、「あやまちは、安き所になりて必ず仕る事に候」と語ったという。「あやしき下﨟《げ ろう》なれども、聖人の誡《いまし》めに叶へり」と褒め称えている。

職人の言動

『普通唱導集』の「世間」部には「博打・囲碁打・将棋指・双六打」の表白文が載るが、一一〇段には「双六の上手」が勝つための手立てについて語った話が載る。

勝たんと打つべからず、負けじと打つべきなり、いづれの手か、とく負けぬべきと案じて、その手を使はずして、一目なりとも、遅く負くべき手に就くべし。

勝とうと打つな、負けぬように打つべきである、と守りの大事さを指摘したのを聞いた兼好は、「道を知れる教へ、身を治め、国を保たん道も、又しかなり」と、修身・治国もまた同じことだと感心している。

さらに一二六段では博打の言を「博打の、負け極まりて、残りなく打入れんとせんにあひては、打つべからず。立ち返り続けて勝つべき時の到れると知るべし」と引いて、すっかり負けてしまうような打ち方をしてはならない、よい状態に戻って勝ちに向いてきた時を知って打つべきもので、「その時を知るをよき博打といふ也」と、その時を知るのが博打の名人である、という。このことを語る「ある者」とは博打の名人であろう。

一八八段では囲碁打に例をとり、「一手もいたづらにせず、人に先立ちて小を捨て、大に就くがごとし」と記し、総じて一生のうちで一番大事なことを考えるべきで、その他は捨てて励むべきである、と主張する。囲碁打には一九三段でも例を引いて、碁を打つことだけに巧みな人が、賢い人の行う碁が下手なのを見て、自分の智には及ばない、と考える愚かさを指摘するとともに、自身の領域の外にある人と争ったり、安易に人の芸の善し悪しを論じたりすべきではない、と主張する。

一〇八段の「寸陰惜しむ人なし」と始まる話は、一銭は軽くとも積み重ねれば貧者も富者となるということから。「商人の一銭を惜しむ心、切なり」という商人の心得を語っているが、その商人の言を引くのが二一七段である。

或大福長者の云はく、人は万をさしおきて、ひたぶるに徳をつくべきなり。貧しくては生ける甲斐なし。富めるのみを人とす。徳をつかんと思はば、すべからくまづ其の心づかひを修行すべし。

このように大福長者となった商人が語る、富者となるための心遣いを五か条にわたって記し、宿や町で成長が著しい有徳人、土倉の言い分に耳を傾けつつ、その言を検討して「大欲は無欲に似たり」と批判を加えている。芸能者や職人がその姿を描かれるだけでなく、その言動にも注目されるようになったことから、こうした言説を『徒然草』は拾ったのである。

職人の自負の支えとなったのは、何よりもその職能にまつわる技能である。二二九段の「よき細工は少し鈍き刀を使ふといふ。妙観が刀はいたくたたず」という話や、一一四段の「高名の賽王丸」という牛飼童の牛のさばきを侮る侍を、今出川の大臣がこっぴどく叱った話などはそのことをよく物語っている。五一段の「宇治の里人」は、亀山殿の池に水を引くために大井の土民に多くの銭を与えて水車を造らせたが回らないことから、依頼されて造ったところ、回ったので、「よろづにその道を知れる者はやんごとなきものなり」と評されている。

職能の由緒

職人に自負が生じたのは、身分が低い職人なくしては時代の文化や社会生活がスムースに運ばなくなっていたことと関連している。一〇一段は、任大臣の儀式を取り仕切る役目の公卿が、宣命《せんみょう》を取らないで堂の上に昇って困惑していたところ、外記の中原康綱《やすつな》が機転をきかして女房に宣命をもたせて渡したので、事無く済んだという。

続く一〇二段は、追儺《ついな》という大晦日の内裏での鬼やらいの行事の上卿《しょうけい》（担当の公卿）をどう勤めたらよいのか、その作法についてある公卿から聞かれた洞院右大臣公賢が、「又五郎男を師とするより外の才覚候はじ」と答えたという。この又五郎男とは、年取った警護の役人（衛士）で公事についてよく知っていたのである。

朝廷の公事も身分の低い人物により遂行されていたのであり、荘園や知行国の経営も身分の低い人々によって支えられていた。弘安七年（一二八四）に新陽明門院（亀山院の妃）の知行国の国司となったのが侍の惟宗行清《これむねのゆききよ》であったことから、「侍が主人の知行する国の国司になることは聞いたことがない」と、ある貴族が憤慨している（『勘仲記《かんちゅうき》』）。幕府でも、奉行人の提出した『政連諫草《まさつらかんそう》』が、料所といって所領を家人に支給せずに富裕の輩に預けて銭貨を充て取ることが行われている、と記しており、土地の経営がその道の専門家に任されるようになっていた。

幕府の裁判では地頭や荘園領主との間で争われることが多かったが、その裁判は地頭代や雑掌《ざっしょう》などの弁護・訴訟の専門家の技能に頼ることが多かった。訴訟制度が整備され、奉行人の職能が専門化してゆくようになり、裁判手続を解説する『沙汰未練書《さたみれんしょ》』が著され、六波羅奉行人の斎藤唯浄《ゆいじょう》（基茂）により『御成敗式目《ごせいばいしきもく》』の注釈書である『御成敗式目唯浄裏書』なども著されている。

さらに職人集団の由緒も自負の支えとなった。白拍子舞（二二五段）や琵琶法師（二二六段）の話に見えるように、職人たちは職能の来歴を先人の偉大な業績に求め、その源流については神話や伝承をも探った。『一遍聖絵』は踊念仏について「空也上人或は市屋、或は四条の辻にて始行し給けり」と空也によって始められたと由緒を記し、一遍は京に上った時、その地で踊念仏を行っている。『古今著聞集』には職人説話が多いが、その際に職能の由緒を巻の初めに記している。巻七の「術道」では「推古天皇十年、百済国より暦本・天文・地理・方術書をたてまつりてよりこのかた」と指摘し、巻十一の「蹴鞠」では「文武天皇大宝元年に此の興始まりけるとかや」と指摘する。こうした職能の由緒が職人の自負を育んでいった。

持経者は能読《のうどく》とも称されていたが、その系譜について『元亨釈書』は、摂関時代の道命法師に整えられて、それが世々に伝えられてきたものであり、隆円《りゅうえん》、隆命《りゅうめい》、増誉《ぞうよ》、快実《かいじつ》、明実、慶忠、能顕と伝えられ、現今では祐宗《ゆうそう》と信昌《しんしょう》とがその流れを継いでいると語っている。

世阿弥は『風姿花伝』で「それ、申楽延年の事わざその源を尋ぬるに」と猿楽能の源流について「推古天皇の御宇《ぎょう》に、聖徳太子、秦河勝に仰せて、かつは天下安全のため、かつは諸人快楽のため、六十六番の遊宴をなして申楽と号せしよりこのかた、代々《よよ》の人、風月の景を借《か》つてこの遊びの中だちとせり」と記し、聖徳太子が秦河勝に命じて遊宴を行わせた時のことにその根源を求めた。卜部兼文・兼方により『日本書紀』の注釈書『釈日本紀』がまとめられ、改めて『日本書紀』の研究が始まったのも、その動きを後押ししていたのである。

一遍は各地の霊場霊山を巡礼したので、その訪ねた霊場霊山の縁起が『一遍聖絵』に記されている。京の因幡堂では、因幡の賀留《かる》の津で金色の浪から等身の薬師如来の像が取り上げられ安置されたという縁起が記され、尾張の甚目寺では、観音を海底から得て安置したものとあり、播磨の書写《しょしゃ》山《ざん》、伊予の三島社の縁起など、寺社縁起の集成の感がある。巻十一の淡路の二宮社は「縁起伝はらざれば、垂迹《すいじゃく》の起こり確かならず」と記し、縁起がないため社の祝《はふり》から話を聞いたという。

巫女の伝承

一遍の行状を絵巻に記した聖戒は、自らを「西方行人」と記したが、一遍もその行人という職人にほかならずこの行者に誘われて人々は旅をしたのであり、『問はず語り』を著した後深草院二条という女房は、尾張の熱田社、鎌倉、奈良、厳島社へと旅している。

『一遍聖絵』には多くの職人の姿が描かれていて、石清水八幡宮の若宮での巫女、備中の軽部《かるべ》宿での連歌師「花の下教願」、備後一宮の楽人と舞人、安芸厳島社の内侍巫女の舞などの芸能の職人がいるが、そこには女の職人の姿も見える。

巫女・鈴巫・口寄巫の姿は『春日権現験記絵』に多く描かれている。春日社の若宮にあって神と衆生との間を仲介していたのがその巫女であり、屋敷に招かれて病の原因を神の祟りと告げているのが鈴巫や口寄巫で、巻十の一段には、春日の巫女たちに伝えられてきた林懐《りんかい》僧都の話が載る。興福寺の別当真喜《しんき》僧正の弟子林懐は、春日社に参詣し、若宮の経所で維摩会《ゆいまえ》の論議の一節を唱え神に供えていた。その時に「宮人」（巫女）らが鼓を鳴らし鈴を振ったので、念誦を妨げられてしまった。「神社の習」とはいえ、このように法味を供えるのを妨げるとは何事か、六宗の長官になったならばこのようなことは止めさせる、と林懐は心に誓い、やがて興福寺の別当になった時に鼓を停止した。しかしそのことが第二の御殿の神の怒りに触れたので、鼓を復活させたという。

話は摂関時代に林懐が興福寺の別当になった時期で、その少し前に若宮が成立しており、春日社の記録『縁起注進文』によれば、若宮は長保《ちょうほう》五年（一〇〇三）三月三日に第四御殿に出生したという。

『春日権現験記絵巻』（国立国会図書館蔵）より
託宣を述べる女

この若宮が成立した頃には疫病が広がり、各地に御霊会が生まれていた。正暦《しょうりゃく》五年（九九四）には京の北西の郊外「北野船岡山」で御霊会が、長保三年（一〇〇一）五月九日には今宮神社御霊会が始まっている。

疫病や飢饉とともに、それを鎮める新たな神として若宮が求められ、その神と人とを媒介する存在として巫女が登場し、定着したのである。この話は無住が南都を遍歴していた時に中宮寺《ちゅうぐうじ》の信如《しんにょ》から聞いた話として『雑談集《ぞうたんしゅう》』に載っており、それは信如が春日若宮の参詣の折に聞いた話であるという。『問はず語り』にも、後深草院二条が若宮に詣でた際にこの物語を聞いたという。巫女の起源を語る話として伝えられてきたものとわかる。

職人しての兼好

『徒然草』を著した兼好は出家しているので、『鶴岡八幡宮放生会職人歌合』に見える「念仏者」であり、『普通唱導集』に載る「歌人」でもあったが、実にその自らの職能の由緒を記したのが『徒然草』ということになろうか。

三九段には法然の語った「疑ひながらも念仏すれば往生す」という言を尊い、と記すのはその念仏者の側面、「和歌こそなほをかしきものなれ」と始まる一四段で、『古今和歌集』や『源氏物語』『新古今和歌集』の和歌を引いてその蘊蓄《うんちく》を語るのは歌人の側面である。では『徒然草』の総体はどうであろうか。

職能のほか多様多彩な話を載せているが、兼好はこれらの話で何を語ろうとしたのか。「つれづれなるままに、日ぐらし硯に向かひて、心にうつりゆくよしなしごとを、そこはかとなく書き付くれば」と、当初はそこはかとなく書き始めたところが、その文章が人目に触れるようになり、やがて変化していったのであろう。

兼好が自らを語っている二三八段には「御随身近友《みずいじんちかとも》、自讃とて七箇條かきとゞめたる事あり。みな馬芸させることなき事どもなり。その例をおもひて、自讃のこと七つあり」と記し、院の御随身の中原近友が記した自讃に倣い、我が自讃を七箇条にわたって記している。

その七箇条は落馬の予見に始まり、書物の出典や鐘の銘の誤りの指摘、書の鑑定、博識、勘の良さ、女房への対応などであった。実は『徒然草』総体がこうしたことに関わる話を綴っているのであって、それまでは他人の話を記してきていたが、ここでは我がことを自讃として記したのである。最終の二四三段では八歳の時の父との会話さえも記している。

他とは毛色の違うこの自慢話は、我が存在のアピールであったと考えられ、そこからうかがえる兼好の職能は物書きである。『徒然草』や兼好の和歌を見知った読者は、文章や和歌の代作を兼好に依頼したことであろう。その歌集からは和歌を代作していたことが知られ、『太平記』には高師直から依頼されて恋文を執筆した話が載っている。

佐々木塩冶《えんや》高貞《たかさだ》の妻に横恋慕した師直が、文や和歌を送ってもなかなか受け取ってくれないことから「兼好と云ける能書の遁世者」を呼んで恋文を書かせて送ったのだが、その妻が文を開けても見なかったという報告を聞き、「物の用に立てぬ物は手書也けり」と語ったという。絵巻の『絵師草紙』には『徒然草』の文章に似たところが多く、あるいは兼好の手になったとも考えられる。兼好は能書、手書であって、『徒然草』はその作品に他ならない。

同じ職人であったからこそ、兼好はこの時代の職人の台頭やその気質によく通じていたのである。『徒然草』が江戸時代によく読まれたのは、兼好が描いた職人気質が江戸時代の職人世界に引き継がれていたからであろう。

五　職能の思潮

網野職人論の検討

職能について早くから注目し、中世の職人論、職能民論を展開したのが歴史学者の網野善彦の一連の論考であって、この時期が未開から文明への大きな転換期であったという。その論の柱は第一に非農業民論、第二に遍歴民論、第三に身分論であり、この三本柱が相互に支え合って組み立てられているところに大きな特徴がある。

第一の非農業民論において、網野が重視したのは職人の歌合『東北院職人歌合』『鶴岡八幡宮放生会職人歌合』や『職人尽絵《しょくにんづくしえ》』などである。ただその職人すべてが非農業民とはとても言えそうにない。それはさほどに分業が進んでいたとは考えられないからである。

といってすべてが遍歴民というわけでもない。十一世紀に成った藤原明衡《あきひら》の『新猿楽記』は「大《だい》名田堵《みょうたと》」という農業経営者を職人と同列に記しており、鎌倉幕府の裁判手続きを記した『沙汰未練書』は「名主」を職人として扱うが、彼らは遍歴民とは言い難い。

第二の遍歴民論を展開する上で検討したのは海の民や鋳物師、供御人などであって、彼らは遍歴するなか天皇から自由往来の権利を有していたとされる。しかし彼らのなかには定住するタイプもあって、遍歴していても自由往来の権利が与えられていた存在はごく限られており、多くは与えられていなかったと見られる。供御人が天皇に結びついていたことは明らかであっても、遍歴民一般が天皇との関係を有していたとはいえそうにない。

第三の身分論であるが、中世の民衆を自由民と不自由民の二つに大分類し、それらのうちの不自由民が下人・所従の隷属身分であり、自由民が平民身分と職人身分であるとさらに分類し、平民身分が年貢や公事を納めていたのに対し、職人身分はそれが免除され、課役免除の特権を得ていた、と指摘する。

しかし荘園制に編成されているならばそうではあっても、職人が均《ひと》し並《な》みに課役を免除されていたとは言えず、違った形で課役を勤めていた。『沙汰未練書』には「名主・荘官・下司・公文・田所・惣追捕使以下の職人ら」という記述があり、平民身分と職人身分の境界線はすこぶる曖昧であって、こうした身分設定がそもそも可能なのか問題である。

大江匡房《まさふさ》の『傀儡子記《かいらいしき》』は、傀儡子を「一畝の田も耕さず、一枝の桑も採まず」と記し、「土民に非ずして、自ら浪人にひとし」といい、浪人であるため「課役なきをもて」と、課役がかからなかったという。課役の対象かどうかという点からすれば、身分的には土民と浪人とに分類されるべきであろう。

このように網野職人論が典型的に認められるのは、供御人などに限られてくる。供御人に認められる性格を広く職人論として展開したとも指摘できよう。その職人論は「水田中心史観」からの脱却という強い信念によって貫かれ、農業社会と非農業社会の対抗と対立を軸に社会の動きを捉えてゆこうとした姿勢には魅力を感じつつも、そこに問題もあったといえよう。

網野職人論のうちとるべきは職能への視角である。それを生かすためには網野がほとんど使わなかった『徒然草』などの文学資料を活用し、さらに時代の異なる史料については、その時代に即しての分析をすること、史的な展開を踏まえて探ってゆくことなどが求められる。さらには広く職能という面からするならば、貴族や武士の家職にも注意を払わねばならない。

貴族の家の職能

兼好は和歌を二条家に学んでいて、二三〇段には二条為世から五条の内裏に化物が出たという話を聞いて載せている。その学んだ御子左の和歌の家は、藤原定家の孫の代に分立して二条・京極・冷泉の三つの家が生まれ争うようになっていた。

二条家は嫡流の為世が後宇多天皇に仕えて嘉元元年（一三〇三）に勅撰の『新後撰和歌集』を撰集すると、京極家の為兼は伏見天皇と結んでこれと対抗し、配流にあった末、正和元年（一三一二）に清新な和歌を集めた『玉葉和歌集』を撰集している。もう一つの冷泉家は鎌倉に下って幕府に仕えるようになった。

このように貴族の家では、前代に家業が形成され、その職能が家職として継承されるようになっていた。摂関家では近衛・鷹司・九条・二条・一条の五つの家に分立したのも同様である。このうち二条・一条家は九条道家の子良実《よしざね》と実経《さねつね》を家祖とする家で、一条実経は卜部兼文から『日本書紀』を学んでその家職を整え、鷹司家は近衛家実《いえざね》の子兼平が建長四年（一二五二）の九条道家の凋落を機に摂政となったことから、文永五年（一二六八）から嫡子の基忠《もとただ》を摂政に据えるなどして家を興している。

　このように家をめぐる分立・対立が広く起きた背景には、家職の継承問題があった。『石山寺縁起』には石山寺に家職の継承のため出産を祈る話が多くあり、『徒然草』には家職に関わる話が多数

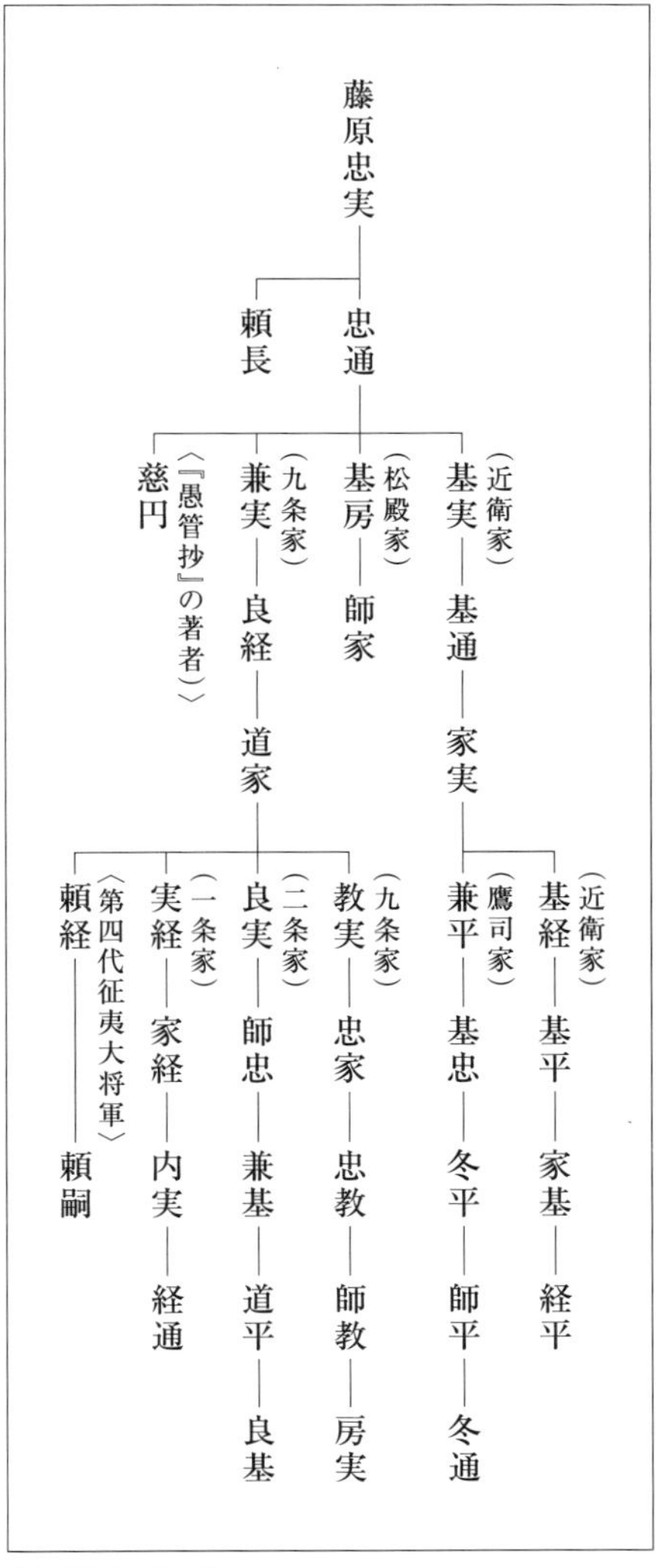

【摂関家系図】

見える。一五三段は、和歌の二条家と対立していた京極為兼が配流されてゆくのを見ていた儒学の家職を継承する日野家の資朝が「あな羨まし。世にあらむ思ひ出。かくこそあらまほしけれ」と語ったという話である。摂関家の近衛家の「岡本の関白殿」家平《いえひら》は、花盛りの紅梅の枝に鳥を番《つがい》で付して献上するよう鷹飼の下毛野武勝《しもつけのたけかつ》に命じ（六六段）、大臣大饗の話には家平の子経忠《つねただ》が登場する（一〇二段）。

二三一段に登場する園基氏《そのもとうじ》は、「園の別当入道はさうなき包丁者」という料理を家職としていたことから、その前に鯉が出されると、皆が基氏に切って欲しいと見守っているのを察知し、百日の鯉を切らせてほしい、とさりげなく語ったという。

これを皆が興あることと思ったので、人がそのことを「北山太政入道」西園寺実兼に語ると、実兼はこれに対し、はっきりと切らせよというべきだ（勿体をつけるな）と批判したという。実兼が西園寺公経の曾孫で朝廷に重きをなしていたことからの言であった。

実は実兼は兼好の仕えた洞院家とはその家職をめぐって争っており、この二つの家は兼好が一段で「ありたき事」としてあげた「まことしき文の道、作文、和歌、管絃の道、又有職に公事の方」などが備わった家ということになる。

実兼は嘉元二年（一三〇四）に関東申次《もうしつぎ》の任を嫡子の公衡《きんひら》に譲っているが、八三段はその「竹林院の入道左大臣」（公衡）の話。太政大臣となることに何の支障もなかったが、それは珍らしくもないとして左大臣のまま出家した。これを聞いた洞院実泰はいたく感動し、太政大臣に昇進する望みをもたなかったという。

兼好は堀河家にも仕え、一〇七段は、「亀山院の御時」に、女の物言いにどう応えるか、と女房達に試されたことがあった際、「堀河の内大臣殿」具守《ともちり》は「岩倉にて聞きて候しやらむ」と無難に応えたという。具守の出た堀河家は村上源氏の久我《こが》氏の流れにあり、『徒然草』には具守の父基具《もととも》や弟基俊《もととし》、孫具親《ともちか》の話もあって、そこには検非違使関係の話が多い。

一三六段に登場する「医師篤成、故法皇の御前に候」と始まる医師の和気篤成《わけのあつしげ》は、本草学《ほんぞうがく》の知識を自慢し、後宇多法皇の重臣の源有房《ありふさ》にその鼻をへし折られてしまい、一六〇段には「門に額を懸くる」ことを「打つ」というのはよろしくないと言葉づかいについて、薀蓄を語ったのは世尊寺経尹であって、書の家職を継承していた。

天皇の家職

『石山寺縁起』は、本尊の如意輪観音への御産の祈りによって福徳が授けられ、家職が継承された話を多く載せている。巻五の一段は、藤原国能《くによし》の妻が石山寺に参籠して祈ったところ、懐妊して子が生まれ、文章博士《もんじょうはかせ》の家職が継承されるに至ったという話、巻六の三段は九条道家の娘で後堀河天皇の中宮の御産の祈りの話である。

寛喜二年（一二三〇）、道家は中宮が懐妊したことから発願《ほつがん》し、「中宮御願成就」「我が一流繁昌」「順次往生」の三か条を石山寺の観音に祈ったところ、翌年に皇子が生まれて位に即き、その後、九条家からは九条・二条・一条の三流の家が繁栄し今に続いているという。

特に注目されるのがこれに続く四段で、山階（洞院）実雄《さねお》が、娘で亀山院の皇后（京極院）の御産を祈ったところ、皇子が産まれ（後宇多天皇）、その後も娘たちが国母となり、実雄の家が大きく繁栄したという。さらに巻七の三段は、亀山法皇・後宇多院が石山寺に参籠して祈った結果、正安三年（一三〇一）に後二条天皇が践祚したこと、徳治三年（一三〇八）に亀山法皇が近江の大石荘を石山寺に寄進した結果、後宇多院の第二の親王（後醍醐天皇）が皇太子となったことなどが記されている。

このように家職の継承が石山寺には祈られたことから、天皇家の職能の継承も祈られたのであり、家職の継承争いは皇統分立と密接にからんでいた。皇統分立自体が天皇家の職能の継承をめぐって起きていたのである。

関東申次の西園寺実兼は、当初、伏見天皇の即位と後深草院政の実現に尽力していたが、伏見の寵臣の京極為兼と対立するや、後二条天皇の即位と後宇多院政へと動いて実現させたのであった。後宇多院が居所を大覚寺《だいがくじ》としていたのでこの皇統を大覚寺統といい、八条院領を継承したのに対し、伏見院は持明院《じみょういん》を居所とするようになるのでこの皇統を持明院統といい、後白河法皇が形成した長講堂領を継承し、両皇統は皇位をめぐって激しく争うことになった。

したがって『石山寺縁起』は大覚寺統の立場に沿って描かれた絵巻であり、これに対して持明院統の立場に基づくのが、比叡山延暦寺の鎮守日吉山王《ひえさんのう》社の霊験を描いた絵巻『日吉山王絵』である。その巻十四の十三段は、西園寺実兼の子公衡の娘・広義門院《こうぎもんいん》が後伏見院の皇子を出産した次第を語る。公衡が覚守《がくしゅ》僧都を日吉社に参籠させて祈らせて、皇子が誕生したので正和三年（一三一四）二月に法華経を日吉七社の十禅《じゅうぜん》師社《じしゃ》に寄進し、覚守に経を転読・講論させたとある。

絵巻には公衡の寄進状がそのままに載せられ、皇子誕生が祝われている。「量仁《かずひと》親王、若し天子の位に備へ給はば、山王御威光もいちじるしく、我山の繁昌も昔にはぢずこそとぞ、時の人は申ける」とあり、誕生した皇子の皇位継承を祈って絵巻が制作されたのである。

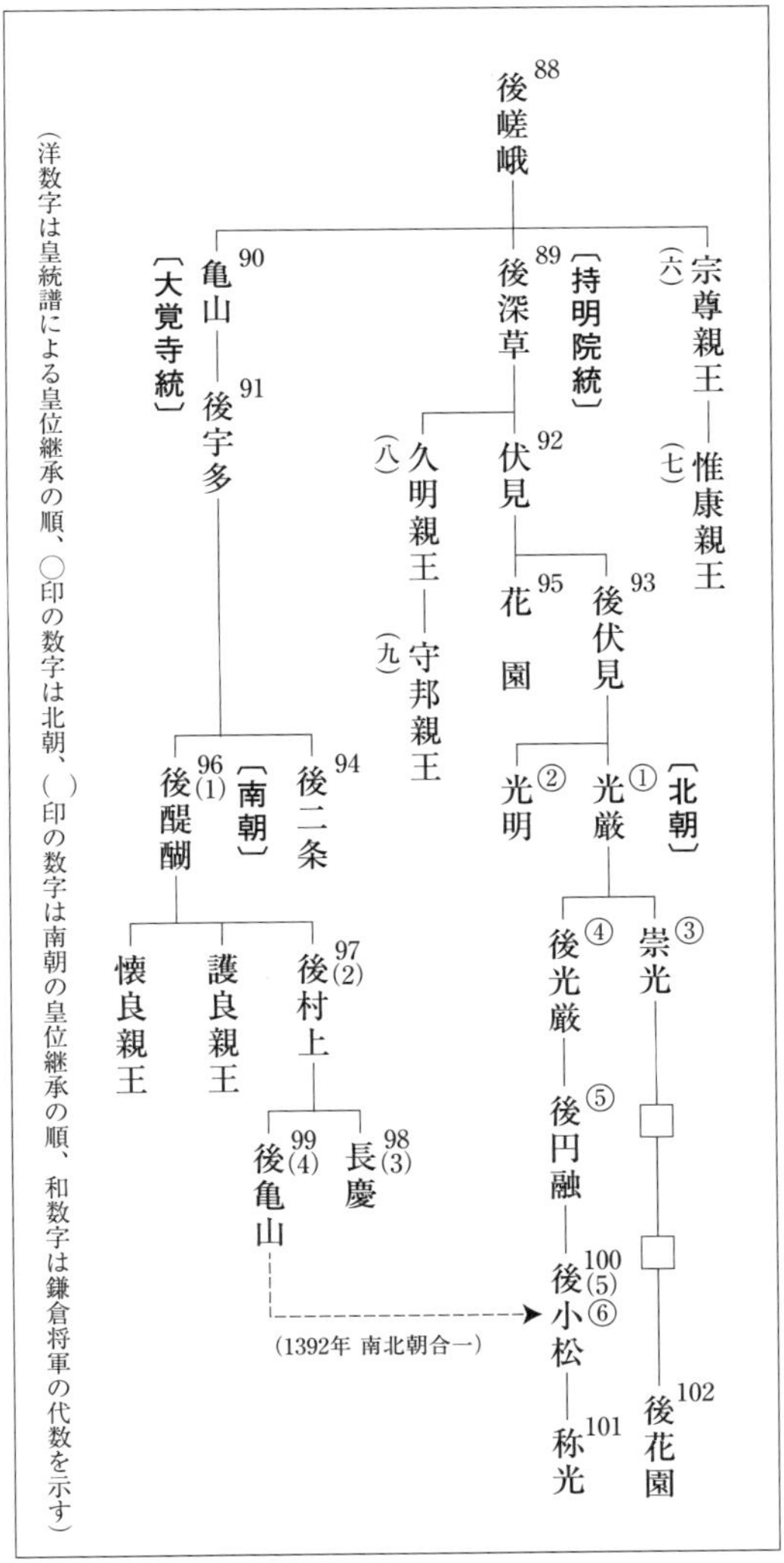

【皇室略系図】

武士の家職

『普通唱導集』が武士を世間部の職人としているように、武士にも武芸を家職とする意識が生まれていた。兼好は東国に下り、六浦荘の金沢にあってそこで仕入れた話を『徒然草』に載せている。「鎌倉の海に鰹といふ魚は」とはじまる、鎌倉では鰹という下賤な魚を上流の人も食べていると指摘する一一九段、北条時頼の母松下禅尼《まつしたぜんに》の質素な倹約ぶりを語る一八四段などがあり、八〇段には「夷《えびす》は、弓引くすべ知らず、仏法知たる気色し、連歌し、管絃を嗜《たしな》みあへり」と語って、鎌倉で「夷」(武士)が武芸に疎いにもかかわらず連歌や管絃を嗜んでいると批判的に記している。

当時の幕府の中心にあったのは得宗家で、北条時宗・貞時・高時の系統に継承され、北条氏一門の名越、大仏《おさらぎ》、金沢などは、評定衆や六波羅探題、寄合衆などになって得宗を支える家を形成し、源氏一門の足利・武田・小笠原氏のほか、幕府初期からの三浦・安達・佐々木氏などの有力御家人も家を形成し、政所や問注所、引付などの実務を担う奉行人も二階堂、太田・矢野、摂津などの家を形成していた。

『徒然草』はこうした武士の家にも触れている。二一五段は、北条一門の大仏宣時《のぶとき》が語る、得宗の北条時頼に夜中に召されて一緒に小さな土器に付いていた味噌を肴に酒を飲んだという、往年のつつましい生活の逸話。続く二一六段では、時頼が鶴岡八幡宮に赴いた際に足利義氏《よしうじ》の屋敷を訪れた時の饗膳の儲けは、一献が打鮑《うちあわび》、二献が海老、三献が掻餅《かいもち》という質素なもので、時頼の求めに応じ義氏《よしうじ》が足利の染物を贈ったという話である。

得宗家の時宗・貞時を外戚として支えた安達泰盛については、一八五段が「左右《そう》なき馬乗り」と紹介する。泰盛は、厩から引き出された馬が、敷居をゆらりと越えるのを見て「勇める馬」として他の馬に代えさせ、次の馬が敷居に足をあてると、鈍い馬として乗らなかったという。兼好は、「道を知らざらん人、かばかり恐れなむや」と高く評価している。

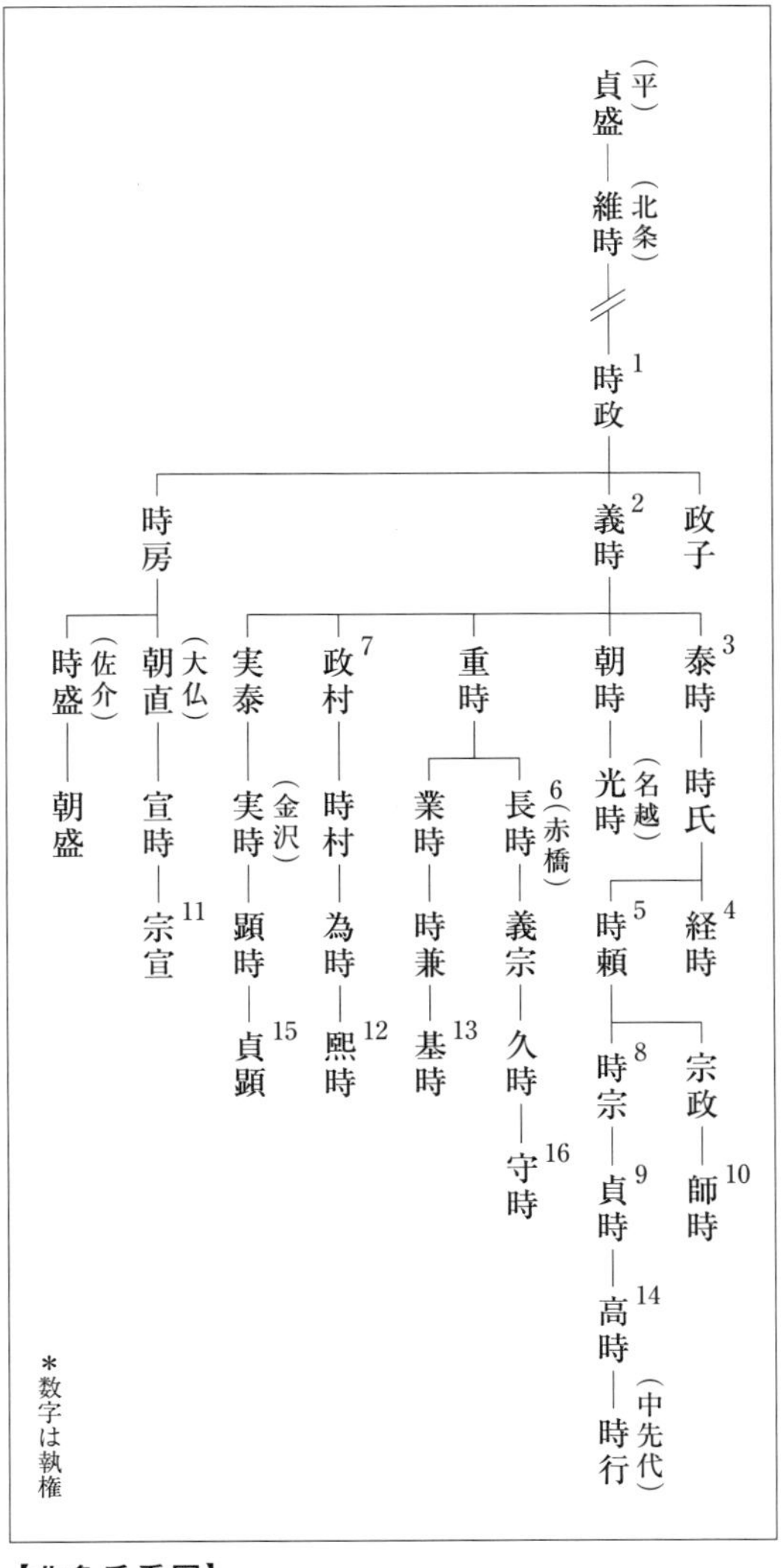

【北条氏系図】

一七七段は、将軍宗尊《むねたか》親王の御所で鞠会の日、急に雨が降ってきた時、「佐々木隠岐入道」が鋸で削った木のくずを庭に敷いた用意のよさを語る。これは将軍の鞠衆として見える佐々木壱岐前司泰《やす》綱《つな》と考えられる。一八六段は「吉田と申す馬乗り」が語る乗馬の秘訣を記す。乗る馬をよく見た上で強い所、弱い所を知り、轡《くつわ》や鞍に危ないところがあればそれに乗るべきではない、と用心が肝要だという。佐々木氏の一族の吉田という武士であろう。

幕府の歴史書『吾妻鏡』は、幕府を形成した武士の家についてその淵源に触れている。たとえば源頼朝と北条時政二人によって以仁王《もちひとおう》の令旨が開かれたことから幕府が始まったとして、得宗家の権限の根拠や家職の由緒を語るものとなっている。

そのことから後に元弘《げんこう》三年（一三三三）二月二十一日の護良《もりよし》親王の令旨は「伊豆国在庁北条遠江前司時政の子孫」である「高時相模入道の一族」が「武略の芸業を以て」朝威を軽んじている、と得宗家の子孫について記し、その追討を命じることになった。得宗の権力の淵源を伊豆国在庁に求め、その家職を武略の芸業と捉えたのである。

源平の合戦における武士の活躍を描く『平家物語』の読み本が、幾つも著されるようになったのも、武士の家職への意識の表れである。なかでも下総の千葉氏と関連が深い『源平闘諍録《げんぺいとうじょうろく》』には、千葉氏の動きが多く語られ、千葉氏の信仰していた妙見《みょうけん》信仰が色濃くうかがえる。

武士の惣領と庶子

鎌倉幕府を支える御家人では所領の分割相続が行われたことから、窮乏が著しくなり、単独相続が行われるようになっていた。庶子や女子には一生の間は知行していても、死後には生家に所領を返す一期分《いちごぶん》という相続方法が増えていた。

梶原氏の末裔である無住の仏教説話集である『沙石集』には、武士の窮乏の様が記されている。巻七の四話には、武蔵の地頭が貧乏で所領を年々売って、子息に譲る所領もないままに死んでしまったその後日談が載る。一門が集まり相談したものの、その子に土地を与えることができず、所領を買い取った地頭の館に列参し、屋敷一所を与えて欲しい、と訴えた。

すると地頭は買い取った文書をすべて子に与えたばかりか、我が子息にしたいと語り、これに恩を感じた子息は、地頭を親とも主とも頼んでこの世を過ごしたという。ここには窮乏から身を護るために裕福な武士の家人や従者となって身を過ごす道が語られており、武士の家では一門の結びつきがあったことがわかる。

巻十の四話は、丹後国の小名《しょうみょう》の武士の話で、亡くなった父の処分状を開いたところ、男子八人、女子に少ないながら譲与分があったのだが、嫡子はこのように分割していては奉公に支障がでる故、一人を面に立てて家を継がせ、他はそれに養ってもらうようにしよう、と提案、さらに五郎に武士の器量があるので家を継がせ、我は出家したい、と語ってそれが認められたという。

ただこのような事例は稀なことで、嫡子と庶子との対立は頻繁に起きていたのであり、東国御家人は九州に所領があれば、庶子がモンゴル襲来を契機に遷ったり、また六波羅探題に仕えて西国に遷ったりすることが多くなった（西遷御家人）。

相模の土肥氏から出て安芸の沼田荘の地頭職を得た小早川氏は、景平《かげひら》の子茂平《しげひら》が沼田本荘を、季平《すえひら》が新荘を知行するようになり、茂平は在京人として六波羅探題に伺候し、沼田本荘の領家の西園寺にも仕え、近くの都宇《つう》竹原《たけはら》荘の地頭となっていた。しかしその都宇竹原荘を継いだ政景《まさかげ》の所領が永仁五年（一二九七）に没収にあうという不運が生じたばかりか、この頃から嫡子と惣領の争いが繰り広げられるようになった。

武蔵の小代《しょうだい》を苗字の地とする小代氏は、重俊《しげとし》の子重泰《しげやす》が宝治合戦で勲功をあげて肥後の野原《のはら》荘の地頭職を得たことから、蒙古合戦を契機に肥後国に遷るものが出て、その孫の伊重《これしげ》が置文《おきぶみ》をしたため小代の家の系譜を語っている。武蔵の児玉郡に本拠があって、後三年の合戦に従軍した「児玉有大夫」が先祖といい、その後の活躍を縷々記して、我が身には何の誤りがないのに所領を召されている実情を訴えている（『小代文書』）。

この時期から武士の家では置文や系図などが広く作成されるようになった。下野の宇都宮氏が制定した弘安六年（一二八三）の置文である『宇都宮家式条』は七十か条からなり、訴訟や御家人役の勤めのほか、社務職を有する宇都宮社（二荒山社《ふたらさんしゃ》）に関わる規定も見える。筑前の宗像氏盛《むなかたうじもり》が正和二年（一三一三）正月に定めた『宗像氏事書』十三か条は、宗像社領が得宗領とされ、年貢の負担が増大したことにともなう経営や、幼い嫡子の行く末を考えて定められており、一門の「内談衆」による「衆中一同の儀」に基づいて幼主を補佐する規定など危機感を背景にしたものであった。

『白河結城氏系図』は小山政光に始まって、子の小山朝政からの小山氏、同宗政からの長沼《ながぬま》氏、朝光からの結城《ゆうき》氏について記しているが、その端裏書《はしうらがき》に「永仁二年薗田五郎左衛門入道注進」とあるので、永仁二年（一二九四）には成立していて、その系譜を記し訴えることがあったものとわかる。

武士たちも家職に関わる系譜や由緒を探り、所領の経営をいかに行うべきかに腐心しつつ、家職の継承をめぐっての惣領と庶子との争いを抱えながら動いていたのである。

6 職能の領分

一　家職の継承

家職の争いと悪党

大覚寺統《だいがくじ》・持明院統《じみょういん》の二つの皇統は互いに競り合い、党派をつくり大きな潮流を形成していった。貴族たちは両皇統や幕府に働きかけ家職の継承をはかり、そのなかにあって西園寺実兼《さねかね》は関東申次《もうしつぎ》を家職として関東との繋がりから大きな影響力を有していた。

この実兼との対立から佐渡に流されていた京極為兼《ためかね》が嘉元《かげん》元年（一三〇三）に召還されると、同年にその為兼と歌道家を争っていた二条為世《ためよ》が『新後撰和歌集《しんごせんわかしゅう》』を奏覧し、歌の家でも対立が再燃したが、こうした対立は朝廷内部に留まらなかった。

嘉元二年（一三〇四）に関東申次を父実兼から譲られた西園寺公衡《きんひら》は、翌年の年末に後宇多院の勅勘をこうむって伊豆・伊予両国を収公され、幕府の口添えにより勅勘をゆるされると、春日大明神の加護を祈る『春日権現験記絵《かすがごんげんげんきえ》』の制作に入った。この絵巻には南都興福寺の二つの院家の争いが描かれている。

興福寺の有力な院家である一乗院と大乗院の門跡のうち、一乗院には摂関家の近衛家から、大乗院には九条家から門主が送り込まれており、この両門跡の継承をめぐる争いが永仁《えいにん》元年（一二九三）に武力抗争に発展したのだが、これには大和の悪党が関わっていた。

大和の悪党は早くから蜂起しており、弘安八年（一二八五）にこれを摘発するために無記名で密告させる「落書起請《らくしょきしょう》」が実施され、幕府に捕縛された悪党は異国征伐に動員する計画さえ立てられたこともあった。こうした悪党と結んで両門跡間の闘乱が起きたのである。

永仁三年（一二九五）十一月、後深草法皇の春日社御幸直後の時期を狙い、甲冑を帯びた勇士が春日社に乱入し、衆徒らと戦った後、大宮の三・四の御殿から正体を取り出して放光院《ほうこういん》に安置すると、これに惣衆徒が、一・二の御殿と若宮の正体を確保、興福寺の金堂に安置し、合戦となった。

やがて悪党は春日社の神鏡を盗み出すのだが、『春日権現験記絵』はこの事件について詳しく語る。「近比《ちかごろ》、興福寺の学侶《がくりょ》蜂起して大和国の悪党を探り取りて、流罪せらるべき由、訴へ申す事有りし程に」と始まって、興福寺の学侶と大和国の悪党との対立にともない、正安《しょうあん》三年（一三〇一）十月に悪党が社頭に乱入し、大宮四所と若宮の正体を盗み取って高尾の別所に籠ると、これに衆徒が出動し、池尻家政《いけじりいえまさ》を討ち取って、神鏡を取り返したという。

事件は、大乗院が動員してきた悪党を切り捨てたことへの反発によるものであり、家職をめぐる争いが、上は朝廷・幕府から、下は悪党にまで及ぶようになっていたのである。

同じ頃、高野山でも高野合戦が紀ノ川流域の荘園をめぐって起きた。高野山が幕府に訴えて紀ノ川以南の地を高野山領と認められたことに反発し、荒川荘の源為時《ためとき》や名手《なて》荘・吉仲《よしなか》荘の在地領主らが抵抗して、彼らが「国中悪党の根本」と称されるなかで合戦となったもので、永仁二年（一二九四）に幕府はこれに介入して在京御家人を派遣して族滅させている。

山門でも争乱が起きていた。東塔北谷の山徒の円恵《えんえ》が諸門跡の門主の不当を朝廷・幕府に訴え、日吉社《ひえしゃ》に閉籠したのが発端となって、天台座主尊教《そんきょう》の妙法院《みょうほういん》門徒の性算《しょうさん》がこれに対抗・衝突したことから、永仁六年（一二九八）九月にはついに武力対決へと発展し、一夜にして比叡山の伽藍が灰燼《かいじん》とし、「山門滅亡」の事態となった。

『春日権現験記絵巻』（国立国会図書館蔵）より討ち取られる池尻家政

悪党の広がり

正嘉二年（一二五八）の幕府法令が「国々に悪党蜂起せしめ、夜討・強盗・山賊・海賊を企つるの由、その聞こえあり」と指摘するように、悪党は夜討や強盗・山賊・海賊を業とし、交通路をまたにかけて活動する武士・職人だったのである。

一遍は鎌倉から上洛する際、「悪党」が尾張・美濃に札を立て、一遍のために人々が食事を提供するのを妨げないように命じたように（『一遍聖絵』）、悪党は交通路を握っていた。『男衾三郎絵《おぶすまさぶろうえ》巻《まき》』に描かれた三河の高志山《たかしやま》の山賊は、皇居の大番役を勤めるために上洛途中の吉見二郎を襲って殺害しているが、そのいでたちは通常の武士と変わらない。

畿内近国では河川の水系に活動する悪党の活動が盛んで、木津川水系では伊賀の黒田荘や山城の賀茂荘を基盤としていた。播磨の悪党の動きについては、南北朝期に編まれた『峯相記《みねあいき》』が記している。

それによれば、正安・乾元の頃（一三〇〇年頃）から悪党の活動が目に余り、耳に満ち、聞こえるようになった。海賊・山賊・強盗を働き、借金を取り立て、追剝ぎをし、柿色に染めた着物に女用の笠を着けるなど「異類・異形なるありさま」、竹の長い槍や撮棒《さいぼう》などを武器に持つという風体で、十人・二十人の集団をなし城に籠って合戦を行ったため、六波羅探題や守護の取り締まりにもかかわらず、その活動は日に日に倍増したという。

延慶二年（一三〇九）には、熊野の悪党の蜂起により関東の使者（東使《とうし》）が上洛し、十五か国の軍兵を熊野山に派遣するなど、悪党の蜂起には幕府も手を焼いていた。地頭の置かれていない畿内近国の本所一円地《ほんじょいちえんのち》の荘園では、荘官と本所との対立が激しくなって、本所は敵対する荘官らを悪党と幕府に告発して解決を図った。先に見た大和の悪党の中心は大和の平田《ひらた》荘の荘官・住人であり、絵巻に描かれたその風体は全く追捕の武士と変わるところはない。

悪党は荘園や公領に基盤を置いていても、その活動は広範囲に及んでいた。各地の荘園や料所の経営を担うかたわら、荘園・公領の枠や、国の枠を超えて活動していたので、その蜂起は朝廷・幕府の大きな政治課題となった。そうしたところから、本所が彼らの狼藉を朝廷に訴えると、朝廷は悪党と名指しして、その狼藉の検断を命じる綸旨や院宣を幕府に発し、告訴を受理すると、幕府からは二人の使節（両使）を派遣して被告人の召進を命じる「衾御教書《ふすまのみぎょうしょ》」という命令書が出され、悪党の召し取りを実行するシステムが生まれた。

だが、遠隔地交易を行って有徳人《うとくにん》に成長した武士のなかには、広大な得宗領の経営を担う御内人《みうちびと》も多かった。その一人の安東蓮聖《あんどうれんしょう》は京の五条を拠点とする御内人で、仁和寺菩提院《ぼだいいん》の行遍《ぎょうへん》に多額の金を貸す借上《かしあげ》を営み、行遍が借金を返済せずに亡くなると、越中国石黒《いしぐろ》荘の年貢を近江の堅田《かただ》で差し押さえている。但馬の二方《ふたかた》荘や豊後の佐賀関《さがのせき》などの遠隔地の交通の要衝をも知行し、摂津の守護代としては多田院《ただのいん》の造営に関わり、播磨では福泊《ふくのとまり》の築港に関わるなど、手広く活動をしていた。その行動は悪党とくらべて何ら変わることがなく、むしろ裏では繋がってもいた。

村の成長

悪党の活動の背景にはその基盤となっていた村の成長があった。和泉の池田庄箕田《みのだ》村では永仁二年（一二九四）に名主百姓が梨子元新池を造成するため松尾寺の山林の地の借用を申請し、契約を結んだが、その際に「魚水の思」を成し契約を違えないことを誓っている（『鎌倉遺文』）。

近江の琵琶湖東岸にある奥島荘では、弘長二年（一二六二）十月に「規文《きぶみ》」を定め、悪口をなす者があれば荘内を追放し、村の悪口をいえば小屋を焼き払うと定めて、村人の結束を図っており、文永七年（一二七〇）十一月には、村人が一味同心を誓って、「返り忠」（裏切り）をする者を「在地」から追放すると定めている（『鎌倉遺文』）。

地頭と荘園領主の争いが広がるなか、紀伊国の寂楽寺領阿弖河庄《あてがわのしょう》では両者の相論において、建治元年（一二七五）十月に阿弖河庄上村の百姓等の申状が作成されている（『高野山文書』）。

阿テ河ノ上村百姓ラツツシテ言上

一　ヲンサイモクノコト、アルイワチトウノキヤウシヤウ、アルイワチカフトマウシ、カクノコトクノ人フヲ、チトウノカタエセメツカワレ候ヘハ、ヲマヒマ候ワス候、

荘園領主に差し出す材木について、地頭に京上《きょうじょう》の人夫役などと称して使われるため、人手が足りない上に、残りの人夫を材木の山出しに出したところ、その逃亡した跡に麦を蒔け、と言って追い戻されてしまった。「をれらが此の麦蒔かぬものならば、妻子どもを追籠め、耳を切り鼻を削ぎ、髪を切りて尼に成して、縄絆を打ちて、苛《さえな》まんと候」と、お前らが麦を蒔かないなら、妻子を追い籠めて、耳を切り、髪を切って尼になすぞ、などと責められたので、材木の調達はいよいよ遅くなりました、と窮状を記している。

百姓から聞き取りをした荘園領主の代官（雑掌《ざっしょう》）が記したものであろうが、仮名で地頭の行為を訴えているところに、百姓が成長し村の結びつきを強めていたことがわかる。最後に「百姓所に安堵し難く候」と結んで、身体を落ち着ける場としての「所」を強調しているところには、身体の延長としての持続可能な村の形成がうかがえる。

丹波国の大山荘では東寺と地頭の間で下地中分《したじちゅうぶん》が行われ、そのうちの一井谷《いちいだに》村が東寺の一円支配

下に入ったが、その百姓は東寺との間で文保二年（一三一八）に年貢を請け負う百姓請《ひゃくしょううけ》の契約を結んでいる。旱《ひで》りや風水の損害に拘わらず、上田では反別七斗五升、中田では反別五斗七升、下田では反別四斗五升の年貢を請け負って東寺に納めることと定め、百姓たちは簡略な花押を加えて契約している。明らかに村人の力は向上していた。

琵琶湖北部の小さな湾の奥にある菅浦《すがうら》は、急な山の傾斜面の迫る漁村で、在家や田畠は山門支配下にあったが、永仁年間に菅浦の住人が近江塩津《しおつ》の地頭の熊谷《くまがい》氏に対し蔵人所《くろうどどころ》を通じて訴訟を行って、村の結びつきを強めてゆき、正安四年（一三〇二）には隣接する大浦《おおうら》荘との相論に関わって、古老たちが村に金を融資する置文《おきぶみ》を作成している。

嘉元三年（一三〇五）には村人たちが訴訟費用を捻出するため、比叡山延暦寺の鎮守である日吉社の十禅師《じゅうぜんじ》社が運用する上分物《じょうぶんもつ》を借りたが、その際に渡した証文の写しによれば、有力な村人たちが連署して、必ず返却すること、もし怠ったならば借りた費用に見合った分を我が村の物から差し押さえてよいと誓っている。訴訟に備え、文書を村で保管する体制を整えていたのである（『菅浦文書』）。

さらに蔵人所と内蔵寮御厨子所との間で供御人《くごにん》の管轄問題が起きると、御厨子所供御人となって延暦寺の檀那院《だんないん》を領主に仰ぐようにもなった。村の結びつきのために、村の阿弥陀寺に二百巻の大般若経の版経を元亨元年（一三二一）に入手し、残り四百巻は村人の発願で書写した。大般若経全六百巻は読めば邪を除き、見れば福がもたらされ栄えるといわれ、村でも転読されるようになったのである。

二つの皇統と幕府

徳治三年（一三〇八）、後二条天皇が亡くなって、治世は後宇多院から伏見院へと移り、花園天皇が位についたが、その皇太子をめぐり両統が争うなか、後二条の弟尊治《たかはる》親王が皇太子となった。

治天の君となった伏見院は、延慶二年（一三〇九）に寺社の訴訟の手続に関する法を定め、伊勢神宮の伝奏を置くなど、訴訟制度を整備すると、翌延慶三年に中断されていた勅撰和歌集の撰集を改めて命じた。この撰者をめぐって京極為兼と二条為世との間で激烈な論争が交わされたが（『延慶両卿訴陳状』）、為兼一人が選ばれると、その翌年に為兼により撰進されたのが『玉葉和歌集《ぎょくようわかしゅう》』である。二十巻、二千八百首もあり、勅撰集のなかで最も多くの和歌を収録、一遍や聖戒《しょうかい》の歌も載せている。

その歌風は「心のままに言葉のにほひゆく」ことを追い求めたもので（『為兼卿和歌抄』）、持明院統や京極派の歌人を優遇したこともあって『歌苑連署事書《かえんれんしょことがき》』などで批判を受けもしたが、勢いを得た為兼は宿願と称し、南都に一門を連れて赴き、春日社で蹴鞠を奉納し、法華経の供養を行うなど絶頂を謳歌した。

ところが為兼を支えていた西園寺公衡が九月に亡くなると、為兼を嫌っていた実兼が関東申次に復職したことで事態は一変した。十二月に為兼の行為は幕府に意趣あるものと見なされ、六波羅に拘禁されて土佐に流され、さらにその累は伏見院にも及びそうになったことから、伏見院は幕府に意図がないことを弁明している。

このように幕府は朝廷の領域に関わっていた。たとえば高野山は寂楽寺領の阿弖河庄の知行を強く求めて、永仁四年（一二九六）に幕府から次の執奏を獲得した。

高野山金剛峯寺雑掌と寂楽寺雑掌との相論、紀伊国阿弖河庄の事、金剛峯寺、右大将家元暦元年七月二日状を帯び申す所子細有りと雖も、関東進止に地に非ざるの間、道理に任せて宜しく聖断たるべきの由、西園寺殿に申し入れしむべきの状、仰せに依り執達件の如し

永仁四年八月廿二日　　　　陸奥守
　　　　　　　　　　　　　相模守

越後守殿
丹波守殿

高野山と寂楽寺との紀伊国阿弖河庄に関する争いは、高野山の訴えに十分な理があるものの、幕府が関与する土地ではないので、道理に基づいて聖断が下されるのが望ましい、この旨を関東申次の西園寺殿に申し入れるように、と六波羅探題に指示した関東下知状である。

これを得た高野山は朝廷に強訴を繰り返し、寂楽寺を管領する三井寺円満院《えんまんいん》から譲渡する旨を記した避状《さりじょう》を得て、嘉元二年（一三〇四）に後宇多上皇院宣によって阿弖河庄の知行を認められた。

正安二年（一三〇〇）に亡くなった村上源氏の堀河為定《ほりかわためさだ》の遺跡相論では、子の守忠《もりただ》が次の「関東安堵状」を提出して正当性を主張している。

遺跡相伝の事、承り候をはんぬ。恐々謹言

正安三　九月五日　沙弥崇暁　判

差出人の「沙弥崇暁」は正安三年（一三〇一）に出家した得宗の北条貞時《さだとき》のことで、そこに訴えて家職の継承を認めてもらい、訴訟への勝利を期したのである。

幕府は執権中心から得宗中心への体制に移ったことで、このように朝廷の内部にもしばしば介入してはいたが、一貫した姿勢をとっていたわけではない。

迷走する幕府

得宗の貞時は出家した後も実権を保持して「太守」と称されていたが、嘉元元年（一三〇三）に高時《たかとき》が生まれたことから、これへの継承を考えるようになったところに、嘉元三年に連署の北条時村《ときむら》が討たれる事件が起き、その首謀者の「内の執権」北条宗方《むねかた》もまた翌々年に討たれる事件が起きるなど（嘉元の乱）、政治は揺れた。

応長元年（一三一一）に貞時が亡くなり、高時が得宗となったが、まだ九歳と幼く北条一門が順次執権・連署となって補佐した後、正和五年（一三一六）にようやく高時は執権となったが、それでもまだ十四歳であり明確な方針をもたず幕府の迷走は続いた。

京では、文保元年（一三一七）、花園天皇の在位が十年に及んだことから、後宇多院は尊治親王の即位を強く求めたが、幕府の送った使者（「東使」）は、譲位を求めずに両皇統でよく話し合うように促すものだった。皇位継承に介入するのを嫌い、両皇統に和談をもちかけたのである（文保の和談）。

しかしこの段階では決まらずに、伏見院が亡くなったことから、その翌年の文保二年（一三一八）に再び東使が上洛し、ついに尊治親王の即位（後醍醐天皇）、後宇多法皇の院政ということで決着をみた。後宇多院の強い希望が通り、院は寺社の強訴を禁圧し、神事の興行をはかった。

その十二月、幕府は山陽南海道諸国のうち十二か国に東使を派遣して、悪党退治を行なっている。播磨では悪党の根拠地や城郭二十余か所を焼き払い、悪党五十一人を注進するなど一定の効果をあげたが、蝦夷地でも幕府は蜂起に悩まされていた。

陸奥の北端の津軽は、得宗領として安藤氏が代官として支配していたが、元応二年（一三二〇）頃から、その安藤氏の五郎三郎季久《すえひさ》と又太郎季長《すえなが》が家督を争って合戦に及ぶようになり、正中二年（一三二五）には蝦夷蜂起の責任を負わされて又太郎の代官職が解かれ、代わりに五郎三郎が補任されたが、抗争は止まなかった。

この時期の幕府の動きを詳しく記す『保暦間記《ほうりゃくかんき》』は、得宗高時が「頗る亡気の体にて、将軍家の執権も叶い難かりけり」と噂されていても、北条泰時《やすとき》以来の遺産があって幕府の骨格がしっかりしており、内管領の長崎円喜《えんき》と舅の安達時顕《ときあき》の二人が後見として補佐していたので、幕府の体制は何とか保っていたと指摘している。

幕府は将軍・執権・評定・御家人の公方系列の政務システムと、得宗・寄合・御内人の得宗系列の家システムとの複合からなっており、前者のシステムでは奉行人がその土台を支えて何とか保っていたが、次第に後者のシステムに重心が置かれてゆき、前者のシステムが機能不全に陥り始めていた。得宗家は本来、執権を家職として形成されてきたのにもかかわらず、得宗が執権となる機会が少なくなり、執権とは別の形で権力が形成されていたのである。

二　後醍醐天皇の親政

後醍醐天皇の治政

後宇多院は元亨《げんこう》元年（一三二一）に政務を後醍醐天皇に譲って元亨四年に亡くなるが、跡を託された後醍醐天皇は徳政を期待する声に応じて親政を開始し、意欲的な政治を推進した。翌元亨二年に除目《じもく》の旧記を復活するなど律令回帰を目指すと、これを聞いた花園院は「近代、優道すでに廃れ来ること久しく、この時にあひ中興あるべきか」（『花園天皇日記』）と高く評価している。

翌元亨三年には身分の低い日野俊基《ひのとしもと》を蔵人に登用するなど積極的な人材登用も図った。皇太子となった時期から熱心に学問に取り組み、有能な学者を集めて儒教の談義を繰り返していて、こうしたことから花園院は、後醍醐が和漢の才を兼ね、父のような年齢でもある故、譲位するのも致し方ない、と諦めていた。「才学人に過ぐ」と称された儒者の日野資朝《すけとも》も、もとは花園院に仕え紀行親《きのゆきちか》・菅原公時《すがわらのきみとき》・玄恵《げんえ》僧都らと『論語』の読書会を開いていたが、後醍醐は彼らをも取り込んだ。

『太平記』は、後醍醐天皇の御前での「文談」に玄恵が招かれ『昌黎文集《しょうれいぶんしゅう》』の講釈をしたと記しているが、花園院はこの「禁裏の風」を「その意、仏教にわたり、その詞、禅家に似る」と記しつつも、「近日、理学を以て先となし、礼儀に拘らざるの間、頗る隠子放逸の風」であるのは「近日の弊」であると指摘している。

『徒然草』二三八段は、後醍醐天皇がまだ皇太子だった時の話である。兼好がその万里小路《までのこうじ》御所の堀河大納言具親《ともちか》の曹司に参ったところ、皇太子から論語の一文がどこの引用かを尋ねられたが、わからず困っている、と言われたので、その箇所を指摘したところ、「あな嬉し」と具親は喜んで御前に戻ったという。『徒然草』にはこのような後醍醐天皇の近臣との交わりが多く書かれているのは、天皇の御前に集う人々を意識してのものである。

東福寺の虎関師錬《こかんしれん》は内外の書を読むなか、徳治二年（一三〇七）に日本に来ていた一山一寧《いっさんいちねい》に会い、日本の高僧の逸事を尋ねられたが、答えられず、日本仏教史、僧侶の伝記の著述を志すようになり、十五年かけて完成させたのが『元亨釈書《げんこうしゃくしょ》』三十巻である。元亨二年（一三二二）八月十六日に後醍醐天皇に奉り、この書ができたのは「君の文徳と太平の表れ」であり、大蔵経の中に入れてほしい、と上表している。

曹洞宗の瑩山紹瑾《けいざんじょうきん》は、永平寺三世の徹通義介《てっつうぎかい》に師事し、各地を回った後、加賀大乗寺に移って徹通の遺志を受け継ぎ、道元以来の出家修行に加え、密教的な加持や祈禱・祭礼も取り入れ布教を試みた。延慶三年（一三一〇）に能登に永光寺、元応三年（一三二一）には総持寺《そうじ》を開いて武士らに禅を広め、後醍醐天皇から「日本曹洞賜紫出世之道場」の綸旨を得て、曹洞宗興隆の基礎を固めた。

このように後醍醐天皇には多くの書が献呈されており、後醍醐天皇の物語として始まる『太平記』はその治政をこう評している。

御即位の間、内には三綱五常の義を正して、周公・孔子の道に順ひ、外には万機百司の政、懈給はず。延喜・天暦の跡を追はれしかば、四海風を臨んで悦び、万民徳に帰して楽しむ。

こう天皇の政治を讃えた後、「諸道」の興行、禅律の繁盛、顕密儒道の碩才の登用など、職人を積極的に活用し、商売の往来や年貢輸送などの交通の障害になる関を停止、飢饉に応じて米を施行し、検非違使に命じて二条町に仮屋を建て米を売り米価を安定させ、記録所には自らが出て訴訟を決断したという。

『保暦間記』も「当今《とうぎん》は近比の明王にて御座しける程に、御政も目出て、後三条の延久の例に任せて記録所を置て、直に政断を聞食《きこしめ》す。賢王の聞へ渡せ給」と記し、天皇の政治を高く評価している。

親政の展開と幕府

後醍醐天皇が目を付けたのは京の都市空間である。京都を対象とする六斎日《ろくさいにち》の殺生禁断が弘長と弘安年間の二つの法令では「洛中」「京中」を対象としていたが、元亨元年（一三二一）の法令では「洛陽・洛外一切停止に従ふべし」と洛中・洛外へと拡大し、同二年には造酒司《ぞうしゅし》による酒屋役を洛中のほかに河東でも賦課している。

元徳二年（一三三〇）には飢饉にともなう米価の暴騰に対し、宣旨升一斗に銭百文で交易すること、沽酒《こしゅ》法を定めて米一石を酒一石となし、二条町の東西に五十余りの仮屋を立てて、そこで商人に米を販売させている。閏六月十五日には「諸関の升米」や「兵庫嶋の目銭」を停止している。関は寺社の造営料などの名目で設置され、文永年間からは幕府が停止や設置に関わってきていたが、天皇は西国で一律にその停止を宣言したが、幕府とは何らの協議もしなかった。

職人の活動にも目をつけ、天皇に供御を提供する畿内近国の職人を供御人に組織し、統制していった。元亨二年（一三二二）には酒麴役《しゅきく》を納めない酒麴供御人を追及し、伊勢国の供御人の交名（リスト）を提出させている。こうしたことから多くの訴えが天皇の綸旨を求めて殺到した。

絵巻の『絵師草紙』は、絵師の働きにより伊予国に土地を得たのに、その地が法勝寺に付けられたことから知行できないという訴えを絵巻にした訴状の性格を有しているが、その絵巻には綸旨が描かれており、後醍醐天皇の在り方をうまくついたものとなっている。

天皇は御家人とも関係があった。六波羅探題支配下の軍事力は探題指揮下の御内人、京の篝屋《かがりや》を守護する西国の有力御家人（在京人）が主力で、守護や東国の有力御家人に引率された御家人も京にはあったが、後二者は天皇に求心力さえあれば取り込むことが可能であった。御家人の勤めには将軍との主従関係に基づく皇居大番役があり、御家人も天皇を守護する職人の側面を有していたのである。

こうした政策を推進するうえで、天皇は綸旨万能を主張し、「朕が新儀は後代の規範」という意気込みから他の権力・権威を否定していった。『太平記』は、「日野中納言資朝、蔵人右少弁俊基、四条中納言隆資《たかすけ》、尹大納言師賢《もろかた》、平宰相成輔《なりすけ》」らと策を練り、錦織判官代《にしこりほうがんだい》・足助重成《あすけたかなり》や南都北嶺の衆徒に声をかけ倒幕に動いたというが、当初からそうだったわけではない。

これに対して幕府では正中三年（一三二六）に高時が若く出家したので弟泰家《やすいえ》が執権を望むと、これを御内方の長崎円喜が退け金沢貞顕を執権に据えたため、怒った泰家が出家し、その怒りを恐れた貞顕も評定に出ると、すぐに出家してしまい、これとともに「関東の侍、老いたるは申すに及ばず、十六七の若者どもまで皆出家す」と、幕閣の多くが出家する事態を生んだ。

執権も得宗も幕政上に機能しなくなっており、御家人が離反する動きがおきても不思議ではない状況となった。この時期の諸国の動きを見ても容易ならざるものがあった。幕府の固有の基盤であ

『絵師草紙』（宮内庁三の丸尚蔵館蔵）に描かれた綸旨

る東国十五か国は、有力御家人たちが頼朝を迎えて幕府を構築してきただけに、その勢力が広く残っていて、北条氏が守護となっていたのは駿河・伊豆・武蔵・上野四か国のみで、北関東では有力御家人の独立性が強かった。

津軽以北の蝦夷地は安藤氏が得宗の代官となっており、その内部対立が得宗法廷で裁かれた際、内管領の長崎円喜の子高資が双方から賄賂を受け取って、両方に勝訴の判決を言い渡したので争いが紛糾し、これに蝦夷の人々が巻き込まれ、幕府は嘉暦二年（一三二七）に蝦夷追討使として宇都宮・小田氏を派遣したが、多くの死者を出したものの、紛争は収まらなかった。

東国と畿内近国の間の中間地域である北陸や東海地域の御家人は、京都との結びつきがもとから強く、多くは京都に宿所を有していた。北条氏一門が守護となっている国は多かったが、その一門は得宗の統制下にあり、守護による荘園公領や御家人への支配力は弱かった。

正中の変

畿内近国は六波羅探題の管轄下にあったが、探題は朝廷との結びつきが警戒され強力な権限を委ねられていなかった。事が起きると、幕府から使者（東使）が派遣され、その指示に従うほかなかった。探題直轄下の被官（御内人）と、篝屋を守護する在京人の間には対立もあった。

九州では鎮西探題に裁判の確定判決権が与えられ、北条氏が多くの国の守護となっていたが、旧来の御家人の所領の多くが没収されて得宗領となっており、その所領の実際の経営は在地の武士たちが握っていたので、北条氏一門の所領は多くともその支配力は弱かった。

幕府のこうした動きをみて後醍醐天皇は動いた。後宇多法皇の遺言により兄後二条の遺児である邦良《くによし》親王が成人して皇位につくまでの中継ぎの天皇だったので、いずれは邦良親王、持明院統の量《かず》仁《ひと》親王に皇位を譲らざるをえなかったから、皇位を我が皇統に伝えるべく動いたのである。

『太平記』は、天皇が無礼講と称し「交会遊宴」をなし「東夷」を滅ぼすことを企て、「尹大納言師賢、四条中納言隆資、洞院《とういん》左衛門督実世《さねよ》、蔵人右少弁俊基」のほか游雅《ゆうが》、聖護院庁の法眼玄基《げんき》、足助重成、多治見国長《たじみくになが》らを集めるとともに、俊基は山伏姿で「国の風俗、人の分限」を調査するため各地を歩いたという。『花園天皇日記』正中元年（一三二四）十一月一日条には日野資朝や俊基らが「無礼講」（破仏講）を開いたとあり、無礼講そのものの事実は裏付けられる。

『太平記』はその倒幕の計画が正中元年に密告により漏れてしまった、と詳しく語る。謀叛に与した土岐左近蔵人頼兼《よりかね》が妻に謀叛のことを語ったことから、妻の父六波羅奉行人である斉藤利行《としゆき》の知るところとなり、六波羅の軍勢の前に多治見国長と土岐頼兼が討ち取られ、日野資朝と俊基は関東に下された、という（正中の変）。

ただ真相は不明な部分が極めて多い。「天皇御謀叛」といわれながら不問に付されてしまい、日野資朝が佐渡に流されるのみで終わったことなどからすると、たまたま起きた陰謀事件の一つであったというべきであろう。

急ぎ勅使として万里小路宣房《のぶふさ》が鎌倉に弁明のために下ったが、持参した弁明書には「関東は戎夷なり。天下の管領然るべからず。率土の民は皆皇恩を荷ふ。聖主の謀反と称すべからず」と記されており、幕府は戎夷であって天下を管領するのはよろしくない、率土の民は皆、皇恩に浴しており、天皇の謀反などと称してはならぬ、とあったという（『花園院日記』）。宣房は長崎円喜と安達時顕に問い詰められ、臆病の気により板敷に降りてしまったというが、それ以上の追及はなく有耶無耶なうちに事件は終わってしまう。

天皇がこの段階で力を注いでいたのは、幕府との関係の深い西園寺実兼の娘を中宮としていたことから、その出産の祈りである。『太平記』は「元亨二年の春比より、中宮懐妊の御祈とて、諸寺諸山の貴僧・高僧に仰せ、様々の大法秘法を行はせらる」と記すが、事実は嘉暦元年（正中三年）六月から本格的に始められており、『御産御祈目録《ごさんおんいのりもくろく》』はその三月十一日に着帯《ちゃくたい》の儀があったという。

この後醍醐の働きかけに応じて制作されたのが『石山寺縁起』である。「聖化正中の暦、王道の恢弘し」と、正中年間に王道が広まったと始まる。天皇は中宮の出産を石山寺に祈ったが、その期待も空しく皇子はなかなか生れず、それでも御産の祈りが続いたことから、幕府は調伏《ちょうぶく》を祈っているのではないか、と疑った。

持明院統では元亨元年（一三二一）十月に後伏見院が量仁親王の立坊を祈り、石清水八幡宮に願書を捧げて次の皇位を求めていて、その立坊が後二条天皇の皇子邦良親王の死によって嘉暦元年（一三二六）七月二十四日に実現したことから、後醍醐天皇には譲位が迫られた。

天皇と寺社・悪党

後醍醐天皇は多くの勢力を引きこんだ。専ら呪術を習い、修験を立てるなどして天皇に接近してきた醍醐寺の文観《もんかん》を護持僧となし、国王の氏寺である法勝寺を再興した恵鎮《えちん》（円観）を側近となし、倒幕の祈りを行うに至った。文観は倒幕を祈念して大和の般若寺《はんにゃじ》に文殊菩薩像を安置した。

元徳二年（一三三〇）に天皇は南都の春日社に行幸したが、この時期に春日社を選んだのは春日の神が国家を補佐する神と考えられていたからである。相模の清浄光寺《しょうじょうこうじ》（遊行寺《ゆぎょうじ》）に後醍醐天皇の肖像画があり、それには頭上に天照皇大神《あまてらすおおみかみ》（伊勢神宮の神）、八幡大菩薩、春日大明神の名が墨書されており、身には袈裟をまとい、手に密教の法具を持ち、冠や服を中国の天子に倣って被っている。王法・仏法・神祇で身を飾った王権のあり方がよく示されていよう。

これら三神が選ばれたのは、伊勢の神と八幡の神が宗廟の神、春日の神が国家を補佐する神と考えられていたからである。治承《じしょう》四年（一一八〇）に以仁王《もちひと》の乱が起きた時、九条兼実は「我国の安否、只この時に在らんか。伊勢大神宮・正八幡宮・春日大明神、定めて神慮の御計らひ有らんか」（『玉葉』）と記しており、日本国はこの三神に護られていると考えられるようになっていた。

また冠や服を中国の天子に倣って被っているのは、自らの存在を中国の国王に比した現れであり、天皇はこの年に渡来僧の明極《みんき》楚俊《そしゅん》に会って対問していた。そこには大覚寺統の家職を継承する立場を超えた主張が籠められていたのである。

春日行幸に続いて近江の日吉社と延暦寺にも行幸した。天皇は元亨三年（一三二三）に皇子を梶井《かじい》門跡の大塔に入室させていて、その大塔宮尊雲が天台座主となっており、青蓮院《しょうれんいん》門主の慈道《じどう》には中宮の御産祈禱を通じて幕府の調伏を行わせていた。

この時の北嶺への行幸の様子を描いたのが絵巻『元徳二年三月日吉社幷比叡山行幸記』である。

後醍醐天皇（清浄光寺〈遊行寺〉蔵）

日吉行幸については後三条院から順徳院までの十二度の行幸があったと語り、後醍醐天皇の行幸について「今、九十五代の宝暦を迎へて、三聖五所の威光を輝かし給ふ事、ただ万国の王化にしたがふのみにあらず、またこれ天下泰平のゆへなりけり」と記し、この行幸が王化と太平の世であることを示すものであると謳っている。

続く比叡山行幸については、その行幸が桓武天皇に始まるもので、「王城と叡山と、王法と仏法とは鳥の翅《はね》のごとくにて、一も欠けてはあるべからず」と記し、王城と山門との一体化を語り、山門の支えを求めるものとなっている。

天皇は諸寺諸社だけでなく、畿内近国に広がっていた悪党にも深く関わった。『峯相記』には播磨国の悪党の活動が正中・嘉暦の頃（一三二〇年代）から大きく変わってきたと記されている。悪党らが立派な馬に乗り、五十、百騎を連ね、弓矢や武器も金銀をちりばめ、鎧・腹巻きも照り輝くばかりで各所を動き回るほどに成長していたという。ところが幕府の悪党取り締まりは無力化しており、御家人たちは悪党の威勢に恐れをなして幕府の命令を実行しなくなったので、悪党の刈田・刈畠・追捕・討入、奪取などによって残る荘園はないかのごとくであったという。

天皇の関わった悪党たちは、近臣・近習の僧が管轄する所領に成長してきた武士たちであり、その典型が楠木正成《くすのきまさしげ》である。正慶元年（一三三二）六月の臨川寺《りんせんじ》の目録にこう見える。「故大宰帥親王（世良《よよし》親王）家御遺跡」である和泉の若松荘は、後醍醐天皇の綸旨によって内大臣僧正道祐《どうゆう》の領有とされたのだが、臨川寺の訴えで元に戻されたものの、「悪党楠兵衛尉」が当所を押妨《おうぼう》しているという噂から、守護の代官がその跡と称し年貢を収納している、という。

新興の武士が「悪党」として追捕の対象とされており、天皇はそれに目をつけたのである。この臨川寺はもと亀山法皇の離宮で、世良親王に譲られたが、元徳《げんとく》二年（一三三〇）に親王が亡くなったことから北畠親房《きたばたけちかふさ》が禅寺に改めていたものである。

天皇御謀叛

花園院はこうした政治・社会の危機的情勢に元徳二年二月に量仁親王に宛てて『誡太子書《かいたいしのしょ》』を与えている。「今時、未だ大乱に及ばぬといえども、乱れの勢い、萌《きざ》すことすでに久し」と、危惧を示し、君主がもし賢くないならば、「乱」は数年のうちに起きよう、この衰乱の時運にあたっては、君主は賢い学問を学ばねばならず、そうでなければ「土崩瓦壊」となる、と戒めた。

しかし事態は早くに動いた。後醍醐天皇の倒幕計画が近臣の吉田定房《さだふさ》が六波羅探題に密告したので、元徳三年（一三三一）に漏れてしまう。定房は後宇多院に仕えて鎌倉に下り、後醍醐親政を働きかけ実現させたその功労者だったのだが、早くから後醍醐天皇の動きに危ういものをみており、再三諫止したものの聞き入れられないので、事態を穏便に済ませようと動いたという。

倒幕計画に驚いた幕府は、五月に東使を派遣して究明し、高時を呪詛したとして天皇近臣の僧である円観（恵鎮）・文観・仲円《ちゅうえん》らを捕え、事件の張本人として日野俊基も捕えて鎌倉に送った。幕府は円観を奥州に、文観を硫黄島に、仲円を越後に流したが、そのうち仲円は山門の青蓮院門主慈道の側近で、慈道とともに中宮御産の祈りを行った僧である。

天皇は八月二十四日に、大塔宮尊雲《そんうん》法親王から幕府が天皇配流、尊雲死罪に動いたという情報を伝えられて、幕府が動くことは明らかになったことから、内裏を密かに脱出した。尊雲は武芸に明け暮れ「未だかかる不思議の門主御坐さず」と称された皇子で、天皇が山門に来るものと思い用意をしていた。だが天皇は南都を選んで東大寺の東南院に入ったところ、ここでは情勢を打開できないことを悟り、八月二十七日に山城の笠置山《かさぎやま》に籠った。

この地はかつて貞慶《じょうけい》が活動した場であり、木津川水系の伊賀・山城の悪党の活動地域にあったので、笠置山衆徒や悪党を頼んでのことである。これに呼応して楠木正成が河内の赤坂城で挙兵して、戦乱の時代へと突入した（元弘の乱）。

この「天皇御謀叛」の情報は鎌倉や東国の武士たちに「今月廿三日、京都より早馬参テ候。当今御謀叛の由、その聞え候」とすぐに伝わり、幕府は承久の例にならって大軍を派遣することと定め、九月五日に大仏貞直《さだなお》・金沢貞冬《さだふゆ》ら北条一門と足利高氏《たかうじ》らを派遣した。

九月二十日に持明院統の後伏見院の詔によって光厳《こうごん》天皇が践祚、後伏見院の治世となるなか、六波羅の大軍は笠置を攻めたが、その直前に後醍醐天皇は笠置を逃れていた。しかし九月二十八日に捕えられ、三種の神器が回収されて、身柄は京都に護送された。さらに正成の拠る赤坂城を幕府の大軍が攻め、大いに悩まされながらも城を落としたが、正成は逃れた。

翌元弘二年（一三三二）三月七日に後醍醐天皇は後鳥羽院の例に倣って、隠岐配流とされ、八日には皇子の尊良《たかよし》親王の土佐配流、尊澄《そんちょう》法親王の讃岐配流が定まり、天皇は一条行房《ゆきふさ》・千種忠顕《ちぐさただあき》・阿野《あの》廉子《れんし》らの僅かな近臣・女房を供に隠岐に移され、他の近臣も捕縛・処刑された。鎌倉では日野俊基が斬られ、佐渡に流されていた日野資朝も斬られたので、こうして事件は落着するかに見えたが、そうはゆかなかった。

戦火の広がり

尊雲は逃れて還俗《げんぞく》し、名を護良《もりよし》親王と名を改めて吉野で挙兵し、十一月には楠木正成が河内の千早城で挙兵して、翌年正月に四天王寺の六波羅軍を攻め、さらに播磨の赤松円心《あかまつえんしん》が護良親王の令旨を得て播磨の苔縄《こけなわ》城で挙兵したのである。

正月に鎌倉からの大軍が京に入り、赤坂城や吉野城を攻めて落したが、戦火は広がっていった。二月二十一日の播磨の大山寺の衆徒に宛てた護良親王の令旨にはこうある。

伊豆国在庁北条遠江前司時政の子孫東夷など、承久以来、四海を掌に採り、朝家を蔑如し奉るの処、頃年の間、殊に高時相模入道の一族、ただに武略の芸業を以て朝威を軽んずるのみに非ず、剰《あまつさ》え当今皇帝を隠州に左遷し奉り、宸襟《しんきん》を悩ませ、国を乱すの条、下剋上の至り、甚だ奇怪の間、且つは征伐を加えんがため、且つは還幸を成し奉らんがため、西海道十五か国内の軍勢を召集める所也。各帝徳に帰し奉らん。早く一門の軍を相催し、軍勢を率ひ時日を廻らさず、戦場に馳せ参ずべきの由、大塔宮二品親王の令旨によるの状、件の如し。

得宗高時の権力の淵源を伊豆国在庁に求め、その家職を武略の芸業と捉えたうえで、高時が朝家を蔑如し天皇を隠岐島に流した行為を「下剋上」と断じ、西海道十五か国内の軍勢をもって天皇を奪還するよう命じたのである。

この情勢に後醍醐は閏二月に伯耆《ほうき》の名和長年《なわながとし》らを頼って隠岐島から脱出すると、伯耆の船上山《せんじょうさん》で挙兵した。それとともに三月に赤松円心が鳥羽から洛中に向かって六波羅勢と戦った。倒幕勢力を追討するために、上洛していた名越高家《たかいえ》は、山陽道を経て船上山へと向かったのだが、千種忠顕との久我縄手の合戦で討死してしまう。

同じく関東からの派遣軍にあった足利高氏（尊氏）は、四月に丹波・山陰を経て隠岐・伯耆に向かう途中、篠村《しのむら》八幡で幕府に反旗を翻し、後醍醐天皇と連絡をとって挙兵に転じたことから戦局は大きく動いた。高氏は「武士の長者」である源義家《よしいえ》の子義国《よしくに》の流れを引き、幕府の成立とともに建久五年（一一九四）に足利義兼《よしかね》が鶴岡八幡宮で両界曼荼羅二鋪を供養するなど、源氏の正統の立場を継承してきていた。宝治合戦《ほうじかっせん》後には雌伏を余儀なくされたが、貞氏《さだうじ》・高氏の二代は得宗から一字を得ており、高氏は執権赤橋守時《もりとき》の妹を妻としていたのである。

歴史書『梅松論』は、この時期の戦乱を足利氏の立場に沿って描く。それによれば尊氏が北条氏を滅ぼそうと心底に思いを致していたところ、一族の上杉重能《しげよし》や細川和氏《かずうじ》を通じ倒幕の綸旨を賜ったという。四月二十五日、高氏は篠村から「伯耆国より勅命を蒙る所なり。早く一族を相催し参らるべく候」と、倒幕の密書を各地の武士に送り、二十九日の挙兵とその加護を祈る願書を篠村八幡宮に納め、こうして足利・赤松・千種の軍勢が合体して六波羅探題を襲った。

探題勢は京大宮大路を防衛ラインとして戦ったが、突破されて光厳天皇を奉じて敗走した。その途中の山科の四宮河原では五六千の「野伏《のぶし》」が「楯をつき鏃を支えて」待ち受けていて襲いかかり南方探題の北条時益《ときます》が討ち死にする。そこを逃れた北方の北条仲時《なかとき》も、近江の番場《ばんば》宿に至った時に尾張・美濃・近江の悪党や野伏に襲われ、ここで自刃して六波羅探題は滅亡した。『近江国番場宿蓮華寺過去帳』には「越後守仲時　二十八歳」以下の四百三十名の自害した者の名が記されている。

幕府の滅亡と天下一統

探題滅亡の直後、上野国の新田荘《にったのしょう》にあった源氏の新田義貞《よしさだ》が綸旨を得て挙兵し、鎌倉から逃れてきた高氏の子義詮《よしあきら》と合流、南下して鎌倉を目指した。幕府は鎌倉上道《うえつみち》に桜田貞国《さくらださだくに》を、下道《しもみち》に金沢貞将《さだゆき》を派遣して新田・足利連合軍を襲わせたが、貞将は小山・千葉の軍勢に阻まれ、武蔵の鶴見の辺でも敗れて鎌倉に戻った。

連合軍はみるみるうちに膨れ上がり、武蔵の小手指原《こてさしがわら》、分倍河原《ぶばいがわら》の戦いで幕府軍を撃破し、武蔵の関戸《せきと》に集結した軍を三手にわけ、鎌倉の極楽寺坂《ごくらくじざか》、巨袋坂《こぶくろざか》、化粧坂《けわいざか》の切通《きりどおし》からの突破をめざした。

稲村ガ崎の浅瀬を突破した義貞軍は、鎌倉に突入し激戦となるなか、北条高時は鎌倉の東勝寺《とうしょうじ》に籠って五月二十二日に一族・従者とともに自刃して果て、盤石を誇った鎌倉幕府は滅亡した。『梅松論』はその様子を次のように記す。

十八日より廿二日に到るまで、山内の小袋坂・極楽寺の切通以下鎌倉中の口々、合戦の鬨《とき》の声・矢叫び・人馬の足音暫《しば》しも止む時なし。さしも人の敬ひなつき富貴栄花なりし事、おそらくは上代にも有りがたくみえしかども、楽尽きて悲来る習ひ、遁れがたくして、相摸守高時禅門、元弘三年五月廿二日葛西谷《かさいがやつ》において自害しける事、悲しむべくも余りあり。一類も同じく数百人自害するこそあはれなれ。

滅んだのは得宗統率下の北条一門であり、その数は「七百余人同時に滅亡す」とも記されている。さらに二十五日には鎮西探題も少弐貞経《しょうにさだつね》や豊後の大友貞宗《おおともさだむね》、南九州の島津貞久《しまづさだひさ》らに攻められ、北条英時《ひでとき》が自刃して滅亡するのだが、その倒幕勢力の中心をなしたのは得宗の北条貞時から一字を得ていた有力御家人であった。

これより前の五月十日、高氏は京に開設していた奉行所で武士の着到《ちゃくとう》を受け付けており、各地に殺生禁断の禁制を与えるなど、早くも新たな武家政権に向けて動いていた。五月十三日には護良親王が入京して征夷大将軍の令旨と称して活動し始めていた。

そうしたなかを後醍醐天皇が六月五日に楠木正成や名和長年らを従えて東寺に入り、これにより天下一統がなったと『梅松論』は次のように記している。

正成・長年以下供奉の武士その数しらず。宝祚《ほうそ》は二条内裏なり。保元・平治・治承より以来、武家の沙汰として政務をほしいままにせしかども、元弘三年の今は天下一統に成りしこそめづらしけれ。

翌日に二条富小路の内裏に入った後醍醐は、光厳天皇の在位を廃し、正慶の元号を否定、自身の在位と元弘の年号を使用して、鷹司冬教《たかつかさふゆのり》の関白職を解き、倒幕に功のあった高氏を治部卿《じぶきょう》・鎮守府将軍《ちんじゅふしょうぐん》に、弟の直義《ただよし》を左馬頭《さまのかみ》に任じた。

こうして新政権は摂政関白を停止し、知行国制を廃しての太政官制に基づく律令体制復活の道へと進んだ。「今の例は昔の新儀なり。朕が新儀は未来の先例たり」という意気込みで、親政を積極的に行ったのであり、天皇自らが年中行事書『建武年中行事』を著している。

三　建武政権と武家政権

建武政権の誕生

天皇は元弘三年（一三三三）六月七日には旧領を安堵する綸旨を発給したが、護良親王が征夷大将軍の令旨と称し、武士たちの所領の回復に動いていたことから、六月十五日には綸旨に基づかない濫妨《らんぼう》行為を停止する宣旨を出している。

様々な手を打っていても、王朝の政治機構の変質は久しく、天皇の考え通りに政策は機能しなくなっていた。すべてを後醍醐個人が勅断するシステムに本来的に無理があった。七月二十五日には諸国に宣旨を出して、「士卒民庶当時知行の地」を安堵する諸国一同安堵法《しょこくいちどうあんどのほう》によって混乱に対応したが、安堵や新恩の給与を謳っても、旧領を回復させれば新恩地が少なくなり、新恩を与えれば旧領回復を願う要求にこたえられないという矛盾があった。

元弘四年正月に改元され建武元年になったので、新政権を建武政権と呼ぶが、この年号は後漢の光武帝が漢を再興した時のもので、武のつく年号は不吉であるという反対を押し切って選ばれた。法令も次々に発した。徳政令を出して土地を本主に取り戻すことを認め、銅銭や紙幣を発行し、大内裏の造営へと動き、その費用の調達のため地頭・名主に二十分の一の課役をかけた。

登用したのは、万里小路宣房・吉田定房・北畠親房の「後《のち》の三房《さんぼう》」と称された房の名のつく親政時からの重臣たちや、結城親光《ちかみつ》・名和長年・楠木正成・千種忠顕の「三木一草《さんぼくいっそう》」と称される寵臣であり、八省の長官に大臣クラスの公卿を据え、国司の下に守護を置いて地方の支配を行わせる新たな試みも行った。

雑訴決断所《ざっそけつだんしょ》を置いて、幕府の引付に倣って訴訟を担当させ、記録所や侍所、武者所などの機関を設置し、幕府に仕えている奉行人などを登用したのだが、「器用ノ堪否《かんぷ》沙汰モナク モルル人ナキ決断所」と称されたように、寄せ集めの人員であり、関係者の多くに行政能力がなく、うまく機能しなかった。『梅松論』はこの間の事情を次のように記している。

近臣、臨時に内奏《ないそう》を経て非義を申し行ふ間、綸言朝に変じ暮に改りし程に、諸人の浮沈掌《たなごころ》を返すが如し。（中略）天下一同の法をもて安堵の綸旨を下さると雖も、所帯を召さる輩、恨みを含む時分、公家に口ずさみあり、尊氏なしといふ詞を好みつかひける。

性急な改革や恩賞の不公平、朝令暮改を繰り返す法令と政策などによって、広範な勢力に不満が起きたという。倒幕勢力の処遇については、足利高氏に後醍醐の名の尊仁の尊の一字を与えて名を尊氏と改めさせ、北条氏の没収所領や武蔵・常陸・下総国などを与えたのだが、政権の主要機関に尊氏の名がなかったので、「尊氏なし」と噂されたという。

楠木正成に摂津・河内国を、名和長年に因幡・伯耆国を与え、新田義貞には上野・越後・播磨国を与えるなど、新田一族を武者所に起用するいっぽう、貴族出身の千種忠顕を参議に処遇し、雑訴決断所の職員となした。

問題は地域の支配にあった。多くは国司に貴族、守護に武士を任じたように、守護も置かなければならなかった。十月には参議中将の北畠顕家《あきいえ》の補佐を得て義良《のりよし》親王を陸奥に下した。「公家スデニ一統しぬ、文武の道二つあるべからす」と、武を兼ね朝廷を護るように伝えたので、顕家は父親房とともに下ったという。これにより奥州の武士たちの多くがなびいたことから、尊氏が要請して十二月には成良《なりよし》親王を奉じて足利直義を鎌倉に下させたので、それぞれに将軍府が形成され地域支配を担うことになった。天皇の分身として皇子が下ったのである。

だが、翌建武元年(一三三四)に倒幕の立役者の一人である護良親王の処遇が問題となり、これと対立していた尊氏が、親王が追討令旨を発している、と天皇に訴えたことから、天皇は十月に親王を捕らえ、武者所に拘引した後、鎌倉の直義のもとに送り、さらに親王とともにあった赤松円心の播磨守護職を解任した。

政権の混迷

混迷する情勢にあって人々は綸旨を得るべく努力した。旧領回復のため、新恩を得るために、都を目指した武士たちは手探りで動いたが、そうした動きを『太平記』は「諸国の軍勢、軍忠の支証を立て、申状を捧げて、恩賞を望む輩、何千万と云ふ数も知らず、実に忠有る者は、功を恃《たの》んで諛《へつら》はず、忠無き者は、媚を奥竈に求めて、上聞を掠め」と記している。
武士たちは合戦での軍功を記して、合戦の大将からの証判を得た「支証」（軍忠状）を提出して、恩賞を請求したことから、今にその軍忠状が数多く残されている。遅れをとれば、いつ我が所領を取られてしまうかも知れない状況が生じていたのである。
そうした建武政権下で起こった多くの混乱について、皮肉ったのが二条の内裏の前の河原に掲げられた『二条河原落書《にじょうがわらのらくしょ》』である。「天下一統メズラシヤ　御代ニ生テサマザマノ　事ヲミキクゾ不思議ナル　京童ノ口ズサミ　十分ノ一ヲモラスナリ」と、天下一統の御代の不思議を記した京童の口遊の体裁をとって、次のように世相を語る。

此頃都ニハヤル物　夜討　強盗　謀《にせ》綸旨
召人　早馬　虚騒動《そらそうどう》　生頸《なまくび》　還俗　自由出家

戦乱の都では夜討や強盗、綸旨を騙っての行動が広がり、それにともない起きたのが召人や早馬、虚騒動などのドタバタ劇、このため都には生頸が転がり、僧が俗人になり、勝手に俗人が僧になる動きが生まれた、という。こうした状況をもたらした人々の右往左往を次のようにあげる。

俄大名　迷者　安堵　恩賞　虚軍《そらいくさ》

本領ハナル、訴訟人　文書入タル細葛《ほそつづら》
追従《ついしょう》　讒人《ざんにん》　禅律僧　下克上スル成出者《なりでもの》

成りあがりの大名や路頭に迷う者たちが、安堵や恩賞を求め、ありもしない合戦があったといい、本領をとられた訴訟人たちが、文書を入れた細葛を背負って上洛し、貴人に追従し、人を讒言し、禅律の僧を頼んで、訴訟がうまく届くよう働きかけるなど、都には下克上を企てる者たちが満ちている、という。彼らが「キツケヌ冠上ノキヌ　持モナラハヌ笏《しゃく》持テ　内裏マシワリ珍シヤ」と、内裏の周辺を徘徊して訴えると、これを聞いた「賢者カホナル伝奏」が、「我モ我モトミユレトモ　巧ナリケル詐《いつわり》ハ　ヲロカナルニヤヲトルラム」と、我こそはうまく天皇に取次ぐと言う、偽りを見抜けずに走り回っているのは愚者にも劣るという。

こうした都での混乱する情勢もあって、各地で北条一門の反乱が起きた。北九州や越後、紀伊など北条一門が守護となっていた地域での反乱はすぐ鎮圧されたが、建武二年（一三三六）六月には関東申次の家職を継承していた西園寺公宗《きんむね》が、後伏見院の擁立を企んでいる、という弟公重《きんしげ》の密告で捕えられた。北条高時の弟泰家が京で兵をあげ、高時の遺児時行《ときゆき》が信濃で兵をあげる計画であったといわれ、翌七月にその時行が政権に不満を抱く武士たちを糾合して挙兵したことから、公宗は八月に誅殺されてしまった。

しかし信濃で兵を挙げた時行は、鎌倉を守る足利直義軍を武蔵の女影原、小手指原、府中などで撃破し鎌倉を落とす勢いから、直義は薬師堂谷《やくしどうがやつ》の御所にあった護良親王を殺害し、鎌倉を出て東海道を三河の矢作《やはぎ》まで逃れた。三河は足利氏が鎌倉幕府の守護となって以来の根拠地である。

武家政権の樹立へ

都にあった尊氏は、弟の窮地に後醍醐天皇に征夷大将軍の官職を望むも許されず、八月二日に天皇の許しを得ずに関東へ下る。こうして「京都・鎌倉の両大将」軍が合体し、遠江の橋本、駿河国府、伊豆の国府、箱根、相模川、辻堂などで連戦連勝の上、鎌倉を奪回して乱を鎮圧した。これを中先代《なかせんだい》の乱というが、先代の北条と当代の足利との中間にあることによる。

尊氏は乱の鎮圧に付き従ってきた武士たちに恩賞を与え、先代に従っていて降参してきた武士の罪を許した。後醍醐天皇から派遣された勅使が、尊氏の鎮圧を称えるとともに、恩賞は綸旨によって行なうのですぐ上洛するように伝えたことから、尊氏は上洛を考えたのだが、「下御所《しもごしょ》」直義の諫めにより鎌倉に留まった。独自に恩賞を与え、京都からの上洛の命令も拒むなど、武家政権再興の動きを見せはじめたのである。

さらに新田義貞が、尊氏を討つために下って来るという風聞から、義貞の上野の守護職を没収して上杉憲房に与えたことから、同じく源義家の子義国の流れを引く足利・新田の間の争いとなった。十一月、尊氏は新田義貞の討伐を天皇に要請してくると、義貞がこれに反論して、天皇は義貞に尊良親王をともなわせて尊氏討伐を命じ、さらに奥州の北畠顕家に南下を促した。

この事態に尊氏は隠居を宣言して、鎌倉の浄光明寺《じょうこうみょうじ》に引きこもったが、家人の高師泰《こうのもろやす》や弟の直義が三河や遠江・駿河の各地での合戦に敗れてしまい、劣勢となったことから、直義が死ねば自分が生きていても無益と、天皇に叛旗を翻すことを決意し、十二月に尊氏は新田軍を足柄の竹ノ下の戦いと箱根の戦いで破って、京都に進軍を開始した。

建武三年（一三三六）正月に入京を果たし、洞院公賢《きんかた》邸に入ったところ、多くの武士が集結し、後醍醐天皇は比叡山に退いた。しかし奥州から上洛した北畠顕家と楠木正成・新田義貞らの攻勢に晒された尊氏は、糺河原《ただすがわら》の合戦などで敗れて篠村八幡宮に撤退し、そこから京都奪還を図るとともに建武政権に没収された武士の所領を回復させる元弘以来没収地返付令を出した。

ところが二月十一日の摂津の豊島河原《としまがわら》の戦いで新田軍に大敗を喫し、兵庫から播磨の室津《むろつ》に退いた。ここで赤松円心の進言で京都を放棄し、九州へと下ることになった。円心は播磨の守護職を解任されたこともあって尊氏に同心していた。西下した尊氏は長門国の赤間関《あかまがせき》で少弐頼尚《よりひさ》に迎えられ、筑前国宗像《むなかた》大社の宗像氏範《うじのり》の支援を受けると、宗像大社参拝後の三月初旬、筑前多々良浜《たたらはま》の戦いで菊池武敏《たけとし》らを破り、大友貞順《さだより》ら天皇方勢力を圧倒して勢力を立て直した。

こうして西国の武士を急速に傘下に収めて東上し、五月二十五日の摂津の湊川の戦いで楠木正成の軍を破り、新田義貞を西宮に追撃した。この報を聞いた天皇は二十七日に山門に逃れ、尊氏軍は清水八幡に陣を取って、光厳上皇とその弟豊仁《とよひと》親王を迎えて十四日に京都に入ったのである。

このような尊氏の成功には、関東から上洛する際に広く軍事動員をかけていたこと、敗走の途中で軍議を開いて中国・四国に守護・大将を配置するなど、尊氏自らが東奔西走して軍勢をかき集めたこと、備後の鞆《とも》に光厳上皇の院宣を醍醐寺三宝院の賢俊《けんしゅん》がもたらしたことなどが大きかった。

こうして八月に豊仁が践祚して（光明《こうみょう》天皇）、元弘以来の没収地を大社寺に返付するなど武家政権としての政策が開始されていったが、山門にあった後醍醐と尊氏軍との攻防は続き、名和長年や千種忠顕が討死にする。しかしここで尊氏に遁世願望が頭をもたげ、八月十七日に「この世は夢であるから遁世したい。信心を私に欲しい。今生の果報はすべて直義に賜り、直義が安寧に過ごせることを願う」という趣旨の願文を清水寺に納めている。尊氏には今後についての迷いがあり、政務を直義に委ねたのである。

建武式目の制定

尊良親王・恒良《つねよし》親王を新田義貞が奉じて北陸に向かうなか、足利尊氏は比叡山に逃れていた後醍醐に和議を申し入れ、その和議に応じた後醍醐が、皇子の成良親王を皇太子に立てることで、十一月二日に光厳上皇の弟光明天皇に三種の神器を譲った。

その直後の十一月七日、武家政権は『建武式目』を定めたが、この式目は、幕府の進むべき方向についての諮問があって、それに識者が答える形をとっている。最初が「鎌倉元の如く柳営《りゅうえい》たるべきか、他所たるべきか否かの事」という諮問である。政権の所在地を鎌倉にするか、京都にするかについて、どうすべきかを求めたもので、これに対する答申は、鎌倉は武家において「吉土」であるとしつつも、諸人が遷そうということであれば、衆人の心にしたがうべきであると、はっきりした答えを保留している。

続いて「政道の事」に関しての諮問であって、その十七条という条数は聖徳太子の十七条の憲法を意識してのものであり、そこに新たな政治を担う意欲がうかがえる。答申の基本をなす精神は「先ず武家全盛の跡を遂ひ、尤も善政を施さるべし。然らば宿老・評定衆・公人などの済々たり」と、鎌倉幕府体制の継続にあった。

最初の五か条は、「倹約」の奨励、群飲佚遊の停止、狼籍の鎮圧、私宅点定《てんじょう》の停止、京中空地の本主への返還などからなり、『二条河原落書』が「町ゴトニ立篝屋ハ　荒涼五間板三枚　幕引マワス役所鞆《ども》　其数シラズ満々リ　諸人ノ敷地不定　半作ノ家是多シ　去年火災ノ空地共　クソ福ニコソナリニケレ　適《たまたま》ノコル家々ハ　点定セラレテ置去ヌ」と指摘したような京の混乱の立て直しを具申している。

次の第六条の無尽銭《むじんせん》・土倉の興行と、第七条の諸国守護人に政務に器用の仁を登用することの二か条は、武家の経済と政治の在り方を示している。第八条から第十五条までは、権貴の人や女性・禅律僧などの口入を停止し、公人の緩怠を誡め、賄賂を停止し、殿中では進物を返却させ、近習を撰び、礼節を重視し、廉義の者を優賞するべきことなど、建武政権に対して向けられた多くの批判を踏まえた、あるべき政治倫理を示している。

そして最後の三か条では、貧弱の輩の訴訟を聞き、寺社の訴訟は必要に応じて取り上げ、訴訟の式日や時刻を定めるなど、訴訟に関して定めている。これらを答申した奉行人のうち四人は建武政権の雑訴決断所のメンバーであるが、幕府に仕えていた奉行人や儒者もおり、旧来の武家秩序の下で政治を行おうとしたものである。

その基本的な考え方は、「義時・泰時父子の行状を以て近代の師となし、殊には万人帰仰の政道を施さるれば、四海安全の基たるべきか」と記されており、「太守方《たいしゅかた》」と称されていた足利直義の立場に沿った政治方針であれば、式目は直義主導で定められたのであろう。

こうしたなかで、後醍醐天皇は幽閉されていた花山院を脱出し、京を出て吉野に逃れていった。かつて壬申《じんしん》の乱で吉野にあって兵を起こした天武天皇の例にならったものであり、この地は山深くはあるが四方に道が開かれ、海路をゆけば遠く東国や鎮西につながっていた。後醍醐は光明天皇に譲った三種の神器が偽物であると称し、朝廷（南朝）を樹立すると、懐良《かねよし》親王を征西将軍に任じて九州へ、宗良《むねよし》親王を東国へ、義良親王を奥州へと、各地に皇子を下して北朝方に対抗したので、北朝と南朝とが並立する南北朝時代の始まりとなった。

こうなれば武家政権を鎌倉に置くのはもはや不可能となり、京都に置かれることになった。畿内近国で旗揚げした尊氏に従ってきた御家人・武士の多くも、旧来の武家政権を必ずしも望んでいなかった。鎌倉には尊氏の子義詮があって関東を支配し、南朝方に対抗することになった。

『保暦間記』と『梅松論』

この時期の歴史を記す歴史書に『保暦間記』があり、保元元年（一一五六）の保元の乱に始まって、暦応《りゃくおう》二年（一三三九）の後醍醐天皇の死までを描くが、そのうち保元から承久までの記事は、『保元物語』『平治物語』『承久記』などの軍記物からの引用に基づいて戦乱の経過を追っている。続いては鎌倉幕府の政治を中心に描き、後醍醐天皇の代からは後醍醐が中心になり、やがて後醍醐が隠岐に流され旗揚げするところから、次のように尊氏が登場し、尊氏中心となる。

東国より上る武士の中、源高氏と云人あり。右大将頼朝曾祖父義家朝臣子に義国後胤也。昔よりさるべき勇士也ければ、国の護とも成べき仁体也。

後醍醐からの挙兵の勧めを受けた尊氏は、「頼朝の跡」を興し「国の静謐」を思って諒承したという。「護国」の家職、将軍の家職を継承する存在として、尊氏を位置づけており、その活動を描いた後、朝恩に驕って亡くなった人々や、讒臣の言に乗って動くなか亡くなった後醍醐天皇の菩提を祈って記事を終える。

尊氏を中心に将軍家の家職を記すなかで、「征夷将軍には左兵衛佐源尊氏、武家の執権は武蔵守高階師直、如此成て天下の事を行けり」と、足利家の執事の高師直《もろなお》を武家の「執権」として高く評価して描いているのが特徴的である。

これに対して『梅松論』は、足利氏の立場に沿って描き、直義には多く触れている。北野の神宮寺毘沙門堂に集まった人々に老僧が語る形式をとり、足利将軍の家職の繁栄を『歴史物語』として語るもので、「梅松」という名は、足利将軍の栄華を梅に、子孫の長久を松に譬《たと》えてのものという。

承久の乱後に二位政子が朝廷から将軍を迎え、北条時政の子孫が執権として関東で天下を沙汰するに至ったことから語り始め、将軍については日本武尊《やまとたけるのみこと》に始まるとして、その代々を記し、時政の子孫が将軍の後見として政務を申し行ってきたが、「関東の無道なる沙汰」が積もるなか、後醍醐天皇が退位を迫られたことに逆鱗して、都を逃れてから戦乱が始まったとしている。

天皇が隠岐に移され、やがて倒幕に動くなか、「早馬関東へ馳せ下る間、当将軍尊氏重て討手として御上洛、御入洛は同四月下旬なり」と、尊氏が登場して以後、尊氏の動きを中心に合戦の経過が記されてゆくが、尊氏とともによく描かれているのが弟直義である。「直義朝臣、太守として鎌倉に御座有ければ、東国の輩、是に帰服して京都に応ぜざりし」とその存在を高く評価し、直義を「下御所」と称し、尊氏・直義を「両大将」「両将」と称して、この「両御所」の働きによって戦乱が鎮まったとして、次のように語る。

今は諸国の怨敵、或は降参し、或は誅伐せられし間、将軍の威風四海の逆浪を平げ、干戈といふも聞えず。

『梅松論』は直義が尊氏を補佐したと力説しており、最後の記事では禅僧の夢窓国師《むそうこくし》が「両将の御徳」を称美し、「三条殿」直義が諸国に安国寺《あんこくじ》を建立、利生塔《りしょうとう》を造立したことや、政道を尊氏から譲られたのに辞退したことなどを称えていた、と記している。夢窓は後醍醐天皇に召されて、天皇に受衣して弟子となし、改めて臨川寺の開山となって勅願寺とされて、国師の称号をあたえられたが、尊氏・直義の帰依も受けていて、直義の仏教の質問に答えた『夢中問答集』を著している。

二つの歴史書の違いは、鎌倉幕府が執権・評定の系列と得宗・御内の系列に分立していたそれを引き継いだところにある。暦応元年（一三三八）八月に尊氏が征夷大将軍に任じられ、その幕府において師直が将軍家の家務を握って政所・侍所の頭人となり、直義が政務を握って評定を主催、引付を主導することになったが、その分立が解消されないままに、政局は推移してゆくことになる。

四　動乱期の職能

南北朝の動乱

吉野に拠点を置いた南朝では、新田義貞の拠っていた越前の金崎城《かねがさき》が攻められて陥落するなど劣勢が続いた。延元《えんげん》三年（一三三八）七月に義貞が藤島の戦いで敗れて亡くなり、北畠顕家は奥州から義良親王を奉じて西上したが、五月に和泉の堺・石津の戦いで敗死した。

南朝方の劣勢を覆せぬままに後醍醐天皇は病に倒れ、延元四年（暦応二〈一三三九〉）八月十五日に、吉野に戻っていた義良親王（後村上天皇《ごむらかみ》）に譲位すると、その翌日、吉野金輪王寺《こんりんのうじ》で朝敵討滅・京都奪回を遺言して亡くなった。

後村上天皇は摂津国の住吉行宮《あんぐう》において住吉大社の宮司津守《つもり》氏の荘厳浄土寺《しょうごんじょうどじ》で後醍醐天皇供養の大法要を行い、尊氏は夢窓国師の勧めで後醍醐天皇を弔うため天龍寺を造営した。後醍醐天皇の物語としての『太平記』はここで終わるのだが、以後も続編が編まれてゆき、戦乱が一段落する応安《おうあん》の頃まで書き継がれた。

なお南朝の正統性を訴え、その由緒や根源を記したのが、延元三年に再度東国に下って転戦するなか、北畠親房の書き上げた『神皇正統記《じんのうしょうとうき》』である。親房は自らの家を「代々和漢の稽古をわざとして、朝端につかへ政務にまじはる道」を学んできた家職であると捉え、日本の歴史について次のように神国であると定義して綴っている。

大日本は神国なり。天祖はじめて基をひらき、日神ながく統を伝へ給ふ。我国のみこの事あり。異朝には其のたぐひなし。この故に神国と云なり。

神代から後村上天皇に至るまでの代々の歴史を描くなか、持明院統の花園天皇についての記事は至って少ないのだが、「第九十五代、後醍醐天皇」については事績を詳細に記し、神代から後醍醐天皇まで万世一系であるとの主張をこめたものとなっている。

幕府では、将軍家の家政を高師直が握って、侍所を通じて御家人や地侍を組織していったのに対し、政務は直義が握って引付制度を整え、裁判の判決は直義が署判を加えた下知状で出している。

北朝の院政では文殿で裁判が行われ、暦応三年（一三四〇）五月には文殿での訴訟に関して雑訴法が制定され、文殿や庭中、越訴、雑訴、検非違使庁の審理の日、奉行の人々が定められるなど、政治は安定化するかに見えた。

康永三年（一三四四）十月、直義が発願して二十七人の連衆による和歌短冊が高野山の金剛三昧院に寄せられているが、これに出詠したのは光明天皇や尊氏・直義を始め、高師直・重茂、細川顕氏・頼春・和氏、渋川貞頼《しぶかわさだより》などの大名、御子左為明《みこひだりためあき》、冷泉為秀《れいぜいためひで》、兼好・頓阿《とんあ》・浄弁《じょうべん》・慶運《けいうん》など二条為世《ためよ》門下の和歌四天王の歌人、二階堂行珍（行朝）・成藤・行春などの評定衆や奉行人らであった。この短冊の紙背には尊氏・直義・夢窓疎石の三人が写経していて、幕府内の融和を祈念したものであった。

しかし貞和《じょうわ》四年（一三四八）頃から、直義と師直との対立が表面化し、直義派と反直義派に二分する観応《かんのう》の擾乱《じょうらん》へと発展してゆくが、対立の要因は勢力を伸ばした守護・大名の動きにあって、吉野の南朝方勢力もこの混乱に乗じて勢力を強めた。

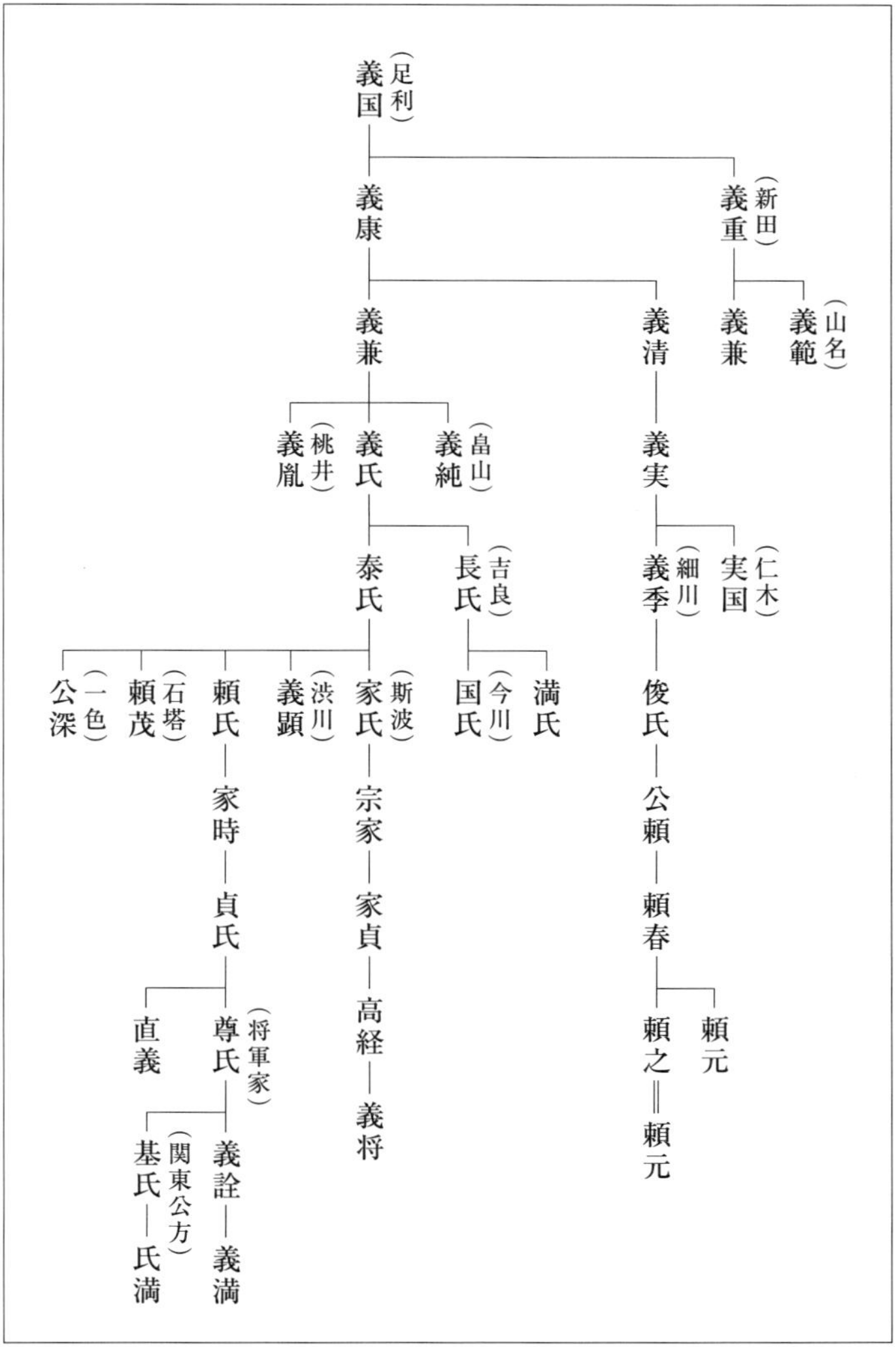
（足利）義国
（新田）義重
義康
義兼
義清
義兼
（山名）義範
（桃井）義胤
義氏
（畠山）義純
義実
泰氏
（吉良）長氏
（細川）義季
（仁木）実国
（一色）公深
（石塔）頼茂
頼氏
（渋川）義顕
（斯波）家氏
（今川）国氏
満氏
俊氏
家時
宗家
公頼
貞氏
家貞
頼春
直義
（将軍家）尊氏
高経
頼之
頼元
義将
頼元
（関東公方）基氏
義詮
氏満
義満

【足利氏一門系図】

守護・大名の分国支配

『建武式目』は、鎌倉幕府と同様に守護には政務に有能な者を選ぶ方針を出していたが、そうはゆかなくなっていた。建武五年（一三三八）閏五月の「諸国守護人の事」と題する法令は、守護が所々の地頭職を管領して軍士に預け置き、家人に宛てがい、また寺社本所領を押し妨げているとして、その非法の停止を命じている。

幕府は当初、九州に下った尊氏が上洛に際して、功のあった島津や大友・少弐・大内・武田氏など旧来の守護・豪族を九州や中国地域の守護に任じ、畿内周辺においては倒幕にあたった赤松・佐々木・土岐氏を、東国では小笠原・小山・佐竹・千葉氏を守護に任じるなど、旧来の勢力の結集をはかっていた。

だが、争乱が広がるなか、拠点の国々には足利一門が配されていった。新田義貞の逃れた北陸道には、越前に斯波《しば》氏、能登・越中に吉見《よしみ》氏、越後に高氏が配され、東海道では伊勢に仁木《にき》氏、三河・武蔵に高氏、遠江・駿河に今川氏が配され、畿内近国では河内に細川、和泉・伊勢・紀伊に畠山氏、伊賀に仁木氏が、四国の阿波・讃岐・土佐には細川氏が配されるといった具合である。

それとともに暦応三年（一三四〇）の法令は、武家の被官や甲乙人が幕府の判決に背いて、守護の使者に合戦や狼藉を行うのを禁じており、さらに貞和二年（一三四六）には、彼らが戦闘を仕掛け、防戦と称して戦闘を起こすのを禁じるなど、守護を保護するように変化している。

こうしたなかで幕府内に対立が起きた。貞和五年（一三四九）に直義の訴えを受けた尊氏が師直の執事職を解任したところ、師直とその兄弟の師泰が直義を襲撃し、直義が逃げ込んだ尊氏邸を大軍が包囲し、直義の罷免を求める事件が起きたのである（観応の擾乱）。これにより直義は出家して政務から退くことを条件に和睦が成立し、鎌倉から尊氏の子義詮が上洛した。

翌観応元年（一三五〇）、長門探題として下っていた直義の養子（尊氏の実子）直冬《ただふゆ》を尊氏が討ったため、中国地方に遠征したその留守を機に、直義は京都を脱出し、師直討伐を掲げて南朝に降り、正《しょう》平《へい》六年（観応二年〈一三五一〉）に播磨光明寺《こうみょうじ》城や摂津打出浜《うちでは ま》で尊氏方を破って、高師直・師泰は二月二十六日に直義派の上杉能憲《よしのり》によって殺害されてしまう。

これにより直義が政務に復帰し、直冬が鎮西探題となったが、今度は尊氏・義詮が出陣と称して南朝方に降ったことから、南北朝の正平一統が成立し、新たに南朝から直義追討令が出された。このため直義は三月一日に京都を脱出、北陸道を経て、鎌倉を拠点として反尊氏勢力を糾合したのだが、尊氏に敗れ、鎌倉の浄妙寺《じょうみょうじ》境内の延福寺《えんぷくじ》に幽閉され、文和《ぶんな》元年（一三五二）二月に亡くなる。

こうして観応の擾乱は直義の死をもって終わったが、その間に足利一門が諸国の守護となって勢力を拡大し、直義派の武士の抵抗は直冬を盟主に中国地方を中心にしてなお続いた。

守護・大名の家職と行動

守護・大名の動き、とりわけ足利一門の動きをよく伝えるのが『梅松論』である。尊氏が挙兵に動いたのは一族の上杉重能と細川和氏が倒幕の綸旨を賜ったことに始まる、と記し、その後も細川氏の動きについて詳しく語ってゆく。

鎌倉幕府追討のために尊氏から鎌倉に派遣された細川和氏・頼春・師氏《もろうじ》の三兄弟が新田義貞の独走を戒めたとし、尊氏が鎌倉で隠居を宣言し浄光明寺に引きこもった時には細川頼春らが供をしたと記す。入京をめぐっての戦いでは、細川卿公定禅《きょうのきみじょうぜん》が大将となって新田方を破り、京中での合戦では「細川の人々」が大いに戦ったことから、兵部少輔顕氏が尊氏から錦の直垂《ひたたれ》を贈られ、卿公定禅は「鬼神」のように思われたという。

ほかにも『梅松論』は細川氏の動きについて他の足利一門にはない「細川の人々」という表現で記し、後世の加筆も多いが、細川家の家職の物語といった側面があったことがわかる。ただ尊氏挙兵からの動きを記していても、それ以前についてはほとんど触れていない。これに対し細川氏など足利一門総体の動きについて触れているのが、今川了俊《りょうしゅん》の『難太平記《なんたいへいき》』であり、これは今川氏の歴史を綴って子孫への訓戒とした書である。最初に了俊の父範国《のりくに》が語ったこととして記してゆく。そのなかで興味深いのが、源氏一門の山名時氏《ときうじ》が語ったという次の言葉である。


我、建武以来は当御代の御かげにて人となりぬれば、元弘以往はただ民百姓のごとくにて、上野の山名といふ所より出侍りしかば、渡世の悲しさも身の程も知りにき。又は軍の難儀をも思ひ知りにき。されば此の御代の御影の忝《かたじけな》き事をも知り、このように尊氏が旗揚げするまではただ民百姓のごとき存在であったのだ、と時氏が語っていたというが、了俊はこれに反論しておらず、その通りであったのだろう。その上で八幡殿源義家からの系譜を語ってゆく。義国・義康・義包・義氏・泰氏・頼氏と続く流れから「御当家」足利家が生まれ、今川の先祖は義氏の子長氏・国氏の流れにあることを語りつつ、足利一門の分流について触れ、今川氏の活躍について触れている。足利一門の守護の家が尊氏の挙兵とともにあったことがよく示されている。

細川氏や今川氏など足利一門とは対照的な存在が、将軍家の家政を握った高師直・師泰兄弟である。暦応元年（一三三八）五月に和泉の石津の合戦で北畠顕家を敗死させた師泰は、河内・和泉の守護になると、法に背いて自らの権限で河内の掃部寮《かもんりょう》領大庭《おおば》を兵粮料所に設定し部下に給付している。貞和四年（一三四八）には、師直が河内四条畷《しじょうなわて》の合戦に際して白旗一揆、大旗一揆、小旗一揆など中小の武士の一揆を動員し、楠木正成の子正行《まさつら》を自刃させ、吉野に乱入して皇居を焼き払っている。旧来の権威を無視する行動とその言動を『太平記』はいささか誇張的に伝えている。家人が御恩として得た所領がいかにも少ないと嘆くと、どうして狭いと嘆くのか、隣接して寺社本所領があるではないか、境界を越えて獲ればよい、と応えたという。

合戦の広がり

戦乱が長引いた一因は、武士たちの動揺が収まらなかったことにもあった。軍勢の催促が来てそれに従ったものの、軍功をあげても恩賞が得られるかどうかわからないなかでの合戦である。

信濃の市河《いちかわ》氏は鎌倉幕府を攻める軍勢の中にあって、着到状を新田義貞に六月七日に提出してその証判を得ていたが、二十九日には足利尊氏の奉行所にも着到状を出し、その証判をも得ていた。情勢が見えないなか、とにかく戦場にかけつけはしても、当初は兵粮米が自弁でいつ死ぬかもしれなかったから大変だった。

武蔵の高幡《たかはた》不動尊の胎内に納められていた文書からは、山内経之《やまうちつねゆき》という武士が常陸で暦応二年（一三三九）から高師冬に従軍していた時の苦しい状況がうかがえる。鎌倉から常陸に赴く時は在家を売って銭貨や小袖を用立てることを妻に求めており、関戸の観音堂の住職には「ひやうらまい」（兵粮米）を都合してほしい、と頼んでいる。

備後の小早川氏の惣領である沼田家の備後守貞平《さだひら》は、在京人として六波羅探題とともに足利軍と戦った末に近江の番場宿にまで落ちたが、漸くそこを逃れて帰国したところ、本領の沼田荘を没収される憂き目にあった。その庶子家である竹原景宗《かげむね》は所領の都宇《つう》竹原荘を鎌倉幕府に没収されていて復活がならないなか、足利方に逸早く付いて本領を回復したばかりか、安芸の大将に任じられる厚遇を受け、明暗が分かれた。各地の武士たちは様々な誘いにどう動くべきか、去就に戸惑いつつ合戦は絶えることなく続いた。

同じ一族でも戦うことが多かった。建武三年（一三三六）正月の京の賀茂河原での戦いにおいて、『梅松論』は結城一族の動きを「敵の上野入道《こうずけにゅうどう》（結城宗広《むねひろ》）も、御方の小山・結城も、ともに一族なりしほどに、たがひに名乗りあひて戦ひし間、討死両方百余人、敵も御方も同家の文なれば」と記し、一族は双方に討死者が多数でたので、以後は家紋に違いをつけて同士討ちをしないようにしたという。

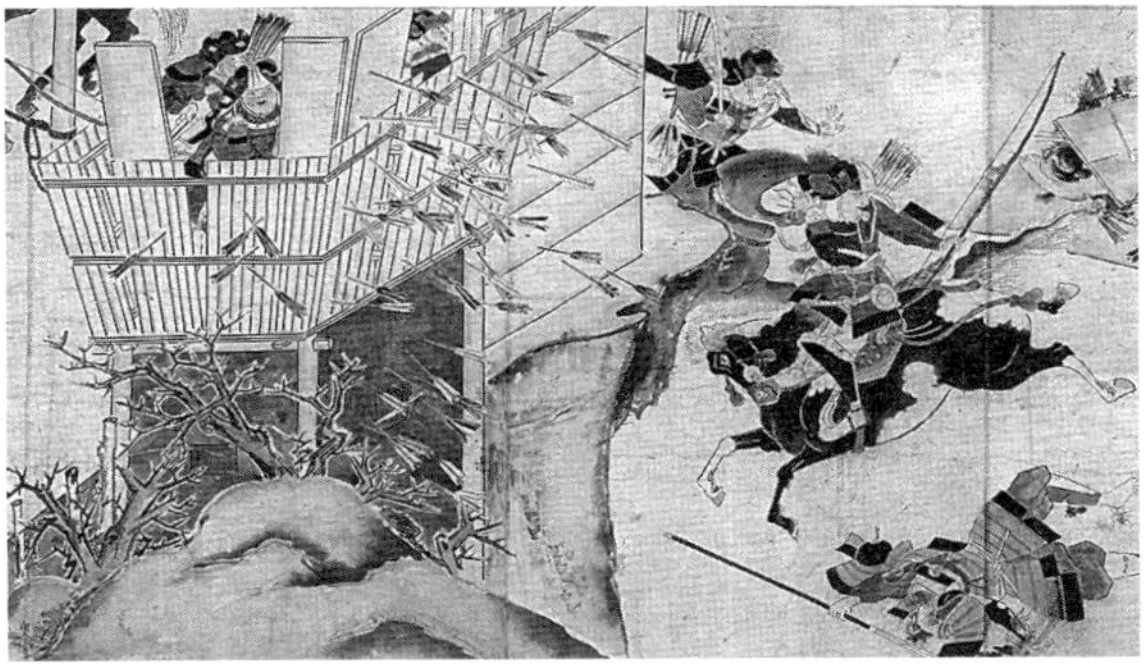

『後三年合戦絵巻』（国立国会図書館蔵）より

戦乱が続くなか、武士たちは改めて我が所領の支配を固めてゆくようになった。備後地毘《じび》荘の地頭山内首藤《やまのうちすどう》氏一族は、元弘の乱以来、一族同心して将軍家に仕えて恩賞に預ってきたが、貞和六年（一三五〇）から尊氏・直義の不和により、「宮方」（南朝方）、将軍家（尊氏）、「錦小路殿方」（直義）に分かれて争うなか、一揆を結んで「御方」（直義）に軍忠を捧げることを契約している。

紀伊国の東北部の紀ノ川流域の隅田《すだ》荘を基盤とした隅田氏は、北条氏の被官となっていたことから、幕府滅亡とともに滅んだものの、一部は残っていて、正平十年（一三五五）に隅田了覚《りょうかく》や覚明《かくめい》など一族二十三名が連署して、荘園の鎮守である隅田八幡宮に結集して一揆する起請文を認めている。

合戦の次第については『太平記』がよく記すところだが、合戦の有り様を描く絵巻は少なく、その実相はわからない部分が多い。それでも『笠置寺縁起』は元弘元年（一三三一）の笠置山城の戦いを描いており、後に成立したものではあっても参考に足る。観応二年（一三五一）に亡くなった浄土真宗の本願寺三世で親鸞の孫覚恵《かくえ》の子覚如《かくにょ》の一生を描く『慕帰絵』は、合戦が起きたのと近い時期の製作であり、巻二には三井寺の衆徒が押し寄せ来る軍勢に備える場面を描いている。

諸寺諸山の衆徒

貞和三年（一三四七）に後三年の合戦を描いた『後三年合戦絵詞』が制作されたが、そこに載る合戦の様子は、南北朝期の様相をよく示している。櫓や巌山の上に立てかけられた板塀に向かって矢が射かけられ、多くの矢が突き刺さっている風景などは、後三年の合戦の時期のものとは考えられない。

その序文を記したのは、後醍醐天皇の文談に名を連ね、『建武式目』の制定に関わった権大僧都玄恵であり、山門の「一谷の衆命に応じて大綱の小序を記す」と、山門の大衆の要望により記したという。「朝家に文武の二道あり。互に政理をたすく。山門に顕密の両宗あり。各々護持を致す」と始まり、「清和天皇の御子貞順親王六代の後胤、伊予守源頼義朝臣の嫡男、陸奥守義家朝臣八幡殿と号す」と、義家を紹介してその働きを称え、さらに清和天皇の代から「天下の静謐、海内の安全」はすべて「源氏の威光、山王の擁護」によって治まっている、と記す。清和天皇の代が強調されているのは、貞観年間の天台座主安恵《あんえ》の時に、延暦寺の体制が固まったことによるものである。

この絵巻は十二世紀後半の承安年間に静賢《じょうけん》が後白河法皇の命により作成したことがあって、蓮華王院の宝蔵に納められて供覧に呈されたが、今回は足利将軍家が山門とともに天下を支えているという、山門側の主張がこめられ改めて制作されたのである。

山門のみならず、元弘の乱で蜂起した諸山の衆徒たちの動きも活発であった。高野山の衆徒は院政期に偽作されていた結界絵図や弘法大師御手印縁起文などを提出し、強く訴えた結果、後醍醐天皇によってその主張が全面的に認められ、結界絵図に描かれている境内すべてが高野山領とされた。

高野山内での対立から、頼瑜《らいゆ》が山上から大伝法院《だいでんぽういん》を根来《ねごろ》に鎌倉末期に移転して以来、根来寺は根来の地に根付くようになっていたが、建武三年（一三三六）には足利尊氏から寺領と当知行地を安堵され、翌年には和泉の信達《しのだ》荘の寄進を受けて発展を遂げてゆく。

陸奥の中尊寺の衆徒は、建武元年（一三三四）八月に金堂以下の造立を願う訴状を「一巻の当寺供養願文案」を副えて出し、そのなかで中尊寺について次のように語っている。

　鳥羽皇帝之勅願、鎮護国家之道場、所以者何、堀河天皇御宇、長治二年二月十五日、出羽・陸奥両国大主藤原朝臣清衡造立最初院〈本尊釈迦、多宝並座〉

中尊寺は鳥羽皇帝の勅願の寺院、鎮護国家の道場であり、堀河天皇の時代の長治《ちょうじ》二年（一一〇五）二月十五日に出羽・陸奥両国の大主である藤原清衡が本尊を釈迦、多宝如来とする最初の院を造って以来、様々な院を造営してきたという。

この訴えは建武元年九月六日の陸奥国宣により認められ、武士や甲乙人による濫妨排除の停止が命じられた。その時の国司は建武政権派遣の北畠顕家であり、顕家は鎮守大将軍として供養願文を自ら書写しており、中尊寺はその後も保護されていった。

村人たちの結びつきと開発

合戦によって多大な被害を受けたのが村人である。美濃の大井荘では北畠顕家が上洛を目指した建武四年（一三三七）正月末に戦場となり、軍勢が荘園に押し入って牛馬や米・大豆を運び取ってゆくため、村人たちは一箇所にまとまり守ることにして、力を合わせて警固し、濫妨を防ぐことができたという。守護や国司が在国するようになってからは、軍勢を出せ、兵粮米や馬具を出せと言ってきている、とも荘園領主の東大寺に報告している。

村の結びつきを強めていた人々は新たな動きに出ていた。近江の菅浦の住人は暦応年間には大浦荘の争いから乾元元年（一三〇二）作成したという大浦荘との境相論絵図を提出したが、それには檀那院が領主となっている竹生島《ちくぶじま》が大きく描かれており、偽作の可能性が高い。貞和二年（一三四六）には「ところのおきふミ」（所の置文）を定め、隣接する大浦荘との係争地の売却を禁止することを定め、これに違反した場合は「惣の出仕」を止めることを取り決め、十二人の住民が署判を加えている。

この「惣」は、乙名・中老・若衆等と呼ばれる東・西各十名の二十名によって運営され、年貢の減免要求や年貢の請負などを行ったのであり、その権利獲得や維持のために文書の保管につとめたことから、菅浦が保管してきた膨大な文書は今に伝わっている。

村人の生活を絵に描いているのが『慕帰絵』である。その巻八は覚如が洛北の大原での迎講《むかえこう》の結縁に赴いた際、勝林院《しょうりんいん》を訪ねて休息した時の場面が描いている。本尊の阿弥陀仏が中央にあって、その周辺での山村の人々の生活ぶりが詳しく描かれ、さらに覚如が大原の地に竹林庵を構えて住むことになったので、そこに奉仕する人々も描かれている。

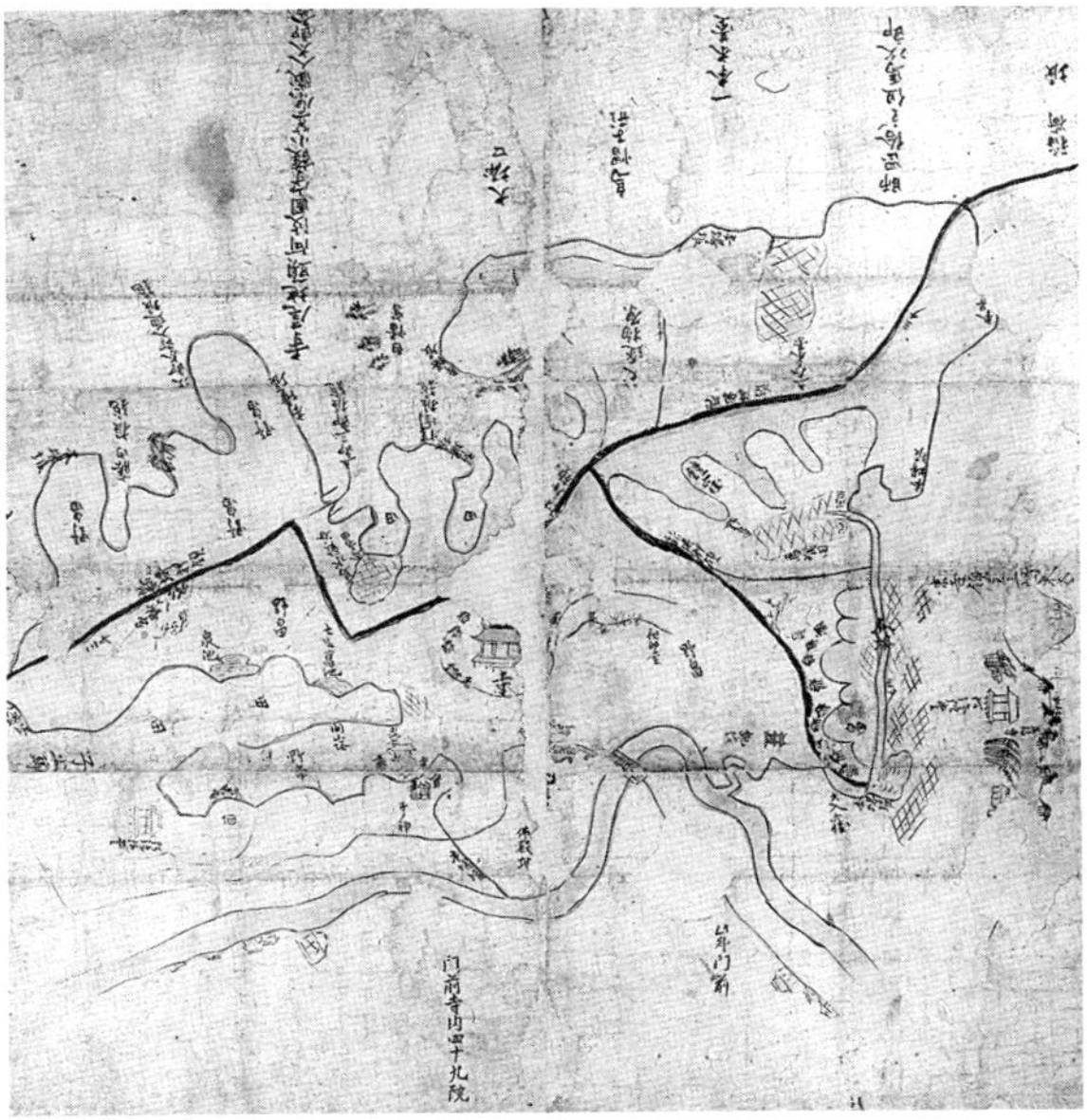

「武蔵国鶴見寺尾郷絵図」（神奈川県立金沢文庫蔵）

東国の村人の動きは「武蔵国鶴見寺尾郷絵図」にうかがえる。松蔭寺に伝わるこの絵図は、裏書に建長寺の「正統庵領鶴□□□図」「建武元　五十二」とあるので、絵の中央に見える「寺」が建長寺正《しょう》統庵《とうあん》の末寺と考えられる。建武元年（一三三四）の裁判によって、かつての堺（「本堺」）に代わって「新堺」が設けられたが、それが押領されたとして、絵図上部の寺尾地頭の「阿波国守護小笠原蔵人太郎（長義）」、右上部の師岡《もろおか》の給主の但馬次郎、右下部の末吉領主の伊豆三島社東大夫らの領地との境界が描かれたのである。

本堺には「本堺堀」「ミゾ」と各所に付されており、堀・溝が本堺をなし、本来の寺領は堀で囲まれ、新堺は「ミチ」（道）だったのであろう。鶴見橋を渡ったところに集落があり、池が散在し野畠が多くあるが、これは村人が溜池を造成して田を広げてきたのであろう。

鶴見郷に隣接する寺尾郷では「馬水飲谷」に「今は田」という表示があり、谷から流れる水を用水として開かれたものとわかる。谷ごとに「田」の表示が見え、「藤内堀籠《ほりごめ》」「次郎太郎入道堀籠」「五郎三郎堀籠」「性円堀籠」などの堀籠があり、谷の湧水が利用され、それを開作した村人の名が付されたのであろう。白幡宮や森に囲まれて阿弥陀堂があり、谷筋には「馬喰田」が存在する。神社や寺院を中心にして郷村を形成し、谷筋ごとに田を開いた村人の名が記されたのである。

鶴見・寺尾・末吉など地域による違いがあって、それぞれに独自な村の広がりとともに、新たに領主が設定されたのであったが、ともに遠方の領主であって郷村は農民たちの手に移っていた。

動乱と有徳人と旅

戦乱によって経済が混乱したことから、困窮を極めたのが荘園からの年貢の納入がままならない公家であった。兼好が仕えた前左大臣洞院公賢の日記『園太暦《えんたいりゃく》』によれば、貞和四年（一三四八）の後伏見院の十三回忌の仏事は、武家の「御訪《おとぶらい》」（援助資金）によって何とか開催できたが、花園院の仏事は専ら武家が行事を取り仕切る始末だったという。

公賢の子実守《さねもり》は、文和二年（一三五三）に大炊御門《おおいみかど》の屋敷を拝領したので修理して住もうと考えたところ、荘園が戦場となったり、年貢が納入されなかったりで、資金がない上に近日の困窮はきわまりなく、一両日の余命もないほどに切迫しているので、屋敷を処分したい、と公賢に願い出ている。公賢は自分の家でも同じ状況であることから認めたのであった。

文和元年十月に公賢の屋敷を訪れた郢曲《えいきょく》の家の綾小路敦有《あやのこうじあつあり》は、万策尽き果てたので美濃の所領に下ると告げて来た。これに公賢は「諸人、この式、不便の事か」と感想を漏らしている。寺社も荘園の維持に悩んでいた。東寺は多くの荘園を抱え、戦乱が起きる前には七十一か所もあったが、そのうち内乱を通じて失われた荘園が三十二か所、一部しか年貢の納入がないのが二十五か所という有様であった。維持した荘園も、守護役か年貢から差し引かれることが多くなっていた。

そうしたなかで力をつけていたのが有徳人である。『建武式目』の第六条は、無尽銭や土倉という金融業者の保護を謳っているが、それは金融業者の活動を無視しては合戦の遂行や経済も成り立たなかったからである。武士は長期にわたり各地を転戦したが、従軍の装備や食料は自弁が原則であったから、それを支える仕組みが必要だった。戦う武士のために「兵粮」（兵糧）料所が預け置かれたとしても、この土地を経営するのは武士には難しく、現地近くにいる富裕な人々（有徳人）が担い、そこから支弁された。合戦のために半済《はんぜい》といって、荘園・公領の年貢の半分を武士に給付することも行われたが、これの経営にも有徳人が関わった。

戦乱でも村や町がすっかり荒れ果てたわけではなく、経済は活況を呈し、金融業者など有徳人の住む町や湊、市は賑わっていた。応安四年（一三七一）に山陽道の福岡宿を通った今川了俊は、紀行文『道ゆきぶり』に「其日はふく岡につきぬ。家ども軒をならべて民のかまどにぎはひつつ、まことに名にしおひたり」と、福岡宿や市の賑わいを記している。

安芸国沼田荘では、文和二年（一三五三）四月に小早川弘景《ひろかげ》が禁制を出し、御内人や被官が沼田の市場の人と縁を結んで居住することを禁じ、市場の住人の女が御内の殿原らと婚姻関係を持つこと禁じている。市場の経済に巻き込まれるのを警戒していたのである。

連歌師で医師の坂十仏《さかじゅうぶつ》は、康永元年（一三四二）十月に伊勢神宮に赴いた時の紀行文『大神宮参詣記』で、逗留した伊勢の安濃津《あのつ》について、「江めぐり浦はるかにして、ゆききの船人の月に漕ぐ声、旅泊の暁の枕に聞こえ」と、船人の漕ぐ舟で賑わう様子を記している。

旅への誘い

多くの紀行文がこの時期には書かれているのも、人の動きが活発になり、旅が容易になっていたからである。建武二年（一三三五）八月に誅殺された西園寺公宗の妻・日野名子《なこ》の日記『竹むきが記』は、上巻で光厳天皇に仕え公宗の室になるまでを記し、下巻では公宗との間に儲けた実俊《さねとし》を育て、家督を継承させるまでを記している。

しばしば四天王寺・住吉社や石山寺・長谷寺に参詣していたが、旅路での心配は見受けられず、僅かに長谷詣の帰りの宇治の辺りで「あやしき事」(物騒な事)があって、平等院の坊に泊まり饗応してもらっている。

文和二年(一三五三)六月に楠木正儀《まさのり》の南朝軍に京都を攻略されたため、足利義詮は後光厳《ごこうごん》天皇を奉じて美濃の小島《こじま》に避難していたが、その行宮に赴いた摂関家の二条良基《よしもと》が記したのが紀行文『小島のくちずさみ』である。

近江の坂本に着くと、「山法師」が甲斐々々しく迎えて饗応してくれ、小島に着いた頃には、尊氏が鎌倉から上洛を目指し美濃を通るということで、天皇が小島から垂井《たるい》の行宮に移り尊氏と対面したが、その時に西園寺実俊が尊氏の引導役を務めていたという。

歌僧の宗久《そうきゅう》が観応の頃(一三五〇)に奥州の松島に赴いた際の日記『都のつと』は、筑紫を出た後、三月に都を出て近江・美濃・三河・遠江・駿河・伊豆・相模・武蔵を経て常陸の高岡法雲寺《たかおかほううんじ》で一夏を過ごすと、甲斐や上野に赴くなどして、翌年の秋に下野を通り、白河関を越えて陸奥国に入り塩竈《しおがま》・松島を訪れている。

歌枕の地に思いをはせての旅の記録となっているが、『慕帰絵』には、覚如の赴いた奥州の松島(巻六)や紀伊の和歌浦(巻七)、丹後の天橋立(巻九)が描かれている。

『峯相記』は、貞和四年(一三四八)十月十八日に播磨の峯相山鶏足寺《けいそくじ》に参詣したところ、そこで出会った老僧が語る話を記したという体裁の、いわば播磨国の案内記の性格を有している。最初に鶏足寺の風情を記し、質問に答えて僧が語ってゆく。

仏教の宗派には天竺で百余り、唐朝では三十余りあるが、本朝では十一家あり、それらは華厳宗・真言宗・天台宗・涅槃宗・浄土宗・法相宗・三論宗・倶舎宗・成実宗・律宗であるとし、それらの内容を記した後、当代では日蓮による法華宗も広がっていると記し、老僧自身の信心や、鶏足寺について、播磨国の霊場の本縁についてを語る。

書写山を筆頭に増位寺・法華山・八徳山・妙徳山・普光寺などの公家・武家の御願寺のほか多くの寺院に触れており、神社については、一宮伊和大明神を筆頭に二宮荒田大明神以下の八所大明神のほか松原別宮などに触れ、次に播磨の郡郷の田数・郡名を語り、播磨国の古事を人物中心に語る。続いて「諸国同じ事と申しながら、当国は殊に悪党蜂起の聞へ候、何の比より張行候けるやらむ」という問に対して悪党蜂起の動きを詳しく記し、最後に元弘以後の播磨国の情勢を語って本書を終えている。

五　芸能と職能

『慕帰絵』の風景と連歌

『慕帰絵』には都で躍動する職人の姿が所々に描かれている。巻二は三井寺の衆徒が押し寄せ来る軍勢に備えている場に、琵琶法師が小坊主を連れて通りかかる風景を描いているが、『太平記』には

『慕帰絵』(国立国会図書館蔵)より

高師直が琵琶法師の覚一検校に『平家物語』を語らせ聴く場面があり、合戦の合間に武士たちは徒然を慰めるべく琵琶法師の語りを求めていたのである。

巻五は、永仁三年(一二九五)に親鸞の伝記を絵師に屋敷で描かせる場面で、その絵を描く真剣な様子を際立てるため、表の道を行く放下僧や尼、馬に乗る僧、物売り、赤ん坊を抱っこして駒回しに興じる子を見つめる母親などを描いている。京の巷の日常を描写したのである。

正和四年(一三一五)に覚如が歌集の『閑窓集』を撰集したという話に応じた絵には、柿本人麻呂影《えい》を前に僧や公家が集まって歌を詠む場面があるが、車座に集まって歌を詠むのに苦労している様子からして、連歌会を描いたのであろう。その会の静寂さを強調するため、通りで放れ駒が土器を荷駄に積んだ馬に走り寄ったために、それに驚いて落とした土器が地面に叩きつけられ大きな音が生じ、さらに驚いた女性が転び抱いていた赤ん坊を落として赤ん坊が泣きわめき、それとともに路上をゆく人や馬・車が挙って騒音を立てる風景を描いている。

連歌の集まりの後には宴が待っていて、次の場面ではいそいそと料理が運ばれようとしており、台所では忙しく人々が立ち働き食事の支度をしている。連歌は同好の士が集まる寄合の場で好まれて盛んになっていた。

花の下連歌が流行し、「ならびなき上手」「近代の地下の宗匠」と称された善阿《ぜんあ》が、連歌師の地位を築くと、鎌倉でも盛んになって、『菟玖波集《つくばしゅう》』に載る性遵《しょうじゅん》法師の歌の詞書には「元応二年春の比、鎌倉の花の下にて一日一万句の連歌侍りけるに」とあって、元応二年（一三二〇）に一万句という大規模な会が開かれたことがわかる。『太平記』によれば、楠木正成の籠る千早城を攻めた幕府軍は、多くの死者を出したので、兵粮攻めにすることになり、花の下連歌師を招いて万句の連歌を行ったという。

連歌は徒然を慰めるため、戦意高揚のためにも一役買っていた。建武政権が成立すると、上洛した人々の間で大いに流行して、その様は『二条河原落書』に次のように囃されている。

京鎌倉ヲコキマゼテ　一座ソロハヌ似非《えせ》連歌　在々所々ノ歌連歌、
点者ニナラヌ人ゾナキ　譜第非成ノ差別ナク　自由狼藉ノ世界也

佐々木道誉は連歌に強い関心を示し、文和三年（一三五四）に播磨出陣に際して連歌会を開き、同五年三月には自邸で千句連歌会を開いている。道誉の句風が一世を風靡したことを摂関家の二条良基の『十問最秘抄《じゅうもんさいひしょう》』は記している。

善阿の弟子の救済《きゅうぜい》は、「幽玄たくみに余情妖艶」と評され、その救済に連歌を学んだ二条良基は、「抜群の由、世以て謳歌す」と評されるほどの力量を有し、連歌論『連理秘抄《れんりひしょう》』を著し、延文《えんぶん》二年（一三五七）には貴族や武士・地下の連歌師など五百人以上に及ぶ作者の歌を収録する連歌集『菟玖波集』を完成させた。するとこれに道誉が動いて勅撰集となることを朝廷に求め、その結果、准勅撰とされた（『園太暦』）。ここに連歌は広く定着するに至った。

流行する芸能

共通の意思を持つ人々が寄り合って誓いあう寄合の場や、一揆の結びつきを強めるためにおいては、宗匠を招いての連歌会がしばしば開かれるようになり、時代は和歌の時代から連歌の時代へと移っていった。

大和の東山内《ひがしさんない》の地の武士たちは十人の年預衆を中心にする天神講の結びつきを持つようになり、天神こと菅原道真の御影を掛け、連歌会を開催するようになったが、その運営は構成員が相互に平等・対等に行われていた。坂十仏は康永元年（一三四二）に伊勢神宮に赴いた時、山田の三宝院に好士が訪ねてきたので連歌を一折することになり、着座した十人が「笠着群集」しての「法楽連歌」を初めて行ったという（『大神宮参詣記』）。

栄西《えいさい》が伝えた茶を飲む習慣も鎌倉後期から急速に広がり、茶の飲み当てを競う茶勝負としての闘茶が行われるようになった。当初は京都の栂尾《とがのお》茶と他の産地の茶「非茶《ひちゃ》」を飲みわけすることで始まったが、「四種十服茶」という四種類の茶を計十回服して、何番目がどの茶の銘柄かをあてる複雑な飲み比べが行なわれ広がった。『二条河原落書』に「茶香十炷ノ寄合モ　鎌倉釣リニ有リ鹿ド　都ハイトド倍増ス」と記されるほどに流行したのである。

『太平記』巻三十三の「武家富貴の事」には、貞治五年（一三六六）に佐々木道誉が尊氏帰依の花の寺として再興された大原野《おおはらの》の勝持寺《しょうじじ》において、政敵の斯波高経《たかつね》への嫌がらせから催した茶会を開いた話が載る。寺の境内を唐物で様々に飾りつけ、本堂の庭の桜の木四本に真鍮の花瓶をすえて花を立て、香炉に名香を焚きあげたので、その香りで辺りが包まれ浄土にいる心地がしたという。

茶会では大名たちが富貴を謳歌して身に錦繡をまとい、食は八珍を尽くし、百服の本非の飲みわけを楽しみ、異国・本朝の重宝を集め、百座の粧を競い、勝負には染物・色小袖・沈香《じんこう》・砂金・鎧などを賭け物にしていたという。

田楽も流行した。『二条河原落書』に「犬・田楽ハ関東ノホロブル物ト云ナガラ　田楽ハナヲハヤル也」とあるように、闘犬や田楽が大いに流行した。田楽は早く院政期に大流行し、やがて田楽法師が祇園祭の行列に歩田楽《かちでんがく》として加わるなど、広く神社に奉納する芸能とされ、寺院の法会や供養において奉納されるようになった。

摂津多田院《ただのいん》の鎮守六所八幡宮や播磨上鴨川《かみかもがわ》の住吉神社などの祭礼、法隆寺・醍醐寺などの法会でも田楽が奉納されるようになった。『峯相記』によれば、播磨の福井荘の蓑寺《みのでら》に安置された薬師観音像の信仰の広がりから、周辺の諸国から人が集まって、米銭の勧進物で読経や念仏が行われたほか、管絃・連歌・田楽・猿楽・呪師・曲舞などが行われ、文保二年（一三一八）には書写山長吏《ちょうり》の俊盛《しゅんせい》を導師として供養が遂げられたという。

田楽を好んだ北条高時は金沢貞顕に「田楽の外、他事無く候」といわれたほどに好んで、『太平記』によれば、「洛中に田楽を弄ぶ事さかん」なことを聞き、田楽法師を招いたという。

新座・本座の田楽を呼び下して、日夜朝暮に弄ぶ事他事なし。入興の余りに、宗との大名達に田楽法師を一人づつ預けて装束を飾らせける間、是は誰がし殿の田楽、彼は何がしの田楽なんど云て、金銀珠玉を逞しうし、綾羅錦繍を飾れり。

ここからは田楽の法師が新座・本座の座に編成され、彼らには貴人から美麗な衣装が与えられていたことが知られる。

バサラの芸能

連歌・闘茶・田楽などの華美な風俗・風潮を批判した『建武式目』は、「婆佐羅と号し専ら過差を好み、綾羅錦繍・精好銀剣・風流服飾、目を驚かさざるはなし」と記し、『二条河原落書』も「バサラ扇ノ五骨」「関東武士ノカゴ出仕　下衆・上臈ノキハモナク　大口ニキル美精好」と、人々が好んだ華美で異様な道具・衣装、行動などを批判する。

この婆佐羅（バサラ）であるが、原義は金剛杵、独鈷《どっこ》や三鈷《さんこ》などの仏具・法具である。バサラと号された「綾羅錦繍・精好銀剣・風流服飾」とは、一段と美麗で、出来栄えがよく、意匠が凝らされていることをいう。

バサラの語にはそのサンスクリット語からくる異文化の香りが漂っており、唐物・唐風を超えたイメージがある。大陸に渡航する僧が増えるなか、より際立った文化的特色がバサラとして表現されるに至ったのであり、法具のなかでも武具であったから、仏敵を討ち破る力強さも帯びていた。

このバサラこと三鈷を手にした姿に描かれたのが清浄光寺（遊行寺）蔵の後醍醐天皇の肖像画であって（三二九頁の図参照）、中国の天子の冠・服をまとい、護られる仏具を自身が持って、仏敵を粉砕しようというその姿はこれぞバサラの王権を物語っている。実際、「無礼講」を開き、悪党の活動に関わり、密教の信仰を深め、唐僧と対面したことなどは、これと大いに関係がある。その悪党の活動についても後醍醐天皇の時に激変したことを語るのが『峯相記』である。

正中嘉暦の比は、その振舞先年に超過して、天下の耳目を驚す。吉き馬に乗り列り。五十騎、百騎打つづき、引馬・唐櫃・弓箭、兵具の類ひ金銀をちりばめ、鎧腹巻てりかがやく計り也。

悪党の活動はまさにバサラの風俗そのものであり、正中・嘉暦以後といえば後醍醐天皇が鎌倉幕府の倒幕へと動いた頃である。後醍醐の近臣にはバサラの貴族もいて、その一人の千種忠顕は源有房の孫で「文字の道をこそ、家業とも嗜《たしな》まるべかりしに、弱冠の比より我道にもあらぬ笠懸《かさがけ》・犬追物《いぬおうもの》を好み、博奕・婬乱を事とし」たため、父の有忠から勘当されたことがあった。

後醍醐を支えて建武政権下で朝恩に浴した忠顕は、家人たちに順番で毎日酒宴を開かせると、集まった侍たちは三百人以上に及び、その費用は一度に一万銭でも足りなかったという。数十間の厩に馬を五十頭以上も飼い、数百騎を従えて内野や北山で小鷹狩を行った際には、豹や虎の皮を行縢《むかばき》にはき、金蘭纐纈《きんらんこうけち》を直垂に着用していたという（『太平記』）。こうしてバサラを好んだ後醍醐天皇の動きが武士たちをも捉えていったのである。

武士のバサラぶりは『二条河原落書』に「鎧直垂猶不捨　弓モ引エヌ犬追物　落馬矢数ニマサリタリ　誰ヲ師匠トナケレドモ　遍《あまねく》ハヤル小笠懸　事新キ風情也」と記され、その武士の風潮は、「非職ノ兵仗ハヤリツヽ、　路次ノ礼儀辻々ハナシ」「花山桃林サビシクテ　牛馬華洛ニ遍満ス」「朝ニ牛馬ヲ飼ナガラ　夕ニ賞アル功臣ハ　左右ニオヨバヌ事ゾカシ」「サセル忠功ナケレドモ　過分ノ昇進スルモアリ」と指摘されている。こうした武士の代表格が「バサラ大名」であった。

バサラ大名

建武四年（一三三七）に美濃の大井荘の住民を悩ましたのは北畠顕家と土岐頼遠の争いだったが、

この時、顕家は陸奥の多賀国府から霊山《りょうぜん》城に移り、そこを出発して上洛を目指したところ、美濃守護の頼遠はすんなり通過するのを許さず、青野原《あおのがはら》で戦ったことにより、顕家はその進路を変更せざるをえなくなり、これによって頼遠の名があがったという（『難太平記』）。

その頼遠は康永元年（一三四二）秋に事件を起こした。幕府奉行人の二階堂行春と新日吉社の馬場で笠懸を行い、夜遅くまで酒を飲んでの帰途、光厳院の行列と出会った。路頭での礼儀から行春はあわてて馬から下りて畏まったが、頼遠は下馬を求めてきた院の従者に対し馬鹿者呼ばわりした上、「何に院と云ふか、犬と云ふか、犬ならば射て落さん」と言い放ち、さんざんに矢を射たという。この「元来、酔狂の者なりけるに、このごろ殊に世を世ともせざりければ」という行動に、山門の強訴を受けた足利直義は、政道を重視して、無断で美濃に下って反乱の姿勢を見せていた頼遠を斬首に処した（『太平記』）。

幕府の家政を握った高師直は、天皇や院に遭った時に馬から下りる路頭礼について、次のように語ったという。

馬より下るむつかしさよ。もし王なくて叶ふまじき道理あらば、木を以て造るか、金を以て鋳るかして、生まれたる院、国王をば何方へも皆流し捨て奉らばや。

富を誇って朝廷の権威をものともしない態度がよくうかがえるが、それだけに急速に勢力は伸ばしたものの、新たな政治の担い手となることなく滅んでいった。

バサラ大名の典型が佐々木道誉である。得宗の北条高時に仕え、尊氏に従って幕府滅亡へと動き、室町幕府の形成に貢献し、近江守護や政所執事など室町幕府の要職を務めたが、『佐々木系図』に「香会、茶道、人に長ず」と記されているように、茶や能、連歌、花、香といったこの時代のあらゆる領域の芸能の展開に深くかかわった。そのバサラ振りを物語るのが『太平記』に記された次のエピソードである。

暦応三年（一三四〇）十月、道誉の「一族・若党共」が「例のバサラの風流」を尽くして小鷹狩を行っての帰途、延暦寺の妙法院の紅葉を引き折ると、たまたま門主が紅葉を愛でていたので、その門主に仕える法師といさかいが起き、若党らが法師の打擲《ちょうちゃく》にあった。

これに怒った道誉が、息子秀綱《ひでつな》とともに妙法院を焼き討ちしたため、山門の訴えで二人は頼遠とは違って流されることになった。その配流の途中、道誉は若党三百人に猿皮の靫《うつぼ》に猿皮の腰当をさせ、鶯の籠を持たせるなどして公家の成敗と山門の訴えをあざけ笑ったという。猿は比叡山の神の使者とされており、猿楽の物真似に倣って揶揄《やゆ》したのである。

田楽と猿楽能

田楽と並ぶ演劇の猿楽は、鎌倉時代の後半に近江や大和で座を形成し発展していた。世阿弥の『風姿花伝《ふうしかでん》』には「大和国春日御神事にあひしたがふ申楽四座」として、能の座には「外山《とび》、結崎《ゆうざき》、坂戸、円満井《えんまんい》」があり、ほかに近江の日吉社の神事に奉仕する申楽三座に「山階、下坂、比叡」、伊勢の呪師《しゅし》二座、法勝寺の修正《しゅしょう》申楽の三座に「河内住の新座、丹波の本座、摂津の法成寺《ほうじょうじ》」があったという。

そのなかで大和結崎座の能作者・観阿弥《かんあみ》が様々な芸能を取り入れて、能の基礎を築いた。観阿弥は元弘三年（一三三三）に生まれ、康永三年（一三四四）に十二歳で猿楽能に童形でデビューした。その「風体の能」は、近代の田楽の聖として評判の高い本座の一忠《いっちゅう》の「鬼神の物まね、怒れるよそほひ、洩れたる風体なかりけるところ」の芸であり、大和申楽の「笛の上手」名生《めいしょう》からも学んだという（『風姿花伝』）。

観阿弥は芸能の良質な箇所を吸収し、多くを学んで能を芸術として高めていったのである。その一忠や名生らが出演したのが、貞和五年（一三四九）六月に京の四条河原で行われた四条橋を架ける費用を捻出するための大規模な勧進田楽であった。祇園社執行の行恵《ぎょうえ》が勧進元になって、囲《まわ》り八十三間、三重四重に組み上げられた桟敷が打たれ、新座・本座の田楽が老若対抗の形で行われると、これには梶井宮尊胤《そんいん》法親王や足利尊氏、二条良基、佐々木道誉らの武家や諸寺の僧・諸社の神職に至るまでが見物に来た。

しかし、その桟敷が大崩れし多数の死者が出たのであった。見物席としての桟敷は街中を通る行列を見物するために造られてきていた。賀茂祭では桟敷から見物するのが常のことで、『徒然草』一三七段は賀茂祭見物の合間に桟敷で飲食し、囲碁・双六に興じている風景を描いている。『慕帰絵』

巻六の東山の覚如の坊での花見は、桟敷で行われているが、それは築地塀の上に誂えられている。

四条河原の桟敷はこれらとは異なって、桟敷から舞台を見物するもので、このような風景は『一遍聖絵』に描かれている。京の七条道場における踊念仏であって、市跡の広場に板屋の舞台が設けられ時衆の集団が踊り回るのを、牛車や桟敷で見物人たちが飲食しながら眺めている。桟敷は舞台の観覧席として作られるようになり、これの発展形が四条河原の桟敷である。

文和四年（一三五五）四月、醍醐寺の鎮守である清瀧宮の祭礼で大和猿楽の演能があり、六月の京の新熊野社の六月会でも猿楽・田楽があって、守護・大名の六角氏頼《ろっかくうじより》や佐々木道誉らが見物している。「観世、光済僧正の時、当寺において七ヶ日の猿楽、それ以後名誉にして京辺に賞翫せられ了《おわん》ぬ」（『隆源僧正日記』）とあって、醍醐寺三宝院の院主の光済《こうさい》僧正のもとでの七日間の勧進猿楽に観阿弥が評判をとってから、京で賞翫されるようになった。

太平記と職能の時代

後醍醐天皇の物語に始まる『太平記』は、足利義満《よしみつ》が政務について細川頼之《よりゆき》が管領になる貞治六年（一三六七）までの歴史を描いているが、この書物の成立を語る史料に応永九年（一四〇二）成立の今川了俊（貞世）の『難太平記』がある。

法勝寺の恵鎮上人が『太平記』三十余巻を足利直義のもとに持参したので、玄恵法印に点検させたところ、多くの誤りがあったので修正させた、という。『太平記』の祖型は直義が失脚する貞和五年（一三四九）までには生まれており、ほぼ同時代に制作されたものとわかる。

その後も書き継がれて貞治六年にほどなくして成立したことは、『洞院公定日記』応安七年（一三七四）五月三日条に、「伝聞す、去る二十八九日の間、小島法師円寂《えんじゃく》すと云々。これ天下に翫《もてあそ》ぶ太平記の作者なり」と、『太平記』作者の小島法師が亡くなったとある。

『太平記』を直義に持参した恵鎮は、倒幕の祈りで陸奥白河荘に流され、結城宗広に身柄が預けられていたが、幕府滅亡後は法勝寺を拠点として東大寺大勧進となってその再興に関わり、鎌倉の北条高時邸の跡に宝戒寺《ほうかいじ》を建てるなど、天台律宗の活動を広げていた。

『太平記』に載る情報は、第一にこのような恵鎮周辺の僧、第二に合戦で亡くなった人々を葬る陣僧、第三に合戦の軍忠を記す軍忠状を作成する物書き、第四に合戦に遭遇してその情報を逸早く知らせる遁世僧などから収集した情報に基づいていたのであろう。「太平記の作者」という小島法師はそうした一人と見られる。

その情報の集まる場に談義や寄合があった。後醍醐天皇の御前での談義の中心的役割を果たしたのは玄恵法印であったが、玄恵は独清軒《どくせいけん》の号でしばしば直義のもとに訪れていたことが『太平記』に見える。

東国の多くの天台系寺院には談義所が設けられ、談義の場とされていた。時衆の僧によって形成された京の四条道場の金蓮寺《こんれんじ》や七条道場の金光寺《こんこうじ》も、多くの人が寄り合う場となっており、それらが『太平記』成立と大きく関わっていたことであろう。

鎌倉公方の足利基氏を関東管領として補佐していた畠山国清《はたけやまくにきよ》が上洛した際に、身を寄せたのは金光寺であり、「バサラ大名」の佐々木道誉は延文五年（一三六〇）に四条京極の地を金蓮寺に寄進している。祇園社の執行僧はしばしば時宗道場に赴いていた（『祇園執行日記』）。

『峯相記』の場となった播磨の鶏足寺や、『沙石集』『雑談集』を執筆した無住の説経の場となっていた尾張の長母寺《ちょうもじ》など諸国の霊山・霊地には多くの情報が入ってきたものと考えられる。架空ながらそうした談義の様子を伝えるのが『太平記』巻三十八である。

北野の聖廟において、かつて鎌倉幕府に仕えた奉行人らしき坂東声の遁世者と、朝廷に仕える家貧しい儒学に明るい雲客と、門跡に仕えた天台宗の教えを守る僧、これら三人が連歌を行った後、異国や本朝の物語を語ったという。その時、遁世者は北条時頼の回国修行の話と青砥左衛門《あおとさえもん》という清廉潔白な奉行人の話を、雲客は唐の玄宗皇帝の色好みの話を、僧は天竺の釈尊と目連の話を語ったという。このような語りの職人たちが諸国の情報を得て蘊蓄を語るなかで生まれたのが『太平記』であった。

『太平記』は職能の時代を象徴する物語であり、この時代には後に『三十二番歌合』や『七十一番歌合』に見える職人たちがあらかた登場しており、活動の場を広げていたのである。この『太平記』が生まれる頃に書かれたのが歴史書『増鏡』であって、後鳥羽院から後醍醐天皇までの、ともに隠岐に流された天皇の間の歴史を物語として描いているが、そこでは天皇を支える存在が特筆されている。

後鳥羽院の場合は「いみじき歌の聖にて、院の上おなじ御心に、和歌の道を申おこなはせ給ける」という「後京極殿」(九条良経)であり、後醍醐天皇の場合は「二条の大臣、氏の長者を宣下せられて宮この事、管領あるべきよし、うけ給はる。天の下ただこのはからひなるべしとて、この一つ御あたり喜びあへり」とある二条道平であって、そこには九条家の分流である二条家の立場が色濃く出ており、二条道平が亡くなる建武二年の直前で記事が終わることなどから、二条家の家職の主張から書かれたのであろう。

7

型を定める

『庭訓往来』と『風姿花伝』

一　政治の型

「中夏無為の代」

将軍足利義詮《よしあきら》が貞治六年（一三六七）に亡くなると、子の義満が家督を継承し、翌年には管領細川頼之《よりゆき》の補佐を得て将軍となり応安《おうあん》の半済令《はんぜいれい》を勅許を得て出したことで、ここに幕府は大きな舵を切ることになった。その法令を見よう。

禁裏、仙洞御料所、寺社一円仏神領等、他に異るの間、曾て半済の儀あるべからず。固く武士の妨げを停止すべし。その外の諸国本所領、暫く相分け、下地を雑掌に沙汰し付け、向後の知行を全うせしむべし。

半済令そのものは観応《かんのう》三年（一三五二）から出されていたが、それはあくまでも兵粮調達のために近江・美濃・尾張三か国の本所領が対象とされ、その年の収穫に限って守護に年貢半分の徴収を認めたものである。

しかし今回の応安令は、戦乱と関わりなく出され、皇室領や寺社・摂関領を対象とはせず、それ以外の荘園・公領の年貢についてその半分を武士に給付することとし、代わりに貴族・寺社領を保護するとしている。宣旨によって出され、貴族・寺社の領域に踏み込んだこともあって、広く「大法」として受容され、これを契機に土地の領有の体制が安定し、動乱は収束していった。治承《じしょう》・寿永《じゅえい》の内乱後の文治《ぶんじ》元年（一一八五）に太政官符によって地頭の得分が定まり、承久《じょうきゅう》の内乱後の貞応《じょうおう》元年（一二二二）に地頭の新補率法《しんぽりっぽう》が定められ、さらにこの応安の大法も宣旨によって出されたことで、新たな土地制度として機能するようになったのである。

ここに至るのには幾つかの段階があった。夢窓疎石《むそうそせき》に豪勇と慈悲心、無欲の三徳が備わっていると評された足利尊氏《たかうじ》が、南朝に降って正平一統《しょうへいいっとう》となり、北朝の崇光《すこう》が退位したものの、講和が崩壊して、南朝軍が正平七年・文和元年（一三五二）に京都から引き揚げた際に、光厳《こうごん》・光明《こうみょう》・崇光の三上皇と前東宮は吉野に連れてゆかれた。このため幕府は窮余の一策として光厳の母広義門院《こうぎもんいん》の指名により後光厳《ごこうごん》天皇を立てたのである。これが第一段階。朝廷は幕府への依存を強めていった。

尊氏が延文《えんぶん》三年（一三五八）に亡くなると、それをうけて将軍になった子の義詮は、引付で審理を厳密に行ってきた裁判制度を改め、特に問題はないと考えられる訴訟ならば、将軍の名でその言い分を認める簡易裁判を行い、裁判の結果を将軍家御教書《みぎょうしょ》で出すようになった。これが第二段階。

執事の細川清氏《きようじ》が康安《こうあん》元年（一三六一）に失脚すると、義詮はその跡に斯波高経《しばたかつね》に執事になるよう要請、高経の子義将《よしゆき》が執事となった。足利一門のなかでも高い家格を誇る斯波氏が執事となって、幕府は執事・執権に権限が分割されていた二頭政治が解消され、将軍の親裁を執事が管領として補佐する体制となった。これが第三段階。

斯波高経は将軍・幕府の権威確立のために積極的な政策を進め、地頭御家人の所領に「武家役《ぶけやく》」としてかけていた五十分の一の税を二十分の一に引き上げ、義詮の邸宅である三条坊門万里小路邸の新築では、主な大名に「一殿一閣」の造営を割り当てた。しかし武家役の引き上げは「天下の先例に非ず」と称されて反発を生み、造営に消極的な佐々木道誉《どうよ》から摂津の守護職と多田荘を没収し、邸宅工事に遅れた赤松氏から大荘園を没収したので、恨みをかって斯波父子は越前に没落するに至る。第四段階である。

義詮は管領を置かずに親裁し、観応《かんのう》の擾乱《じょうらん》以後に寺社本所領で没収や押領されている土地を返却する法令を出して収拾をはかり、やがて細川頼春《よりはる》の子で、清氏の跡を継承していた頼之《よりゆき》を四国から呼び寄せて管領に据え、貞治六年（一三六七）に政務を十歳の義満に譲った。

『太平記』はこの頼之の執政をもって「中夏無為《ちゅうかぶい》の代」になったとして筆を終える。中夏とは中央、京都、転じて全国のことで、ここに「太平」の世が到来したと見たのである。実際、関東では義詮の弟基氏《もとうじ》が貞治元年（一三六二）に畠山国清《はたけやまくにきよ》を追放して鎌倉府の体制を固め、貞治二年には幕府が山名・大内氏を帰服させて中国地方を統一するなど、地方の支配も安定してきていた。

東国と九国、対外交

頼之は中国・四国地方を転戦するなか南朝勢力の鎮圧に力を注ぎ、四国全域の分国支配にあたるなど、幕府の地方支配に豊かな経験を持っていた。ただ、事態は「太平」というほどに平穏ではなく、出自の低い頼之の管領就任に、山名時氏《やまなときうじ》は分国の出雲に帰ってしまい、吉野を中心に南朝方の活動も盛んで、九州では懐良親王《かねよししんのう》が勢力を維持していた。

関東では、鎌倉公方の足利基氏が尊氏・直義《ただよし》の従兄弟にあたる上杉憲顕《うえすぎのりあき》を関東管領となし、これの補佐を得て体制を築いてきたが、基氏が貞治六年に亡くなって、その跡を子の金王丸《こんのうまる》が継ぐと、憲顕の補佐を得て応安元年（一三六八）に武蔵の平一揆《へいいっき》を鎮圧し、これに味方した宇都宮氏綱《うつのみやうじつな》をも降し、同二年に義満の一字を得て氏満《うじみつ》と名乗った。

憲顕が亡くなると、その娘婿の上杉朝房《ともふさ》と子の能憲《よしのり》とが関東管領となり、能憲は幕府管領の頼之と連携して鎌倉公方を支えた。鎌倉府は独立性の高い小幕府であって、関東八か国と甲斐・伊豆両国を管轄し、政所・問注所を置き、二階堂氏や太田氏など前代の吏寮を執事に任じた。

九州では、尊氏が博多から東上するのに際して、一色範氏《いっしきのりうじ》を九州管領に任じていたが、旧来の大名勢力の反発を招くなか、貞和《じょうわ》四年（一三四八）に懐良親王が南九州を経て肥後の阿蘇《あそ》氏の館に落ち着いたが、翌貞和五年には足利直冬が直義失脚後に九州に下ってくると、これと結びついたのが少《しょう》弐《に》氏《し》である。懐良方は一色氏を長門に追い、少弐氏をも破って正平《しょうへい》十六年（康安《こうあん》元年〈一三六一〉）に大宰府を制圧し、征西府をこの地に移した。

新たな動きが、貞治五年（一三六六）に高麗《こうらい》が倭寇《わこう》の禁圧を求める使節を送り、出雲に着岸して翌年に天龍寺に入ったことから始まった。倭寇の活動は、一三五〇年に朝鮮半島南岸を襲った事件を記す『高麗史』に「倭寇の侵、これに始まる」とあり、この年から頻繁になっていたのである。

幕府は夢窓の弟子の春屋妙葩《しゅんおくみょうは》からの返書という形をとって、高麗の要請に「当時本朝の為体《ていたらく》、鎮西九国悉く管領するに非ず。禁遏の限りに非ず」と、倭寇の禁圧は困難であると答えつつも、その意思は示した。さらに応安三年（一三七〇）に九州探題として今川了俊《いまがわりょうしゅん》を派遣し、九州攻略に乗り出したが、この時に了俊が九州下向に際して記したのが紀行文『道ゆきぶり』であって、中国地方を固めた了俊は翌四年暮に九州に入る。

大陸では一三六八年に朱元璋《しゅげんしょう》が元《げん》を北に追いやり、明《みん》王朝を誕生させていた。鎌倉末期には東福寺や大仏の造営料を名目とする船が大陸と日本とを往来していたが、元弘《げんこう》の乱を契機に途絶えていたのを、天龍寺造営のために康永《こうえい》元年（一三四二）に足利直義が天龍寺船を派遣してから以後、再び貿易船が派遣されるようになった。そうしたなか一三四八年頃から江南の戦乱が起きて、元が衰退するとともに、台頭したのが朱元璋である。

朱元璋は明朝を開くと（洪武帝《こうぶてい》）、使節を日本に派遣して、懐良親王を「日本国王」に封じたが、その懐良は大内義弘《よしひろ》の後援を得た今川了俊によって応安五年（一三七二）九月に大宰府を落とされ、筑後の高良山《こうらさん》に征西府を移していたので、「日本国王」冊封の使節は博多で了俊の軍勢に抑留されてしまい、交渉相手は幕府となった。

翌応安六年（一三七三）に幕府は明の使者の上洛を許可し、遣明使を派遣して、俘虜百五十名を返還したところ、洪武帝は「国臣」に過ぎない義満の送った書面を正式なものとは認めず、「傲慢無礼」と非難する文書を「中書省」から出させた。これにより幕府の対明外交は頓挫する。

『花営三代記』と『武政軌範』

波乱含みながらも総じて戦乱は収束の方向へと向かい、諸国の体制や外交の方向性も見えるなか、細川頼之は、南北朝の講和を主張していた南朝方の楠木正儀《まさのり》を応安二年（一三六九）に誘って迎え入れ、河内・和泉の守護となした。

この優遇策を快く思わない諸大名と対立しつつ、頼之は武家政治の体制を整えていった。この時期の幕府（「花営《かえい》」）の動きを記しているのが、義満・義持《よしもち》・義量《よしかず》の三代の将軍記『花営三代記《かえいさんだいき》』である。その最初の義満期の記事は、貞治六年（一三六七）十二月に出された禁制に始まり、康暦《こうりゃく》三年（一三八一）正月二十三日の御弓場《おんゆば》始までを記していて、その後については欠いている。

最初の貞治六年の幕府御所を対象とする禁制（倹約令）は、管領の細川頼之の邸宅で定められ、翌応安元年（一三六八）正月二十八日の「御評定始」は、義満のもとに評定衆が集まって行われた。二月十三日には禅宗の諸山の入院禁制が定められ、十九日には禅律寺院の訴訟を扱う禅律方の内談始、三月八日には引付三方の一方の内談、四月十日には今川貞世による侍所沙汰始を行われている。こうして四月十日に義満が元服し、六月十七日に先に見た応安の半済令が定められた。

全体に記事は幕府政治や将軍について詳しく、それらに関わった奉行人の名が記されているのは、幕府奉行人の手になる日記を抄出したからであろう。なかでも応安四年（一三七一）十月十八日に山門右筆《ゆうひつ》、南都右筆、公人奉行《くにんぶぎょう》として見える布施弾正大夫入道昌椿《ふせだんじょうたいふにゅうどうしょうちん》（資連《すけつら》）は、十一月四日には八幡宮奉行にも任じられ、十五日には評定奉行、山門奉行の沙汰始を行っているなど、連続してその動きが記されており、布施資連の手になる日記であろう。

本書からは幕府政治を支える管領や評定衆・奉行人などの制度的仕組みがこの時期に本格的に整えられていたことがうかがえるが、このことをさらに物語っているのが、室町幕府の訴訟制度を解説した『武政軌範《ぶせいきはん》』である。これは奥書に「松田豊前守真筆」とあることから、文明《ぶんめい》年間に活動した幕府奉行人の松田貞康《さだやす》（貞頼《さだより》とも）の手になる書物と見られる。

全体は「引付内談篇」「侍所沙汰篇」「地方沙汰篇」「問注所沙汰篇」「政所沙汰篇」からなり、引付内談については、その訴訟受理手続の賦《くばり》が「近代は管領の御沙汰たるか」と記されていて、引付が管領の統括下に入っていること、侍所沙汰については「凡《おおよそ》侍所は、公武の警固を致し、洛辺の検断を行ふ随分の重職なり」と記され、それまで検非違使が握っていた洛中の警察・裁判権を幕府の侍所が担うようになったことが示されている。

その侍所の頭人について「当代の始め、山名左京兆時氏、今川予州貞世、それ已後、細川右京兆（俗名頼元、武州弟、妙観院と号す）、畠山右金吾（俗名基国、法名徳元、長禅寺と号す）等補任せらる」とあげるが、そこに見える山名時氏は貞和元年（一三四五）、今川貞世《さだよ》（了俊）は貞治五年（一三六六）、細川頼元《よりもと》は応安六年（一三七三）、畠山基国《もとくに》は永和二年（一三七六）に侍所頭人になっており、この頃に侍所の職制が公武の警固や洛辺の検断に定まったのであろう。

侍所は文和二年（一三五三）頃から山城国の守護を兼ねるようになり、応安三年（一三七〇）十二月に、山門公人が借財を取り立てのために洛中で譴責《けんせき》を行うことを禁じ、その取り締まりについては「武家」（幕府）が行うものと定めている。侍所はここに御家人の統率という鎌倉幕府時からの職制とは異なって、洛中の支配権を主要な権限とするようになっていた。

地方《じかた》沙汰については「京中諸家の屋地」の知行安堵、訴訟を扱うと定められている。『花営三代記』康暦元年（一三七九）八月二十五日条には、「地方」として二階堂中務少輔入道（行光）の名が見え、検非違使の管轄下にあった洛中の家地に関わる訴訟や課役は地方の管轄とされたのである。

なおこの日には「政所内評定始」があり、伊勢入道《いせにゅうどう》が政所執事として沙汰始を行っている。『武政軌範』の「政所沙汰篇」には、その執事について「伊勢入道照禅、始めて当職に任じ、それ以来代々補任せらる」とあり、伊勢貞継《さだつぐ》が任じられ、その後に継承されていったことがわかる。

武家政権の体制整備

義満初期に幕政が整えられ、後世の規範とされていったことがわかるが、それを加速化させたのが応安四年（一三七一）十一月の後円融《ごえんゆう》天皇の即位である。

その前年、後光厳が後円融天皇に譲位すると、南朝に廃位されて吉野に連れ去られ、ようやく帰洛した崇光院が、皇位を我が皇子に継がせることを考え強く抗議した。これに危機感を抱いた摂関家の二条良基《にじょうよしもと》が幕府を動かし、後円融天皇の即位を実現させたが、これを契機に幕府は即位の費用として諸国では段銭《たんせん》、洛中では土倉役《どそうやく》、酒屋役《さかややく》を賦課していった。こうして幕府は次から次へと朝廷の諸権限を代行して接収していった。内裏や賀茂・石清水・比叡山などの大寺社の修理料も幕府が一国平均役《いっこくへいきんやく》として徴収していった。

もう一つ、加速化させた契機は義満の成長であって、応安四年に元服すると、五年十一月に判始め、評定始め、御恩沙汰始めを行って政務に関わるようになり、六年には参議・中将となった。その間に幕府内部の大名間の争いが激しくなり、細川頼之への反発が強まっていた。

その反発に、応安四年五月、頼之が管領職を辞し西山の西芳寺《さいほうじ》に籠った。この時は義満の慰留で事は済んだのだが、頼之による守護交替の断行、山門や禅宗寺院からの要求の拒否という強硬姿勢もあって、ついに康暦元年（一三七九）閏四月に斯波義将《しばよしゆき》、土岐頼康《よりやす》、京極高秀《たかひで》（佐々木道誉の子）ら数万騎の軍兵が御所を取り囲んで、頼之の罷免を要求した。

義満もその要求に頼之をかばいきれず、頼之は分国の讃岐に帰ってゆき、斯波高経の没後に赦免され幕府に復帰していた斯波義将が管領となった（康暦の政変）。この事件を契機に義満はそれまでの大名権力依存から脱し、将軍の権力向上を目指してゆくことになる。義満を育てていた関係から伊勢入道貞継は応安四年十一月に御厩奉行《おうまやぶぎょう》になっていたが、それを康暦元年八月に政所執事に抜擢し、これを契機に政所は『武政軌範』に見える「諸国料所年貢、土蔵酒屋以下諸商売公役」を扱う機関となり、将軍家の財源を管轄するところとなった。

また将軍親衛隊の充実もはかった。すでに貞治六年（一三六七）の寺社本所領に関する法令において「当参奉公の仁」に特権を与え、親衛隊を組織しつつあったが、康暦の政変で御所を大軍で囲まれた苦い経験から、強力に組織するにいたったものと考えられる。後の明徳《めいとく》の乱では「御馬廻り三千余騎」と見えており、五番に編成された奉公衆として整備されてゆく。

鎌倉府と京都

康暦の政変は地方にも大きな影響を与えた。土岐氏は、頼康が叔父頼遠《よりとお》の処刑の後に美濃守護を継承し、尊氏に従って尾張・伊勢守護ともなったが、細川頼之が管領になってから伊勢を失ったので、斯波義将と結んで頼之を追い落とす康暦の政変に関わったのだが、この事件から書き起こしているのが東国の歴史書『鎌倉大草紙《かまくらおおぞうし》』である。

永和五年三月三日改元。康暦元年に移る。美濃国の大膳大夫、島田が讒言にて御退治あり。国々の御勢をめさる間、関東よりは此時の管領上杉憲春の舎弟憲方入道道合を大将にて五百騎、御旗を給り出勢す。此時、京都の動闘に付て内々すすめ申す人ありけるにや。

土岐大膳大夫頼康を退治するため国々から軍勢が召されたので、関東から管領上杉憲春《のりはる》の弟憲方《のりかた》が軍勢を率いて出陣したのだが、この時に鎌倉公方の氏満に義満を倒すように勧める者がいて、「鎌倉殿思召たつ事あり」と、氏満がそう考えるようになったという。しかしこれには関東管領上杉憲春が反対し、聞き入れられなかったことから、諫めるべく「御謀叛、叶まじきよし」を自筆で記し、持仏堂に入って自害したので、氏満は思いとどまったという。

氏満は管領に弟の憲方を任じ、京都には「野心」を存じない旨を自筆で記し、鎌倉の瑞泉寺《ずいせんじ》の古《こ》天《てん》和尚を通じて義満に伝え、京都の了承を得たという。『鎌倉大草紙』がこの事件から書き始めているのは、その後の鎌倉府の政治が鎌倉公方とそれを支える関東管領との間をめぐって展開していっ

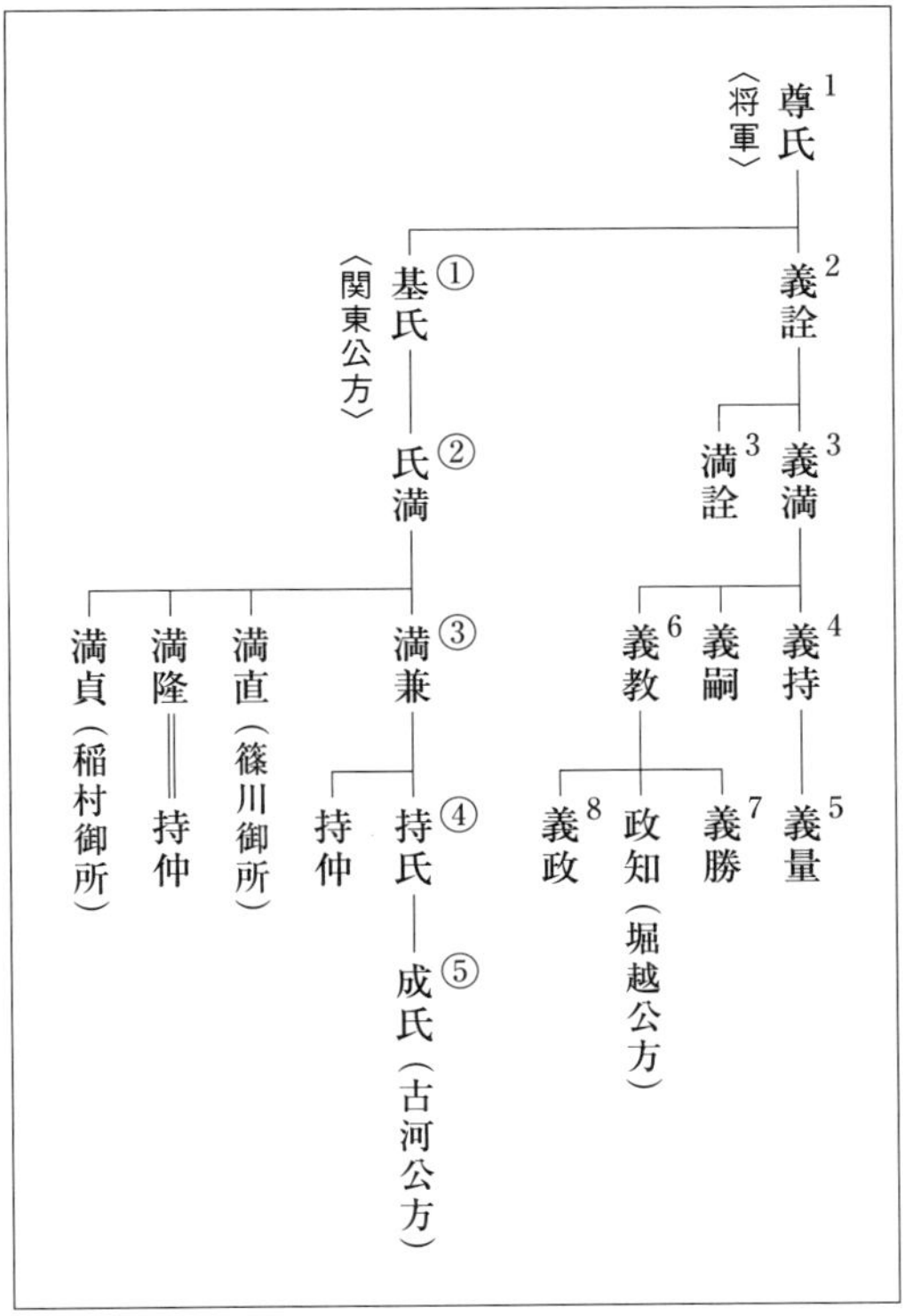

【将軍と関東公方】

たからである。

本書がもう一つ大きく取りあげているのが、関東の守護や国人の争いであって、先の事件に続いて翌年に起きた下野の小山義政《おやまよしまさ》と宇都宮基綱の争いを詳しく語っている。氏満はこの争いに介入し、基綱を敗死させた義政の追討を上杉憲方・朝宗《ともむね》らに命じて、永徳《えいとく》二年（一三八二）に義政が敗死したことから、鎌倉府の体制は安定するところとなったという。

鎌倉府の体制では、公方の支えとなったのは、幕府のような足利一門の管領ではなく、上杉氏一門から選ばれた管領であり、その管領は上杉憲房《のりふさ》の子憲顕《のりあき》の流れの山内家、憲藤《のりふじ》の流れの犬懸《いぬかけ》家、重能《しげよし》の流れの宅間家、憲房の兄弟重顕の流れの扇谷《おうぎがやつ》家などから出されていった。山内・犬懸・扇谷・宅間は鎌倉の邸宅の置かれた地名に由来するものである。そのなかでも山内上杉家は伊豆・武蔵・上野の守護となり、鎌倉周辺の六浦本郷、神奈川郷、山内庄の岩瀬郷など多くの所領を得て大勢力を築き、犬懸上杉氏や扇谷上杉氏も関東一帯に勢力を広げていった。

嘉慶年間（一三八八）に著された『源威集』は鎌倉府に関わる源氏の流れを語る。八幡大菩薩の濫觴に始まり、前九年・後三年の合戦、頼朝の奥州合戦・建久上洛の記事などに続いて、尊氏の文和二年（一三五三）の上洛を詳しく記し、関東を基盤とした「源氏の威勢」と京の朝廷との関わりを語り、鎌倉府の存在の独自性を主張している。

二　公武政権の型

義満と朝廷

義満はその権威を確立するために朝廷の諸領域に入っていったが、その朝廷では文和二年（一三五三）に践祚した後光厳《ごこうごん》天皇が体制が整えていた。この年の十月に開かれた議定会議のメンバーは、二条良基、近衛道嗣《このえみちつぐ》、勧修寺経顕《かじゅうじつねあき》の三人であり、後に正親町三条実継《おおぎまちさんじょうさねつぐ》、万里小路仲房《までのこうじなかふさ》、日野時光《ひのときみつ》、柳原忠光《やなぎはらただみつ》が追加されたが、これらの諸家が以後の朝廷の政治を支えてゆくことになる。

後光厳は貞治六年（一三六七）三月に和歌と漢詩、管絃の宴である華麗な中殿御会《ちゅうでんぎょかい》を開いた。この会は後鳥羽院が開いて、その直後に承久の乱が起きて不吉な例とされていたことから途絶えていたが、後光厳はそれを決行したのである。これには将軍足利義詮が出席し、太平の世が謳歌されたのであるが、この時はまだ義詮に積極的な参加の意思はなかった。

だが義満は積極的に朝儀に関わっていったのであり、それを後押ししたのが、朝廷と幕府との間に立って周旋した二条良基である。後光厳が応安七年に亡くなり、後円融《ごえんゆう》天皇の代になると、朝廷には即位の費用を始めとして儀礼を遂行する財源がないため、幕府に頼らざるをえなくなっていた事情もある。永和元年（一三七五）三月に義満は諸大名を引き連れ、前関白近衛道嗣らの貴族が見物するなかを石清水八幡宮に参詣すると、四月二十五日に初めて参内した。良基が伺候するなか天皇との対面を遂げると、八月二十五日には和歌会を主催している（『満済准后日記《まんさいじゅごうにっき》』）。

永和二年（一三七六）四月には桂川での犬追物《いぬおうもの》、九月には賀茂河原屋での蹴鞠を楽しんだが、それには多くの見物人が集まった。将軍の存在をパフォーマンスで誇示したのであるが、永和四年（一三七八）六月の祇園祭では四条東洞院の桟敷で山鉾を見物している。

祇園祭はこの時期に新たな展開を見せていた。応安七年（一三七四）の祇園祭は「祇園会鉾など、下辺が経営す」と見え（『師夏記《もろなつき》』）、永和二年の祇園祭でも神輿が渡らずに、「下辺の鉾ならびに造物山」が出されるなど（『後愚昧記《ごぐまいき》』）、洛中の下辺（下京）を中心に鉾や山が出されるようになっていた。これは『新札往来《しんさつおうらい》』に「家々の笠車、風流の造山《つくりやま》、八撥、曲舞《くせまい》、在地の所役」と見える「在地」の役としての山や鉾であり、下京を中心に形成されてきた町という自治組織が母体になって出されるようになっていた。

こうした山鉾町の成長とともに将軍は祇園祭に大きくかかわるようになったのであり、永和四年（一三七八）の祇園祭では、義満は寵愛する藤若《ふじわか》という童を伴って四条東洞院の桟敷で見物しているが、この藤若こそ幼い世阿弥《ぜあみ》である。義満はその二年後にも十間の桟敷を設けて祭を見物し、以後、将軍の祇園祭見物は「祇園会御成《ぎおんえおなり》」として恒例化してゆく。

祇園祭が朝廷の関わる祭礼であったところに、幕府が深く関わるようになったもので、さらに祇園祭の費用を負担する馬上役《ばじょうやく》にも梃子入れをし、洛中の土倉に馬上方一衆《ばじょうかたいっしゅう》という組織を作らせ経費を負担させたのである。

山門の勢力は京都の土倉を掌握して、大きな勢力を築いていたことから、義満は三門跡ではなく、強大な武力を有する門跡門徒のなかから山門使節《さんもんしせつ》を任じ、それを介して山門大衆を掌握していった。山門奉行の設置や、山門の末社である祇園社の執行を直接に「御師職《おししき》」に任じるなど山門対策を強化していった。

朝廷の制圧

永和四年（一三七八）に義満は室町に幕府御所の造営を始め、東西二町からなるその御所には庭園や会所が設けられた。これが「花の御所」と名付けられたごとく、華やかな武家の王権により文化的統合が進められていったのである。

この年に義満は二条良基の示唆を得て権大納言、右大将に任じられている。源頼朝以来、武家政権の長としての最高の官職が右大将であったことから、任じられたのである。この時の右大将就任の拝賀は康暦元年七月に行われたが、その作法を指導したのは良基であり、公卿・殿上人が挙《こぞ》って義満に従ったという。その参内にあたっては朝廷に巨額の進物を贈ったので、その日の内裏は華美に飾られ、泉殿では明け方まで酒宴が続いたという。

こうして義満は深く朝廷の内部に食い込んでいった。永徳元年（一三八一）三月に後円融天皇を完成した室町殿に迎えたが、これも二条良基の企画によるもので、関白以下の公卿・殿上人が供をし、天皇は五日間も滞在して、舞や蹴鞠、詩歌会が行われ、良基は「廃れるを興す今日の儀、いとめでたし」と『さかゆく花』に記した。武家への行幸は初めてのことであった。

この時、義満が庭に降りて舞踏すると、「家礼の人々十五六人、皆庭上に下りて」蹲踞《そんきょ》しており、すでに義満はこの時までに多くの廷臣を仕えさせていた。四月二十九日には「室町殿家司」こと義満家司が選ばれたが、そのメンバーは山科教冬《やましなのりふゆ》などの山科家、清閑寺氏房《せいかんじうじふさ》・勧修寺頼房《よりふさ》などの勧修寺流の家、柳原資冬《すけふゆ》・広橋兼宣《ひろはしかねのぶ》などの日野流の家という実務系の廷臣で、学者の清原良賢《きよはらよしかた》もおり、実務に秀でた廷臣が集められた。

六月に義満は内大臣となって、七月に任大臣節会《せちえ》と大臣大饗《だいきょう》を行っているが、それは「今日の儀、千載一遇と謂ふべし。珍重々々。白昼の礼儀、事に於いて厳然。万人の美談なり」と評されている（『荒暦』）。これまでの朝廷の儀式の多くは夜に質素に行われていたのに、白昼に行われたその盛儀に廷臣たちは衝撃を受けたことであろう。現任の公卿二十九人のうちで出仕しなかったのは僅か三人であったという。

義満は永徳二年（一三八二）の元日の節会で内弁《ないべん》という儀式の進行役を務め、正月二十六日に左大臣となり、いよいよ廷臣たちを巻き込んで従わせてゆき、「近日、左相府（左大臣義満）の礼、諸家崇敬君臣の如し」（『荒暦』）といわれるようになった。こうしたなか、後円融天皇が四月に後小松天皇に譲位して院政を開始すると、義満はその院庁の執事別当ともなっている（『良賢真人記《よしかたまひとき》』）。

義満との軋轢によって、後円融院は永徳三年（一三八三）正月に女性問題で自害を企てる事件を起こしたが、それにお構いなしに義満は永徳三年正月に源氏の長者、六月に准三宮《じゅんさんぐう》となって、皇后・

皇太后・太皇太后に準じる特権をあたえられ、功臣が遇される最高の身位を獲得したのである。

禅宗寺院の統制

朝廷を制圧した感がある義満は、さらに永徳二年（一三八二）に花の御所の東に禅寺の相国寺《しょうこくじ》を創建した。当初は小寺院を構想していたところ、禅僧の春屋妙葩や義堂周信《ぎどうしゅうしん》らから大伽藍を建立するように勧められ、「君の位は大相府《だいしょうふ》に至る」と、義満が太政大臣（相国）になるであろうとの意がこめられ、義堂周信によって「相国承天禅寺」と命名されたという。既に亡き夢窓疎石を開山となし、春屋妙葩が事実上の開山となった。

義満と禅宗との関係であるが、初めて天龍寺に参詣したのは貞治六年（一三六七）九月であり、その時に春屋妙葩から受衣《じゅえ》され、法を伝授され弟子となる僧衣が与えられた。春屋は夢窓疎石の甥で、そのもとで南禅寺《なんぜんじ》において法を受け継いでいた。

室町幕府は鎌倉幕府に倣って五山制度を導入し、暦応《りゃくおう》四年（一三四一）に南禅寺・天龍寺・建仁寺・東福寺・万寿寺の五寺を定め、南禅寺はその筆頭にあった。幕府の法令は貞治年間までは寺社本所領や守護について出されていたが、貞治七年（一三六八）二月の諸山入院禁制が出されて以後は、応安元年（一三六八）十月の五山十刹以下住院年紀令など禅宗寺院に関する法が中心となり、幕府は禅宗寺院を武家沙汰の官寺として保護・統制していったのである。

応安元年、南禅寺の住持の定山祖禅《じょうざんそぜん》が『続正法論《ぞくしょうほうろん》』を著し、延暦寺と興福寺を罵倒したことから、山門が定山の処罰と南禅寺の楼門破却を求めて強訴に及んで、幕府がこれを認めなかったので、事態は長引き、翌年に朝廷が定山を遠江に配流すると、幕府も細川頼之が諸大名の妥協を求める声に押されて楼門を撤去した。このため春屋は抗議して、十年に及んで丹後国に隠棲することになった。義満は応安五年（一三七二）十一月に改めて夢窓疎石の墓所を拝して受衣され、道号の天山《てんざん》、法名の道義《どうぎ》をあたえられている。康暦元年（一三七九）十月には、五山十刹以下の官寺の住持を推挙し、その任免の実務や訴訟などを統括する僧録《そうろく》に春屋を丹後から呼んで任命している。

永徳元年（一三八一）には等持寺《とうじじ》で管領の斯波義将や春屋妙葩・義堂周信らと会し、五山十刹以下の住持の任期などの規式を定め、こうして相国寺の創建に及んだのである。絶海中津《ぜっかいちゅうしん》が僧録に任じられてからは相国寺内の塔頭《たっちゅう》の鹿苑院《ろくおんいん》に僧録が置かれ、鹿苑僧録と呼ばれるようになることから見ても、相国寺はその規模といい、機能といい、武家の宗教的権威を象徴するものとなった。

至徳《しとく》三年（一三八六）七月の幕府法令は五山の上に南禅寺を置き、京五山として天龍寺・相国寺・建仁寺・東福寺・万寿寺の五寺を定め、鎌倉五山として建長寺・円覚寺・寿福寺・浄智寺・浄妙寺を定めていて、これ以後、幕府の禅宗寺院に関する法令は姿を消すことになる。

この五山を中心に行われた漢文学が五山文学である。宋元の禅林で行われていた文学を入宋僧や入元僧らがもたらした四六文《しろくぶん》を用いて法語や漢詩を作ったが、幕府の外交文書を起草するという政治的要請もあって盛んになった。代表的な詩文集に、ともに竜山徳見《りゅうざんとくけん》門下である義堂周信の『空華《くうげ》集《しゅう》』、中巖円月《ちゅうがんえんげつ》の『東海一漚集《とうかいいちおうしゅう》』、絶海中津の『蕉堅稿《しょうけんこう》』がある。

中国の古典や宋・元の文学の講究にも見るものがあり、五山文学の盛行に伴って、京都の天龍寺雲居庵《うんごあん》や臨川寺《りんせんじ》で春屋妙葩らが盛んに出版活動を展開するようになり、これらの木版印刷を五山版と呼んでいる。大陸からは多数の刻工が移住してその技術を伝えた。

大名と国人

京で義満は支配権を強化していた頃、地方では大名が勢力を広げていた。大内氏は周防国の在庁官人出身で、在京人として六波羅に伺候していたが、建武二年（一三三五）の尊氏東上に参加し、観応の擾乱では南朝方に走ったものの、周防・長門に勢力を広げていた。

大内弘世《おおうちひろよ》は、貞治二年（一三六三）に周防・長門両国守護職を条件として幕府に降ると、これを契機に山口盆地の中央に居館を移し、その後の発展の基礎を築いた。弘世が上洛した時には「在京の間、数万貫の銭貨・新渡の唐物等、美を尽くし」て、奉行人、頭人、評定衆、傾城、田楽、遁世者にまで与えたという。その豪勢な富は山口の居館の発掘調査からも知られる。

益田氏は石見の在庁官人であったが、益田川下流の中須の湊町の発展とともに、南北朝の動乱で勢力を広げて国人《こくじん》領主に成長した。国人領主とは鎌倉時代の地頭とは違って、地方で広範な政治経済活動を担った領主であるが、益田氏の居館「三宅御土居《みやけおどい》」は、応安元年（一三六八）に益田兼見《かねはる》により築かれた、と文献にある。

益田川が平野部に出てきた右岸の微高地上に、土塁に囲まれ周囲を堀で廻らし立地していて、この居館の形成とともに、兼見は永徳三年（一三八三）に本領を義満に安堵されて、居館の周辺に宗教文化を育んだ。中須にあった安福寺《あんぷくじ》は応安七年（一三七四）に移転して万福寺《まんぷくじ》という時宗の寺院となり、式内社の染羽天石勝神社《そめばあまのいわかつじんじゃ》は熊野権現を勧請して瀧蔵権現と称され、勝達寺《しょうたつじ》がその別当寺として建立された。医光寺《いこうじ》は天台宗崇観寺《すうかんじ》であったものが、正平十八年（一三六三）に臨済宗寺院として造営されている。

大内・益田と同様な国人の居館には、伊豆出身の江馬《えま》氏が飛騨に遷《うつ》って勢力を広げ築いた江馬氏館や、下総の千葉氏の一族の東《とう》氏が美濃に遷って築いた東氏館があり、ほかにも信濃の高梨《たかなし》氏の高梨館、越後の中条氏の江上《えがみ》館など各所に認められる。この頃から国人領主が土塁や溝濠に囲まれた居館を築き、安定した支配を進めるようになっていた。

大名や国人領主が幕府と直接の関係を結んだのに対し、中小の領主である地侍は、守護と結ぶか、一揆を結んで自立をはかった。その一揆の代表的存在が大和の東山内《ひがしさんない》の染田天神講《そめたてんじんこう》に集う一揆であって、貞治年間から恒常的に維持されていった。

肥前では下松浦郡を中心にして五島列島にひろがる地域の地侍が多様な形で一揆契約を結んでいる。応安六年（一三七三）五月には五島列島の宇久《うく》・有河《ありかわ》・青方《あおかた》・多尾《たお》一族の一揆が結ばれ、永徳四年（一三八四）になると一揆は下松浦郡規模へと広がって四十五名もの地侍が連署している。「公私において一味同心」をなし、「一揆中において談合を加へ、衆儀により相計らふ」こと、下人が逃亡して他村に居住し、扶持する「領主」に訴訟があった時には、主人方に渡すべきであっても、異議があったなら一揆中として理非を定めるべきかを糾明することなど、その条項は領主支配の在り方にまで及んでいる。地侍たちは大小の一揆を重層的に形成して自立をはかっていた。

九州と琉球

九州の地侍のなかには倭寇に加わっていたものもいた。高麗は一三七〇年代の後半から倭寇対策のために中央政府よりも九州の現地勢力と交渉するのが効果的とさとり、今川了俊や大内義弘に使節を送るようになった。

その交渉相手となった今川了俊は、九州探題として活動の幅を広げていた。永和元年（一三七五）八月に肥後の水島の陣で島津氏や大友氏、少弐氏などの大名を招くなか、対立する少弐冬資《ふゆすけ》を謀殺して、少弐氏を衰退させた。だがこの事件によって島津氏久《うじひさ》の離反を招き、南九州の経営には苦労を重ねることになった。

そこで大内義弘を引き入れ、義弘が豊後に渡海すると、北九州地域で攻勢を強め、さらに永和二年（一三七六）に大隅・薩摩の守護になると、翌三年には肥後・薩摩・大隅・日向国など南九州の国人六十一人が「将軍家御方」として「一味同心」する一揆契約を結ばせるのに成功した。

それによれば島津伊久《しまづこれひさ》・氏久が降参したならば、今後は公方の御意を受けて動くことや、契約した衆中で談合し「上裁」を仰いで行動することなどを定めている。永徳二年（一三八二）に島津伊久が薩摩守護になって氏久と対立し、氏久が嘉慶《かけい》元年（一三八七）に亡くなったことで、九州はほぼ了俊の手に入った。了俊は「我が事は、将軍の御身をわけられてくだされ申し候」と語って、将軍の分身として自らを位置づけ、九州の地頭御家人に関しては京都に伺いを立てることなく了俊の一存で安堵し、恩賞を与えていった。

九州の動きと関連するのが琉球の動きである。明の洪武帝が応安三年（一三七〇）に懐良親王に送った使者の趙秩・楊載のうち、楊載はすぐに帰国せずに琉球に向かった。その頃の琉球はグスクを拠点に、集落間の利害をまとめて支配的地位に立つ按司《あじ》が台頭していた。

按司たちは各地と交易を行うなか、浦添《うらそえ》、読谷《よみたん》、中城《なかぐすく》、勝連《かつれん》、佐敷《さしき》、今帰仁《なきじん》など良港を有する地域で力をつけ、大型グスク（城）を各地に築いた。山田グスク、今帰仁グスク、座喜味《ざきみ》グスク、勝連グスクなど、二千平方メートルを上回る面積にのぼって、複数の郭で構成され、内部には正殿と御庭の大型建物があり、倉庫や聖域を備えていた。

大型グスクの首長は武力を有し抗争を繰り広げた。今帰仁グスクも当初は石造の城壁はなく、掘建柱の建物の周囲に柵列がめぐらされていた程度であったが、十四世紀中期に石積みの城壁が登場し、基壇が造成されて正殿が南向きに建って、回廊が取り囲むような配置をとるようになった。大規模な石積みの城郭の技術は、大陸や朝鮮半島などからの影響を強く受けたものと考えられ、交流と戦乱を通じて大きく成長したのである。やがて山北《さんぼく》・中山《ちゅうざん》・山南《さんなん》の三山の王が分立するようになったが、そのうち山北王が依拠したのが今帰仁グスクである。

浦添グスクは英祖王《えいそおう》が在位したという十三世紀後半には、すでに他のグスクを圧倒する規模を誇っていた。十四世紀前半には高麗系の瓦が出土し、瓦葺きの正殿が建造され、周囲の野面積《のづらづ》みの石垣がグスクを大きく取り囲んで数万メートルの規模に達していたと見られている。霊廟「ようどれ」も十三世紀後半には造営され、家形木郭の中に朱塗りの鍍金《ときん》金具で飾られた漆塗りの木棺を安置しており、浦添は王都としての機能を有した可能性が高い。

元明交替期における大陸への渡海ルートには、肥後高瀬《たかせ》から薩摩・琉球を経て福建に赴くルートが生まれていたので、楊載はこのルートを経て琉球の事情を探り帰国したのであろう。浦添グスクには「癸酉年高麗瓦匠造」という銘文の瓦が発掘されている。

一三七二年に楊載は中山王察度《さっと》に入貢を促し、これに応じて察度が明に進貢して「琉球国中山王」として冊封された。察度に続いて一三八〇年には山南王が、一三八三年には山北王が冊封されて、三山が独自に冊封された。その山南王配下にあり、東海岸の佐敷グスクを拠点としていた按司の恩紹《おんしょう》と子の尚巴志《しょうはし》が、一四〇六年に浦添グスクを襲って中山王武寧《ぶねい》を滅ぼすと、恩紹は明と交渉をもち、武寧の子として明から冊封され、本拠を浦添から首里《しゅり》に移し、首里城を整備して琉球での覇権を確立させていった。

諸国遊覧

列島の戦乱がしだいにおさまるなか、義満は列島の各地に赴いた。至徳二年（一三八五）八月に南都の春日社に赴いて以後、南都にはあわせて七回も赴いている。

この頻繁な参詣は明らかに政治的目的があった。最初の南都下向では、摂政の二条良基と近衛前関白道嗣《みちつぐ》が同道し、春日社に参詣した後、興福寺一乗院で延年を見物、東大寺に入ってからは尊勝《そんしょう》院《いん》で「三蔵の宝物」を見ている。勅封蔵の正倉院の宝物をみたのである。

明徳五年（一三九四）の三度目の南都下向では一乗院で延年を見物し、翌日に猿楽を見物したが、その演者が「観世三郎」（世阿弥）であった。興福寺では常楽会に列席し、東大寺では宝物を見ている。権威を誇示するパフォーマンスと芸能の楽しみを目的としてのもので、これを契機に春日社の社殿造替、東大寺の塔婆建設、興福寺の金堂供養に資金を出すなど、強訴を繰り返す南都の衆徒対策も兼ねていた。なおこの時期には大和では衆徒・国民といわれる国人・地侍層が台頭し、支配の実権を握るようになっていた。

義満は嘉慶二年（一三八八）に紀伊の高野山・粉河寺《こかわでら》に参り、八月に駿河の富士山を見物すると、翌康応元年（一三八九）三月には、西に向かって安芸の厳島社に参詣している。富士山見物については史料が少なく詳細はわからないが、その道中には美濃・尾張の土岐氏、遠江・駿河の今川氏がおり、それへの対策も考えられていたのであろう。

土岐氏は頼康が斯波義将と結んで康暦の政変後に伊勢の守護を回復していた。実子がいなかったためその死後は頼雄《よりかつ》の子康行《やすゆき》が跡を継承していたが、一族間の対立があり、義満は尾張を一族の満《みつ》貞《さだ》に与えていた。駿河では守護今川泰範《やすのり》の館で接待を受けたが、今川氏の間でも対立があった。

安芸の厳島詣については、今川了俊の記した『鹿苑院殿厳島詣記』があってその詳細がわかる。

それによれば三月に讃岐の細川頼之が船百艘を用意し、管領斯波義将の弟義種《よしたね》や細川頼元、畠山貞《さだ》清《きよ》・基国、山名満幸《みつゆき》・今川了俊などを供に出発し、播磨で赤松、讃岐で頼之、周防・長門では大内義弘の接待を受けるなど、山陽道・四国の大名への対策の意味があった。

この旅を用意したのは了俊であって、了俊には九州下向の際に記した紀行文『道ゆきぶり』があり、それが前提にこの旅が企画されたもので、その際に管領を退いた頼之を義満に引き合わせ、京に復帰させることを考えたものと見られる。

義満は九州に渡ろうとしたのだが、悪天候のために引き返し、三月二十三日には義満は讃岐の宇多津に赴き頼之を招いて懇談している。

武蔵入道めされて、はるかに御物語り有けるとかや。何ことにか有けん。涙をさへてまかでけるときこゆ。

この時に義満は頼之に復帰を促したのであろう。しかしどうして厳島参詣であったのか。同じ旅を大内氏の側から記した『鹿苑院西国下向記』に見えるように、平清盛の参詣にならったのであろう。

清盛が高野山に参った時、夢に現れた僧から安芸の厳島に参るように言われた。伊勢神宮と気比《けひ》社は本地仏が大日如来であり、厳島も同じく大日如来が本地仏であることから、参るようにと。そこで安芸守の清盛は厳島に赴いて、以後、武家政権への意欲を高めていった。大日如来は密教の中心をなす仏であり、それに支えられ武家政権への道を歩んだのであり、清盛は後には富士山の見物をも考えて果たせなかったが、富士山の浅間《せんげん》の神の本地も同じく大日如来である。

義満は高野山を振り出しに富士山を遊覧、安芸の厳島に赴いたのであって、明徳《めいとく》元年（一三九〇）九月には越前の気比社にも参り、そして同四年九月には伊勢大神宮に参った。「日本国王」への強い意欲の表れである。

三 「日本国王」への道

大名権力の削減

義満はその権威と実力をさらに見せつけるべく、地方の大名権力を削ぐことへと進んでいった。明徳元年（一三九〇）に土岐一族の内部対立を利用し、康行の尾張・伊勢の守護を没収し、仁木満長《にきみつなが》に与えると、次の標的としたのが山名氏である。

山名氏は山陰諸国や和泉・紀伊国など一族で十一か国もの守護職を保有するようになって、惣領の時義《ときよし》（時氏の子）は「六分の一殿」と称されもした。その時義が康応元年（一三八九）に亡くなったことから、義満は山名一門の勢力削減を狙ったのである。一族の内部対立を煽り、山名氏清《うじきよ》・満幸《みつゆき》に命じて時義の子時煕《ときひろ》らを攻めさせると、次には、満幸が出雲の上皇の所領を押領したとして京都から追放した。

これに満幸が抵抗し、氏清らを誘って明徳二年（一三九一）に挙兵し、京都に攻め入った（明徳の乱）。内野の戦いなどの合戦では二、三千人もの戦死者を出し、氏清は戦死、満幸は出雲に逃れた。山名氏はこれによって但馬・因幡・伯耆三か国へと削減されてしまい、満幸は後に京で潜伏中に殺害されてしまう。

山名氏の勢力削減は、義満が厳島詣に赴いた際に細川頼之と謀ったものと考えられ、義満は乱直前に頼之を都に戻していた。『明徳記《めいとくき》』は、その点を次のように語っている。

細川の武蔵入道常久は四国より中国に押渡り、備後国を退治して其の翌年に上洛し、幷《あわせ》て管領の職に居し給ひしかば、天下悉く帰服して権勢万人の上に出づ。御所様も政道の事は毎事武州禅門に譲ると仰下されしかば、理民安世の儀をも申し沙汰し給ひける。

頼之が京に帰って管領に復帰し、十二月二十五日の合戦の評議では、諸大名が召されるなかその筆頭には頼之がおり、戦乱の終わりを見届けた頼之は、「近年山名の一族の者共、ややもすれば上意を忽緒《こつしょ》申す」ことを知って、わが命の間に御戒めが必要と申し沙汰していたが、それが叶ったので死んでも本意である、と義満に伝えて亡くなったという。

この戦いは頼之の主導で行われたのであり、『明徳記』はその立場から書かれたものとみられるのだが、それは次のように始まる。

去る建武年中に大御所尊氏将軍、御代を召されて既に六十年に及びて、一天下悉く武徳に帰し、万民皆其の化に誇る、兵乱久しく絶へて、四海の激浪治まり、国民無事にして九島狼煙立ち去る処に、

尊氏が将軍になってから六十年、天下は武徳に帰し、兵乱が治まって太平の世が訪れたこの時、山名時氏らが陰謀を企んで戦乱が起こされた、という。この戦乱に義満は「御所様も御馬廻三千余騎にて、中御門大宮へ打て出させ給」と、奉公衆三千騎を自ら率いて出陣し、攻められるに弱い京都から撤退せずに護り抜き、多くの諸大名を動員して勝利したとして、義満が武威を世に知らしめたというのである。

これまでの戦乱を記した記録は、『平家物語』では平清盛、『太平記』では後醍醐天皇と、多くは乱を起こした張本を中心にその動きを描いてきた。本書でも山名の動きは記しているのだが、勝者である義満側がいかに戦ったのかに焦点があてられている。最後は、五山の「清衆《せいしゅう》」千人による大《だい》施餓鬼《せがき》が行われ、氏清を始めとする亡卒の霊を弔い回向する仏事が行われ、義満が賞罰を行ったというところで終えている。新たな歴史書、軍記物の登場と評価できよう。

南北朝の合一

明徳の乱を経て義満の視野に見えてきたのが南朝方との合一である。乱で活躍をした大内弘世の子義弘に対し、それまでの周防・長門・豊前のほかに和泉・紀伊二か国を与えたのは、合一への布石の意味があった。

明徳三年（一三九二）に義満は南朝方を義弘に攻めさせたうえで、義弘を通じて南北朝の合一をはかった。条件は三つ。三種の神器を南朝の後亀山《ごかめやま》天皇から後小松天皇に「譲国の儀」によって渡すこと。後亀山流と後小松流の両統が交互に皇位につく両統迭立《りょうとうてつりつ》とすること。諸国国衙領は後亀山流の、長講堂領は後小松流の管轄とすることなどであった。

後亀山はこの条件をのんだことで講和が成立し、吉野を出て閏十月に嵯峨の大覚寺《だいがくじ》に入った。三条件は悉く反故にされてしまうのだが、後亀山がこの条件をのんだのは、南朝方の勢力の弱体と、もはや朝廷として機能しなくなっていたことを自覚していたからであろう。

また義満は後小松天皇の反対を押し切ってこの時期に合一をはかったが、それは国際情勢の変化があったからであろう。この年の七月、朝鮮半島では高麗の李成桂《りせいけい》が最高合議機関である都評議使《とひょうぎし》司《し》に推戴されて国王となり（太祖《たいそ》）、明に使節を送って外交関係の継続の確認と国王交代の承認を求め、認められている。

李成桂は、倭寇や元の残存勢力や北方の勢力との戦いで頭角を現し、対明政策をめぐって親明政策を打ち出し、一三九一年に高麗の行政・軍事の最高権力を握り、土地政策を断行した。これに対し、八月、今川了俊は太祖に書を送って倭寇の捕捉を約束したが、十月に高麗は「日本国王良懐」に僧道本《どうほん》を派遣するなど九州の南朝方にも接触していた。義満はこうした情勢を今川了俊や大内義弘から知らされていたと見られる。

南北朝合一がなると、十二月に絶海中津に高麗への国書の作成を命じ、倭寇の禁圧、俘虜の送還を伝えたが、翌年に李成桂は国号を朝鮮と改めているので、義満は明と朝鮮とが結んで日本にあることも恐れていたことであろう。

義満は康暦二年（一三八〇）九月に「日本征夷将軍源義満」と名乗って、二人の僧を明に派遣したことがあるが、上表のないことから洪武帝に退けられて以後、明との接触のない時期が続いていた。しかし明も、朝鮮も、国内に混乱があり、倭寇に悩まされていたこともあって、すぐに対応をする必要もなく、義満は次の段階へと進んでいった。

明徳四年（一三九三）四月に後円融院が亡くなると、義満の意を奉じる伝奏奉書が出されるようになる。伝奏は治天の君である院への訴訟の窓口であり、訴えの内容を院に執奏し、その仰せを伝達するのを役としていた。義満はいわば治天の君のような存在となり、院政と同じような政治体制がしかれたのである。伊勢神宮については万里小路嗣房《までのこうじつぐふさ》、賀茂社では坊城俊任《ぼうじょうとしとう》、南都では広橋仲光《なかみつ》が伝奏となった。

明徳四年十一月には「洛中并辺土散在土倉并酒屋役」の法令を出している。諸寺諸社の神人や諸権門の扶持する奉公人が有する役の免除特権を取り上げて、土倉・酒屋は平均に役を勤めることとし、これに異議に及ぶ者は「衆中」として沙汰し、難渋すればその糾明を遂げて、没収して公物や寺社の修理に使うこととした。

京都での土倉・酒屋役の一律賦課とそれらを衆中という組織に徴収させ、そのうちから幕府の政所年中行事の費用に六千貫文をあてたのである。ここに幕府政所の財源が諸国の御料所と京都の土倉・酒屋役となった。「山門気風」の土倉が洛中に多いなかで、これが可能であったのは幕府が山門末社の祇園社や新日吉社の祭礼の費用を馬上役一衆に担わせるようになっていたことや、幕府が明徳の乱で京都を実力で守ったことが大きかった。

山門への対策として応永《おうえい》元年(一三九四)九月に近江の日吉社に参詣しており、出家した後の応永三年(一三九六)九月には公卿二十六人を率いて延暦寺に参詣し、戒壇院で受戒している。

入道大相国道義

義満は応永元年(一三九四)十二月に征夷大将軍を辞すと、子で九歳の義持を元服させ征夷大将軍となし、十二月に太政大臣に任じられたことから、公卿たちに上皇としての礼や対応を要求するようになった。

翌応永二年六月に出家しているが、これは病気などが理由ではなく、平清盛の例に倣ったもので、それとともに管領の斯波義将や大内義弘など主だった武家や貴族も出家した。武家はともかく、貴族たちの家礼化《かれい》が著しくなっていたことがうかがえる。
すでに明徳元年（一三九〇）四月の等持寺で行われた法華八講には、関白二条師嗣《もろつぐ》、左右内の三大臣、大納言十人、中納言十人、参議五人の、あわせて二十九人もの公卿が列座していた。家礼となった貴族は義満から次のような家門の安堵を受けた。

御家門ならびに家領等の事、一円御管領相違あるべからず候なり。敬白
〈応永三〉三月十六日　御判
中院大納言殿

家門とは家職に関わる家財・道具、父祖からの日記や菩提寺などの総称で、この家門の安堵は早くは後醍醐天皇により行われたが、応安以後に広く朝廷で行われるようになっていた。次に掲げるのは洞院公定《とういんきんさだ》の家門を安堵した文書である。

家門幷家領以下、管領せしむべきの由、候ところなり。仍て言上件のごとし
応安四年正月十九日　左中弁判奉
謹上　洞院前中納言殿

公定は大部の系図集『尊卑分脈《そんぴぶんみゃく》』の作者であって、この年に大叔父の実守《さねもり》が南朝方から北朝方に帰参し家督を望んだことから、このように公定の訴えで家門が安堵されたのである。義満は後醍醐天皇による家門安堵政策を我が物として展開し、家職の分裂傾向に終止符を打ったことになる。

なお公定は永徳二年（一三八二）九月の等持寺の法華懺法《ほっけせんぼう》で暴言を吐いて義満の怒りに触れ、官を奪われてしまい、応永五年に関白二条師嗣の子権大納言道忠《みちただ》は義満から一字を与えられ満基《みつもと》と改名しているなど、貴族層の義満家礼化は進行していった。

武家もまた義満に振り回された。今川了俊が応永二年（一三九五）八月に九州探題を突如解任されたのである。義満は了俊の勢力が大きくなっていたことから、管領の斯波義将と図り、足利一門でも高い家格を誇る渋川満頼《しぶかわみつより》を探題に任じた。了俊は「大敵難義は了俊骨を折り、静謐の時になりて、

足利義満（東京大学史料編纂所蔵）

功なき縁者を申し与え」と嘆いたが、帰洛しても弁明の余地を全くあたえられず、十一月に駿河守護となり駿河に向かった。

しかしこの解任劇には大内義弘の動きが絡んでいた。義弘は明徳の乱で「およそ義弘ほどの勇士をば御持ち候まじきものを」と豪語し、諸大名の顰蹙《ひんしゅく》をかっていたが、その功績から義満は「一族の准に思給候」という足利一門に準じる待遇を与えていたが、義弘は明徳の乱では鎌倉公方の足利氏満を誘って、氏満が御教書により諸方に檄を飛ばすなど、関東との結びつきがあったことから、義満は了俊と大内との結びつきを警戒していた。

北山殿の造営

応永四年（一三九七）四月に義満は北山の西園寺家の邸宅を河内の所領と引き換えに譲り受けると、北山殿を造営した。西園寺家は鎌倉時代には関東申次《もうしつぎ》に任じられ、室町期になると武家執奏《しっそう》として公武の橋渡しをしていたのだが、義満期になるとその役は二条良基や醍醐寺の光済《こうさい》が担うようになって衰退が著しかった。諸大名に北山殿の造営を命じて成ったが、大内義弘は「吾が士は弓矢を以て業とするのみ。土木に役すべからず」と拒否し、これが義弘の反乱の一因となったという。

北山殿は南北に寝殿があり、その北御所に義満が住み、寝殿の西には三層の舎利殿が、その北に会所（天鏡閣《てんきょうかく》）が設けられ、舎利殿と渡り廊下で繋がっていた。三層の舎利殿は、世に金閣と称されたように金箔が施されており、その第一層の法水院《ほっすいいん》、第二層の潮音洞《ちょうおんどう》はともに寝殿造りで、第三

京都市・金閣寺（古写真）（国立国会図書館蔵）

層の舎利の安置された禅宗様の究竟頂《くっきょうちょう》とあいまって、和様と唐様との総合という性格がうかがえ、王権の富を象徴し荘厳した。

殿舎の造営にあわせ、斯波義将や廷臣の裏松《うらまつ》重光《しげみつ》・中山親雅《ちかまさ》など公武の人々とともに、僧たちが移り住むようになった。義満の出家後には、周辺の僧の顔ぶれが禅僧から顕密僧へと変わっていた。その一人が山門の青蓮院《しょうれんいん》の尊道《そんどう》で、康暦二年（一三八〇）六月の室町殿五壇法では中壇の不動法を修し、反乱にあたっては義満のため祈禱を行い、応永二年（一三九五）に天台座主となり、応永五年（一三七二）には北山殿で内裏造営の際に行う安鎮《あんちん》大法を修している。

もう一人の寺門の聖護院道意《どうい》は二条良基の子、応安五年に園城寺長吏となり、義満の護持僧となって明徳二年（一三九一）六月には室町殿五壇法で降三世法《ごうざんぜほう》を修し、応永二年には中壇の不動法を修していた。

応永六年（一三九九）五月から、尊道と道意を中心に大がかりな祈禱が行われるようになった。毎月七日間の天台密教による秘法のほか、六月に五壇法が行われると、六人の公卿が着座し、大阿闍梨は尊道・道意が交替で勤め、同じ期間に陰陽師も私邸で陰陽道祭を行った。大法の費用は二百貫、陰陽道祭は百貫を要し、このほか山門・寺門・東密の門跡が住房で阿闍梨を勤める廻り祈禱もなされ、その費用は三十貫を要した。

北山殿は単なる山荘ではなく、一条大路に大門を設け、そこから一直線に道を通して北山殿の惣門へと至る道が整えられ、その道に柳を植えた。今の八丁柳の道がそれにあたる。明らかに外交使節を迎えるためのものであり、応永五年（一三九八）八月に朝鮮の回礼使《かいれいし》である秘書監の朴敦之が大内義弘の使者とともに京都に入っている。その時の使者が北山殿に入ったかどうかは明らかでないが、この後の明の使節は北山殿に入っている。

こうして北山殿が整備されてゆくなか、さらに応永六年に父義詮の三十三回忌にあたり、相国寺境内に七重塔を建てたが、これも武家の王権を象徴するものである。白河院が建立した法勝寺の九重塔が南北朝時代に焼失して再建されないままになっているなか、それに代わって、相国寺の七重塔が王権を示威するモニュメントになった。

北山殿を整備してゆくなか、義満は西国大名の大内氏と関東の鎌倉公方の動向に目を凝らすことになった。なかでも大内義弘は朝鮮との貿易を営んで巨万の富を蓄え、朝鮮の要請に従って倭寇の禁圧に努力して朝鮮国王から称賛されるなど、朝鮮との強いつながりをもっていた。

応永の乱

義満は度々義弘に上洛を要請したものの、「和泉、紀伊の守護職が剝奪される」「上洛したところを誅殺される」との噂が流れていて、義弘は不安を覚え鎌倉公方の足利満兼《みつかね》と密約を結んだという。応永六年（一三九九）十月に義弘は軍勢を率いて和泉堺の浦に着いて、家臣の平井新左衛門を入洛させたところ、義満から青蓮院門跡尊道に仕える伊予法眼が派遣されて上洛を促され、さらには禅僧の絶海中津も派遣された。

絶海は将軍家が義弘を滅ぼそうとしているという噂は信じず上洛して、将軍家に謝罪すべきことを説いたが、義弘は政道を諫めるため関東と同心しており、ここで上洛すれば約束を違える事になる、来月二日に関東とともに上洛する、と言い放ったので、絶海は説得を諦めて帰京した。

この報告を受けた義満は、義弘討伐を命じる治罰《じばつ》御教書を発し、細川頼元、京極高詮《きょうごくたかのり》、赤松義則《よしのり》らが淀から和泉へ発向すると、義満自身は馬廻二千余騎を率い八幡まで進み、管領畠山基国と前管領斯波義将率いる主力三万騎が和泉へと発向した。

幕府軍の攻撃に対し、義弘は評定を開いて籠城策を採用し、材木を集め井楼《せいろう》四十八と矢倉千余を建て、堺に方十八町の強固な城を築いた。たとえ百万騎の軍勢でも破ることはできまい、と豪語したのだが、幕府軍三万余騎に包囲され、海上を四国・淡路の海賊衆百余艘で封鎖された。十一月二十九日、幕府軍が一斉に総攻撃を開始し、大内勢がこれに応じて櫓から矢を射た。

こうした情勢に鎌倉公方足利満兼は一万騎余を率い、武蔵府中高安寺まで進んだところ、関東管領上杉憲定《のりさだ》に諫められて上洛する兵を止めた。堺では幕府軍の総攻撃をしのいだ大内勢であったが、幕府軍が火攻めを計画して、左義長（爆竹）を用意して道を整え、十二月二十一日に総攻撃を開始し、城中に火を放ち、矢倉を倒して激しく攻め寄せた。

杉備中守は今日が最後の戦いになると覚悟して、山名満氏《みつうじ》の陣に突撃して討死を遂げたが、それを見た義弘は、後代に残るような最期を遂げようと決意、幕府軍の北側の陣に斬り込んで大太刀を振るって奮戦した。しかし取り囲まれて遂に力尽き、「天下無双の名将」大内義弘入道、討ち取って将軍の御目にかけよ、と大音声を発し、討ち取られたのである。

東側を固めていた大内弘茂《ひろもち》は今川勢、一色勢を相手に戦っていて、自害しようとしたが、平井備前入道に押し止められ降伏を勧められたので、弘茂はこれに従い、堺は落城した。鎌倉公方の足利満兼は武蔵府中から下野足利荘まで進軍したところで、義弘敗死の報を聞いて鎌倉へ引き返し、応永七年（一四〇〇）三月、満兼は伊豆三島神社に願文を奉献し、「小量をもって」幕府に二心を起こしたことを謝罪した。

満兼を謀叛に誘ったとされた今川了俊も、幕府から討伐の命を受けたために上洛して謝罪し、助命されたが、遠江・駿河守護職は取り上げられ、甥の今川泰範に与えられた。その後の論功行賞で、義満は大内氏の分国である和泉・紀伊・石見・豊前を没収し、和泉を仁木義員に、紀伊を畠山元国に、石見を京極高詮に、そして周防・長門を降参した弘茂に与えた。

乱の経緯は『明徳記』に続く軍記物語『応永記』（『大内義弘退治記』）に記された。その作者や成立年代は不詳であるが、乱終結からあまり時間をおかずに書かれたと見られている。また『大館持房行状』には大館持房が五番の番頭として乱で戦ったとあり、親衛軍である奉公衆はこの時期までに五番に編成されていたことがわかる。

「日本国王臣源」

中国との貿易の障害になりかねない大内氏を退けた義満は、応永八年（一四〇一）五月に、側近の僧祖阿《そあ》と博多商人の肥富《こいとみ》を明に派遣して通交を試みた。

義満は明徳から応永に改元する際、明の洪武帝に因んで洪徳の年号を採用しようとした程に、中国にあこがれており、また商人の肥富を派遣したのは、対明貿易から莫大な利益が得られることを知ってのことであろう。その時に使者は明皇帝宛ての次の書簡を帯びていた。

日本准三后道義、書を大明皇帝陛下に上る。日本国は開闢以来、聘問を上邦に通ぜざるはなし。道義幸いに国鈞を秉り、海内に虞れなし。特に往古の規法に遵ひて、肥富をして祖阿に相副へ好を通す。

多くの方物を積んだ船が中国に着くと、明の建文帝《けんぶんてい》に受け入れられ、翌年に義満を冊封する国書を持ち帰ると、これを聞いた義満は大いに喜んで八月に兵庫に赴いている。明からの使節の天倫道彝・一庵一如を北山殿で引見したが、この時は公卿を連れて四脚門まで出迎え、皇帝からの天書に対し、蹲踞・三拝という最敬礼をとった。

その書には「日本国王道義」とあって、義満を「日本国王」と認めている。明使は倭寇の鎮圧を求め、義満の歓待を受けて翌年に帰国の途についたが、この時の日本側の使者は天龍寺住持の堅中圭密で、絶海中津の執筆した義満の書には義満を「日本国王臣源」と記していた。

しかし明使の在日中に靖難《せいなん》の変（一三九九〜一四〇二）が起きて、永楽帝《えいらくてい》が即位していたのだが、中国側に対応の変更はなく、明からは再び使節団が応永十一年（一四〇四）四月に兵庫に到着し、北山殿で使節引見の儀が行われ、日明間の国交と通商の合意が成立、勘合符《かんごうふ》百通が下賜され、これを所持した者にのみ通商が限られるようになった。勘合には「日字勘合」と「本字勘合」の二種類が存在し、日本から明へは「本字勘合」、明から日本へは「日字勘合」が用いられた。

明王朝は冊封した周辺諸民族の王が大明皇帝に朝貢する形式の貿易以外は認めなかった。そのため室町幕府将軍が明皇帝から「日本国王」として冊封を受け、明皇帝に朝貢し、明皇帝の頒賜物を持ち帰るという建前がとられたのである。ただ公式の貿易のほかに博多や堺などの有力商人も同乗し、明政府によって必要な商品が北京で買い上げられる公貿易のほかに、明政府の許可を得た商人・牙行《がこう》（仲買業者）との間での私貿易も行われた。

遣明船に同乗を許された商人は、帰国後に持ち帰った輸入品の日本国内の相場相当額の一割にあたる金額を抽分銭《ちゅうぶんせん》として納付した。応永十三年（一四〇六）の明皇帝からの下賜品は銀千両、織金や諸色の綵幣二百疋、綺繡衣六十件、銀の茶壺三、盆四、海船二艘に及んでいた。こうした大陸からの膨大な唐物は北山殿内の会所に「御物」として飾られ、将軍側近の目利きで遁世者の同朋衆《どうほうしゅう》により管理され、武家の王権を荘厳したのである（『君台観左右帳記《くんだいかんそうちょうき》』）。

なお応永の乱で周防・長門の本拠を守っていた大内盛見は、幕府に従わずに応永八年（一四〇一）に九州で大内弘茂を破り、安芸、石見にまで勢力を伸ばしていたことから、幕府は応永十二年（一四〇五）頃に周防・長門の守護職に豊前・筑前を加えて帰順させている。

四　定まる型

型が定まる

義満の時代に多くの領域で政治の型が生まれてきた。武家政権の政治体制についていえば、将軍を支える管領・大名・評定衆・奉行人などによる中央行政にはじまって、将軍家の家政を司る政所や、侍所・地方の京都支配、各国の守護・九州探題、鎌倉公方などの地方行政、将軍直轄軍の奉公衆なども型として定まってきた。

それの職制を担う家についても、斯波と細川が交互に管領になっていたが、明徳三年（一三九二）に侍所頭人となった畠山基国が応永五年（一三九八）六月に管領に任じられて三管領家《さんかんれい》が形成され、それとともに侍所頭人の家である赤松・京極・山名・土岐の四職家《しき》が定まった。

政所執事も康暦元年（一三七九）に伊勢貞継が任じられ、弟の伊勢貞行が明徳四年（一三九三）に任じられて伊勢家と定まり、九州探題も今川了俊が応永二年（一三九五）に解任され、渋川満頼が任じられてから渋川家と定まる。

公家の関係では、義満が公家の領域に入って廷臣を家礼化し、伝奏を組織したことで、家職をめぐる争いは家門の安堵という形で安定化した。義満は花押に武家様と公家様の二つを使用したが（次頁の図）、この点は公武関係の型が定まったことをよく物語っている。

型が諸方で定まってきたことをさらによく示しているのが『庭訓往来《ていきんおうらい》』である。手紙の文例集である往来物は十四世紀から十五世紀にかけて多く作られており、なかでも『庭訓往来』は正月から十二月までの往復書簡を通じ、型として定まった知識を伝えている。

たとえばその七月晦日《みそか》の書状は、幕府に訴訟をするのにはどうすればよいのかを尋ねる。所領の安堵や遺跡の相論、境相論について、代官を派遣するので、教えやってほしい、訴状の草案や引付・評定での審議のあり方を記してもらいたい、「御沙汰の法、所務の規式、雑務の流例、下知の成敗、傍例律令、武家の相違」などについても知らせてほしい、と依頼しており、これに対する八月七日の返信は、最初に次のように記す。

四海太平、一天静謐の事、人々の攘災《じょうさい》、所々の幸祐也。御沙汰の事、既に厳密に執り行はるる所なり。さらに停滞・預儀の政道に非ず、訴訟若し悠々緩怠の儀有らば、御在洛中の費なり。

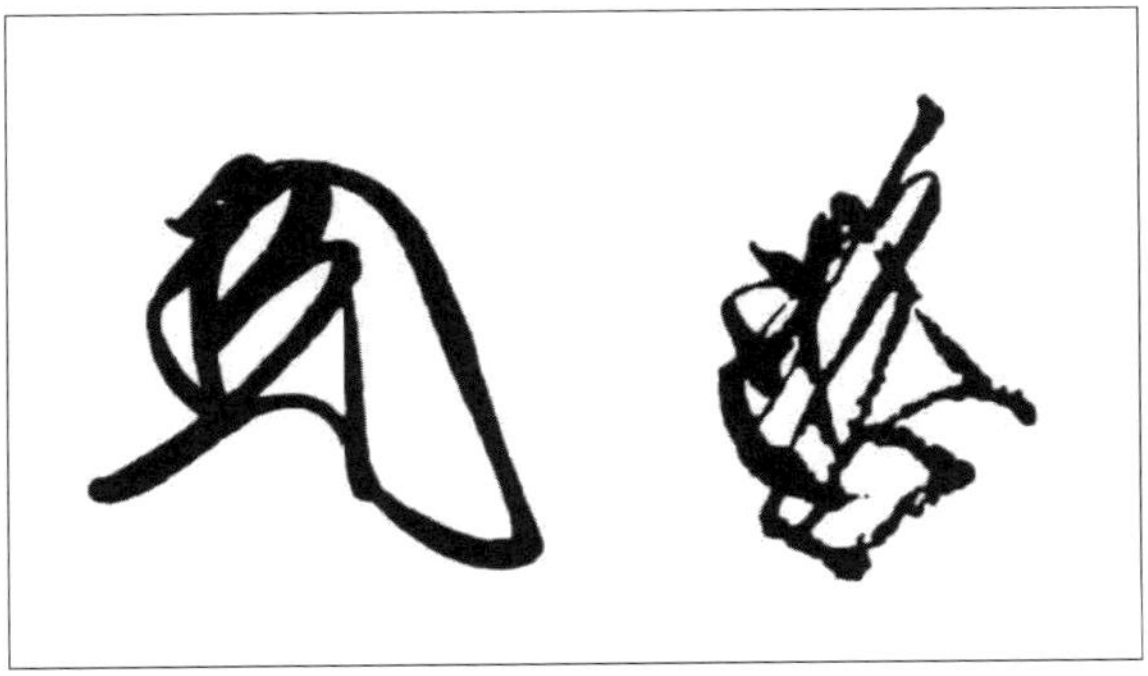

足利義満の花押　武家様（左）と公家様（右）

天下が治まり、災難がとり除かれた今、幕府の裁判はしっかりなされねばならない、と前置きして、引付方の御沙汰、御評定での審議、問状の発給、訴陳状と対決の仕組み、問注所や侍所の管轄事項、寺社の訴訟、直訴など、訴訟の手続について詳しく語るのみならず、「奉行人の賄賂、衆中の属託、上衆の秘計」といった、訴訟を首尾よく進めるための仲介行為にも触れているが、そこで語られている訴訟手続きは『武政軌範』に概ね対応している。

続く八月十三日の書状は、将軍家の若宮参詣の供奉《ぐぶ》の日記を借用したとして、その模様を報告している。関東の鶴岡八幡宮参詣の行列を超える威儀あるものだと指摘し、八葉《はちよう》の将軍の御車に続いて公卿や殿上人、北面が華麗な衣装で供奉し、中間から牛飼に至るまでの供奉人は、浄衣《じょうえ》で人目を驚かす行装をしており、後陣の武士や警固の勇士たちも甲冑・鎧を着て、門外からいかめしい随兵が連なっていたという。その行列を迎えた神社側の人々は、楽人・舞人や禰宜・神主、別当・社僧、巫・八乙女、陪従などで、その演じた芸能には神もその信心をほめたたえたことであろう、と記している。

これらの内容はこの時期に行われた将軍の神社参詣記に対応するもので、このほかにも『庭訓往来』はこの時代に定型化されたことを記している。そこで改めて『庭訓往来』の全体像を見てゆこう。

『庭訓往来』を読む

正月の消息は、年賀の日の小弓や笠懸《かさがけ》などの遊宴について、二月は、花見への誘いと和歌・連歌・漢詩について記しており、一般的な時候に関わる消息である。

だが三月は、所領の経営や勧農、館の造作、四月は、所領興行のための方策、五月は、客人来臨に備えての家財や家具、調度、六月は、盗賊討伐や合戦への出陣用意のための武具乗馬の借用、出陣の命令系統や心得、七月は、勝負事のための衣装や物具、八月は、幕府への訴訟手続きや、組織とその職掌について語り、もう一つの八月の消息では将軍家若宮参詣の行列について語るなど、三月から八月にかけては武士に関するものが中心をなしている。

九月・十月は、寺院での法会・斎食《さいじき》の準備、十一月は、病気の種類と治療法、予防・健康保持のための禁忌、十二月は、任国赴任、行政管理の模様などからなり、政治・経済・宗教・文化など広い領域にわたる知識を満載していて、この面でも定型化が進んでいたことが知られる。

これらを見てゆくと、八月の書状への返信がないのは、ここで一区切りをつけてのものであろう。その後は寺院関係となるが、そのうち九月十三日状は、寺院での法会についての助成への依頼である。仏事大法会のため貴寺の長老を当日の唱導師に定め申したので、侍者などを召し連れて来てほしく、力者《りきしゃ》と駕輿丁《かよちょう》を差し向け、と言い、供養するのは、精舎・三重塔・金堂などの建物、如来や菩薩の彫像、彩色の絵像と墨絵、書写した経であって、経を転読、秘法を勤行、真言を念誦、念仏を称名するほか、禅律僧や行人の接待、千僧の供養、非人の施行なども行うのでよろしく、という。

これに対する九月二十五日の返信は、依頼の旨は承知し、堂塔供養や法華八講は大法会の儀式なので、聖道《しょうどう》の名僧を用いられるべきであるとし、招くべき役僧や楽人・舞童を記し、さらに用意すべき物についても触れている。十月三日の往信は、僧の入院・新任、退院の際に行われる斎食に際し、禅律僧や寺社の聖道の衆徒では誰を呼ぶべきか、点心や布施物はどうすればいいのかを尋ねるとともに、禅家における役僧や、律僧・聖道僧などを列挙して、彼らにどう接すべきか、布施をどうすべきかなどを尋ねており、十月三日の返信ではそれらについて答えている。

このように九月から十月にかけての消息は、寺社に関わる参詣や法会、会食などをどう行うべきかを記し、寺社の職制について語っているが、十一月は一転して病気について、その治療をどう行えばよいかについて語るなど一般的知識に触れたものである。さらに十二月は任国に着任した時の作法に関するものであり、十月までの消息とはやや毛色が違っている。

その内容から見て、幕府の職制が定まった一三七〇年代後半に編まれたものと考えられ、応永の末年には広く流布していた。時宗の金蓮寺《こんれん》の僧眼阿《がんあ》こと素眼《そがん》の『新札往来《しんさつおうらい》』は貞治六年（一三六七）、応安七年（一三七四）の奥書があり、康暦二年（一三八〇）八月五日に書写した本が伝わっているので、ほぼ同じ頃に著されたのであろう。

編者は不明だが、武士の要望に応えた内容が多くあるが、武士の手になるものとは考えがたく、十二月の任国に着任した時の作法などは、はるか以前の受領の任国着任時のものと同じであり、朝廷・幕府政治に関わりのある人物ということになろう。

武士の館

三月から八月にかけての消息では武士について語っているので詳しく見てゆこう。三月の消息は、最初に「家門」の繁昌を喜び、所領に下ったならばなすべきことを政所に命じている。

所領の境を糺《ただ》して清廉の沙汰を行うように、所領支配のための文書を整えるように、勧農を行って年貢・地子を収納するように命じた後、所領支配の拠点となる「御館造作」について次のように記している。

御館造作の事、各別の作事有るべからず、奉行、早く四方に大堀を構へ、その内に築地を用意すべし。棟門・唐門は斟酌の義有り。平門・上土門・薬医門の間に於ては、これを相計《はから》ふべし。寝殿は厚萱葺、板庇、廊中門・渡殿は裏板葺、侍・御厩・会所・囲炉裏間・学文所・公文所・政所・膳所・台所・贄殿・局部屋・四阿屋・桟敷・健児所は葦萱葺に支度すべき也。

このように堀を廻らし、築地で館を囲み、門を構え、館内の建物の仕様について語った後、主屋の周囲の造作について次のように記している。

南向には笠懸の馬場を通し、埒《らち》を結はしめ、同じく的山を築くべし。東向には蹴鞠の坪を構へ、四本懸を殖ゑられ、泉水・立石・築山・遣水、眺望に任せ、方角に随て、禁忌無き様に之を相計ふべし。客殿に相続いて、檜皮葺の持仏堂を立つべし。礼堂・庵室・休所は先づ仮葺也。傍に又土蔵文庫を構ふべし。其中間は塀也。後園の樹木、四壁の竹、前栽の茶園、同じく調へ、殖うべき也。

庭の造り、客殿、持仏堂、土蔵や文庫などの建築物ほか、樹木・竹林・茶園にまで、その指示は実に細かい。各地の大名や国人により館が築かれるようになったことは既に見てきたが、大名や国人もこのように整った「造作」ではなくとも、御館を築くようになっていた。この消息に対する三月十三日の返信は現地に臨んでの報告である。

抑《そもそ》も御下文・御教書、厳重の間、入部の使節異儀無く、彼所に莅《のぞみ》て遵行せしめ候ひ畢ぬ。吉書は吉日良辰を撰び行はしめ、耕作の業の最中也。地下の文書の事、或は紛失、或は失墜錯乱の由、沙汰人等構へ申すに依て延引の条、恐れ入り候。事の実否、又土貢の員数等、尋ね捜て追て注進申すべき也、

作事については桁・梁・柱などの材木は杣《そま》取りに命じて誂《あつら》えたこと、門の冠木《かぶき》や扉の装束以下の具足は津や湊で買うこととし、山造りの斧・鉞《まさかり》以下の金物は炭釜を用意して鍛冶に造らせるので、木工寮《もくりょう》や修理職《すりしき》の巧匠を召し下され、釿立、礎居、柱立、精鉋を行い、棟上の吉日は陰陽の頭に命じてほしいことなどを記している。

樹木の事は、梅・桃以下、心の及ぶ所を尋ねて植えたが、そのほか必要とあらば日記に記して命じてほしい、都合するので、と述べ、最後に申し入れたいこともあるが、御領の田堵や土民、名主、庄官等が野心を抱いていて、いまだに落居していないこともあるので、責め伏せてから後に参上して申し入れたいと結んでいる。

館の経営

石見の国人の益田兼見は館（『三宅土居』）を築くと、永徳三年（一三八三）八月に置文を作成し、益田本郷を始めとする所領を嫡子兼世《かねよ》、次男兼弘《かねひろ》、三男兼政《かねまさ》に譲与するとともに、御公事や軍役は惣領兼世がとりまとめること、一味同心して談合しやってゆくように示している。

『庭訓往来』は、そうした武士の館の造作に触れた後、その興行については四月の消息が語っているが、これには後に触れることとして、その経営について記す五月五日の消息を見ることにしよう。

抑も関東下向の大名、高家の人々、路次の便りを以て、打寄す可きの由、内々其聞え候。折節草亭見苦敷、資具、又散々の式也。御扶持に預らずんば、今度の恥辱を隠し難し。助成せられば、生涯の大幸也。

関東に下る大名や高家の人々が立ち寄るという噂があり、どのように接待をすればよいのか、館は見苦しい状態なのでお助けください、と前置きをし、必要とする物品をあげている。それらは「縵幕、幕串、高麗縁の畳、深縁の差筵、屛風、几帳、翠簾」「打銚子、金色の提子、青漆の鉢、茶碗の具、高坏、懸盤、引入れ合子、皿、盃、油、蠟燭、鉄輪」などで、家人や若党、家来は無骨の田舎人なので、「配膳、勧盃、料理、包丁」などの故実を知っている職人を二人ほど雇いたい、ともいう。

これへの返信は、所持分を進めるとしたのは、注文にはない「燈台、火鉢、蠟燭の台」のほか、「能米、馬の大豆、秣、糠、藁、味噌、醬、酢、酒、塩梅」、初献の料では「海月、熨斗鮑、梅干」、削物は「干鰹、円鮑、干蛸、魚の躬、煎海鼠」、生物は「鯛、鱸、鯉、鮒、鯔、王余魚、雉、兎、雁、鴨、鶇鵠、鶉、雲雀、水鳥、山鳥一番」、塩肴は「鮪の黒作り、鮎の白干、鱒の楚割、鮭の塩引、鯵の鮨、鯖の塩漬、干鳥、干兎、干鹿、干江豚、豕の焼皮、熊掌、狸の沢渡り、猿の木取、鳥醬、蟹味噌、海鼠腸、琢、鰭《うるか》、鱗、烏賊、辛螺、栄螺、蛤、蛯交の雑喉」などと、実に多くの料理の材料からなる。接待の際の料理がどのようなものであったかがよくうかがえる。

続いて六月七日の消息は、武士の本分である合戦準備に関してのものである。

抑も世上既に静謐に属するの間、鶉鷹逍遥の為に、参入せしめんと欲し候の処、謀叛、反逆の凶徒、籌策を廻し、盗賊狼藉の悪党を引率して、国々に蜂起せしむ。山賊、海賊、強窃二盗の徒党、所々に横行せしめて、人の財産を奪取り、土民の住宅を追捕し、旅人の衣裳を剝ぎ取るの間、誅伐追討の為に、大将軍、方々に発向せらるゝに依て、当家の一族同じく彼の戦場に馳せ向ひて、城郭を破却し、楯籠る所の賊徒を追伐して、要害を警固すべしと云々。

世の中は静謐になったが、謀叛・反逆の凶徒が盗賊狼狽の悪党を率いて国々に蜂起し、山賊、海賊、強窃の徒党が横行し、財産を奪い取り、士民の住宅を追捕しているので、その誅伐・追討のため大将軍が方々に向けられることになったので、当家の一族もその戦場に馳せ向かい、城郭を破却し楯籠っている賊徒を追伐し、要害を警固するように命じられた。そこで近日、進発するのだが、戦場の武具乗馬以下を失っているので、鎧や腹巻、御乗替等があったならば助成して欲しい。

さらに今度の出立は当家の眉目、一門の先途であるから、門葉の人々には粉骨の合戦をする、と約諾したのでよろしく、と語って、さらに次のように述べる。

就中、将軍家の御教書、厳密の上、緩・御旗等を下し給るの間、内戚外戚の一族、一揆せしむる者也。且は戦功の忠否に依り、且は軍忠の浅深に随て、朝恩に浴さんと欲す。譜代相伝の分領、一所懸命の地に於ては相違有るべからざる者を哉、余命を顧みざるに依て心底を残さず候。

将軍家からの御教書は厳重であり、緩や旗等を下されたので、内戚・外戚の一族で一揆した故、戦功の忠否に依り、軍忠の浅深に随って朝恩に浴したい、と思う。譜代相伝の所領や一所懸命の地は安堵してもらえるであろう、と恩賞を期待し依頼したのである。

合戦と勝負

六月十一日の返信は戦場に向かう際の心構えについて触れる。

抑戦場御進発の事、夜前始めて奉《うけたわま》る所也。綸旨・院宣は大底の規式、令旨・官府宣は今の指南に非ず。大将軍・副将軍の御教書、傍輩の軍勢催促は信用の限りに非ず。将軍家の御教書、執事の施行、侍所の奉書は規模也、且は嘉例、且は先規也。申沙汰せらるべし。反逆の輩に於ては、後昆の為に与同張本の族を貽《のこ》さず、之を誅せられ、強竊の党類に至ては、同意贔屓の徒党を尋ね捜て搦捕らるべし。生虜分取は、軍忠の専一、軍旅の高名也。能々用意せらる可き也、

戦場に向かわれると聞いたのだが、綸旨・院宣は重視されても、令旨や官府宣は今では用いられていない、大将軍・副将軍の御教書や傍輩の軍勢催促は信じず、将軍家の御教書や執事の施行、侍所の奉書に基づくべきであり、それに対応するのがよろしい。反逆の輩は後々のために与同張本の族を残さず誅し、強竊の党類は同意贔屓の徒党を尋ね捜て、搦め捕えるべきである。生虜分取は軍忠の専一であり、軍旅の高名なのでよくよく用意されたいと、合戦で注意すべきことを細かに語った後、武具や太刀、弓などの種類をあげ、餞《はなむけ》に送ること、兵粮の米や鞍替の糒袋、行器、野宿料の雨皮、敷皮、油単等の雑具など、心の及ぶ限りの物を奔走して

送ると語っている。

続く七月の消息は勝負の経営に関するものである。

> 抑、来廿日比、勝負の経営候。風流の為に入るべきの物一に非ず、紅葉重、楊裏、薄紅梅、色々の筋の小袖、小隔子の織物、単衣、濃紅の袴、美精好の裳、唐綾、註文の唐衣、朽葉地、紫の羅、袙、浮文の綾、摺絵書、目結、巻染、村紺掻、浅黄の小袖、同じき懸帯、蒔絵の手箱、硯函、冠、表の衣、水干、直衣、狩衣、烏帽子、直垂、大口、大帷、太刀、長刀、腰刀、箙、胡籙、大星の行騰、房鞦、牛の胸懸等、上品に非ずと雖も、註文に任せて、相違無きの様に申し下さるべき也、恐々謹言

勝負の際の風流な衣装などは、上品でなくてもよいから注文を送る故、用立てて欲しいと語り、実に多くの品々を書き上げている。

これへの返信は、「申し入れらるる用物の事、目録に任せて下さるる所也」と注文分を送るとした後、注文の外に使者を通じて申し入れた分についても「長絹素絹の袈裟、精好薄墨の衣」以下の法服や仏具、履物、さらに「竜虎梅竹の唐絵一対、并に横笛、笙、篳篥、和琴、琴、琵琶、方磬、尺八、大鼓、羯鼓征鼓、三の鼓、調拍子、摺鼓」など、唐絵や楽器を調えて送るとしている。

ここでの勝負とは、風流とあるので、茶や連歌などの芸能の勝負である。二条良基の連歌論『連《れん》

理秘抄《りひしょう》』は連歌について十七か条にわたって記すが、その第九条の「連歌の体をしかえること」の一例として「勝負の連歌などには、確かに一定、点ありぬべき様にひしと付くべし」と記して、勝負の連歌では点をもらえるように詠むようにと語っている。

その『連理秘抄』で良基は、鎌倉時代後期になって連歌の道が盛んになり、「家々の式」などが多く流布し、「当時も、本式・新式などいひて、方々にわかれ所々に集会す」といった南北朝初期の動向を記し、「上古・中古・当世、鎌倉・京、本式、新式、色々様々」と、多様に分流している状況において、統一を図ることを考え、その結果、師である救済が建治年間に定めた式をよりどころにして、同じく十七か条からなる連歌論『筑波問答《つくばもんどう》』を著し、応安五年（一三七二）に定めたのが『応安《おうあん》新式《しんしき》』である。

ここに連歌の型が定まったのであり、それは良基が永徳二年（一三八二）十月に大内弘世の十か条の質問に答えた『十問最秘抄』から知られるように、公武の交渉を経てのものである。

8 型の追求

一　芸能の型

連歌師と往来物

『庭訓往来《ていきんおうらい》』はこの時代に定まった多様な型を伝えたもので、江戸時代の手習所（寺子屋）のテキストとして出版されることになったのは、その型が後世に継承されていったからである。多くは武士を対象とした内容ではあるが、江戸時代になると、庶民にも受容されていった。

どうして「庭訓」なのか、編者が誰なのか、が問題になるが、その際に参考になるのが『新札往来《しんさつおうらい》』の編者の素眼《そがん》である。連歌師心敬《しんけい》の『ひとりごと』には、連歌師救済《ぐさい》の門弟に二条良基・周阿《しゅうあ》法師・成種・成阿法師・琳阿など並んで「素阿《そあ》」の名が見える。素眼は能書《のうしょ》であったこともあり、『新札往来』は勅撰集や漢籍の知識とその手跡《しゅせき》について触れており、『庭訓往来』と同じく道具や物具、料理、地頭の心得、医薬・治療について詳しく記している。『庭訓往来』の編者も連歌師の可能性が高いと考えられる。

連歌師は公家や武士との交流が盛んで、各地の武士の館を訪問し、連歌会の宗匠となったほか、諸国の情報を伝えてもいた。『ひとりごと』は、応永《おうえい》の頃からの世に聞こえた連歌師として、大名の今川了俊《いまがわりょうしゅん》、足利義満家臣の梵灯庵主《ぼんとうあんしゅ》（朝山師綱《あさやまもろつな》）、国人の波多野通郷《はだのみちさと》・外山《とやま》・平井入道道助《ひらいにゅうどうどうじょ》（大内義弘《おおうちよしひろ》の家臣）、遁世者の中宜《ちゅうぎ》庵主・頭阿《とうあ》・昌阿《しょうあ》らをあげている。

連歌師が庭訓として我が子や弟子のために著したのが『庭訓往来』であって、医薬や治療の知識が記されているのは、旅をすれば必須だったからであろう。義満の厳島参詣には医師の坂士仏《さかしぶつ》が同道していたが、その父十仏《じゅうぶつ》は善阿の弟子で、『伊勢大神宮参詣記』を著している。士仏の坂家は幕府に御用医師として仕え、孫の三位房胤能《たねよし》は将軍義持《よしもち》に仕え、応永二十七年（一四二〇）に義持の病を疫病によるものと診断して恩賞に与っている。

しかも『庭訓往来』の二月二十三日状は、その連歌に触れている。花見の誘いの手紙で、醍醐や雲林院の花が香り、盛りとなり、嵯峨、吉野山の桜も開花と落花とが枝を交え、梢が繋り合っているこの時期、花見をせずにおられましょうか、といざなう。

花の下の連歌師や風流雅遊の人々が雲霞のように大勢集まりますが、遠方での花見は煩わしいので、近辺の花見に歩いて参ろうかと思います。そこで日頃とは違ったお姿で、明後日にお出でいただければ幸いです。連歌の宗匠や和歌の達者を二人ほどお誘い下さい。そのついでに漢詩や連句も望んでおります。破籠《わりご》や小竹筒《ささえ》などの酒肴は私が用意しますので、硯や懐紙をお持ち下さい。

花の下連歌への誘いであり、すでに見たように連歌はこの時代には型が定まっており、連歌の准勅撰集『菟玖波集《つくばしゅう》』が延文《えんぶん》二年（一三五七）に成立している。

その前年には、和歌の勅撰集『新千載和歌集《しんせんざい》』が編まれているが、これは将軍足利尊氏の執奏《しっそう》により後光厳天皇《ごこういん》が二条為定《ためさだ》を撰者に命じて成ったもので、以後の勅撰集はいずれも将軍の執奏によって成立している。『新拾遺和歌集』には尊氏の子義詮《よしあきら》が、『新後拾遺和歌集』には義満が関わり、最後の勅撰集『新続古今和歌集』も将軍義教《よしのり》の強力な主導権によって編まれた。その傍らで古今伝授という歌道伝承の方式が整えられていった。

諸道の名匠

『新札往来』は「囲碁・双六・将棋」に触れた後、蹴鞠について飛鳥井・二条の家や賀茂の人々について語り、六条河原での犬追物《いぬおうもの》の手組を将軍が桟敷で見物したことや、吉田の馬場での笠懸《かさがけ》、新座・本座の田楽、大和・近江の猿楽など多くの芸能について記している。

『ひとりごと』は、その多くの芸能にも触れる。連歌師として各地をめぐるなかで知りえた知識を回顧して語るなか、永享《えいきょう》年中（一四三〇年代）までは和歌や連歌の名匠や先達が「きらきらしく」活躍していたと指摘する。詩や連句はかつては公家がもっぱらにしていたが、禅宗の学者に名匠が現れたとして、南禅寺の惟肖得巌《いしょうとくがん》、建仁寺の心田清播《しんでんせいは》をあげる。惟肖は絶海中津《ぜっかいちゅうしん》の弟子で詩文集に『東海瓊華集《けいか》』があり、心田はその弟子で詩文集に『心田詩藁』がある。

さらに「天下に近き世の無双の人々」をあげる。『平家物語』の語りでは「千都検校《せんとけんぎょう》といへる者、奇特無双の上手なり」と指摘するが、千都は千一《せんいち》ともいい、覚一《かくいち》の一方流《いちかたりゅう》の当道座《とうどうざ》にあって、慶一《けいいち》の門弟で、兄弟子の相一《そういち》の死後に総検校になっている。

絵画では、「同じ比《ころ》、絵かく人数を知らず、さる中にも周文禅学、天下に並びなかりし最第一となり」として周文《しゅうぶん》をあげて、千一検校とともに「二、三百年の間に生まれ難し」と評されていたという。周文は相国寺《しょうこくじ》の画僧である如拙《じょせつ》の弟子で、寺では都官《つうかん》（財政を担当）の職にあったが、幕府の御用絵師になった。これは師の如拙を引き継いだものであり、その如拙の著名な退蔵院蔵の『瓢鮎図《ひょうねんず》』については、「大相公」（足利義持）の命で「新様」で描いたものという。如拙・周文により水墨画の型が定められたのである。

次に碁打ちをあげる。「碁をうち侍りし近き世の無上の上手」は、相模の大山《おおやま》の衆徒大円《だいえん》と三浦民部《みうらみんぶ》の二人で、その「手合い」は互いに勝負がつかないほどで、「昔より今に生まれぬばかり」である、と語る。心敬は東国に下って相模大山の麓で亡くなっているので、関東の事情に詳しかったことから、この囲碁打ちについて記したのである。

同じく早歌《そうが》も関東で広がって、時宗の僧によって京にも及んだ歌謡であるが、これについては、「天下には清阿《せいあ》と口阿《こうあ》とて、二輪二翅のごとく申し合へり」と記し、この二人は坂口の坂阿《ばんあ》の門弟であったという。坂口の坂阿は、延文二年（一三五七）に道阿《どうあ》から秘説を受け、明徳三年（一三九二）に口阿に伝えていた。さらに尺八については次のように語る。

尺八などとて万人吹き侍る中にも、近き世には増阿とて、奇特の者侍りて吹き出だしたり。今に一天下、この風流を受け侍り。無双の上手最一となり。増阿《ぞうあ》が無双の第一人者であったのだが、その門弟の頓阿《とんな》も「世一の者」であるという。これに続いて、猿楽では世阿弥について次のように触れている。

世に無双不思議のことにて、色々様々の能どもを作り置き侍り。今の世の最一の上手といへる音阿弥《おんあみ》・金春大夫《こんぱるたいふ》なども世阿弥が門流を学び伝へ侍る。

こう絶讃された世阿弥については、多くの著作が残されているので、次にその動きを見ることにしよう。

『風姿花伝』を読む

応安《おうあん》七年（一三七四）に京の新熊野社での観阿弥・世阿弥父子による猿楽能を、義満が気に入ってから以後、将軍の保護のもとで猿楽能の芸は高められていった。

世阿弥の実践的演劇論『風姿花伝《ふうしかでん》』は応永七年（一四〇〇）に著されているが、翌応永八年に義満は当時お気に入りの犬王《いぬおう》に自らの法名の道義の一字道を与えて道阿弥と称させ、観阿弥の子に観世の一字をあたえて世阿弥と称させ、ここにおいて世阿弥は能の家の継承を認められたことになる。

『風姿花伝』は、序で能の淵源を語って、この道に達すべき人への忠告を記している。

この道に至らんと思はん者は、非道を行《ぎょう》ずべからず。但し、歌道は風月延年の飾りなれば、最もこれを用ふべし。およそ若年よりこのかた、見聞き及ぶ所の稽古の条々を大概記し置く所なり。

歌道以外の道は嗜《たしな》むべきではないといい、芸道修行の在り方について述べてゆく。本文の第一条の「年来の稽古条々」では、年齢の階梯に沿った芸の在り方を語り、第二条の「物学ぶ条々」では、いかに物真似をすべきかの基本を語る。女、老人、直面《ひためん》、物狂《ものぐるい》、法師、修羅、神、鬼、唐事《からごと》それぞれに注意すべきポイントを指摘し、その身体に沿った芸をいかに演じるかを具体的に展開する。

第三条の「問答条々」では、能を演じるにあたっての要点を九か条にわたって問答体で記してゆく。当日の座敷を見て吉凶を知る事、能の序破急《じょはきゅう》を定める事、勝負の立会の事、若い仕手《して》と名人の仕手の違い、上手と下手、能の位の差別、謡の文句への身遣い、しほれたるという批判、能に花を知る事などについて、詳しく説明する実践編であり、最後に次のように語る。

およそ家を守り、芸を重んずるによつて、亡父の申置し事どもを、心底にさしはさみて、大概を録する所、世のそしりを忘れて、道のすたれんことを思ふによりて、全く他人の才学に及ぼさんとにはあらず。ただ子孫の庭訓を残すのみなり。

風姿花伝条々　以上

時に応永七年〈庚辰〉卯月十三日

従五位下左衛門大夫秦《はだの》元清《もときよ》書

このように子孫に伝えようとして庭訓として書いたという。父から継承した芸風を確立したことから、それを子孫に残すべく意図されたものとわかる。

中世社会の思潮は、家の形成、身体を窮める、職能を自覚するという三段階で展開してきたと考えるが、この世阿弥にあっては、それら三段階を踏まえて芸術論を展開したのである。

しかし『風姿花伝』はここで終わるのではなく、さらに第四条で「神儀に云はく」と題して申楽の歴史を詳しく記し、第五条の「奥義に云はく」では能の奥義や秘儀について、応永九年（一四〇二）に記している。さらに第六条では「花修に云はく」と題し、能の作品論・作者論・演技論・演者論に及んでゆく。これはその後に到達した段階での境地を記したもので、第七条の「別紙口伝《べっしのくでん》」では「花を知ること」についての論を展開し、応永二十五年（一四一八）に書き終える。

う語る。

時分の型、風体の型

注目したいのは芸の展開を人生の区切りごとに語っている点であって、最初の七歳についてはこ

この芸において、大方七歳をもて初めとす。このころの能の稽古、かならずその者しぜんとしいだすことに得たる風体あるべし。舞・はたらきの間、音曲、もしは、怒れることなどにてもあれ、ふとしいださんかかりを、うちまかせて心のままにせさすべし。

能の芸は七歳頃に始めるのがよいとしつつも、あまり教え込まないのがよい、と指摘し、続いて十二・三歳からは、「はや漸々《ようよう》声も調子にかかり、能も心づくころなれば、次第しだいに物数をも教ふべし」と、順次、物を教えてゆくべし、と語るなど、年齢の階梯に沿って、各段階での芸のあり様を記してゆく。その階梯は次の通り。

十二・三より　この年のころよりは、はや漸々声も調子にかかり、

十七・八より　このころはまた、あまりの大事にて、稽古多からず。

二十四・五　このころ、一期の芸能のさだまる初めなり。

三十四・五　このころの能、盛りの極めなり。

四十四・五　このころよりは、能の手立《てだて》、おほかた変はるべし。
五十有余　このころよりは、おほかた、せぬならでは、手立あるまじ。

各年代における芸の状況や、それぞれの時期に何をすべきかを記しており、極めて教訓的内容となっている。二十四・五の「一期《いちご》の芸能」が定まるまでの時期については、ほぼ六歳ごとに変化するが、二十四・五歳からは十年ごとに変化を刻む。親の観阿弥の教訓を踏まえつつ、自らの人生を歩むなか、十年が一区切りになっていると見たのである。

その演劇論では型の重要性を指摘して、次のように語る。

○堪能にて、天下の許されを得ん程の者は、いづれの風体をするとも面白かるべし。風体・形木は面々各々なれども、面白き所はいづれにもわたるべし。
○我が風体の形木の疎かならんは、ことにことに能の命あるべからず。これ弱き為手《して》なるべし。我が風体の形木を極めてこそ、あまねき風体をも知りたるにてはあるべけれ。
○あまねき風体をこころにかけんとて、我が形木に入らざらん為手は、我が風体をしらぬのみならず、よその風体をも、確かにはましてしるまじきなり。

「風体《ふうてい》」こと芸風を重視するなか、その「形木《かたぎ》」（型）を窮めることを求めているのがわかる。「物

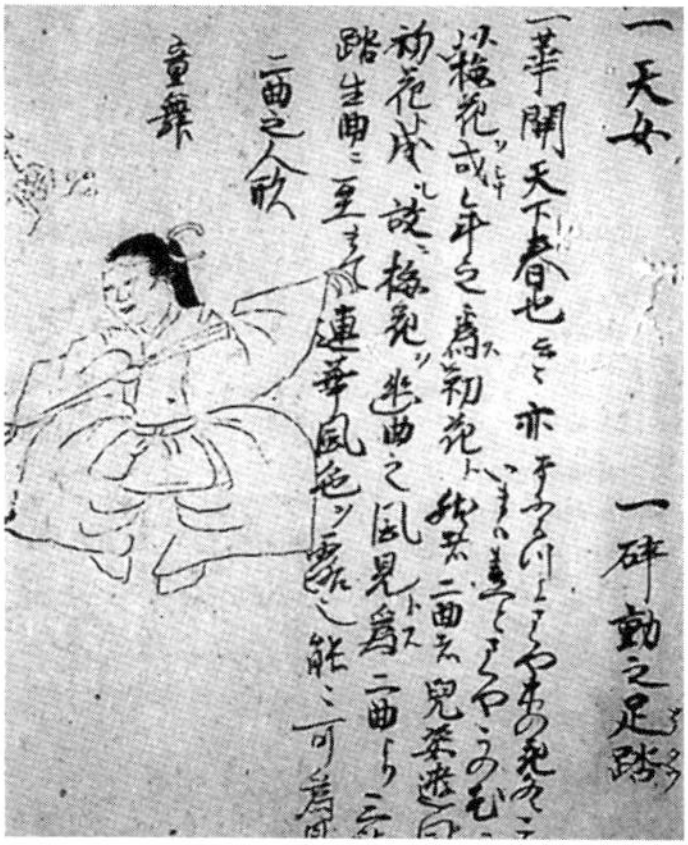

「二曲三体人形図」（法政大学能楽研究所蔵）

数を尽くし、工夫を極めて後、花の失せぬ所をば知るべし」と各所で指摘し、我が家の風体の型を求めよ、と力説している。女、老人、直面、物狂、法師、修羅、神、鬼、唐事それぞれの人物像の型を追求していて、日本の古典芸能者が型の追求を重視するのはこの時代に始まる。

立花と石立

世阿弥は能の在り方を花にたとえた。「幽玄の花」「童の花」など花にたとえる表現が頻出する。著作も『風姿花伝』『花鏡《かきょう》』や『至花道《しかどう》』など花に因んだ書名が多いが、それは立花《りっか》の芸能と大いに関係がある。『風姿花伝』の花修《かしゅう》にこう見える。

申楽の本木《もとぎ》には、幽玄ならん人体、まして心・言葉をも優しからんを、たしなみて書くべし。

この本木とは、立花の真となる木のことで、立花の表現を借りて能を演じる上での心得を語っているところに立花の影響が認められる。『太平記』巻三十三の「武家富貴の事」は、佐々木道誉《ささきどうよ》が大原野の勝持寺《しょうじじ》で茶会を開いた際、寺の境内を唐物で様々に飾りつけ、本堂の庭の桜の大木四本の各根元に真鍮の花瓶をすえ、花を立て、香炉に名香を焚きあげたことを記しているが、このころから立花の芸能は広がっていた。

『祇園執行日記《ぎおんしぎょうにっき》』応安五年七月二十七日条には「四条道場に参る。立花の松一つ覚阿のもとに遣すの処、聖方に参らす」と、記主の顕詮《けんせん》が時宗の四条道場に赴いて、立花のための真木となる松を送ったことが見える。

足利義満は応永六年（一三九九）から北山殿で毎年七月に七夕花合《はなあわせ》を行っており、これに関わっていたのは将軍抱えの同朋衆《どうほうしゅう》であって、義教の時代にはその名も立阿弥《りゅうあみ》という立花の達者がいた。永享二年（一四三〇）三月の花見のため、立阿弥は将軍に命じられ、将軍邸の会所の置物を醍醐寺金剛王院の会所に送って飾り付けを行っているが、そこには押し板に三具足、棚に草花瓶、床に「そんれう」の花瓶や石の鉢という座敷飾りの花が立てられたのである（『満済准后日記《まんさいじゅごうにっき》』『御会所御厳注文』）。

立花が花を座敷に飾る芸能であるのに対し、庭園に石を立てる芸能が石立《いしだて》である。石立は古く摂関時代に成った『作庭記《さくていき》』に記されていて、その『作庭記』は鎌倉後期になって改めて注目を浴びて書写されるようになり、その石を扱う石工や庭師などの職人が腕を発揮するようになった。

この石立に注目したのが夢窓疎石《むそうそせき》であって、天龍寺の庭園の曹源池《そうげんち》に石立の妙を発揮し、さらに嵯峨の西芳寺《さいほうじ》にもその技を振るったのである。それまでに夢窓は、鎌倉の瑞泉寺《ずいせんじ》や美濃の永保寺《えいほうじ》の庭園のように自然の岩山を利用した座禅修行の場として庭園を構想していたが、天龍寺や西芳寺では人工の石立を通じて、人間と対置された自然や世界観が表現されたものとなっている。

夢窓は西芳寺に天皇や義満を招いており、ここを出発点として禅宗庭園が大名庭園に取り入れられ、広がっていった。『庭訓往来』の「御館造作」における指示には、庭について「泉水・立石・築山・遣水、眺望に任せ、方角に随て、禁忌無き様に之を相計ふべし」と記されている。

二　武家政権の整頓

義満の後継者

朝廷の権限を吸収し強力な権力を築いた義満が応永十五年（一四〇八）五月に亡くなると、子の義持が跡を継いだ。すでに九歳で将軍職を譲られていたのだが、実権はなく、後小松《ごこまつ》天皇の北山殿への御成では、義満寵愛の異母弟義嗣《よしつぐ》が天皇に謁見したのに、義持にはその機会はなかった。

義満が義嗣の内裏での元服の二日後に病に倒れ、後継者を遺言する暇もなく亡くなったため、管領の斯波《しば》義将《よしゆき》の支えによって、義持が家督相続者に決定したが、候補は義嗣のほかにもう一人いた。関東にあって足利将軍家の正統を主張する鎌倉公方である。

応永五年（一三九八）に氏満《うじみつ》が亡くなって、関東公方となった満兼《みつかね》は関東管領上杉犬懸《うえすぎいぬかけ》家の朝宗《ともむね》を補佐として、二階堂・長井氏が引付頭人《ひきつけとうにん》に、二階堂氏が越訴《おっそ》奉行にあたる体制となった。応永の乱では大内氏と結ぶ計画もあったが、義満が亡くなった頃にはまだ二十歳と若かった上に、応永十六年に鎌倉の御所が炎上して新御所に移ったところで、翌十七年七月に亡くなってしまい、満兼の子持氏《もちうじ》が跡を継承し、朝宗の子上杉氏憲《うじのり》（禅秀《ぜんしゅう》）が関東管領になった（『鎌倉大草紙』）。

こうして実権を握った将軍義持は、義満の政治に修正を加えてゆく。翌年には二代将軍足利義詮が住んでいた三条坊門邸に移り、北山殿は金閣をのぞいて取り壊し、義満への太上天皇の追号を辞退するなど、公武一統型の政治路線を武家政権の路線へと変更していった。管領の斯波義将の強い影響もあって、路線を切り替えたのであるが、基本的政策は維持した。

代替わりに伴って積極的な所領政策を推進し、諸大名・諸寺に所領安堵を行ない、最初の五年間に極めて多くの所領安堵を行っていて、その際の花押には公家様を用いた。日明関係については、義満が「日本国王」に封じられたことへの公家や斯波義将らの批判が強かったが、義満没後にその訃報を明の永楽《えいらく》帝に報告しており、最初は冊封《さくほう》関係に入る事を了承していたのだが、応永十七年（一四一〇）五月に斯波義将が死去すると、態度を一変させ、明の永楽帝の勅使が京都に入る事を認めず兵庫から帰国させ、翌年に明と国交を断絶している。

こうしたなか南朝最後の天皇であった後亀山《ごかめやま》上皇が応永十七年に吉野に出奔する事件が起きた。義持の政治に期待は抱いたものの、義満とあまり変化がなかったからであろう。するとこれを機に各地の南朝系の勢力が蜂起し、翌応永十八年七月に飛驒国司家の姉小路尹綱《あねがこうじただつな》が反乱を起こした。さらに応永十九年八月に称光《しょうこう》天皇が位につくと、応永二十二年には河内で楠木氏が反乱を起こし、伊勢国司家の北畠満雅《きたばたけみつまさ》も両統迭立《りょうとうてつりつ》の約束を守るよう要求して反乱を起こした。

だがまもなく和解がなって、後亀山上皇も幕府の説得に応じて応永二十三年秋に帰京したところ、その直後に関東で上杉禅秀《ぜんしゅう》の乱が起き、この報が幕府に十月十三日にもたらされた。義持は因幡堂《いなばどう》に参籠しており、そこで諸大名を招集して軍議を開き、幕府が管轄する駿河へ持氏を退かせることなどを決めた。ところが三十日に足利義嗣《よしつぐ》が出奔して高雄に遁世する事件が起き、大騒ぎとなった。

禅秀の乱は、鎌倉公方の持氏と衝突して管領を辞めた禅秀が、上杉山内家の憲定《のりさだ》の子憲基《のりもと》が管領に就任するなか、関東の広範な武士の支援を得て鎌倉公方に背いて起こしたもので、一旦は持氏を鎌倉から追い出し、持氏の叔父満隆《みつたか》を公方としたのである。しかし応永二十四年（一四一七）に幕府の支援を得た鎌倉公方の持氏によって乱は鎮圧され、禅秀は自害して終わり、それとともに義嗣は応永二十五年に殺害された。

義持の政治

禅秀の乱は終わったものの、持氏と将軍との間は不和となってゆく。その一因は持氏の戦後処理にあった。持氏は反乱に与した諸大名を許さず徹底的に討伐した。禅秀の娘婿の岩松満純《いわまつみつすみ》や武田信満らは持氏の追討を受け、処刑されたり、自害に追い込まれた。

関東各国の諸大名との間に、また義持との間にも大きな溝が生まれた。「京都扶持衆《ふちしゅう》」と称される鎌倉府の管轄下にあった親幕府の山入《やまいり》氏や大掾《だいじょう》氏、真壁《まかべ》氏なども討伐、あるいは討伐されようとしたからである。

応永二十五年に明から倭寇数十人を連れて呂淵《ろえん》が来日し、兵庫まで来たところ、入京がゆるされずに帰国に至った。その時に呂淵は永楽帝からの「汝の父は我に仕えていたが、汝は仕えていない。将兵を派遣するから、城を高くし池を深くして待て」という言葉を伝えたという。その翌二十六年、対馬守護の宗貞茂《そうさだしげ》が亡くなり倭寇の動きが活発になったことから、朝鮮がその根拠地をたたくべく、一万七千の軍勢を派遣して対馬を襲う事件が起きた（応永の外寇）。前年の明使の言葉もあって、再

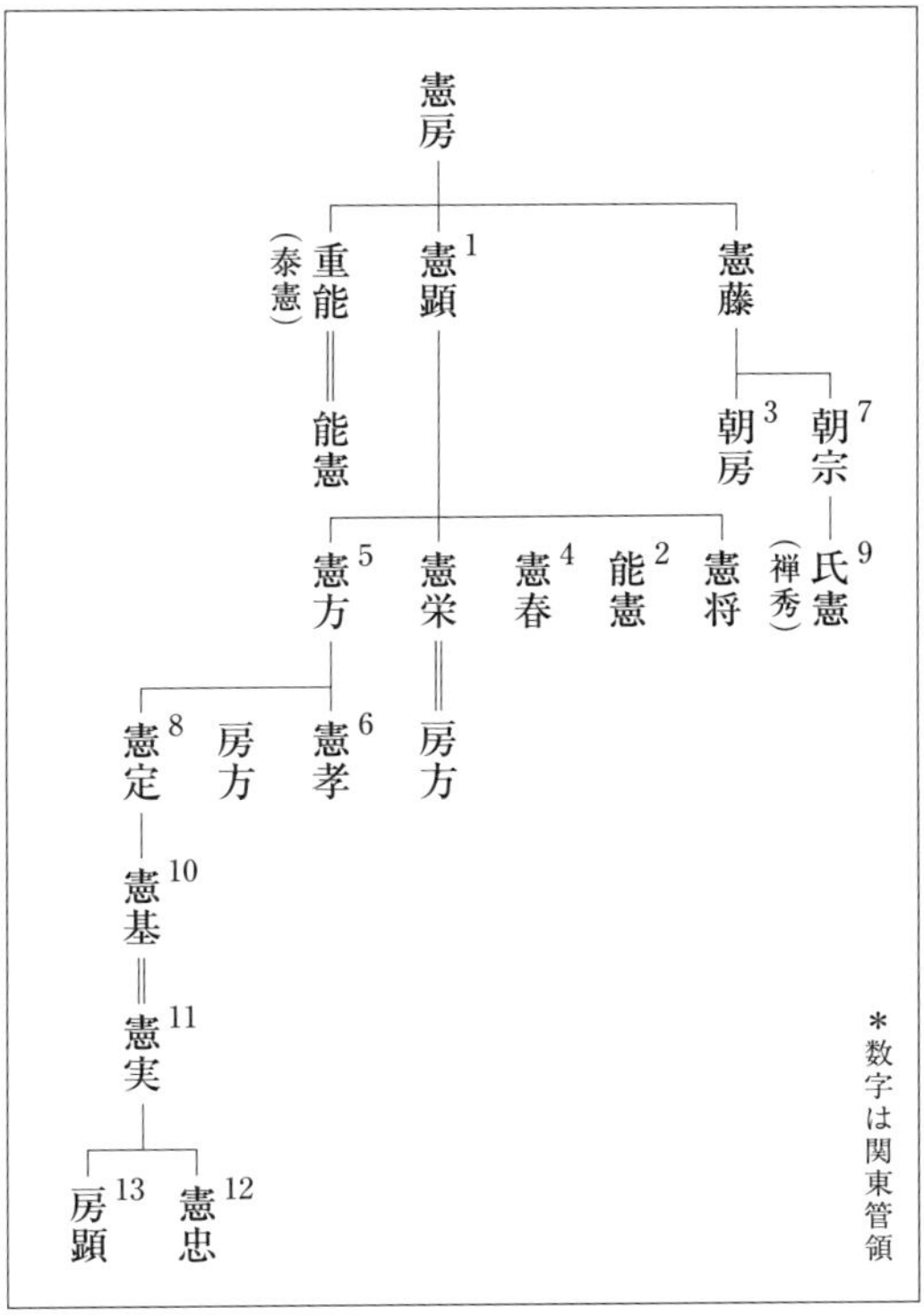

【上杉氏系図】

び蒙古襲来か、と京都には伝わった。

朝鮮軍はすぐに引き上げたので、大きな問題には至らなかったものの、義持は僧無涯亮倪《むがいりょうげい》を正使とし、博多商人平方吉久《ひらかたよしひさ》を副使として朝鮮に派遣して真相を探り、その翌年に回礼使の宋希璟《そうきけい》が渡来した。京に入って御所に隣接する等持寺で希璟を迎えたのは、吉久の父で、霊宝丹《れいほうたん》の薬方を日本に持ち込んだ陳宗寿《ちんそうじゅ》（外郎《ういろう》）である。希璟は滞在時のことを『老松堂日本行録《ろうしょうどうにほんこうろく》』に記して、当時の日本の事情を生々しく伝えている。

義持は南朝残党や上杉禅秀の乱、鎌倉府問題など政治的緊張が続いたこともあって、意を用いていたのは、その緊張緩和と大名との信頼関係の構築であって、そのため大名や近習の邸宅への渡御（御成）を繰り返した。『花営三代記《かえいさんだいき》』の義持記は、義持晩年の応永二十八年記（一四二一）から残されているが、その二十八年正月の記事によれば、義持は椀飯《おうばん》で管領邸に赴いたほか、十日に畠山邸、十四日に伊勢邸に赴くなど頻繁に御成を行っている。

応永三十年七月には、大名たちに「内々の儀」の会議を開かせ、「京都扶持衆」を鎌倉公方の持氏が抑圧していることについて、禅僧を派遣するのが意味があるのか、と諮問している。管領の畠山満家《みついえ》邸に細川満元《みつもと》、斯波義淳《しばよしあつ》、山名時熙《やまなときひろ》、赤松義則《あかまつよしのり》、一色義範《いっしきよしのり》、今川範政《のりまさ》らが呼ばれ、義持の顧問格の醍醐寺の満済《まんさい》がパイプ役となって会議が開かれた。将軍専制から有力大名連合への転換がはかられたことがうかがえる。

義満の時代を経て、政治的・文化的な経験を積んできた有力大名たちによって支えられたのが義持政権であり、朝廷とも極めて良好な関係を保った。義持は後小松上皇の院別当《いんべっとう》を務め、その参内・院参はかなりの回数に上り、後小松上皇と連携して緊密な政治関係を築いたのである。

禅宗と政策の展開

義持は深く禅宗を愛し、禅宗の規矩《きく》に従う生活を送ろうとした。天真爛漫に禅宗に接した義満とは違っていた。三条坊門邸の建物や園池《えんち》には、会所に嘉会《かかい》、持仏堂に安仁斎《あんじんさい》など禅宗風の名称を付し、顕山道詮《けんざんどうせん》という道号や楽全道人《らくぜんどうじん》という号をも用い、禅僧に倣って黄色の衣を着用したので、「御所の黄衣《こうい》」といわれた。

夢窓派に占められた相国寺に他派の僧を入れ、禅宗の境地を求め、隠遁志向の禅僧と好んで交流するなど、禅文化に心酔し、大名や五山の禅僧が参集した文化サロンを形成し、水墨画を好んだ。如拙筆の「瓢鮎図」は義持の発案・指導によって描かれたという。自身も画技に親しみ、その作品が残っている。有力大名と禅僧とを囲んでの会は文雅の会の体をなしていたという。

田楽を好んで増阿弥を贔屓《ひいき》したが、猿楽能についても鑑賞眼があって、猿楽を見物した記録も多く残っている。和歌や連歌も嗜み、朝廷で開かれた連歌会や和歌会にはしばしば出席した。

応永二十六年十月九日には「山門条々規式《さんもんじょうじょうきしき》」という法令を「顕山居士《けんざんこじ》」名で出しているが、その十五か条は「比丘尼女人、入門を容るべからず」「酒、門内に入るべからず」「現位《げんい》の都聞《つうぶん》、荘園を領すべからず」などの禅宗寺院の禁制であり、久しく出されていなかった幕府法令である。

義持は、武器を所持して傍若無人な乱暴を繰り返す禅僧を徹底的に取り締まり、相国寺には自ら乗り出して兵具を没収し、武器所持の僧数十人を逮捕して侍所に預けた。南禅寺でも武器所持の嫌疑で僧を逮捕しており、僧侶の武装を厳禁したのである。

応永二十九年七月になると、十一か条の「御成敗条々《ごせいばい》」を出し、伊勢神宮造替の役夫工米《やくぶくまい》の徴収を始め、寺社本所領の訴訟や諸人の訴訟、不知行所領、諸人安堵など、所領争いについて定めたが、これは幕府が新たな事態に直面していたからである。

そのことを物語っているのが、第三条の「諸国寺庵《じあん》、御祈願寺の御判を望み申す事」と、第四条の「同じく寺庵、安堵の事」という寺庵の動きについての二つの禁制である。寺庵とは中小の寺院であるが、名主などと並ぶ、出家して寺や庵の名を名乗る村落指導者層をも言う。

応永二十五年（一四一八）二月、播磨の法隆寺領鵤荘《いかるがのしょう》で「名主・百姓など悉く逃散《ちょうさん》」という逃散事件が起きると、名主・百姓は家を囲い込み立て籠もったのであるが、寺庵は家を囲い込むことはしなかったという。永享五年には「寺庵・名主」に夫役が賦課された（『東寺百合文書』）。幕府は名主とともに寺庵にも直接に関わるようになっていたのである。

このころから村の動きがはっきりと見え始めている。山城の伏見荘は伏見宮貞成《さだふさ》親王（後崇光院《ごすこういん》）が領有する荘園で、その日記『看聞日記《かんもんにっき》』には村の状況がよく記されている。応永二十五年四月に多賀荘から対立する冨野郷を攻撃しようとして伏見荘に合力が求められ、応永二十七年に伏見荘民は用水を取ろうとして隣接する深草郷民に妨げられ断念している。そうしたなかで起きたのが飢饉と疫病であった。応永二十八年二月十八日条は「去年炎旱飢饉の間、諸国貧人上洛し、乞食充満し、餓死者数知れず路頭に臥す」「今春又疫病興盛、万人死去」という事態になったと記し、将軍義持が五条河原で諸大名に仮屋を立てて施行《せぎょう》させ、天龍寺・相国寺でも施行を行わせたが、郊外の村々では「地下人多く死去、或は病悩の間、過去追善、現在祈禱」のために百万遍念仏が行われたという。久しくなかった疫病・飢饉が起きたのである。

義持は前年の秋に高熱をともなう病を発して、三位房坂胤能から疫病によるものと診断されたところ、高間良覚《たかまりょうかく》が「しき」と診断すると、高間が狐ツキを使ったという噂が流れて、流罪に処せられる事件が起きた。義持は伊勢の神が流行病を治すのに効力があるということから、近習三十三人を代参させて祈禱させたところ、治癒したので翌二十八年には三度にわたって参宮している。お伊勢参りは流行病とともに始まった。

義持は義嗣を退けて地位を確保しただけに、後継者問題には慎重に臨んだ。応永三十年（一四二三）に子の義量《よしかず》に将軍職を譲り、翌年に等持院で出家して継承を図ったが、義量が早世してしまい、やがて義持は後継者を指名するのを拒んで亡くなった。応永三十五年正月に風呂で尻に腫物があったのを掻いて破ったのが死因という。風呂はこの時期から盛んに使われるようになった。

くじ引き将軍と徳政一揆

義持が重体になったので、管領の畠山満家は満済のいる法身院《ほっしんいん》を訪ね、斯波義淳、山名時熙らを集めて、義持に後継者の指名を求めることにしたのだが、義持の指示は「管領以下の面々寄り合って相はからうべし」というものであった。指名しても大名たちが従わなければうまくゆかないと考えてのことであろう。

その義持死後、管領の畠山満家の提案で石清水八幡宮で行われたくじ引きにより将軍が選ばれた。候補は青蓮院義円《ぎえん》、大覚寺僧正義昭《ぎしょう》、相国寺永隆《えいりゅう》蔵主、梶井僧正義承《ぎしょう》の四人の義満の子であったが、くじを開いたところ「青蓮院殿」という結果が出て、将軍義教《よしのり》が誕生した。

将軍だけではなく、守護大名家でも後継者問題で揺れており、天皇家においても同様であった。家の内部に家臣を始めとする様々な権力が介入するようになり、家の主人の意思が通らなくなっていた。それだけに将軍に選ばれた義教は、すぐに将軍となるのを承諾せず、就任の際には斯波氏、畠山氏、細川氏から「将軍を抜きに勝手なことをしない」という起請文を提出させた。

将軍が義教に代わり、天皇が後花園《ごはなぞの》天皇へと代替わりした正長《しょうちょう》元年（一四二八）八月、近江の馬借《ばしゃく》から始まり、京都・奈良などへと波及する一揆がおきた。その兆候は応永二十五年（一四一八）にすでにあった。この年に大津の馬借が祇園社の山徒円明坊《えんめいぼう》に押し寄せて、新関設置に抗議し、応永三十三年（一四二六）には坂本の馬借が米の購入を控えた北野社や祇園社に乱入して閉籠する事件を起こしていたのである。

正長の一揆は「私徳政《しとくせい》」を実施するとともに、幕府に徳政令の発給を迫ったが、管領の畠山満家は一揆勢を撃退し、徳政令を出さなかった。しかし大和の守護権を握っていた興福寺は十一月に借銭破棄の徳政を宣言した。

一天下の土民蜂起す。徳政と号し、酒屋・土倉・寺院等を破却せしめ、雑物等恣《ほしいまま》にこれを取り、借銭等悉《ことごと》くこれを破る。管領これを成敗す。凡そ亡国の基、これに過ぐべからず。日本開白《かいびゃく》以来、土民の蜂起是れ初めなり。

興福寺の尋尊《じんそん》の手になる『大乗院日記目録《だいじょういんにっきもくろく》』に見える記事であり、支配者をいかに驚かせたのかがわかる。それだけではすまず、翌年に播磨で蜂起した「土民」は、「国中の侍」を攻めたために、荘園代や守護方の軍兵が命を失ったり、追い払われたりした。「土民」は「侍をして国中に在らしむべからざる」と豪語しており、国人等も狙われたのである。

義教はひとたび将軍になるや強権を発揮し、義満時代の幕府権威復興と将軍親政の復活に力を注いでいった。還俗《げんぞく》してしばらくは義宣《よしのぶ》の名前であったが、これは「宣」が天下の政務を決断する意味から出たものである。しかし訓読みでは「世忍ぶ」に通じるとされて、将軍宣下の前に義教と改めたが、この教は「万国いよいよ御政教に応ずべきの兆《きざ》しか」といわれたように(『建内記《けんないき》』)、政治への意欲に満ち溢れていた。

そのためこれまで管領の主導で行われていた政務や裁判を、将軍の御前で行って、自ら裁断を下す御前沙汰《ござんさた》に改めていった。事務官僚の奉行人を指揮して判決案を作成させ、それを承認して将軍の花押を加える方式を導入し、将軍の諮問に評定衆や奉行人が「意見」を答申する意見制度も整えていった。

永享三年(一四三一)十月には奉行人から起請文を提出させ、将軍の成敗が理に適っていないならば、思ったことを残さず言上し、その場で気づかなかったことや他人の担当案件でも、言上するように誓わせている。鎌倉時代の裁判なみの理非の重視を求めたのである。

称光天皇死後には皇位継承問題に介入し、後花園天皇の『新続古今和歌集』撰集を執奏し、三宝院満済を政治顧問として政治や儀礼の形式を整え、中断していた勘合貿易を再開している。永享四年(一四三二)八月に義教は表を持たせて明に使者を派遣しているが、その際に兵庫津まで見送る念の入れ様で、六年には明使が京に入って「日本国王」に封じられた。

三 町と経済の型

町と職人

義満から義教の時代にかけて、列島の各地には湊や宿に町が成長し、発展期を迎えていた。『庭訓往来』の四月五日の消息は、武士の所領の興行について語るなか、町の在り方にも触れている。

抑《そもそ》も、御領興行の段、黎民《れいみん》の竈《かまど》に朝夕の煙厚く、百姓の門に東西の業繁《しげ》きは仁政の甚しきが致す所也。賞罰厳重に人の堪否を知り、理非分明に物の奸直《かんちょく》を糺すは、万民の帰する所也。心に寛宥《かんゆう》の扶《たすけ》を存し、強《あなが》ちにその侘傺《たてい》を好まずんば所領静謐の基ひ也。

百姓の業を豊かにすることが仁政である、と指摘した上で、「市町の興行、廻船着岸の津」をはじめとして、「狩山、漁捕、河狩、野牧」のことをしっかりと行うよう、その市町では中に辻子《ずし》や小路を通し、見世棚を構え、絹布の類や贄菓子《にえかし》などの売買に便があるよう計らうべきである、と記す。さらにそこに招くべき多くの職人を列挙しているので、それらを商工業者と芸能者に大別して示しておこう。

商工業者

○鍛冶、鋳物師、巧匠、番匠、木道、金銀銅の細工、紺掻《こんかき》（藍染）、染殿、綾織、蚕養
○伯楽、牧士、炭焼、樵夫《きこり》
○檜物師、轆轤師、塗師、蒔画師、紙漉、唐紙師、笠張、簑売
○廻船人、水主《かこ》、梶取、漁客、海人
○朱砂、白粉焼、櫛引、烏帽子織、商人、沽酒《さけうり》
○酢作り、弓矢細工、深草の土器作り、葺主、壁塗

○猟師、狩人

芸能者

○猿楽、田楽、師子舞、傀儡子、琵琶法師

○県御子《あがたみこ》、傾城《けいせい》、白拍子、遊女、夜発《やほつ》の輩

○医師、陰陽師、絵師、仏師、摺師、経師、縫物師

○武芸、相撲の族

○禅律の両僧、聖道浄土の碩学、顕教密宗の学生、修験の行者、効験の貴僧、智者、上人、紀典仙経の儒者、明法・明経道の学士

○詩歌の宗匠、管弦の上手、引声・短声の声名師、一念多念の名僧

○検断所務の沙汰人、清書草案の手書、真字仮名の能書、梵字漢字の達者

○宏才利口の者、弁舌博覧の類、廷給、仲人

実に多彩で多様な職人があがっているが、最後の「廷給《おうぎゅう》、仲人《ちゅうにん》」とは、口舌に長けた男女の仲の斡旋業者のことである。前代にこれら職人は表舞台に登場してきていたのだが、この時代にはその組織化が進み、活動の場が指定され、定型化の道を歩んでいた。

職人歌合《しょくにんうたあわせ》も職人の数が増え、絵巻に作成されるようになり（『七十一番職人歌合』）、商人が市を開催するにあたっての心得を記す『市場《いちば》の祭文《さいもん》』が作られるようになった。その祭文には「当地頭な

らびに在地の貴賤上下、一味同心の議をいたし、はじめて彼の所に店屋をこしらへ、あたらしく市を立て、守護神の市姫をあがめたてまつる物なり」と記されている（『新編武州古文書』）。

首都経済圏と物産

四月の消息に対する返信は、これら職人への課役について、「芸才七座《げいさいしちざ》」の店や諸国の商人、旅客の宿所、運送売買の津などにおける「交易、合期、公程」の潤色、定役の公事、臨時の課役、月迫の上分、節季の年預などをあげるとともに、さらに具体的に町の活動の実態を次のように語る。

京の町人、浜の商人、鎌倉の誂物、宰府の交易、室兵庫の船頭、淀河尻の刀禰、大津坂本の馬借、鳥羽白河の車借、泊々の借上、湊々の替銭、浦々の問丸、割府を以て、之を進上し、俶載《しゅくさい》に任せて之を運送す。

列島各地の賑わいの場をあげ、それらで取引される物産を記している。そのうち洛中の産物では「大舎人綾・六条染物・猪熊紺・大宮絹・烏丸烏帽子・室町伯楽・姉小路針」を、洛外では「小柴黛・城殿扇・仁和寺眉作・東山蕪・西山心太・嵯峨土器・大原薪・小野炭・鞍馬木芽漬」をあげ、その交易売買の利によって「四条五条の辻」が潤っていた。

次の「浜の商人」であるが、浜の地名が入っていないので、琵琶湖岸や淀川、瀬戸内海などの浜、あるいは伊勢湾の湊など、京にやって来る浜の商人を京の町人と対照させたのであろう。彼らは「室兵庫の船頭、淀河尻の刀祢、大津坂本の馬借、鳥羽白河の車借」などの職人などと相俟って、京を中心とする首都経済圏を形成していた。

たとえば『庭訓往来』には見えないが、近江今堀郷の商人は東は伊勢への交易路を開発し、北は琵琶湖を経て若狭の小浜《おばま》を結ぶ九里半街道の交通路の権益を有していた。

首都経済圏には列島の各地から次のような名産品が持ち込まれた。

衣料　加賀絹・丹後精好《せいごう》・美濃上品・尾張八丈・信濃布・常陸紬・上野綿
工芸　伊予簾《すだれ》・讃岐円座・讃岐檀紙・播磨杉原・備前太刀・刀・出雲鍬・奥漆
金属　上総鞦《しりがい》・武蔵鐙・能登釜・河内鍋
原材料　土佐材木・安芸榑《くれ》・甲斐駒・長門牛・奥州金・備中鉄
食料　越後塩引・隠岐鮑・周防鯖・近江鮒・淀鯉・備後酒・和泉酢・若狭椎・宰府栗・宇賀昆布・松浦鰯・夷鮭・筑紫穀

十一世紀に成った『新猿楽記』に見える名産に似ているのはそれを踏まえて記されているからであるが、明らかに衣料や工芸品が多くなっており、食料品では宇賀昆布・松浦鰯・夷鮭など北海道・東北地方の産品が増えている。これらは「泊々の借上、湊々の替銭、浦々の問丸」などの手を経て、京にもたらされたのである。

「鎌倉の誂物《あつらえもの》、宰府の交易」とあるのは、鎌倉では周辺の地から物資を誂えており、宰府の交易とは博多での対外貿易により貿易品を得ていたことをいう。鎌倉は「往来出入の貴賤は京都鎌倉の町に異ならず」と京と比較されるほどに人々が多く出入りしており、博多の賑わいは「異国の唐物、高麗の珍物雲の如く霞の如し」と評されるほどのもので、それぞれ東国経済圏・西海道経済圏の中心をなしていた。

廻船ルート

四月の消息に「廻船着岸の津」とあるように、日本列島には多様な廻船ルートが成立していたが、このことを図示しているのが、朝鮮の高官申叔舟《しんしゅくしゅう》が一四七一年に国王に撰進した『海東諸国紀《かいとうしょこくき》』である。

中央に記されている「日本の国都」（京都）から、淀川を経て兵庫津に出、瀬戸内海を通り、赤間《あかまが》関《せき》から博多に赴くのが瀬戸内海ルート、大津に出て琵琶湖から若狭の小浜に入り、山陰の二つの津（美浜・美保関と見られる）を経て、博多に至る日本海ルート、この二つが基幹ルートであった。

ともに起終点となる博多は西海道経済圏の中心をなしていた。応安年間に日本を訪れた明使は博多の息浜《おきのはま》にあった妙楽寺《みょうらくじ》に滞在し、博多を「石城」と呼び、中国と近くにあって船舶が出入りし商人が集まる「関西之要津」と述べているが（『雲門一曲《うんもんいっきょく》』）、石築地に守られたことから博多を「石城」

と称したのである。

応永八年（一四〇一）に義満は博多商人の肥富《こいとみ》を明に送り、翌年に明との冊封関係に入っており、肥富は博多で成長した有徳人であって、彼らは本格的に開始された日明貿易や日朝貿易に携わって、博多の繁栄を担った。

応永二十七年、応永の外寇のため将軍義持が使者を朝鮮に派遣したが、その副使は博多商人平方吉久であり、その翌年に回礼使として渡来した宋希璟は『老松堂日本行録』に博多を「淼々たる石城」と記している。一行を迎えた博多では、九州探題が博多市中の道路を清掃させるとともに、賊の襲撃のおそれがあることから岐路に門を造らせ、夜はこれを閉めさせていたという。

博多は日朝貿易と日明貿易で栄え、『海東諸国紀』は、博多には人家が一万余戸もあり、住民の多くは商売を職業とし、琉球船や南蛮船（南海船）が集まる港で、朝鮮に通交する者も九州内では最も多いと記している。日朝貿易で活躍した博多商人に宗金《そうきん》・道安《どうあん》らがいたという。日明貿易で活躍した商人には奥堂右馬大夫《おくどううまたいふ》・奥堂五郎次郎・澳浜《おきのはま》新左衛門らがいた（『戊子入明記《ぼしにゅうみんき》』）が、この博多と京を結ぶ瀬戸内海ルートに沿って、多くの湊町が成長していた。『老松堂日本行録』には寄港地として長門の赤間関、周防の頭島《かしらじま》、安芸の蒲刈《かまがり》、備後の尾道・鞆、備前の下津井《しもつい》・牛窓《うしまど》、播磨の室、摂津の兵庫・尼崎、山城の淀などをあげている。

兵庫津に入港する船から関銭を徴収した帳簿『兵庫北関入船納帳』の文安二年（一四四五）分からは、鞆や尾道を始め蒲刈など多くの湊町を結ぶ船の存在が知られるが、そうした湊の実際を語ってくれるのが備後の草戸千軒《くさどせんげん》遺跡である。この港は江戸時代に埋もれて地下にあったことから、中世の市町の遺跡の姿をよく伝えている。

福山市を流れる芦田川《あしだがわ》の中州を中心に広がる遺跡で、芦田川河口の三角州上の微高地にあり、十三世紀後半から十四世紀初頭にかけて道路や溝が設けられるようになり、番匠や鍛冶などの作業場や商取引の行われた区域が認められる。十四世紀前半から中頃にかけては遺跡の南半で溝や柵で区切られた短冊のような細長い区画が並んでいて、その短冊形地割りの短辺は一方が道路に面し、もう一方は堀割に接し、商業や手工業に関係した人々の居住地と考えられている。多くの木簡が出土していて、そこからは商品取引や金融に関わる記述があり、商業・金融活動が盛んだったことがわかる。さらに十五世紀になると大規模な整地が施され、町が造り直されて流通や金融の機能が集約されていった。

日本海沿岸の湊の繁栄

日本海ルートの基点は若狭の小浜である。禁裏料所《きんりりょうしょ》（天皇の所領）に指定されたことから、応永十九年（一四一二）十二月に幕府は小浜着岸の鉄船に課す公事を直納するように内裏からの命令を小浜湊に伝えている（「若狭国税所次第」）。鉄は出雲や伯耆の産物であろう。

応永十五年（一四〇八）六月には南蛮船が小浜に到来し、小浜の問《とい》である本阿弥の家が宿舎となって、「日本国王」足利義満への進物として黒象一頭・山馬一隻・孔雀二対・鸚鵡《オウム》二対などが贈られている。使者は明王朝から宣慰使《せんいし》という職務に任じられ、スマトラ島のパレンバンに派遣されていた施進卿という人物で、その後も黒鳥や黒象など将軍への進物を何度か小浜にもたらした。

禁裏料所となったことから小浜は諸勢力から守られた。京の蓮華王院の宝蔵にあった絵巻『吉備《きび》大臣入唐《おとどにっとう》絵巻』『伴大納言絵詞』『彦火火出見尊《ひこほほでみのみこと》絵巻』などは小浜の松永荘の新八幡宮に所蔵されていたとあり（『看聞日記』）、これらの絵巻は戦乱を避けて室町院領・松永荘の明通寺《みょうつうじ》に避難していて、新八幡宮の造営とともに神宝として寄せられたのであろう。

小浜は西の国だけでなく北の国とも結んでいた。応永三十年（一四二三）に、安藤陸奥守が将軍に馬二十匹、鳥五千羽、銭二万匹、海虎皮《シャチ》三十枚、昆布五百杷を進上しているが、これは小浜を経由して京にもたらされたのであろう。津軽の十三湊《とさみなと》に根拠地を置いた安藤氏は、南北朝の動乱を経て幕府に従うようになって、豊かな富を誇っていた。

寛正《かんしょう》四年（一四六三）には奥州十三湊と関係のある十三丸という大船が小浜湊に入港した記録が見え（『政所内談記録』）、北方との交易によって得た富が小浜経由でもたらされたのである。小浜の羽賀寺《はがじ》の堂舎は永享七年（一四三五）に焼失すると、翌八年四月に本堂が再建され始めたが、これには奥州十三湊の「日之本将軍安倍康季」が莫大な銭を奉加し、文安四年（一四四七）十一月に本尊の遷座となっている。

安藤氏の根拠地である津軽の十三湊は、発掘調査によって、中央に大型の屋敷であって、その南側に東西方向に延びる大きな土塁と堀が造られ、そこから南北に延びる中軸道路とそれに交わる形で平行して等間隔に延びる道路が造られるなど大規模な整備がなされていた。堀を伴った大きな屋敷（領主の館）の北側には屋敷群が生まれ、海に接して港湾施設が整えられ、その南側には町屋が短冊状に並んでいたことがわかった。

日本海が大動脈であったことは、『廻船式目《かいせんしきもく》』が三津《さんしん》である安濃津・博多・堺に次ぐ、七湊《ななそう》としてあげているのが、越前の三国、加賀の本吉、能登の輪島、越中の岩瀬、越後の今町（直江津）、出羽の秋田、奥州津軽の十三であることからもうかがえる。

さらに北の国へと渡ると、松前にいたるが、この地の松前大館《おおだて》は将軍山連峰の突端部の丘陵上に築かれた山城で、津軽の下国安東盛季《あんどうもりすえ》が嘉吉二年（一四四二）に南部義政《なんぶよしまさ》に攻められたことから、津軽の十三湊を放棄してその翌年に蝦夷地に渡り居住したものと伝える（『新羅之記録《しんらのきろく》』）。

十三湊空撮写真（五所川原市教育委員会提供）

北の国から

松前の北の上ノ国町には勝山館《かつやま》がある。蠣崎季繁《かきざきすえしげ》は嘉吉三年（一四四三）六月に咎により若狭から蝦夷地に渡って来ると、下国安東政季《まさすえ》の女婿となって蠣崎修理大夫と号し、上ノ国の花沢館《はなさわだて》に拠って勢力を広げたといわれる。この花沢館や洲崎《すざき》館など幾つかの館は、大澗湾《おおまわん》に流れ込む天の川に沿って点在するが、その西方に位置し、発掘で明らかになったのが勝山館である。

八幡平の台地の東端、夷王山《いおうざん》の山麓にあって、二つの川に挟まれた台地上に築かれ、その幅は最大百メートル、長さ約四百メートルで、標高百十メートルの館神《たてかみ》八幡宮跡から北東へと低くなって段状に郭が設けられており、その途中には荒神堂館《こうじんどうたて》や井戸・空堀などがあり、台地の先端には四段の削平地がある。

この勝山館からは青磁・白磁・染付の舶載陶磁器や、瀬戸・美濃・志野などの国産陶磁器を始めとして、鉄や銅・石製品・古銭・木製品などが大量に出土しているが、特に注目されるのが、アイヌがこの館に住んでいた形跡のあること。アイヌの使う小刀や丸木船、鏃《やじり》や銛先などの骨角器、魚網の錘《おもり》、アイヌの印と見られる刻印のある白磁皿、イクスパイという儀礼具なども出土している。

勝山館の背後の段丘から夷王山中腹にかけて夷王山墳墓群があるが、そこにはアイヌの墓と和人の墓が混在している。和人たちはアイヌとの交易から入手した産品を日本海の航路を通じて京にもたらしたが、それだけでなく遙か南の琉球にも多くの物産をもたらしていた。

道南地域で和人たちは「道南十二館」と称される城郭を築いていた。その一つ函館市の東部にある志苔館《しのりたて》は、津軽海峡に面した標高二十五メートルの海岸段丘上の南端に位置し、ほぼ長方形をなし、四方に土塁が築かれ、その郭内は東西七十〜八十メートル、南北五十から六十五メートルからなる。土塁の高さは北側で四メートル、南側で一メートルほどで、土塁の頂には幅約二メートルの平坦部がある。

発掘調査によって掘立柱の建物跡が六つ、礎石建物跡が一つあり、青磁・白磁、瀬戸・越前・珠洲系などの陶磁器類や金属製品・石製品・木製品が出土するなど、これらから館が築かれたのは十四世紀末頃とみられ、十五世紀を通じて存在していたことが明らかになっている。館の直下からは三十七万余枚もの古銭が越前古窯二と能登珠洲窯一の壺に入って出土し、銭の下限は一三六八年製の洪武通宝である。

この志苔の地でアイヌの客が和人の鍛冶屋に小刀（マキリ）を注文したところ、トラブルが生じ、怒った鍛冶屋がその小刀で客を刺殺する事件がおきた。これが切っ掛けで首領のコシャマインを中心にアイヌが蜂起し、長禄《ちょうろく》元年（一四五七）五月に戦端が開かれた。志苔に結集したアイヌ軍は、小林良景《よしかげ》の志苔館を攻め落として進撃を続け、道南の十二館の内の十の館までを落としたという。

東海道の湊町

太平洋岸にも湊町を結ぶ廻船ルートが生まれていた。京から大津を経て伊勢湾の安濃津・大湊を経て東国へと赴くルートである。安濃津は発掘によって十三世紀の後半から十四世紀の前半にかけてと、十五世紀前半とが画期であったことが明らかにされている。応永二十五年（一四一八）にここを訪れた花山院長親《かざんいんながちか》の『耕雲紀行《こううんきこう》』は、「その夜は、あの、津（安濃津）につきぬ。念仏の道場にやどる。ここはこの国のうちの一都会にて、封彊《ほうきょう》もひろく、家の数も多くて、いと見所あり」と記している。応永三十一年（一四二四）十二月の『室町殿伊勢参宮記』にも「あの、津も近くなりぬるに、なぎさに松原のつづきたる所あり」と記され、「ゆききの船人の月に漕こえ」と詠まれた。

大湊は東国と京、伊勢神宮の門前都市である宇治山田を結ぶ港湾都市で、明徳《めいとく》三年（一三九二）に武蔵の品川湊に入港した船の帳簿「湊船帳」は、三十艘の船名・船主・問名から見て、伊勢の大湊と品川湊を往来する船もあったと見られている。永和《えいわ》四年（一三七八）に鎌倉公方氏満は「神河・品河以下の浦々出入の船」に課した帆別銭《ほべちせん》三百文の、その三年分を円覚寺の仏日庵造営のために寄進し、明徳三年（一三九二）からの両湊の帆別銭は五年間で三百四十貫文にも及んでいて、それらは応永二年（一三九五）から始まる金沢称名寺《しょうみょうじ》の修造に当てられた。

二つの湊では「宿屋」が帆別銭の徴集の場とされ、神奈川湊では道阿弥《どうあみ》がその徴集に関わっていたが、阿弥号から考え、時宗に帰依した「有徳人」であろう。品川湊の妙国寺《みょうこくじ》は弘安《こうあん》八年（一二八五）に日蓮の弟子天目《てんもく》上人が開基したと伝え、品川湊の有徳人である鈴木道胤《どういん》親子がここに梵鐘を寄進し、七堂伽藍を十七年の歳月をかけて整備している。

鎌倉府の御所は六浦《むつら》を結ぶ朝比奈切通《あさひなきりどおし》近くの浄妙寺《じょうみょうじ》辺にあり、由比浜の近くには町が形成されて賑わい、鎌倉の外港である六浦の洲崎にも町屋が生まれ、鎌倉府は二つの町の繁栄とともにあった。永和二年（一三七六）に「六浦の得阿弥」という為替商人が称名寺の年貢納入に関わっていた。

この六浦の賑わいを物語っているのが謡曲であって、『放下僧《ほうかそう》』は、六浦が人の多く集まる所と語り、『鵜飼《うかい》』は、安房国の清澄寺《せいちょうじ》の僧が甲斐の身延山《みのぶさん》に詣でる際に「六浦の渡り鎌倉の山」を通ったと語っている。六浦には禅宗の能仁寺《のうにんじ》、日蓮宗の上行寺《じょうぎょうじ》、真言宗の浄願寺《じょうがんじ》、時宗の引越《ひっこし》道場など仏教各宗派の寺院が競って進出していた。

六浦・神奈川・品川を北上すると、その先に浅草の石浜があるが、ここは室町時代成立の『義経記』が、西国の船の多く停泊する湊町であったと語る。挙兵した源頼朝が房総半島を経由して下総と武蔵の境の墨田の渡にやってきたところ、江戸重長《えどしげなが》が陣を構えていたので、これを誘うと、重長は陣を解いて恭順の意を示し、「西国の船の着く」石浜を知行していた関係から、数千の船を破って浮橋を組み頼朝の軍勢を渡したという。

貞和二年（一三四六）九月八日の鎌倉公方御教書《みぎょうしょ》には江戸氏の一門の石浜政重《まさしげ》が石浜を知行していたとあり（『正宗寺文書』）、佐賀県小城《おぎ》町の光勝寺《こうしょうじ》が所蔵する、僧日祐《にちゆう》の書いた法華曼荼羅本尊の脇書には「延文三年太歳戊戌五月　日　石浜法華道場　導師日慶申請」と見え、日蓮宗の寺院が石浜に生まれていたことがわかる。石浜は近くの浅草寺とともに発展し、浅草寺《せんそうじ》の伝法院《でんぽういん》には至徳四年（一三八七）の鐘があり、境内には南北朝時代の西仏《さいぶつ》の板碑がある。

永和四年（一三七八）の浅草寺の焼失を機に、定済《じょうさい》上人が勧進して嘉慶《かけい》年中（一三八七頃）に寺の再建を図った結果、十年の歳霜を積んで応永年間に造営がなった。再建を果たしたことから、鎌倉後期に制作された縁起をもとに、応永年間に今に見る形の浅草寺の沿革と霊験譚を記す『武蔵国浅草寺縁起』が制作されたのである。

琉球の王府と湊

応永十七年（一四一〇）に上洛した薩摩の島津元久《しまづもとひさ》は、将軍義持や有力大名に緞子《どんす》や毛氈《もうせん》などの唐物、麝香《じゃこう》・沈香《じんこう》・南蛮酒・砂糖などの琉球から入手した産品を贈っている。『海東諸国紀』には京から四国をへて九州を結ぶルートが幾つもあって、島津氏の対外貿易の湊は坊津《ぼうのつ》にあった。

島津氏はここで琉球からの物資を得たものとみられるが、その琉球側の湊町が運天《うんてん》と那覇《なは》であって、このうち運天湊の近くにあったのが今帰仁《なきじん》グスクである。このグスクでは十四世紀中期に琉球産の琉球安山岩による石積みの城壁が生まれ、基壇が造成されて正殿が南向きに建ち、回廊が取り囲む配置をとるようになった。十五世紀にかけては、礎石立ち柱の立派な正殿が構えられるようになる。石垣の総延長は約一キロ半、城跡の東から北東にかけては約七十メートルの断崖絶壁をなし、その下を志慶真川《しげまがわ》が流れ、南にはクバの御嶽《うたき》と志慶真森がそびえ山々に連なっている。

城内には南殿や北殿、本丸などの跡をはじめ、火の神の祠、石灯籠、物見台、志慶真門、志慶真曲輪《くるわ》などの遺構があった。琉球の歌謡を集めた『おもろさうし』に、今帰仁グスクはこう詠まれている（巻十三の八七〇）。

聞ゑ今帰仁《みやきせん》　百曲《ももまが》り積み上げて
珈玻羅《かはら》寄せ　御ぐすく　げらへ　又鳴響《とよ》む今帰仁

名高い今帰仁は、城壁を百曲がりに積み上げ、珈玻羅玉を寄せた御グスクを造営して鳴り響くことよ、今帰仁よ、と謡う。今帰仁グスクの見事さがよく詠まれている。

聞ゑ今帰仁に　此れる　国なか按司　百按司　襲て
ちよわれ　又鳴響む　今帰仁に

名高い今帰仁におられる方は国内の優れた按司《あじ》、多くの按司を支配し、栄えておられる、鳴り響く今帰仁に、と今帰仁の王の繁栄を謳った「おもろ」である（巻十七の一一九四）。

これに対して南の那覇に港を置いたのが尚巴志《しょうはし》である。明から冊封されると、本拠を浦添《うらそえ》から首里へと遷して首里城を整備し、一四一六年に今帰仁城を陥落させ、一四二九年に島《しま》尻大里《じりおおさと》城に拠る山南王を滅し、三山を統一した琉球王国を形成した。

那覇はこの王府の対外貿易の重要な拠点となり、「親見世」（交易施設）、「御物グスク」（王府の倉庫）、「硫黄グスク」（硫黄貯蔵倉庫）などが置かれ、『琉球国図』に「那波皆津口、

座喜味城跡（読谷村立歴史民俗資料館提供）

江南・南蛮・日本の船、この浦に入る」と記され、「おもろ」に「唐・南蛮寄り合う那覇泊」と謡われた。

首里城の正殿に一四五八年に掛けられた梵鐘「万国津梁《ばんこくしんりょう》の鐘」の銘文にはこうある。

琉球国は南海の勝地にして、三韓の秀を鍾《あつ》めて、大明を以て輔車《ほしゃ》となし、日域を以て、唇歯となす、この二中間に在りて湧き出ずる蓬莱《ほうらい》島なり。

琉球国は南海の景勝の地で、三韓（朝鮮）のすぐれたところを集め、明国や日本と密接な関係にあって、この日明の間に湧き出た理想の島である、と語り、さらに船を万国の架け橋となし、珍しい重宝はいたるところに満ちている、と述べている。琉球の文化は日本・朝鮮・中国との交流に培われたものであった。

四　徳政と一揆

永享の乱と嘉吉の乱

足利義教は政治的な基盤が弱体であったことから、父義満の例にならって幕府政治を強権的に整備していったが、その強権政治はしだいに裏目となっていった。その一つが、永享五年（一四三三）七月、山門延暦寺が山徒の光聚院猷秀《こうじゅいんゆうしゅう》の不正を幕府に訴えた事件である。

猷秀は金融業を営みその財力を頼んで、山門の修造事業を引き受けるなかで不正行為をなし、将軍近習の赤松満政《みつまさ》と山門奉行の飯尾為種《いのおためたね》がその猷秀から賄賂を受け取っていたとして強訴に及んだのである。だが、強訴に強く反応して、怒ったのが義教である。強訴の首謀者の流罪から山門征伐、さらには山門領の没収など経済封鎖をも試みるようになり、ついには山門使節が自害し、山門が焼かれるにまで至った。

その最中に管領畠山満家が亡くなり、その直後には「天下の義者」と言われ将軍を補佐してきた三宝院満済が、さらに宿老の山名時熙が相次いで亡くなったことから、義教政権はブレーキがきかなくなった。そうした時に関東の問題が浮上してきた。

鎌倉公方の持氏は義教が将軍になった時にも将軍になることを狙っていたが、その望みが叶えられないなか、将軍に対抗して専制化を強め、その都度、危機感を抱いた管領の上杉憲実《のりざね》に諫められてきた。しかし持氏は聞き入れず、永享九年（一四三七）四月に憲実は相模の藤沢に逃れてしまう。持氏の慰撫により憲実は復帰したが、持氏が幕府に無断で子の賢王丸《けんおうまる》を元服させ義久《よしひさ》と命名したことから、鎌倉を出て上野に下った。怒った持氏は討伐のために出陣することとなる。

そこで義教が駿河守護今川範忠と奥州に派遣していた篠川《ささがわ》御所の足利満直《みつなお》に憲実への合力を命じ、錦の御旗と治罰《じばつ》の綸旨が与えられ、永享十年（一四三八）に討伐軍が向けられたため、憲実は持氏を討つに至り、鎌倉を落とした（永享の乱）。憲実は持氏の赦免を義教に嘆願したが、みとめられぬまま、翌年に鎌倉の永安寺にこもっていた持氏は攻められて自刃して果てたのである。

持氏の死後、憲実は出家し、伊豆の国清寺《こくしょうじ》に遁世していたが、結城氏朝《ゆうきうじとも》などの関東の武士が永享十二年（一四四〇）に持氏の遺児春王丸《はるおうまる》・安王丸《やすおうまる》を奉じて挙兵したことから（結城合戦）、幕府の強い要請に屈し政界に復帰してこれを退けたことから、関東では幕府と連携した上杉氏が支配を固めていった。

結城合戦の最中、義教は大和の衆徒・国民《こくみん》の越智《おち》・箸尾《はしお》征伐のために軍を出していたが、その陣中で一色義貫《よしつら》・土岐持頼《ときもちより》を謀殺するなど、「万人恐怖」と呼ばれる政治が展開するようになっていた。大名家の家督相続に介入し、永享十三年（一四四一）には畠山家の家督を畠山持国《もちくに》から畠山持永《もちなが》に委譲させている。これに危機感を覚えたのが赤松満祐《みつすけ》・教康《のりやす》父子で、義教の謀殺を計画すると、同年六月二十四日、結城合戦の戦勝祝宴を名目に義教を自邸に招き、祝宴の最中に暗殺したのである（嘉吉の乱）。

義教が殺害されたことで、大名の評定によって子の千也茶丸《せんやちゃまる》が後継者に定められると（義勝《よしかつ》）、再び「代初めの徳政」を求めて近江坂本の馬借を中心に一揆が蜂起した。今度は組織的で、地侍が指導して一揆勢は数万人にふくれあがり、京都を包囲し、九月には東寺、北野社を占拠、丹波口や西八条を封鎖した。一揆勢は外部の連絡を断った上で酒屋、土倉、寺院を襲撃したのである。

これに幕府の管領細川持之《もちゆき》が土倉方一衆から賄賂一千貫を得てその保護のために出兵命令を出し

たことが有力守護の耳に入り、出兵拒否が起きるなど混乱もあったが、新将軍足利義勝の名で一揆の要求が受け入れられ、山城一国平均に徳政令を発布し、収拾していった。

義政の政治と鎌倉府

義勝が早くに亡くなったので、弟の義政《よしまさ》（初名は義成《よしなり》）が後を継いで文安六年（一四四九）に判始《はんはじめ》を行い、先例にならって公家や武家の所領を安堵する御判御教書《ごはんみぎょうしょ》や、将軍に代行して管領が発給する管領下知状が出され、義政の治政が始まった。

義政は父義教への憧れもあって、その政治に回帰することを願った。長禄二年（一四五八）には「近日の御成敗、普光院御代のごとくなるべし」と称されたように、義教期の政策を展開していったが、その際に重用したのが五山の人事や訴訟の申次《もうしつぎ》をつとめた蔭凉軒主《いんりょうけんしゅ》の季瓊真蘂《きけいしんずい》であり、政所執事の伊勢貞親《いせさだちか》である。失脚していた季瓊真蘂を復権させた義政は、五山関係諸法令の順守を命じるとともに、相国寺と鹿苑院《ろくおんいん》の不知行所領の還付を認める御判御教書を出し、以後、寺社本所領還付政策を展開してゆく。貞親は義勝の乳父《めのと》であったが、義政が将軍になると「室町殿御父」という待遇を受けるようになった。

享徳三年（一四五四）九月に起きた徳政一揆の要求に対し、幕府は徳政を申請した者に債務破棄を認める代わりに、債務額の十分の一を幕府に納入させることとして一息ついたのだが、その徳政分《ぶ》一銭《いちせん》を滞納する債務者が続出したので、翌年になって徳政奉書を回収し、分一銭の支払者にのみ伊勢貞親の裏判を据えて再給付し、裏判を受けていない者については土倉が債権額の五分の一を幕府に納入すれば、土倉の債権を保護する政策を打ち出した。

貞親は、奉行人や五番衆などにも発言力をもち、彼らを将軍側近集団として組織していったので、義政はこれを基盤に、諸大名の勢力に対抗して将軍の親裁権強化を図った。大名家で家督相続をめぐって内紛が頻発していたから、その相続争いに介入していった。加賀守護の富樫《とがし》氏の内紛では管領細川勝元《かつもと》の反対にあって、意のままに相続権を動かすことはできなかったが、斯波氏については様々な思惑が交差して複雑な展開をみることになる。

関東では鎌倉府の再興を願い出た武士団の要求に応えて、持氏の子万寿王《まんじゅおう》（足利成氏《しげうじ》）を公方に立てることを認め、成氏は文安四年（一四四七）に信濃から鎌倉に入って鎌倉府が再興された。成氏は代始め徳政を行うなど、統治への意欲は強かったが、結城氏や里見・小田氏を重用し、上杉氏を遠ざけ始めたため、憲実の子憲忠《のりただ》が反発し、成氏と憲忠家臣との対立が深まった。

享徳三年（一四五四）十二月、成氏は憲忠を屋敷に招いて殺害し、里見・武田氏らの成氏側近が山内上杉邸を襲撃する享徳の乱が勃発した。これが長い関東の大乱への幕開けとなる。成氏は山内・扇谷の両上杉方を武蔵国分倍河原《ぶばいがわら》の戦いで破り、彼らが逃げ込んだ常陸の小栗《おぐり》城も落し、宇都宮氏も降すなど、各地を転戦した。

その留守に成氏征討の要請を受けていた幕府が、駿河守護今川範忠に出陣を命じ、康正元年（一四五五）六月に範忠が鎌倉を占拠したことから、成氏は下総国古河《こが》に入って、以後、古河を本拠として「古河公方」と呼ばれた。長禄元年（一四五七）には、義政が弟政知《まさとも》を鎌倉公方として関東に送ったが、関東の武士の支持や協力が得られず、鎌倉に入ることができないまま、伊豆の堀越《ほりこし》に入ったので「堀越公方」と称された。

戦乱は各地に広がり、康正二年（一四五六）に武蔵国に入って成氏と交戦した扇谷上杉房顕《ふさあき》が、長禄三年（一四五九）の戦いで大敗を喫し、両陣営は五十子《いらこ》を挟んで長期にわたる戦闘状態に入るなか（五十子の戦い）、房顕は病に倒れて亡くなる。

村の武力行使

政治が混沌とするなか、飢饉でおびえた村では合戦が起きていた。近江の菅浦《すがうら》では文安二年（一四四五）と寛正二年（一四六一）の二度にわたり、日指《ひさし》・諸河《もろかわ》の地をめぐる大浦荘との相論で、周辺の地頭や荘民等をまきこんだ合戦を引き起こされた。

この時に合戦の様子は文書に記された。文安二年には「七、八十の老《おとな》共も弓矢を取、女達も水をくミ、たてをかつぐ事」があって、老若男女の総動員であたったが、その訴訟費用は銭二百貫文・兵粮米五十石、酒五十貫文分かかったという。寛正二年には「余所勢ハ一人も不入、只地下勢ばかり、湯にも水にも成候わんとて、一味同心候て、枕をならべ打死仕候わんとおもいきり、要害をこしらえ相待」と、一味同心して要害を構え、討死をも辞さなかったという。

備中の新見《にいみ》荘は中国山地と吉備高原の中間の新見盆地に位置し、中央を高梁川《たかはしがわ》が南流する東寺領荘園であるが、南北朝の動乱期に国人領主の新見氏が勢力を広げると、応永元年（一三九四）に東寺は細川氏の被官でもある新見清直《きよなお》に所務代官の契約をした。その新見荘の百姓が応永五年（一三九八）四月に旱魃・大風・洪水などが続いたことから、大不作であったとして年貢の損免を要求すると、これに東寺は代官に新見氏や山伏の宣深を起用した。

しかしその代官支配に「当庄御百性等、誅罰の欝憤《うつぷん》により逃散せしむ」と、荘民が抵抗を続け、応永三十四年には新見荘の百姓が上洛して訴状を捧げ、細川氏の家臣である代官の安富宝城を訴えるなど、代官支配と荘民の抵抗が繰り広げられてきていたが、その名主百姓四十一名が連署して寛正二年（一四六一）に代官の安富智安の罷免を東寺に要求した。

長禄三年（一四五九）頃から始まった天候異変が終息していないなかでの出来事であり、東寺は使者を送って現地の情勢を調べさせたところ、次の報告があった。新見荘は南北七里、東西は一里で総じて山家であり、中央に川が流れ、その南と西は東寺領、東は地頭方領である。守護所へは十五里の位置にあり、一里を隔てた多治部《たじべ》という在所に国衙の政所がある。

管領細川勝元の指示があれば守護方が当荘へ打ち入るという風聞があったが、荘官である三職《さんしき》や地下人らの一族が集まれば四百から五百になるので、三か国から攻めてこようとも当荘は落ちない。当荘には市場があり、半分は領家方、半分は地頭方であって、国衙・守護方の商人たちが入り混じっており、弓矢の争いに及ぶ時があるとすれば、この辺りからと思われる。将軍の下知や管領の介入で東寺が前代官の安富と契約を結ぶようなことになれば、地下《じげ》一同は他国への逃散を辞さないと一味神水《いちみじんすい》して定めている。

東寺はこの報告を得て代官に祐清《ゆうせい》を起用すると、祐清は年貢を納めない百姓の名田を没収するなど強硬な姿勢で臨んだ。これに高瀬・中奥百姓らが八月以降の長雨・冷夏に加えて大霜が降り刈入れ前の稲が被害を受けたとして検見《けみ》と減免《げんめん》を要求し、この荘民と祐清との対立の結果、未進を続ける名主豊岡《とよおか》を上意と称して祐清が成敗したのをきっかけに、地頭方百姓の横見・谷内が祐清を殺害し、領家方荘民が犯人の逃げ込んだ地頭方の政所屋に放火したのである。

応仁の乱へ

長禄三年（一四五九）は天候不順なうえに、九月に台風により賀茂川が氾濫し、京中の溺死者は膨大な数にのぼった。米が京に入らなくなり、米価が暴騰、餓死者がでたことから一揆が頻発した。翌年には天候不順がいっそうひどくなり、旱魃で全国的飢饉となり（長禄・寛正の飢饉）、各地で餓死者が続出し、人肉を食うという噂も飛び交った。

東福寺の太極《たいぎょく》が記した『碧山日録《へきざんにちろく》』はその情景をこう記している。

京の六条町で一人の老女が子供を抱いてしきりに名前を呼んでいた。しかし何度呼んでも子が返事しないので、女は声をあげて哭き伏した。見ると、子はすでに死んでおり、母親は慟哭し続けていた。生まれを尋ねると、河内からの流民という。三年もの旱魃が続き、稲が実らないうえに重税がかけられ、出さないと刑罰を加えられるので、他国を流浪して食を求めて京までやって来たところで、遂に子は餓死してしまったという。

飢饉とともに大量の流民が京に入ってきていたのである。この惨状から時宗の僧願阿弥《がんあみ》は、粥の施行に乗り出し、将軍の許可を得て六角堂の南の道に草屋を設け、そこに飢えた人々を収容したところ、一日に何十人もの死者が出て、毎日、鴨川に屍を埋める始末であった。さらに八千人分もの粥の施行をするという現実に、ついに力無く撤収することになった、という。

ある僧が小さな木の卒塔婆を死骸の上に置いていったところ、それは八万二千個におよんだというのは、養和《ようわ》の飢饉の二倍の数であった。

幕府では大名の家で内紛が深刻化していた。管領家の畠山氏では、持国から家督を譲られた義就《よしなり》に対し、反義就派の家臣が一族の政長《まさなが》を擁立して対立、斯波氏でも義健《よしたけ》が後継ぎがないままに亡くなると、一族から迎えられた義敏と九州探題の渋川《しぶかわ》氏から迎えられた義廉《よしかど》が家督を争った。こうしたなかで幕府の実権をねらうべく勢力を拡大したのが山名宗全《そうぜん》と細川勝元である。

寛正五年（一四六四）、隠居を考えるようになった義政は、日野富子との間に子が恵まれなかったため、実弟の義尋《ぎじん》を還俗させ足利義視《よしみ》と名乗らせて養子となし、次期将軍への道を開いた。ところが翌六年に富子に男児が誕生したことから（後の足利義尚《よしひさ》）、家督相続の争いがおきた。富子は子への将軍後継を望んで山名宗全に協力を頼み、義視は管領の細川勝元と手を結んだ。

こうしてやがて起きたのが応仁の乱であり、これによって京都は焼け野原となる。幕府が細川の東軍と山名の西軍とに分裂して争った結果、大量の雑兵が集められ、流入してきた飢民や、合戦のために集められた兵などは、両陣営あわせて三十万にのぼったという。彼らは文正元年（一四六六）の秋から集まり始め、翌年正月に御霊林《ごりょうばやし》で交戦しはじめ、五月に全面的に戦闘を開始すると、その年に洛中の大半は戦火で焼失したのである。

政治集団の編成

義満によって幕府政治の型が定められても、それが定着するまでには義持・義教・義政の三人の将軍の時代を経ねばならなかった。その成果を物語るのが『永享《えいきょう》以来《いらい》御番帳《ごばんちょう》』という将軍を中心とする大名や奉公衆を書き上げた故実書である。

最初に「五ヶ番の着到」として、五番に編成された奉公衆の交名《きょうみょう》（名簿）を載せているが、これは永正《えいしょう》九年（一五一二）冬に伊勢守貞陸《さだみち》が提出した義政時代の番帳であるという。続いて「永享より文正に至る三職」については、「管領」として斯波義敦《よしあつ》・畠山満家・細川持之の三人、「御相伴衆《おしょうばんしゅう》」として山名・一色以下の二十五人、「御伴衆《おともしゅう》」として細川以下の十八人の大名に、一番・二番に十一人ずつに分けられた二十二人のあわせて計四十人の近習の名を載せる。

さらに永享三年（一四三一）正月十日の記事に始まる具体例も載せている。そこでは伊勢守貞経《さだつね》亭以下への将軍の御成に供をしたのが、一番の番頭細川淡路入道全了《ぜんりょう》、二番の番頭桃井《もものい》治部少輔《じぶしょう》入道常欽《じょうきん》、三番が畠山播磨入道祐順《ゆうじゅん》、四番が畠山右馬頭持経《もちつね》、五番が大館上総介《おおだてかずさのすけ》入道祐禅《ゆうぜん》であった、とその名をあげている。

さらに文安年間に成った『文安年中五番帳』には、「公方様五番衆」として一番から五番までの番衆の交名とともに、各番の申次や詰衆《つめしゅう》・在国衆《ざいこくしゅう》の名が載り、続いて奉行衆、評定衆、外様衆、三管領、四職の名を載せている。

これらから少なくとも永享三年までには管領・御相伴衆・御伴衆・奉公衆の将軍を支える体制が整っていたとみられ、この体制は義持の時代にまでさかのぼる。すでに五番衆からなる奉公衆の体制が義満の段階で成立していたことは見てきたが、『花営三代記』の義持記には、義持が大名の邸宅に御成を繰り返しており、伊勢の神への参詣に、近習三十五人を応永二十七年(一四二〇)に派遣するなど、義持が大名や近習の存在に意を用いていたことがうかがえる。

この『花営三代記』であるが、義満記では奉行人の名を詳しく載せているのに対し、義持記では奉行人の名をほとんど記しておらず、近習たちの動きが詳しく載っている。特に伊勢氏の動きに詳しいのが大きな特徴であって、たとえば最後の応永三十二年十一月二十三日条は「十郎貞知元服、十二歳、伊勢守貞経男也。勘解由左衛門尉、母赤松出羽守女」とあって、他の記事が将軍周辺について記しているのとは異なる。

この伊勢氏の多くある記事のなかでも注目されるのが、応永二十九年九月二十四日条の「卅五人参宮(中略)奉行照心、私に照心面々同道有、参宮有」、三十年正月十七日条の「御的始なり。御所様遊ばさる時、小笠原民部少輔持長・照心参伺有り」、三十一年十一月九日条の「貞経預りの御厩御料所の員数、入道照心に注すべきの由、直に命を承るなり」、三十二年正月四日条の「節分大豆打役、照心カチグリ打」、正月二十日条の「赤松大膳大夫入道性松宿所に、大御所幷御方御所御成。佳例。因幡入道照心」などの記事である。

伊勢因幡入道照心《しょうしん》に限ってこのような私的内容の記事が見えることから、義持記は因幡入道照心の手になるとみられる。『伊勢系図』には、照心は伊勢貞行《さだゆき》の二男で、政所執事である伊勢守貞経の弟貞長《さだなが》であって、「鞍鐙《くらあぶみ》の作法」を継承したと見える。伊勢氏は将軍の内廷にかかわり、その組織化や故実に取り組んだことから、『花営三代記』義持記のような記録が作られたのであろう。

武家の故実

武家の故実としての伊勢流は、伊勢貞長や伊勢守貞経ら伊勢氏により整えられていったのだが、もう一つ小笠原《おがさわら》流の武家の故実についてはどうであろうか。注目されるのが『花営三代記』応永三十年正月十七日条の「御的始《まとはじめ》なり。御所様、遊ばさる時、小笠原民部少輔持長・照心参伺有り」という記事で、照心とともに義満の的始めに伺候したという小笠原持長《もちなが》の存在である。

持長は出家して浄元《じょうげん》と名乗ったが、犬追物の故実を記す『犬追物草根集《いぬおうものそうこんしゅう》』を嘉吉元年（一四四一）十二月六日に著わしており、馬の手綱の故実書『小笠原流手綱之秘書《たづなのひしょ》』を宝徳《ほうとく》二年（一四五〇）八月十七日に著わしている。寛正五年（一四六四）十一月に多賀《たが》豊後守高忠《たかただ》が著わした『就弓馬儀大概聞《きゅうばのぎについてたいがいきき》書《がき》』という弓馬についての大部の故実書は、高忠が持長相伝の書や持長の子民部少輔政清《まさきよ》らから聞き取りをして成ったものという。

このように多くの弓馬の故実書が応永二十年代に著わされ始めていることから考えても、この時期から武家故実が整えられていったのであろう。では室町幕府において年中行事や儀礼が整えられるなか、鎌倉府ではどうだったのであろうか。

禅秀の乱、永享の乱、結城合戦など多くの内紛があったことから遅れてはいたが、享徳五年(一四五六)六月一日に御所奉行の海老名季高《えびなすえたか》によって『鎌倉年中行事』が編まれている。公方の足利成氏は幕府の年号を用いず、享徳の年号を使い続けたが、その自立の証ともいうべき書がこの年中行事であり、七十七項目からなる。元旦から十二月までの殿中で行われる年間の行事を記し、続いて若君・姫様の誕生や公方の元服・御所移し・発向など特別な行事を記し、最後に管領・一家中・奉公中などの間の書札礼《しょさつれい》や路頭礼《ろとうれい》、さらに猿楽能での給禄についても記している。

元旦の早朝には昆布・勝栗・鮑を肴にして一献召すが、これは「京都鎌倉の両殿は天子の御代官として諸侍の忠否、浅深を記し、御政務有るべき職に御座ある」ためと記し、跋文では「当家御代々之御威勢に四海の逆浪静まり、雨垂を犯さす万民勇色を含む」と記しており、四海が静まることを望むなかで編むに至ったという。公方の成氏も幕府に倣って鎌倉府の年中行事を整え、武家の制度を型として整備したのである。

五　型の文化

京の町人

この時代には様々な領域において型が求められ、つくられていったが、都市の場合はどうであろうか。京都には諸国から物産が集まり、大名たちが在京して一大消費地として繁栄するなか、後世に継承される町と町人が生まれていた。

応永三十二、三年（一四二五、六）に作成された京の酒屋名簿によれば、北は一条から南は七条まで、西は大宮から東は東朱雀（鴨川の東の大路）までの洛中に酒屋が満遍なく分布し、一条以北、河東、北野、嵯峨などの洛外にまで及んでいた。

かつて京都は検非違使の支配下にあって、洛中は横大路間を単位とする十二の保《ほう》について保検非違使が置かれて、行政や警察を担っていたのだが、室町幕府は町を単位として支配するようになった。康正二年（一四五六）に内裏造営の賦課が棟別にかかった時、右筆方《ゆうひつ》の奉行人は「町別」に割り当てられ、侍所の被官を添えられて徴収に臨んでいる。寛正六年（一四六五）に節季《せっき》の費用が洛中の町に課された時には、十四人の奉行人が縦小路間を徴収の単位として割り当てられている。その範囲は、東は鴨川に沿った東朱雀大路、西は大宮大路であった。

貞治六年（一三六七）の洛中棟別銭は十文宛てで一万疋が課され、一万棟が負担したが、文安三年

（一四四六）には百文宛てで二万貫、二十万棟が負担するようになっていた。数字のままでないにしても、この間に十倍以上の人口増加があったことは疑いない。

その町であるが、小路《こうじ》や辻子《ずし》と称される小道を挟んだ両側を単位とした両側町であり、これを母体に祇園祭を担ったのが山鉾町であり、その町は、北は二条、南は五条、東は万里小路、西は猪熊小路の範囲に分布していた。

このような町に成長してきたのが「町人」であり、『庭訓往来』に「京の町人」と見えている。応永二十六年（一四一九）に将軍義持は、北野社の西京神人《じにん》に麴の専売特権を与え、「東京酒屋」の麴室を破却したが、その時に土倉が提出した請文《うけぶみ》に「町人」の名が見える（『北野天満宮史料』）。

　五条坊門室町の西南頰《にしみなみのつら》土倉、公方よりおほせかうふり候間、いまより後ハ、かうじ仕候まじく候。

　　祐光（花押）

　町人かうあみ（花押）

五条坊門小路と室町小路の辻の西側の南頰にある土倉の祐光が、公方の命をうけて麴の停止を誓った文書であり、これに連署する「町人かうあみ」は同じ町に住む町人であったことがわかる。応永二十五年（一四一八）に五条東洞院にある因幡堂が、園城寺の末寺から離れようとしたことから、園城寺の僧が押し寄せる噂が広がり、「近辺の町人」が昼夜警護したという（『安富記《やすとみき》』）。

町の家々の前の道には井戸があって生活用水として使われ、道の真中を流れる小川も様々に使われていた。トイレも、遊びも道で行われた。道から侵入する暴力には、出入り口に木戸（釘貫）が作られて防がれるなど、道は町の共同性をよく示している。道に沿った家の間口は狭く、奥は深いが、これは様々な賦課が家の間口の長さに応じて課されたことによる。

小京都と国人

京都に倣って町づくりが各地の大名により行われるようになって、「小京都」が形成されていった、その典型が山口である。貞治二年（一三六三）に大内弘世《おおうちひろよ》が周防・長門の守護に任じられたのを契機に山口盆地の中央に居館を移したのがその始まりで、大内教弘《のりひろ》の時には館の北隣にさらに別の一画が設けられ、築山館《つきやまどの》と称されたという。

応永二十七年（一四二〇）二月の国清寺《こくしょうじ》条々では「僧達、市町に徘徊せらるべからず」と、国清寺の僧が市町を徘徊することを禁じており、市町が生まれていたことがわかるが、長禄三年（一四五九）の大内氏壁書では「夜中に大路往来のこと、辻ずまうの事」などが禁じられ、寛正二年（一四六一）の同壁書では「山口より御分国中における行程日数の事」が定められている。山口から防長両国内ほか豊前・筑前・安芸・石見・肥前などに至る行程の日数が記され、本格的な町の形成が山口で進んでいたことがわかる。

小京都とまではゆかなくとも、大名や国人は居館を中心にした経済活動により潤っていた。小早川氏は安芸の沼田荘を拠点にして、この地域一帯に勢力を伸ばし、小早川春平《はるひら》はその豊かな富を背景に仏通寺《ぶつつうじ》を建てており、子則平《のりひら》はさらに将軍義持の側に仕えるとともに、朝鮮との貿易に携わって、朝鮮から貿易を許可された「図書《としょ》」の第一号を与えられ、十七回にわたって通商を行っている。

そうした国人領主が直面したのが、守護や大名権力であり、しばしば国人たちは相互の利益を確保すべく一揆を結んで、守護や大名に対抗した。安芸国では応永十二年（一四〇五）に三十三人の国人が連署して、新守護に対抗して一揆を結んでいる。一族一門のなかでも対立が繰り返されていたから、一門が惣領に対抗して一揆を結ぶことも多かった。

今に残る多くの一揆契状は、上部権力との条項、住民との条項、内部の結束条項などからなっており、一揆成員が平等で契約したことを表現するために連署形式がとられ、小早川氏にも幾つかの一揆契状が残されている。宝徳二年（一四五〇）の一揆契約では、一族十三家が周囲に放射状に署名する「からかさ連判」によって、契約を交わしている。

これら国人たちの上に在京する守護が乗っていたのであり、その国内的基盤は守護の権限を除けば国人領主相当に過ぎず、国人の上に守護大名が、守護大名の上に将軍が乗るという重層性からなっていた。そのため守護大名に代わって国内の統治にあたる守護代の力が拡大する傾向にあった。

斯波氏の家臣の甲斐常治《かいじょうち》はその典型であって、越前・遠江両国守護代となり、永享元年（一四二九）に足利義教から管領の就任を固辞する斯波義淳の説得を依頼された時には、管領の器ではないと言い放ち、長禄二年(一四五八)には主人の斯波義敏と対立して、越前一国を舞台とした合戦を起こし、「主従の合戦、未曾有の次第なり」と評されたほどである(『大乗院寺社雑事記』)。

郷村の型

京都近郊では郷村が成長していた。近江の蒲生上郡の得珍保《とくちんのほう》今堀郷にある日吉《ひえ》社は、村の座や商業関係の文書を多く伝えている。応永三十二年(一四二五)十一月に宮座の衆儀掟を定め、私的に宮の堂や拝殿の蔀《しとみ》を立ててはならず、太鼓を打ってはならないことなどを規定し、違反した場合は三百文の罰金、さらに我意を通す者には座衆から除くとしている。文安五年(一四四八)には寄合に出るよう触れても出てこない者には五十文の罰金を課すなどと定め、村の自治の型が定まっていった。

その村では神社の祭りが結集の核であった。山科の伏見荘では正月の年賀と七月の盂蘭盆《うらぼん》の時に各村が伏見殿に参上し、仮装や作り物をして囃子・舞踊をする「松拍《まつばやし》」を演じていた。荘の鎮守である御香宮《ごこうのみや》は境内から香り高い名水が湧き出ることに因んでその名が付けられた神社だが、ここの九月の大祭は近郷から多数の参加をえて数十番の相撲が行われて始まっている。

神幸の行列の先頭を様々な模型を載せた風流笠(山笠)と風流踊りのグループが行き、続いて神輿を囲んだ神官、祭の費用を負担する頭人が数十人の随兵を引き連れて進む。行列の最後尾を進むのは村々で用意した風流笠と風流踊りの行列である。

永享六年(一四三四)に幕府は延暦寺の強訴に備え、京の郊外の村々に軍勢の動員をかけているが、この時に鎮守の御香宮に集まった村々の軍勢は、侍七人とその下人五十人のほか、荘を構成する山村・舟津村・石井村・森村・三木村《そうぎ》・野中村など二百二十八人にのぼったという。村は武力を備え、幕府もその武力を期待していた。

結束を固めた村人たちは、猿楽などの芸能を楽しみ、危急の時には早鐘を鳴らして集まり「地下《じげ》寄合《よりあい》」を行っていた。嘉吉二年（一四四二）に伏見荘の近くにある深草と竹田との間の堤相論があった時に、伏見は深草に合力して竹田の在家を焼き払っている。周辺の郷との間には連携・連帯が生まれていたのである。

伏見荘の近くの山科《やましな》では、近隣の郷が集まって七郷という惣郷を形成していた。山科家の家礼《かれい》の大沢久守《おおさわひさもり》が記す『山科家礼記』によれば、「山科七郷」は野村〈領主三宝院〉、大宅里〈山科家知行〉南木辻、西山〈三宝院〉大塚〈聖護院〉、北花山　下花山〈青蓮院〉上花山〈下司ヒルタ〉、御陵〈陰陽頭在盛〉厨子奥〈花頂護法院〉、安祥寺〈勧修寺門跡〉上野〈上野門跡〉四宮河原〈北山竹内門跡〉、音羽　小山　竹鼻〈清閑寺〉などで、郷ごとに領主が異なっていての結びつきであった。

各郷は自治組織をもち年老《おとな》・中﨟・若衆などからなり、長禄元年（一四五七）十月には徳政を要求して、十一月二日に、「今夜七郷同心とてせめ候なり」と七郷として同心することを決めて、「山科七郷土一キ、京中へ東山より入り候なり」と京に入った後、六日には清水寺から退いたという。応仁二年（一四六八）には「七郷ヨリ合在之、安祥寺ニテ沙汰、例年春ハ北郷、秋ハ南郷」とあるように、寄合は毎年定期的に開催されていた。

近江の菅浦で生まれた「惣」は、乙名・中老・若衆等と呼ばれる東・西各十名の二十名によって運営され、領主による検注《けんちゅう》の拒否、年貢の減免要求、年貢の地下請《じげうけ》などにあたっていたが、琵琶湖に面して回船や漁業活動が盛んなことから、応永四年（一三九七）には海津《かいづ》の地頭の仲介で堅田《かただ》との間で湖上の漁場の四至をとりきめている。

村が自立化するなか、村の財政が大きな問題になる。村の交際費、合戦の費用、祭の費用など、その負担は領主との交渉によって一部は領主の負担となっているが、基本的には村が負担した。応永二十四年（一四一七）に和泉の日根野《ひねの》荘の入山田《いりやまだ》村では、独自に村役として反別四十三文の村段銭《むらたんせん》を賦課している。

「菅浦与大浦下庄堺絵図」（菅浦自治会　滋賀大学経済学部付属史料館保管）

型の精神

型を求めてゆくと、それだけでは形式的に流れてしまう。そこから文化面においては精神性が求められたり、あるいは逸脱が生まれたりする。世阿弥は義満が亡くなり、将軍義持の時代になってからは、将軍や守護大名の禅への理解、能への鑑賞眼によってその芸が磨かれた。『至花道』にこう記している。

当世は御目《おんめ》もいやたけて、少しきの非をも御讃談に及ぶあひだ、玉を磨き花を摘める幽曲ならずば、上方様の御意《ぎょい》にかなふ事あるべからず。

こうしてシテを霊として登場させる夢幻能を完成させていったのであり、「高砂《たかさご》」「井筒《いづつ》」などの名曲は今に伝えられている。しかし次の将軍義教の時代には甥の音阿弥《おんあみ》を後援していた将軍との関係悪化が高じ、永享六年(一四三四)に佐渡に流されてしまう。流罪になった世阿弥は四月に都を出ると、小浜に至り海路で佐渡島の太田の浦に到着している(『金島書《きんとうしょ》』)。

将軍に嫌われたという点では、今川了俊から和歌を学び、東福寺の書記となった徹書記《てっしょき》こと正徹《しょうてつ》もいる。足利義教に疎まれ、『新続古今和歌集』には一首も入らなかったが、歌論書『正徹物語』を著わし、心敬らの弟子を育てた。

いっぽう幕府体制が整備されるなかで、将軍には逸脱が生まれた。義持は禅宗を愛好するあまり、禁酒令を頻繁に発して、洛中の土倉に麹の室を破壊するように命じ、また将軍の後継者の指名を避けた。跡を継いだ義教は大名抑圧の度が過ぎて、家臣の赤松氏に殺害されてしまう。甲斐常治は主人の斯波義敏と対立して合戦を起こし、「主従の合戦、未曾有の次第なり」と評されるなど、型破りな政治行動をする武士が目立つようになった。

『ひとりごと』は、一休宗純《いっきゅうそうじゅん》について「よろづのさま、世の人には遙かに変はりはべる」と人々に言われ、「今の世に行儀も心地も世の中の人には、はるか変はり侍る」と評しており、その門弟の堺の南江宗沅《なんこうそうげん》や、心敬と親交のあった立蔵主を特筆している。

一休は臨済五山派の京都安国寺に入り夢窓派に連なっていたが、林下《りんか》の禅を求めて近江堅田の華《か》叟宗曇《そうそうどん》に学んで一休の号を授けられ、貧の中の真の禅者たるを求めてゆき、その著わした詩集『狂《きょう》雲集《うんしゅう》』『自戒集《じかいしゅう》』や、『一休宗純と森女図』に見られる、破戒と風狂に生きることになった。禅を極めようとすれば、こうした型破りの禅僧が出現したのであって、愚中周及《ぐちゅうしゅうきゅう》もその一人であった。

安芸の仏通寺川沿いに建てられた臨済宗の仏通寺は「安芸の高野」と称される紅葉の名所で、この寺は応永四年（一三九七）に小早川春平が周及を迎えて創建された。春平が描いた周及の図像は、厳しい表情にもかかわらず、頭に手をやっているユーモラスな仕草で、周及の人柄をよく物語っている。周及は夢窓疎石・春屋妙葩《しゅんおくみょうは》の下で修行した後、大陸に渡って金山寺《きんざんじ》（湘江省）の即休契了《しっきゅうかいりょう》（佛通禅師）の下で修行に励んで法を嗣ぎ、帰朝後は五山の叢林を嫌って丹波の天寧寺《てんねいじ》にあったところを、安芸の小早川春平に口説かれ迎えられたのである。将軍義持の懇請で京に赴いたが、洛中に入らずに面会して、紫衣を賜り、その年に亡くなって佛徳大通禅師と諡号《しごう》された。

狂言と御伽草紙

芸能の面では猿楽能が型を追求するなか、そこから逸脱する狂言が発展していたことも見逃せない。世阿弥は永享二年（一四三〇）三月に著わした『習道書』において「狂言方について」と題し、当座の話や昔物語などで一興あることを「本木にとりなして」演じるものと語る。

ただその衆人の笑いどよめくようなことについては、「俗なる風体なるべし」と否定的に記すが、それは笑いを求めて出発した狂言のあるべき「笑みのうちに楽しみを含む」型を重視したからに他ならない。笑いを求めても、言葉や風体でも俗っぽいことはせずに、「貴所・上方様の御耳に近からん利口・狂談を嗜むべし」と、貴人を前に不都合ではない洒落や軽口を心がけるようにとも語っている。この点は『看聞日記』応永三十一年（一四二四）三月十一日条の記事にもうかがえる。

猿楽狂言、公家人疲労の事、種々狂言せしむと云々。此の事然るべからずの間、田向禅啓を以て楽頭を召し、突飛す。（中略）又仁和寺に於いて猿楽狂言、聖道法師、比興の事共を狂言せしめ、御室より罪科を被ると云々。

狂言が笑いをとるために貴人の機嫌を損ねてしまうことが起きていたという。狂言は鎌倉時代に成った『古今著聞集』の「興言利口《きょうげんりこう》」に載るような話を演劇化した性格を有しており、時にその批判精神が顰蹙《ひんしゅく》や怒りを買ったのである。

寛正五年（一四六四）に鴨川の糺河原《ただすがわら》で行われた猿楽の記録『糺河原勧進申楽記』には、二十一の狂言の演目が載っている。なかでも「三本の柱」「鉢叩き」「入間川」「八幡の前」「伊文字」「朝比奈」

などは今に残る演目と同じである。この段階になると狂言にも型が求められていた。紀河原勧進申楽の三日目の冒頭の「三本の柱」は、大果報者が家の普請を行って、おおかた成就したのだが、さらに材木が欲しく、三人の者に木を取りにやったという話。「天下治まりめでたい世なれば」と、天下泰平を語って始まっているが、これはこの時代の決まり文句であって、脇狂言の祝祭的性格を物語っている。同じく三日目の演目である「入間川」は、東国に知られた大名が在京して訴訟を行い、安堵の御教書を拝領し、国元に帰る途中の駿河・武蔵野を経て入間川を渡ろうとして遭遇した出来事を語る大名狂言である。

このほか小名狂言、聟女狂言、鬼山伏狂言、出家座頭狂言、集狂言などに狂言は分類されるが、多くはこの時代の風俗や言動を掬い取って、笑いのなかで表現するなか、列島の各地や都の内外で台頭してきた大名や職人の生態を生き生きと描いている。

その点は『御伽草子』（室町物語草子）ともよく似ている。『文正草子《ぶんしょうぞうし》』は常陸の鹿島宮司に仕える文太が、塩焼きを営んで富貴の身になったという話。『猿源氏草紙《さるげんじそうし》』は伊勢の阿漕浦《あこぎうら》の鰯売りが都に上っての話である。語りの芸が読み本として成長を見たものだけに、民間の伝承を色濃く伝えているのが大きな特徴である。

文学作品の伝える社会の型

能や狂言などの演劇は人物を造形化したことから、人の生き方や型を伝えることになった。明徳の乱を記した『明徳記』には、山名氏清の猶子である小次郎の戦死や、家僕である家喜九郎の妻の剃髪、氏清妻の自害、細川頼之に仕えていた三島入道の追腹（殉死）など、多くの哀話が語られているが、なかでも小林上野介の諫言や奮戦、討死については能の『小林』に取り上げられており、『看聞日記』（応永二十三年）、『春日若宮拝殿方諸日記』（宝徳四年）には上演記録があって、それを通じて武士の生き方に大きな影響を与えたことであろう。

この時代に生きた人物だけでなく、『平家物語』や『寺社縁起』などに登場する、過去あるいは伝説上の人物の生き方を造形化することによって影響を与えたのであり、武士の主従制の型は、この時期に能を通じて定まった面が大きい。狂言には医師や山伏、物売りなどの職人が登場し、売買をするにあたっての駆け引きや、大名に仕える上での機智を語るものも多くあって、町人たちにも喜ばれたであろう。

京菓子屋の創業伝説にこの時代に始まるものがあることも見逃せない。塩瀬総本家の饅頭、亀屋陸奥の羊羹などは、大陸から渡ってきた医師や飢饉時の非常食に始まったという。京都は応仁の乱で壊滅的な打撃を与えられたが、実はそれ以前から売買屋は広がっており、そのことから狂言が演じられていたのである。

多くの文学作品は地方の動きもよく伝えている。謡曲『婆相天《ばそうてん》』や説経節『さんせう大夫』に見える越後の直江津は、東国・西国の船が出入りし、人買い商人の活動する繁華な湊として描かれ、『身売り』は、越後の蒲原《かんばら》の湊での人身売買を描いている。

なかでも『婆相天』は物だけでなく人が売られる非情な現実を示すため、次のような人身売買文書をも挿入している。

何々売り渡す人の事ていれば、あさなしせんくわうによ

右此女は、ばいとくさうでんたりといへ共、やうやうの子細あるにより、東国船の船頭に売り渡す処、実正也。向後の証文のため、売券の状、件の如し

かうおう三年八月日　　越後国直江の津　といの左衛門権介判

直江津の問の左衛門権介が、康応三年（一三九一）八月に相伝してきた「字しせんくわう女」を東国の船頭に売り渡した証文である。

幸若舞曲《こうわかまい》の『笈《おい》さかし』には「六ちょう船のせんどう七月の初、あいた（秋田）、さかた（酒田）をこぎ出し」と秋田湊や酒田湊の名が見え、『義経記』には越前の敦賀の津、越中の如意《にょい》渡り、越後の直江津も登場している。狂言『昆布うり』は「若狭の小浜のめしの昆布売」を主人公とした話で、若狭で加工された蝦夷産の昆布が京で有名となったことがわかるが、小浜や津軽の十三湊からは北海道に新天地を求めて渡った人々が多く生まれた。

こうした読み本は京や奈良の町人によって読まれたのであって、子弟の教育は寺や家で行われており、応永二十五年（一四一八）に実務官人の中原安富《やすとみ》は向かいの住人から、子供にせがまれたので

『童子教《どうじきょう》』を貸して欲しい、と頼まれている。これは人の守るべき徳目を記した本であって、おそらく子が寺院で学ぶなか知ったのであろう。

教育のテキストにはこの『童子教』や『実語教』などの道徳書のほかに、備中の新見荘の政所には『庭訓往来』や『御成敗式目』があったことが知られるが、これらは江戸時代の寺子屋に引き継がれていった。

戦国期に日本に渡来したルイス・フロイスは、「日本ではすべての子供が坊主の寺院で勉学する」と『日欧文化比較』で指摘している。『多胡辰敬《たこときたか》家訓』は「ヲサナキ時、寺ニヲキナドスル事、必ズ手習学文ノタメバカリニテハナシ」と記して、手習いや学問を学ぶだけでなく、寺院に出入する多くの人々と交わって、立ち居振る舞いを学ぶのが教育であると説いている。

学校教育の実態を記す史料は少ないが、日本の本格的な学校教育について記すのは、ヨーロッパ人の見聞の記録であり、宣教師フランシスコ・ザビエルは、天文《てんぶん》十八年（一五四九）八月に鹿児島に着くと、すぐ十一月五日にゴアのイルマンに送った書簡の中で、次のように記している。

都の大学の外に、なお有名な学校が五つあって、そのなかの四つは都からほど近い所にあるという。それは高野・根来寺・比叡山・近江である。どの学校も、凡そ三千五百人以上の学生を擁しているという。しかし日本に於いて最も有名で、最も大きいのは坂東であって、都を去ること最も遠く、学生の数も遙かに多いという。

「都の大学」とは東福寺ほかの禅宗寺院、「都からほど近い」四つの大学「高野・根来寺・比叡山・近江」とは、紀伊の高野山と根来寺の真言宗寺院、近江の比叡山延暦寺と三井寺の天台宗寺院をさし、さらに最も大きい「坂東」が、足利学校である。これらは室町時代から学校教育の場となっていた。

そのうち注目されるのが足利学校であり、ルイス・フロイスは「全日本でただ一つの大学であり、公開の学校が、坂東地方の足利と呼ばれる所にある」と記している。京の五山や高野山以下の学校が宗教色に染まっていたのに対して、足利学校は他の日本の大学とは違い、校長にあたる庠主には禅僧が招かれても、教えていたのは儒学のみであり、仏教の教学は教えられていなかった。

足利学校（史跡足利学校事務所蔵）

足利学校の形成に尽力したのは関東管領の上杉憲実であって、文安三年（一四四六）に学校の規則三箇条を定めているが、そのなかで老荘の学を含んだ儒学以外の学問を教えるのを禁じている。足利学校では基礎的学問が教えられ、そのため開かれた学校として多くの学生を集めたのである。

学校の基礎は、憲実が鎌倉公方の足利持氏を攻めて自刃させた永享十一年（一四三九）に造られ、その年に憲実は漢籍を足利学校に寄進している。関東の動乱を記す『鎌倉大草紙』が、「この比、諸国大いに乱れ学道も絶たりしかば、この所、日本一所の学校となる」と記しているように、この頃から広がった諸国の戦乱の激化が、日本中から学生を集め、日本一の学校に押し上げたのであり、足利学校の「学徒」は広く日本全国にわたり、南は琉球にまで及んでいた。

関東ではこの時期、武蔵の仙波談義所《せんばだんぎしょ》のような天台宗系の学問所である談義所や常陸の正宗寺《しょうじゅうじ》のような禅宗寺院で学問の研鑽がなされていたので、足利学校はこうした流れから生まれたのであろう。

「学校」の規則三箇条では、学徒に禅衣を着用することを求めたり、「不律の僧侶」（戒律を守らぬ僧）や「学業」を勤めずに遊び暮らす僧などは足利の庄内から追放することを定めている。学徒は学校に入る際に僧となる必要があった。学校の設けられた足利の地が足利将軍や鎌倉公方の苗字の地であって、近くにはその墓所があったので、外部の権力からの保護も期待された。

また校長の庠主が禅僧であり、学校のなかには常住という僧がいるなど、禅宗寺院と同じような組織をとっていた。禅院のような形をとることで外部の権力から守られ、学徒が俗人のような風体をとらないことで兵乱の巷にはならないように考えられたのである。禅衣はいわば学生服であった。

こうして今につながる学校教育の型もこの時代につくられたのである。

参考文献

A　研究書・一般書

佐藤進一『日本中世史論集』(岩波書店、一九九〇年)
『黒田俊雄著作集』全八巻(法蔵館、一九九四年〜)
高橋秀樹『日本中世の家と家族』(吉川弘文館、一九九六年)
田中克行『中世の惣村と文書』(山川出版社、一九九八年)
『石井進著作集』全十巻(岩波書店、二〇〇四年〜)
『網野善彦著作集』全十八巻(岩波書店、二〇〇八年〜)
網野善彦ほか編『日本の歴史』(講談社、二〇〇一年)07下向井龍彦『武士の成長と院政』、09山本浩司『頼朝の天下草創』、10筧雅博『蒙古襲来と徳政令』、11新田一郎『太平記の時代』、12桜井英治『室町人の精神』、14『周縁から見た中世日本』
五味文彦・佐野みどり・松岡新平『中世文化の美と力』(『日本の中世』七、中央公論新社、二〇〇二年)
石上英一ほか編『日本の時代史』(吉川弘文館、二〇〇二年)7元木泰雄編『院政の展開と内乱』、8五味文彦編『京・鎌倉の王権』、9近藤成一編『モンゴルの襲来』、10村井章介編『南北朝の動乱』、11榎原雅治編『一揆の時代』、29井上勲編『日本史の環境』、30石上英一編『歴史と素材』
平川南ほか編『全集 日本の歴史』(小学館、二〇〇八年)5五味文彦『躍動する中世』、6本郷恵子『京・鎌

倉　ふたつの王権』、7安田次郎『走る悪党、蜂起する土民』
木村茂光『中世社会の成り立ち』（『日本中世の歴史』一、吉川弘文館二〇〇八年）
高橋典幸『鎌倉幕府軍制と御家人制』（吉川弘文館、二〇〇八年）
三枝暁子『比叡山と室町幕府』（東京大学出版会、二〇一一年）
遠藤珠紀『中世朝廷の官司制度』（吉川弘文館、二〇一一年）
小川剛生『足利義満』（中公新書、二〇一二年）
桜井英治ほか編『岩波講座　日本の歴史』中世1～4（岩波書店、二〇一四年）
『シリーズ日本中世史』（岩波新書、二〇一六年）①五味文彦『中世社会のはじまり』、②近藤成一『鎌倉幕府と朝廷』、③榎原雅治『室町幕府と地方の社会』

B　著者の関係書（上記以外）

1『院政期社会の研究』（山川出版社、一九八四年）
2『鎌倉と京』（『大系日本の歴史』五、小学館、一九八八年、講談社学術文庫、二〇一四年）
3『武士と文士の中世史』（東京大学出版会、一九九二年）
4『書物の中世史』（みすず書房、二〇〇三年）
5『中世社会史料論』（校倉書房、二〇〇六年）
6『中世の身体』（角川学芸出版、二〇〇六年）
7『日本史の新たな見方、捉え方』（敬文舎、二〇一二年）
8『人物史の手法』（左右社、二〇一四年）

9『文学で読む日本の歴史《古典文学篇》』（山川出版社、二〇一五年）
10『日本史のなかの横浜』（有隣新書、二〇一五年）

C　関係史料【叢書】

①日本古典文学大系　岩波書店
29『山家集 金槐和歌集』、32『平家物語』上・下、34『太平記』1～3、37『義経記』、38『御伽草子』、39『連歌集』、40『謡曲集』上下、42『狂言集』上・下、65『歌論集 能楽論集』、66『連歌論集 俳論集』、81『正法眼蔵、正法眼蔵随聞記』、82『親鸞集日蓮集』、83『仮名法語集』、84『古今著聞集』、85『沙石集』、86『愚管抄』、87『神皇正統記・増鏡』、88『曾我物語』、89『五山文学集、江戸漢詩集』

②新日本古典文学大系　岩波書店
8『後拾遺和歌集』、9『金葉和歌集 詞花和歌集』、10『千載和歌集』、11『新古今和歌集』、15『今昔物語集』、32『江談抄 中外抄 富家語』、38『六百番歌合』、39『方丈記 徒然草』、40『宝物集 閑居友 比良山古人霊託』、41『古事談 続古事談』、42『宇治拾遺物語、古本説話集』、43『保元物語 平治物語 承久記』、44『平家物語』上下、46『中世和歌集 鎌倉篇』、47『中世和歌集 室町篇』、48『五山文学集』、49『竹林抄』、50『とはずがたり たまきはる』、51『中世日記紀行集』、52『庭訓往来 句双紙』、54『室町物語集』上・下、56『梁塵秘抄 閑吟集 狂言歌謡』、57『謡曲百番58 狂言記』

③新編日本古典文学全集　小学館

34『大鏡』、35『今昔物語集』、1～4、40『松浦宮物語、無名草子』、41『将門記、陸奥話記、保元物語、平治物語』、42『神楽歌、催馬楽、梁塵秘抄、閑吟集』、43『新古今和歌集』、44『方丈記、徒然草、正法眼蔵随聞記、歎異抄』、47『建礼門院右京大夫集、とはずがたり』、48『中世日記紀行集』、49『中世和歌集』、50『宇治拾遺物語』、51『十訓抄』、52『沙石集』、53『曾我物語』、54『太平記』1～4、58『謡曲集』1～2、60『狂言集』、61『連歌集 俳諧集』、62『義経記』、63『室町物語草子集』、87『歌論集』、88『連歌論集 能楽論集 俳論集』

④新訂増補国史大系　吉川弘文館

9『本朝世紀』、10『日本紀略』（前篇）、11『日本紀略（後篇）・百錬抄』、12『扶桑略記・帝王編年記』、13～15『続史愚抄』、21上『水鏡・大鏡』、21下『今鏡・増鏡』、27『新抄格勅符抄・法曹類林・類聚符宣抄・続左丞抄・別聚符宣抄』、28『政事要略』、29上『朝野群載』、29下『本朝文粋・本朝続文粋』、30『本朝文集』、31『日本高僧伝要文抄・元亨釈書』、32～33『吾妻鏡』、53～57『公卿補任』、58～60尊卑分脈』

⑤日本思想大系　岩波書店

7『往生伝・法華験記』、8『古代政治社会思想』、9『天台本覚論』、10『法然・一遍』、11『親鸞』、12『道元』（上・下）、14『日蓮』、15『鎌倉旧仏教』、16『中世禅家の思想』、18『おもろさうし』、19『中世神道論』、20『寺社縁起』、21『中世政治社会思想』（上・下）、23『古代中世芸術論』、24『世阿弥・禅竹』

⑥『現代語訳　吾妻鏡』（吉川弘文館、二〇〇七年〜）
⑦『群書類従』『続群書類従』
⑧『平安遺文』『鎌倉遺文』『南北朝遺文』
⑨『大日本史料』『大日本古記録』『大日本古文書』
⑩『史料大成』『続史料大成』『史料纂集』
⑪『日本の絵巻』『続日本の絵巻』
（⑦以下は具体的な書目を割愛した。）

おわりに

『文学で読む日本の歴史』の、前著「古典文学篇」に続く「中世社会篇」を終えて思うのは、中世に認められる社会生活の在り方が現代と著しく密接に関連していて、その思潮が今に繋がっているということである。家しかり、身体しかり、職能しかり、そして型しかりである。

古代社会と現代社会との関わりにおいては、政治的・観念的な側面での繋がりが深かったのだが、中世社会では、身近な生活や信仰、芸能などに深い繋がりを有していることを実感するに至った。それだけに中世社会における智慧や力を知り、今後の生活や文化に生かすかの課題が生まれ、またその制約からいかに解き放つのかが課題となる。

それにしても今回の通史叙述は困難を極めた。あまりに史料が膨大な上に、内容も多岐にわたっていた。「古典文学篇」のように文学作品だけを読めばよいというわけにはゆかなかった。文書あり、日記あり、金石文あり、絵画史料もあり、といった具合で、それもあってもはや「文学」の名を冠するのは止めようかとも思ったが、それでは一貫性が失われるので、「中世社会篇」と銘打つことで広がりをもたせた。

もう一つの困難は、これまで専門研究の対象としていた時代を新たな視角から捉え直す必要に迫られたことである。これには全く違う分野に踏み入るのとは違った勇気が必要となった。もちろんこれまでに『書物の中世史』（みすず書房）や『中世の身体』（角川学芸出版）、『日本史の新たな見方、捉え方』（敬文舎）などで、分析の布石を打ってきてはいたが、通史として描くのは殊にきつかった。とはいえ、これに先立って『中世社会のはじまり』（岩波新書）を刊行したことから、ある程度の見通しはついていたので、進めることは可能であった。ただその叙述は文化史が中心であるから、細かい部分にまで言及する必要はなかったのが、今回はさらに多くの困難が予想された。しかし幸いにも大学を退職して時間がとれるようになり、ここに上梓することができたのである。

前著の「古典文学篇」を出した時、あとがきで「文学を読む楽しさと歴史の奥深さとを同時に味わえていただけたであろうか」と記した。それは私自身がそういう思いがあったからであるが、今回ばかりは書き終え、ほっとしている。

通史という性格上、何でも詳しく触れなければならないことはないのだが、触れるべくして触れえなかった事象はきっとあろう。逆にあまりに深入りし過ぎた事象があったかもしれない。さらに事実誤認もあろうか。それらについてのご批判があれば承りたい。

本書がなるにあたっては多くの研究文献を参照したが、参考文献には主に入手しやすい一般書や講座類、史料には叢書の類を掲げた。新たな視点から整理することを本旨としたので、具体的な研究にはあまり立ち入らなかった。それを書き始めると、収拾がつかなくなると考えたからである。多くを学ばせていただいたことをここに記し感謝したい。

さてここまで来れば、次は「近世社会篇」である。「古典文学篇」と同じく、私にとってほとんど未知の分野にあたるが、蛮勇を奮って立ち向かうことにしようと思う。その際には、百年ごとの区切りで考えることを同じく貫くにしても、すでに中世社会篇で五十年の区切りも見えてきたことから、その区切りからも考えることとしたい。

最後になったが、編集の労は前回に引き続いて山川出版社の酒井直行氏にとっていただいた。改めて感謝したい。

二〇一六年六月二十八日

五味文彦

五味文彦（ごみ・ふみひこ）

一九四六年生まれ。東京大学文学部教授を経て、現在は放送大学教授。東京大学名誉教授。『中世のことばと絵』（中公新書）でサントリー学芸賞を、『書物の中世史』（みすず書房）で角川源義賞を受賞するなど、常に日本中世史研究をリードしてきた。近年の著作に『文学で読む日本の歴史』古典文学篇（山川出版社）、四部作となる『後白河院―王の歌』（山川出版社）、『西行と清盛―時代を拓いた二人』（新潮社）、『後鳥羽上皇―新古今集はなにを語るか』（角川書店）、『鴨長明伝』（山川出版社）のほか、『日本の中世を歩く―遺跡を訪ね、史料を読む』（岩波書店）、『躍動する中世』（小学館）、『『枕草子』の歴史学』（朝日新聞出版）、『人物史の手法 歴史の見え方が変わる』（左右社）など多数。共編に『現代語訳 吾妻鏡』（吉川弘文館）など。

文《ぶん》学《がく》で読《よ》む日本《にほん》の歴史《れきし》　中世社会篇《ちゅうせいしゃかいへん》

二〇一六年七月二十日　第一版第一刷印刷
二〇一六年七月三十日　第一版第一刷発行

著　者　五味文彦
発行者　野澤伸平
発行所　株式会社　山川出版社
東京都千代田区内神田一―一三―一三
〒一〇一―〇〇四七
電話　〇三（三二九三）八一三一（営業）
〇三（三二九三）一八〇二（編集）
振替〇〇一二〇―九―四三九九三
企画・編集　山川図書出版株式会社
印刷所　半七写真印刷工業株式会社
製本所　牧製本印刷株式会社

造本には十分注意しておりますが、万一、乱丁・落丁本などがございましたら、小社営業部宛にお送りください。送料小社負担にてお取替えいたします。
定価はカバーに表示してあります。

ISBN 978-4-634-15103-1